普通高等教育"十五"国家级规划教材
21世纪经济学管理学系列教材

管理学

第五版

MANAGEMENT

主　编　谭力文　刘明霞
副主编　刘林青　包玉泽　秦　仪

WUHAN UNIVERSITY PRESS
武汉大学出版社

图书在版编目(CIP)数据

管理学/谭力文,刘明霞主编.—5版.—武汉:武汉大学出版社,2020.8
(2024.4重印)
普通高等教育"十五"国家级规划教材
21世纪经济学管理学系列教材
ISBN 978-7-307-20978-7

Ⅰ.管…　Ⅱ.①谭…　②刘…　Ⅲ.管理学—高等学校—教材　Ⅳ.C93

中国版本图书馆 CIP 数据核字(2019)第 295061 号

责任编辑:范绪泉　　责任校对:李孟潇　　版式设计:马　佳

出版发行:**武汉大学出版社**　(430072　武昌　珞珈山)
(电子邮箱:cbs22@whu.edu.cn　网址:www.wdp.com.cn)
印刷:武汉中科兴业印务有限公司
开本:787×1092　1/16　印张:24.25　字数:578千字　插页:2
版次:2000年2月第1版　　2004年8月第2版
　　　2009年7月第3版　　2014年8月第4版
　　　2020年8月第5版　　2024年4月第5版第2次印刷
ISBN 978-7-307-20978-7　　定价:58.00元

21世纪经济学管理学系列教材

编委会

顾问

谭崇台　郭吴新　李崇淮　许俊千　刘光杰

主任

周茂荣

副主任

谭力文　简新华　黄　宪

委员（按姓氏笔画为序）

王元璋　王永海　甘碧群　张秀生　严清华

何　耀　周茂荣　赵锡斌　郭熙保　徐绪松

黄　宪　简新华　谭力文　熊元斌　廖　洪

颜鹏飞　魏华林

第五版前言

　　根据出版社的安排，我们于 2018 年启动了武汉大学出版社《管理学》（第五版）的编写工作。经过大家的努力，《管理学》（第五版）终于编著完成。回顾起来，这本教材从第一版出版到第五版的脱稿，已经过去了整整 20 多个年头。最值得回味的是，在这 20 多年中，我们每版教材的出版都伴随、印证着我们学科与团队的进步：教材的第一版出版是庆祝企业管理博士点的获批；教材的第二版出版恰恰迎来了工商管理一级学科获得博士学位授予权和获准建立工商管理博士后流动站；教材第三版的完稿正是我们管理学课程团队获批为国家精品课程之后；第四版教材编写的过程中我们武汉大学管理学课程团队申报的 2013 年国家精品资源共享课程得到批准；第五版教材在我们国家社科基金重大项目"改革开放以来中国管理的发展研究" 2017 年以免鉴定的方式结题之后，入选为武汉大学 2018 年规划教材建设项目。根据重大项目结题报告修改完成的书稿《改革开放以来中国管理学的发展研究》入选 2019 年国家哲学社会科学成果文库，并由人民出版社出版。作为本书的主编深深地体会和感悟到何为一分辛勤、一分进步，一分努力、一分成果；深感 20 多年来工作的艰辛、事业的伟大。我们坚信我们的进步和成熟会镌刻在武汉大学工商管理学科发展的历程中，反映在新一版教材的编写中。

　　这一版开始撰写时适逢党的十九大刚刚闭幕，习近平同志在中国共产党第十九次全国代表大会上向全党发出了"决胜全面建成小康社会，夺取新时代中国特色社会主义伟大胜利"的号召。结合我们在完成国家社科基金重大项目工作中的研究成果，我们在新的一版教材中参照"充分体现中国特色、中国风格、中国气派"的论述，进一步完善了对中国管理思想的介绍，突出介绍了党的十九大的精神，更新和完善了教材。每章主要以中国企业的问题导入和分析案例。结合武汉的抗疫历程编写了教材开篇的分析案例《新冠疫情中的武汉》，较为全面地介绍了抗疫斗争中国家、社区与社会联动的感人事迹，特别是以习近平同志为首的党中央、中国政府的管理能力和领导力，全国人民对武汉市抗疫斗争的大力支持和帮助。在教材中，我们介绍了习近平同志在山东菏泽对陪同的身边干部语重心长地念到的知县高以永在河南内乡县衙撰写的对联。提出了在管理思想的研究工作中要注意防范民粹主义和虚无主义，特别是虚无主义的研究倾向，以体现新一版教材新时代中国特色社会主义的特点。

　　交稿之时，我首先要感谢的是 20 年来一直辛苦奋斗、不弃不舍，伴随着此本教材成长、成熟的李燕萍教授、刘明霞教授、刘林青教授、徐珊副教授、包玉泽副教授、秦仪博士；感谢国家精品资源共享课程团队、国家社科基金重大项目研究团队的袁泽沛教授、龚红教授、卫武教授、邓新民教授、刘学元教授，张炎副教授、温兴琦副教授和周伟副教授，是他（她）们毕业、工作以后，从四面八方来到我们的管理学教学团队，不弃不舍、辛勤地耕耘在这块具有无穷魅力和充满希望的学术田野上。在今后各位读者可以看到的国家精品资源共享课程网站上，我们的研究成果中会看到他（她）们在教学第一线的身影、管理学教学和研究工作的丰富成果。

我们要深深地感谢教育部、全国哲学社会科学办公室、武汉大学本科生院、武汉大学经济与管理学院、武汉大学出版社、武汉大学经济与管理学院工商管理系和本科管理办公室对我们团队长期的支持和帮助。没有上述各个单位、领导和老师们的大力支持和帮助，我们是难以取得这样的进步和发展的。

感谢出版社该版责任编辑范绪泉博士，感谢本书的第二版、第三版的编辑夏敏玲主任，感谢本书第四版的前期编辑柴艺老师，没有他（她）们长期的支持、帮助和勤奋工作，本书是难以多次重印和再版的。

这版教材是集体工作的结晶，是武汉大学经济与管理学院管理学国家精品课程团队、国家精品资源共享课程，以及《改革开放以来中国管理学的发展研究》研究团队部分教师长期从事管理教育、科研和教学的成果。主编由谭力文教授、刘明霞教授担任，副主编是刘林青教授、包玉泽副教授、秦仪博士。本书工作的分工是：谭力文教授负责本书的框架设计以及写作的组织、协调和总纂工作，谭力文撰写了第一编；刘明霞撰写了第二编；秦仪撰写了第三编；包玉泽撰写了第四编；刘林青编写了第五编。

2020年初武汉出现新冠疫情，也影响了该书的正常出版。亲身经历此次疫情的我们再一次深深体会到了我们国家的文化精髓、制度优势，也进一步认识到加强政府治理体系和治理，强化各级、各类组织知晓科学管理思想，推进科学管理的意义与重要性。

我们认为，本书依然是为高等学校本科生编著的管理学理论、思想学习的入门教材，管理工作的实践者也可以此作为日常管理工作的读本。使用教材的教师，可以根据自己学校管理学课程的教学计划调整教材的内容，根据自己的教学经验安排教学的进度和方法，也可以参阅我们的国家精品资源共享课程网站、2019年在北京大学出版社出版的《管理学科地图》、2021年在人民出版社出版的专著《改革开放以来中国管理学的发展研究》提供的相关研究成果与资料。我们认为，这应该是一本较为成熟，可以信赖的教材，也是一本可以为管理学专业的教师的教学和学生的学习提供帮助的书籍。

在本教材中依然参考、引用了众多前辈和国内外同行的研究成果和文献资料，以及公司、网站上的信息与材料。在此版教材中，我们更为严格地按照参考文献的标准格式进行了注释。在此对国内外的前辈、同行和资料贡献者表示感谢。

最后，我们还是要重申我们心中那永恒的唯一：希望该书的读者能从中得到一些帮助，能在得到帮助之余喜欢她。

谭力文

2024年春于珞珈山

第四版前言

在 2013 年放寒假前，我们启动了《管理学》（第四版）的编写工作。经过大家的努力，《管理学》（第四版）终于编著完成。回顾起来，这本教材从第一版出版到第四版的脱稿，已经过去了整整 15 个年头。最值得回味的是，在这不短的 15 年中，我们每版教材的出版都印证着我们团队的进步。教材的第一版出版是欢庆企业管理博士点的获批；第二版出版恰恰迎来了工商管理一级学科获得博士学位授予权和获准建立工商管理博士后流动站；教材第三版的完稿正是我们管理学课程获批国家精品课程之后；而第四版教材编写的过程中我们武汉大学管理学课程团队申报的 2013 年国家精品资源共享课程得到批准。作为本书的主编深感何为一分辛勤、一分进步，一分努力、一分成果；深感到 10 多年以来工作的艰辛、事业的伟大。我们坚信我们的进步和成熟会镌刻在工商管理学科发展的历程中，反映在新一版教材的编写中。

交稿之时，我首先要感谢的是 10 多年来一直辛苦奋斗、不弃不舍，伴随着此本教材成长、成熟的李燕萍教授、刘明霞教授、刘林青教授；感谢国家精品资源共享课程团队的张炎副教授、刘学元副教授、龚红副教授、卫武副教授、邓新民副教授，以及秦仪、温兴琦和周伟博士，是他（她）们毕业、工作以后，从四面八方来到我们的管理学教学团队，不弃不舍、辛勤地耕耘在这块具有无穷魅力和充满希望的学术田野上。在今后各位读者可以看到的国家精品资源共享课程网站上，会有他们在教学第一线的身影、管理学教学和研究工作的丰富成果。

我们要深深地感谢国家教育部、武汉大学教务部、武汉大学经济与管理学院、武汉大学出版社、武汉大学经济与管理学院工商管理系和本科教学管理办公室对我们团队长期的支持和帮助，没有他们的领导、支持和帮助，我们是难以取得这样的进步和发展的。

作为该书的主编还要对长期支持和帮助管理学课程组各位老师的家人表示衷心的感谢，因为我知道，在每位老师的身后都有家人的大力支持和热心关怀。感谢武汉大学出版社范绪泉主任，感谢本书的第二版、第三版的夏敏玲编辑，还要感谢本书第四版的柴艺编辑，没有他们长期的大力支持和帮助，本书不会在较短的时间内与读者见面。

这本教材是集体工作的结晶，是武汉大学经济与管理学院管理学国家精品课程团队、国家精品资源共享课程部分教师长期从事管理学科研和教学的成果。主编是谭力文教授、李燕萍教授，副主编是刘明霞教授、刘林青教授、秦仪博士。本书工作的分工是：谭力文教授负责本书的框架设计以及写作的组织、协调和总纂工作，谭力文撰写了第一编的第一、二章以及书中的部分案例；李燕萍撰写了第四编；刘明霞撰写了第二编；刘林青编写了第五编；秦仪撰写了第三编；包玉泽撰写了第一编的第三章。

《管理学》（第四版）马上就要出版了，我们认为，本书依然是为大学生编著的高等学校教材，管理工作的实践者也可以此作为日常管理工作的读本。教材的使用教师，可以根据自己学校管理学课程的教学计划调整教材的内容，根据自己的教学经验安排教学的进度和方法，也可以参阅我们在国家精品资源共享课程网站上提供的相关资料。我们认为，这应该是一本较为成熟、可以信赖的教材，也是一本可以为管理学的教学和学习提供帮助的书籍。

在本教材中依然参考、引用了众多前辈和国内外同行的研究成果和文献资料，以及公司、网站上的信息与材料。在引用后我们都一一严格地进行了注释，并对前辈、同行和资料贡献者表示感谢。

最后，我们还是要重申我们永恒的唯一：希望该书的读者能从中得到一些帮助，能在得到帮助之余喜欢她。

谭力文

2014 年初夏于珞珈山

第三版前言

在 2009 年的寒假期间,经过大家的努力,《管理学》(第三版)终于编著完成了。从本书的第一版出版到第三版的完稿,过去了整整十年。值得自己欣慰的是,就在这十年中,我们教材的出版都伴随着我们学科的建设一起进步,一起发展。教材的第一版出版是欢庆企业管理博士点的获批;教材的第二版出版恰恰迎来了一级学科获得博士学位授予权和获准建立工商管理博士后流动站;而教材第三版的完稿正是我们管理学课程团队获批国家精品课程之后。所以作为本书的主编深感工作的艰辛,深感事业的伟大。我们依然坚信,我们的进步和成熟会在我们的教材中留下深深的痕迹。

在此时,我们首先要感谢的是 10 多年来一直辛苦奋斗,伴随着本教材成长、成熟的李燕萍教授、徐珊副教授刘明霞副教授和刘林青副教授;伴随着此门课程发展的袁泽沛教授、张炎副教授、方爱华副教授。是他们长期一如既往、辛勤地耕耘在这块希望的田野上,是他们长期不弃不舍地支持和帮助着课程的建设和教材的完善。在这里要特别深深感谢徐珊副教授,虽然她已经退休,但我还记得 20 世纪 90 年代她从万里之外的非洲写信给我,希望参加我们的工作。10 多年来,她一直是我们团队的重要骨干,在教材的编写、教学辅助资料的收集、精品课程的建设和申报中一直默默地工作,奉献着她的智慧、思想和汗水。此次她依然参加了教材的编写,她虽然退休了,但作为管理学课程的团队成员,我们不会忘记她。

我们要感谢国家教育部、武汉大学教务部、武汉大学经济与管理学院、武汉大学出版社、武汉大学经济与管理学院工商管理系和本科教学管理办公室对我们长期的支持和帮助,我们知道,没有他们的领导、支持和帮助,我们是难以取得这样的进步和发展的。

作为该书的主编还要对长期支持和帮助管理学课程组各位老师的家人表示衷心的感谢,因为我知道,在每位老师的身后都有家人的大力支持和热心关怀。感谢武汉大学出版社范绪泉主任,感谢本书的编辑夏敏玲编辑,没有他们长期的大力支持和帮助,本书不会在较短的时间内与读者见面。

这本教材是集体工作的结晶,是武汉大学经济与管理学院管理学国家精品课程团队部分教师长期从事管理学科研和教学的成果。主编是谭力文教授、李燕萍教授,副主编是刘林青副教授、刘明霞副教授。本书工作的分工是:谭力文教授负责本书的框架设计以及写作的组织、协调和总纂工作,谭力文撰写了第一编以及书中部分案例;李燕萍撰写了第四编;徐珊撰写了第三编;刘明霞撰写了第二编;刘林青编写了第五编。

《管理学》(第三版)马上就要出版了,我们自信该版一定会比老版的书要好。因为我们根据读者的意见进行了修改,结合我们日常的教学、科研工作增减了相关的内容,更新了相关的内容、数据和案例,一些最新的材料更新到了 2009 年 2 月。此时此刻,我们

　　还要重申我们永恒的唯一：希望该书的读者能从中得到一些帮助，能在得到帮助之余喜欢她。

　　在教材中依然参考、引用了众多前辈和国内外同行的研究成果和文献资料，在引用后我们都一一严格地作出了相应的注解。与此同时，我们对前辈和国内外的同行们表示深深的谢意。

谭力文

2009 年寒假于珞珈山

第二版前言

在武汉大学教务处、武汉大学出版社、武汉大学管理学院的领导和同仁们的鼎力支持和帮助下我们在 2000 年出版了我们集体的成果——《管理学》。没有想到，该书的出版受到了广大读者和市场的欢迎，在较短的两年多的时间内就重印多达 5 次，多所学校也使用了这本教材。与此同时，我们在使用中也发现了一些问题，如文字的疏漏，内容还过于简单，一些新的内容还需要增添和更新。也是在武汉大学教务部、武汉大学出版社、武汉大学商学院领导和广大老师的支持和帮助下，我们准备重新编写我们的教材。非常幸运的是，由于上述的多重原因，这次教材的编写得到了教育部的支持——被教育部列入普通高等教育"十五"国家级规划教材，商学院、学校教务部和出版社也加大了对这本书的支持、帮助力度。更值得我们自豪的是，在我们出版第一版教材时，我们刚刚获得了企业管理专业的博士学位招生权，而今天，当我们又开始编写我们的教材时，我们已经获得了工商管理一级学科博士学位审核授予权，并获准建立了工商管理博士后流动站。这表明我们的学科已经逐渐走向成熟，我们的学术思想也已经更加成熟，这些也必然体现在我们奉献给大家的教材之中。

为了反映 21 世纪市场竞争的新格局，为了体现这新的格局对管理理论和思想带来的影响和变化，为了体现我们新的研究成果和学科逐渐走向成熟的特征，为了让读者更便于学习，我们在保持过程学派基本理论特征的同时，我们扩充了我们的内容，增添了新的案例，增加了便于自我学习的思考题和相应的指导内容。这些变化我相信熟悉我们教材的广大读者会发现和体会到的。需要提醒的是，为满足不同需求读者的要求，对于我们增加的内容，教师、学生和其他读者可以根据授课、学习、工作的需要对其内容进行合适的剪裁。如控制编，我们增加了一些财务控制的相关知识，这在实践中十分重要，但对于刚接触管理理论的同学来说可在初知的基础上放在以后再学。

这本教材依然是集体工作的结晶，是武汉大学商学院工商管理系企业管理教研室部分教师长期从事管理学科研和教学的成果。参加编写的人员变化不大，主编还是谭力文教授、李燕萍教授、徐珊副教授，参加编写的还是刘明霞博士，只有魏瑜因赴美国读书，而将控制这一部分交给了新近留校的管理学博士刘林青老师。本书工作的分工依然由谭力文教授负责框架设计以及写作的组织、协调和总纂工作；李燕萍教授、徐珊副教授负责编写的日常工作。其中，谭力文撰写了第一编；徐珊撰写了第三编；李燕萍撰写了第四编；刘明霞撰写了第二编；刘林青编写了第五编。

新书马上就要出版了，我们自信新版的书必然会比老版的书要好，此时此刻，我们的唯一希望依然是，该书的读者能从中得到一些帮助，能在得到帮助之余喜欢她。作为该书的主编在此要对参加编写的各位老师表示深深的感谢，也要对支持和帮助这些老师的家人表示衷心的感谢，因为我知道，该书的编章节目、字里行间体现的是老师们的艰苦作业和辛勤劳动，以及家人的大力支持和热心关怀。

　　在教材中依然参考、引用了众多前辈和国内外同行的研究成果和文献资料，在引用中我们一一严格地作出了相应的注解，与此同时，我们对前辈和国内外的同行表示深深的谢意。

谭力文
2004 年春节于武汉大学

前　言

在武汉大学教务处、武汉大学出版社、武汉大学管理学院的领导和同仁们的鼎力支持和帮助下，由武汉大学管理学院企业管理教研室部分教师编著的《管理学》一书终于与读者见面了。此时此刻，我们的唯一希望是，该书的读者能从中得到一些帮助，能在得到帮助之余喜欢她。

管理对中国的重要性已被越来越多的人所认识，这正如朱镕基总理指出的："今天到了要大力提倡改善中国的管理和发展中国的管理科学的时候了。确实需要强调管理科学和管理教育也是兴国之道。对管理的重要性，宣传得还太少，要大力宣传加强企业的经营之道，要大力提倡振兴中国的管理科学。现代管理当然是西方起步早，我们也可以多出版一些介绍外国经验的书，看看人家是怎样发展的。促使大家转变观念，适应市场，重视管理，学会用人，勤俭办厂。"

管理科学的变化是引人注目的。在知识经济大潮的推动下，科学技术正在发生前所未有的变化，生产（服务）等各类组织形态正在发生令人瞩目的变化，顺应而来的管理理想、管理理论、管理方法也在发生着巨大的变化。这正如英国著名的物理学家斯蒂芬·霍金在美国白宫"千年晚会"上所讲到的："人类想要应付周围日益复杂的世界，迎接诸如太空旅行之类的新挑战，就需要改善自身的复杂程度。"这也正如彼得·圣吉在《第五项修炼》一书的中文版序中所说的："全世界在管理上也正在酝酿一个新趋势，这个趋势是由全球竞争所带动的。在全球的竞争风潮中，日益发觉21世纪的成功关键，与19世纪和20世纪的成功关键有很大的不同。在过去，低廉的天然资源是一个国家经济发展的关键，而传统的管理系统也是被设计用来开发这些资源。然而，这样的时代正远离我们而去，发挥人们的创造力现在已经成为管理努力的重心。"因而，在我们面临新的世纪，面临新的挑战的时候，唯一的对付办法是学习，掌握新的知识，掌握新的理论，去把握自己，乃至组织，甚至国家的命运。

本书作为教科书，我们针对的读者对象主要是大学生、愿意学习管理知识的人员和实际部门的工作人员。有鉴于此，我们在构筑本书的框架时，基本上还是遵循着由著名管理学专家法约尔所勾画的管理学的框架体系，按过程方法的体系编著的。但怀着对新世纪的憧憬，怀着对管理科学发展的展望，我们尽可能在传统的框架中加进了我们教学、科研的体会与成果，加进了我们对管理科学发展的把握。虽然在这之中有不少的看法还不够成熟，也不够完整，但这在一定程度上代表本书的编著者的认真精神和负责态度。

本书是集体工作的结晶，是群体合作的成果，是多年从事管理学教学和科研工作的总结。本书由谭力文教授负责框架设计以及写作的组织、协调和总纂工作；徐珊、李燕萍副教授负责编写的日常工作。其中，谭力文撰写了第一编、附录；徐珊撰写了第三编、第四编的第九章；李燕萍撰写了第四编的第八章、第十章；刘明霞撰写了第二编；魏瑜撰写了第五编。在本书的编写过程中，参考、引用了前辈和国内外同行的研究成果和文献资料，在此表示深深的谢意。

　　由于我们水平有限，书中难免有不当、不妥之处，这些都敬请读者批评指正，不吝赐教。

谭力文

1999 年春于珞珈山

目　　录

第一编　总　　论

第二编　计　　划

第五编　控　　制

第一编　总　论

一切规模较大的直接社会劳动或共同劳动，都或多或少地需要指挥，以协调个人的活动，并执行生产总体的运动——不同于这一总体的独立器官的运动——所产生的各种一般职能。一个单独的提琴手是自己指挥自己，一个乐队就需要一个乐队指挥。一旦从属于资本的劳动成为协作劳动，这种管理、监督和调节的职能就成为资本的职能。这种管理的职能作为资本的特殊职能取得了特殊的性质。

——卡尔·马克思

"管理"既不是一种独有的特权，也不是企业经理或企业领导人的个人责任。它同别的基本职能一样，是一种分配于领导人与整个组织成员之间的职能。

——亨利·法约尔

管理者有两项特殊任务，企业中其他人都不需担负这两项任务，而且凡是必须承担这两项任务的人都是管理者。第一项任务是创造出大于各部分总和的真正实体，创造出有生产力的实体，而且其产出将大于所有投入资源的总和。管理者就好比交响乐团的指挥家，通过他的努力、想象力和领导力，将发出各种声响的乐器组合起来变成富有生命力的和谐音乐。但是交响乐指挥家只负责诠释作品，管理者既要扮演作曲家，也要充当指挥家。管理者必须能平衡和协调好三种企业的主要功能：管理企业、管理"管理者"以及管理员工和工作。管理者的第二项任务是协调每个决策和行动的长远的需求和眼前的需求。

——彼得·德鲁克

管理只有恒久的问题，没有终结的答案。

——斯图尔特·克雷纳

可能你已当过管理者，如少先队的小队长、班级的干部、车间主任、经理等，当时你的最大愿望可能就是如何管理好自己的小队、班级、车间和公司。那什么是管理？又如何实施管理呢？可能你还不曾当过管理者，是学生、员工、晚辈，那你最大的希望可能是得到班级的荣誉、老师的关爱，组织的成功、领导的关怀，家庭的幸福、父母的理解。那你的希望如何得以实现？又怎样让父母、老师和领导了解你心里的企盼和希望呢？可能你早从比尔·盖茨、乔布斯等外国的著名管理者身上，从柳传志、任正非、张瑞敏、马云、雷军所带领的联想、华为、海尔、阿里巴巴、小米科技等一大批民族工业企业的发展过程中隐约地感受到，成功的管理者和他们科学的管理是那么重要。成功的管理者们似乎有回天之力之功、点石成金之能，能让一个产品迅速占领市场，让一个企业迅猛地发展成为行业的巨人，在获取员工信任同时，也让自己成为一个企业的优秀领导人。在本编的学习过程中，你可以清楚地了解到什么是管理，什么是管理科学的基本特点和一般性原理，管理科学的思想和理论发展的基本历程，什么是管理者需要的基本素质和能力，什么是成为管理者的可循轨迹与可选路径。

第一章　管理与管理者

【学习目的】

在本章学习之后，你应该掌握以下内容：

1. 管理的基本概念、含义、特点及一般性原理。
2. 管理人员能力结构和知识结构的特点。
3. 管理人员在企业管理工作中扮演角色的差异性。

【案例——问题的提出】

华为集团总裁任正非致新员工的一封信

您有幸进入了华为公司。

我们也有幸获得了与您的合作。

我们将在共同信任和相互理解的基础上，度过您在公司的岁月。这种理解和信任是我们愉快奋斗的桥梁和纽带。

华为公司是一个以高技术为起点，着眼于大市场、大系统、大结构的新兴的高科技术企业。公司要求每一位员工，要热爱自己的祖国，任何时候、任何地点都不要做对不起祖国、对不起民族的事情。

相信我们将跨入世界优秀企业的行列，会在世界通信舞台上，占据一个重要的位置。这项历史使命，要求所有的员工必须坚持团结协作，走集体奋斗的道路。没有这种平台，您的聪明才智是很难发挥并有所成就的。因此，没有责任心，不善于合作，不能集体奋斗的人，等于丧失了在华为进步的机会。那样您会空耗宝贵的光阴，还不如在试用期中，重新决定您的选择。

进入华为并不就意味着高待遇，公司是以贡献定报酬，凭责任定待遇的，对新来员工，因为没有记录，晋升较慢，为此，我们十分抱歉。但如果您是一个开放系统，善于吸取别人经验，善于与人合作，借别人提供的基础，可能进步就会很快。如果封闭自己，总是担心淹没自己的成果，就会延误很长时间，也许到那时，你的工作成果已没有什么意义了。

机遇总是偏向于踏踏实实的工作者。您想做专家吗？一律从工人做起，进入公司一周以后，博士、硕士、学士，以及以前取得的地位均已消失，一切凭实际才干定位，这在公司已经深入人心，为绝大多数人所接受。您就需要从基层做起，在基层工作中打好基础、展示才干。

公司永远不会提拔一个没有基层经验的人来做高级领导工作。遵照循序渐进的原则，每一个环节、每一级台阶对您的人生都有巨大的意义。不要蹉跎了岁月。

　　希望您丢掉速成的幻想，学习日本人的踏踏实实、德国人的一丝不苟的敬业精神。您想提高效益、待遇，只有把精力集中在一个有限的工作面上，才能熟能生巧，取得成功。现代社会，科学迅猛发展，真正精通某一项技术就已经很难了，您什么都想会、什么都想做，就意味着什么都不精通。您要十分认真地对待现在手中的任何一件工作，努力钻进去，兴趣自然在。逐渐积累您的记录。有系统、有分析地提出您的建议和观点。草率的提议，对您是不负责任，也浪费了别人的时间，特别是新来的员工，不要下车伊始，哇啦哇啦。要深入具体地分析实际情况，发现某个环节的问题、找到解决的办法，踏踏实实、一点一滴地去做，不要哗众取宠。

　　您有时可能会感到公司没有真正的公平与公正。绝对的公平是没有的，您不能对这方面期望值太高。但在努力者的面前，机会总是均等的，只要您努力，您的主管会了解您的。要承受得起做好事反受委屈的考验。接受命运的挑战，不屈不挠地前进。没有一定的承受能力，不经几番磨难，何以成为栋梁之材。一个人的命运，毕竟掌握在自己手上。生活的评价，是会有误差，但绝不至于黑白颠倒，差之千里……

　　公司的各项制度与管理，有些可能还存在一定程度的不合理，我们也会不断地进行修正，使之日趋合理、完善，但在正式修改之前，您必须严格遵守。要尊重您的现行领导，尽管您可能有能力，甚至更强，否则将来您的部下也会不尊重您。长江后浪推前浪，青出于蓝而胜于蓝，永远是后面的人更有水平。不贪污、不腐化。严于律己，宽以待人。坚持真理，善于利用批评和自我批评，提高自己，帮助别人。作为一个普通员工要学会做事，做一个高中级干部还要学会做人，做一个有高度责任心的真正的人。

　　在公司的进步主要取决于您的工作业绩，也是与您的技术水平紧密相连的。一个高科技产业，没有高素质的员工是不可想象的。公司会有计划地安排各项教育与培训活动，希望能对您的自我提高、自我完善有所帮助。业余时间可安排一些休闲，但还是要有计划地读书学习。不要搞不正当的娱乐活动，绝对禁止打麻将之类的消磨意志的活动。公司可为您提供一些基本生活服务，可能还不够细致，达不到您的要求，对此我们表示歉意。同时还希望您能珍惜资源，养成节约的良好习惯。为了您成为一个高尚的人，受人尊重的人，望您自律。

　　发展是生存的永恒主题。我们将在公司持之以恒地反对高中层干部的腐化，反对工作人员的懈怠。不消除这些弊端，您在公司难以得到充分的发展；不消除这些沉渣，公司发展也将会停滞。

　　公司在飞速地发展，迫切地需要干部，希望您加快吸收国内外先进的技术和卓越的管理经验，加速磨炼，与我们一同去托起明天的太阳。

　　（资料来源：http：//wenku.baidu.com）

　　案例中的任正非是大家熟知的著名企业家，他是华为技术有限公司（简称华为，后同）的创办者，曾任华为的副董事长，2018 年起改任公司董事。根据 2017 届毕业生就业质量报告，2017 年华为依然是接收一流大学毕业生最多的企业。进入华为的毕业生人数较多的一流高校（超 200 人）有：西安电子科技大学、浙江大学、东南大学、西安交通大学、哈尔滨工业大学、南京大学、上海交通大学、中国科学技术大学和武汉大学。此外，北京大学和清华大学也分别有 122 人和 182 人，也是两所高校毕业生就业最多的企业。如此优秀的大学毕业生云集华为表明了年轻的大学生们对华为的青睐。但看了任正非的信件后，你将如何思考他如下告诫和要求呢？"理解和信任是我们愉快奋斗的桥梁和纽带""所有的员工必须坚持团结协作，走集体奋斗的道路""需要从基层做起，在基层工作中打好基础、展示才干""公司永远不会提拔一个没有基层经验的人来做高级领导工作""希望您加快吸收国内外先进的技术和卓越的管理经验，加速磨炼，与我们一同去托起明天的太阳"。这些问题的答案将在你们管理学课程的学习中逐渐揭示，更深的理解与实践将会伴随你离开校园、进入社会后的一生。

第一节　管　　理

应该说，当我们的祖先从树上跳到地面的初期就有了人类特有的社会活动——管理。因为面对大自然和其他势力的严峻挑战，我们的祖先唯一能够抵抗自然挑战和其他势力攻击的方法就是群聚，建立组织，弥补单个人智力与体力的不足。正如美国管理学者切斯特·巴纳德（Chester Irving Barnard，1886—1961）所说："协作的理由就是克服个人能力的限制。"[1] 但人所建立的组织的失效、失败，甚至灭亡，也受到了人们的关切。如我国战国末期的荀子在其《王制》中就生动地写道："水火有气而无生，草木有生而无知，禽兽有知而无义；人有气、有生、有知亦且有义，故最为天下贵也。力不若牛，走不若马，而牛马为用，何也？曰：人能群，彼不能群也。人何以能群？曰：分。分何以能行？曰：义。故义以分则和，和则一，一则多力，多力则强，强则胜物。"这里，荀子直白地告诉了人们，人能超越牛马，战胜万物的根本原因在于人能"群"——组织起来，而人能建立、维护"群"生存、有效、发展的基本条件在于组织中"分"（等级名分，名义、身份、地位的差异及区别）与"义"（道义，公正合宜的道德，正义）的实施。这里所说的维系组织的"义"与"分"的推行和实施应该就体现了管理的主要含义。因为只要存在着组织成员意志的协同，存在着为实现共同目标力量的协调，就存在管理活动。由此可见，凡是在由两人以上组成的，需要通过协调，达到一定目的的组织中就存在着管理工作。本节的内容主要是结合这种十分简单的生活、工作现象，介绍管理的基本概念、管理工作的特点。

一、管理的定义

管理（management）活动自古都有，是伴随着人类的诞生而出现的一类社会活动，也是人类为追求自我的生存和发展需要而产生的特有的活动，但把人类的管理活动上升到科学的层次进行研究，构建较为完善的科学理论体系，却是 20 世纪初期的事情。在人们研究的过程中，随着时代的不同，理论体系和派别的不同，对管理的定义也不尽相同。下

---

[1]　切斯特·巴纳德. 经理人员的职能. 孙耀君，等，译. 北京：中国社会科学出版社，1997：20.

面是西方，以及我国学者一些具有代表性的定义：

管理就是实施计划、组织、指挥、协调和控制。（亨利·法约尔）

管理就是由一个或者更多的人来协调他人的活动，以便收到个人单独活动所不能收到的效果而进行的活动。（小詹姆斯·唐纳利）

管理就是通过计划工作、组织工作、领导工作和控制工作的诸过程来协调所有的资源，以便达到既定的目标。（赫伯特·西蒙）

管理是在正式组织中，通过或与人完成任务的艺术，这是在这样组织的团体中创造环境的艺术，是在组织中能够以个人和合作的方式完成组织目标的艺术，是在完成这些工作中消除障碍的艺术，是在有效地达到目标时获取最优效率的艺术。（哈罗德·孔茨）

给管理下一个广义而又切实可行的定义，可以把它看成这样的一种活动，即它发挥某些职能，以便有效地获取、分配和利用人的努力和物质资源，来实现某个目标。（丹尼尔·雷恩）

管理指的是协调和监督他人的工作活动，从而使他们有效率有效果地完成工作。（斯蒂芬·罗宾斯）

管理是为了实现组织的共同目标，在特定的时空中，对组织成员在目标活动中的行为进行协调的过程。（周三多）

管理是人们在一定情景下，通过综合运用人力资源和其他资源，以有效地实现目标的过程。（邢以群）

纵观以上定义，不难发现，虽中外专家对管理的定义表述有所不同，但其中也有趋向一致的基本共识，如在定义中都在不同程度上突出了组织、目标、人、活动、协调这样的一些与人类群聚活动密切相关的字和词组，体现和反映了管理工作应包括的基本活动（工作）内容。

在本书，对管理的定义是：在组织中，为实现组织目标与环境变化、组织个人目标与组织整体目标差异协同，以人为中心，以达到提高组织运行效果和效率的社会活动。

管理的概念虽然十分简单，但其中的内涵却十分丰富。

1. 组织。组织是产生管理活动的基础和必要条件。管理理论一般认为，单独的个人活动不是管理学理论中探讨的管理工作。所以，"正式组织的定义是：两个以上的人自觉协作的活动或力量所组成的一个体系。"① 组织的主要特征是，一群人围绕某个共同目标的集合。这里所讲到的组织，也就是管理学理论中研究的组织，一般界定为正式组织。

2. 目标。组织的管理工作从根本来讲是为了实现组织的目标。管理者需要注意的是，在一个组织中存在着两个目标体系。一个是组织的目标，它既是组织为组织中人们设置的共同目标，也往往是组织领导人（集团）自我价值观的体现；另一个构成组织个人（如员工）的目标，它往往具有个性，由个人的价值追求所决定。组织设置的目标和组织中个人追求的目标可能存在协同和一致，也可能存在矛盾与冲突。组织的目标受变化的外部

---

① 切斯特·巴纳德. 经理人员的职能. 孙耀君，等，译. 北京：中国社会科学出版社，1997：65.

环境影响，因而组织的成功和顺利发展还取决于组织目标与环境的匹配和适应。

3. 人。组织由人构成，因而管理工作特点是人与人之间的活动，管理工作的重点是对人进行管理。虽然构成组织，如企业运行中人、财、物各个生产要素，产、供、销各类经营活动都需要配置、协调，但人作为最为活跃的生产要素，应是管理工作的重点和难点。管理学理论的构建者法约尔鲜明地指出："管理职能只是作为社会组织的手段和工具。其他职能涉及原料和机器，而管理职能只是对人起作用。"①马克思也说过："一切规模较大的直接社会劳动 或共同劳动，都或多或少地需要指挥，以协调个人的活动，并执行生产总体的运动——不同于这一总体的独立器官的运动——所产生的各种一般职能。一个单独的提琴手是自己指挥自己，一个乐队就需要一个乐队指挥。"② 仔细与认真品味这两段话中"管理职能只是对人起作用""以协调个人的活动"的深刻含义，对管理工作的特点与实质内容的理解与把握大有裨益。

4. 协调。协调是管理活动中十分重要的活动，甚至有人指出，管理就是协调。法约尔就曾指出："协调就是指企业的一切工作都要和谐地配合，以便于企业经营的顺利进行，并且有利于企业取得成功。""协调就是指各职能的社会组织机构和物资设备机构之间保持一定比例。这种比例适合于每个机构有保证地、经济地完成自己的任务。"③ "总之，协调就是让事情和行动都有合适的比例，就是方法适应于目的。"④ 由此可见，协调就是组织中人、财、物等资源合理的配置；就是组织中供、产、销等活动科学的衔接，就是企业（组织）各职能部门的相互的协同；是组织中组织的目标与组织成员个人目标的一致；组织运行与环境变化之间的匹配与适应。管理活动就是通过这一系列的协调，高效率地实现组织的目标。

5. 效率与效果。"提高组织运行效率和效果"的问题是指人们在组织的活动中，往往会与效率（efficiency）和效果（effectiveness）打交道。罗宾斯认为，效率是指投入与产出之间的关系，它常常可用下列公式表示：效率＝产出/投入；而效果是管理人员工作过程中实现组织预期计划目标的程度。效率涉及的是活动的方式，而效果涉及的是活动的结果，它们构成管理工作中两个不同层面的内容。巴纳德的看法是，由于社会分工的精细化，人们为了自我的生存、自我的发展，都会依附于一定的组织，借以实现自我的人生目标。但这并不意味着个人的目标与组织的目标会自动、完全的一致，相反，在组织中会出现个人目标与组织目标不相同、不一致，甚至冲突的情况。因此，通过管理进行协调，在确保组织整体目标优先实现的同时，有效地满足组织中个人目标的实现，是社会中每个组织的管理者需要高度注意的问题。

---

① 亨利·法约尔. 工业管理与一般管理. 周安华，等，译. 北京：中国社会科学出版社，1982：22.

② 卡尔·马克思. 资本论. 中共中央马克思恩格斯列宁斯大林著作编译局，译. 北京：人民出版社，2004：384.

③ 亨利·法约尔. 工业管理与一般管理. 周安华，等，译. 北京：中国社会科学出版社，1982：114.

④ 亨利·法约尔. 工业管理与一般管理. 周安华，等，译. 北京：中国社会科学出版社，1982：115.

显然，作为一名管理工作者，需要注意管理工作是追求效率和效果的统一（见图 1-1 (a)）。在管理理论中，效率（反映活动的投入—产出比）和效果（反映活动目标的实现）并不完全是一回事，它们两者存在可能的一致与矛盾（如短期的效率目标与长期的战略目标的一致或冲突），因而管理工作者应尽可能地通过对组织的有效管理，实现管理活动的高效率和好效果，要防止高效率、差效果或好效果、低效率现象的出现。巴纳德的看法则反映了组织中另一种现象，组织的效果是指通过管理活动组织目标实现的程度，而组织的效率是指在组织目标取得的过程中，组织成员个人目标实现的状况（见图 1-1 (b)）。巴纳德认为，一个好的组织应该在实现组织目标的同时，有效地帮助组织成员实现自己个人的目的。本书在构建管理学定义时所提到的"达到提高组织运行效果和效率的社会活动"，包含着这两个方面的意思，也就是说，管理者在工作中应从这两个方面去思考管理活动和工作。

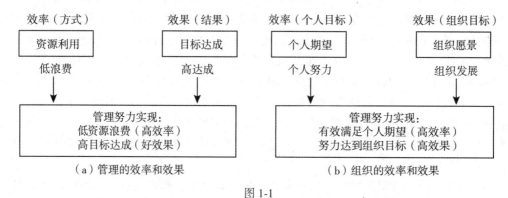

图 1-1

注：图 1-1 (a) 参见［美］斯蒂芬·罗宾斯. 管理学. 第 11 版. 李原，等，译. 北京：中国人民大学出版社，2013：9；图 1-1 (b) 依据巴纳德的理论，参考罗宾斯的图形画出。

从管理的基本概念出发可以知道，管理学理论的核心就是希望研究和寻找具有普遍意义的，维系、确保组织顺利发展的基本原理。

二、管理职能

管理职能是指组织的管理活动由哪些基本工作构成，这涉及管理工作的内涵，即管理究竟在一个组织中承担哪些方面的工作。这个问题，在管理学界是颇有争议的。在最早奠定管理学理论框架的法约尔的论述中，将管理工作划分为五种职能：计划（planning）、组织（organizing）、指挥（commanding）、协调（coordinating）和控制（controlling）；在 H. 孔茨（Harold Koontz）和 C. 奥唐奈（Cyril O'Donnell）的著作《管理学》中，将计划、组织、人事、领导和控制看成是管理工作的基本职能；在周三多编著的《管理学》中，将决策、组织、领导、控制和创新视为管理工作的基本职能。本书将按照较为通行的四职能学说来编排教材的内容，这既与目前管理学理论中较为流行和权威的四职能说，即计划、组织、领导和控制（见图 1-2）相吻合，也与巴纳德所提出的重要观点一致："协作的存续取决于以下两种相互关联和相互依存的过程：（1）同整个协作体系和环境的关系有关的过程；（2）同满足个人需要的成果的创造和分配有关的过程。"① 这里的"（1）"显然与管理职能中的"计划"和"控制"有关；而管理职能中"组织"与"领导"也显然与"（2）"的内容存在密切联系。参照法约尔的相关定义，计划、组织、领导和控制职能工作（或活动）的基本内容如下：

1. 计划（planning）。计划就是探索未来，制定行动计划。它包含确定组织的使命和目标，制定组织实现这些目标的计划，以及如何科学地将计划层层展开、落实、具体化，协调组织按时、按标准地完成各项任务。

2. 组织（organizing）。组织就是建立企业的物质和社会的双重结构。它包含明确组织所承担和所需要完成的任务，如由谁去承担工作、组织机构的设置、信息指令传递渠道的建立、权力的划分和组织任务和工作的协调。

3. 领导（leading）。领导就是寻求从企业拥有的所有资源中获得尽可能大的利益，引导组织达成它的目标。它包含如何确定领导的模式；如何去激励下属，引导他们实现组织的目标；如何选择有效的沟通渠道，增强人们的相互理解，以及解决组织中可能存在的冲突。

4. 控制（controlling）。控制就是注意是否一切都按已制定的规章和下达的命令进行。控制的实质就是使组织进行的各项工作尽可能地符合和按照计划运转，并完成计划中所制定的各项目标。它包含控制标准的设置，现场的监督与管理，收集工作进行中的信息、将信息与标准进行比较，发现工作中的缺陷，及时地采取纠正措施，确保组织工作能沿着正确的轨道前进。

图 1-2　管理职能示意图②

从图 1-2 可以看出，尽管计划、组织、领导、控制职能在组织中都有各自的工作职权和范围，但在管理工作中，它们之间存在着必然的内在逻辑关系。结合自我的生活和工作实际思考就容易觉察，人们会自觉或不自觉地按照计划—组织—领导—控制的逻辑循序思考问题和安排工作。计划职能具有先导性、首要性，人们在日常的生活、工作中一般都是首先制定计划；然后根据计划的要求和安排，确定组织的机构、部门的设置；选定有效的领导方式和恰当的激励方式；最后根据计划的要求，设置控制标准，进行控制，确保计划

① 切斯特·巴纳德. 经理人员的职能. 孙耀君，等，译. 北京：中国社会科学出版社，1997：50.
② 斯蒂芬·罗宾斯. 管理学. 第 11 版. 李原，等，译. 北京：中国人民大学出版社，2013：9.

的实施。组织在其存在的时间段内是个连续运行的"生命体"，因而这个过程又是一个周而复始、头尾相接的过程。这种编排教材内容的方法遵循的是目前世界通行，由法约尔提出、构建，并由孔茨所完善、定义的管理过程或运营学派的理论体系与研究方法。

三、管理工作的特点

在现实的生活中，人们都可以感受到，管理工作是一项难度很大的社会活动。从历史的长河看，不少组织往往因管理不善而遭遇失败（如国家的灭亡，企业的破产）；组织中的人们也经常企盼自己能在工作中遇到一位优秀的领导。这是为什么呢？这里先介绍管理工作自身所固有的一些特点，它们会影响到管理工作的效果和效率，在随后的研究中也将继续研究和探讨影响管理工作效果和效率的问题，希望学习者予以注意。

（一）管理是一项具有高度灵活性的工作

由于管理工作的主要对象是人，并随时需要保证组织与其运行环境的适应和匹配，这就造成在管理工作中绝无死板的原则和方法，它必须根据组织的特性、组织领导人的价值观、所管辖的人员特点、工作性质、任务环境对管理的原则、方法进行调整，以确保管理工作的效率和效果，也就大大增加了管理工作的难度。所以，法约尔在谈到这方面的问题时讲到："在管理方面，没有死板和绝对的东西，这里全部是尺度问题。我们在同样的条件下，几乎从不两次使用同一原则，因为应当注意到各种可变的条件，同样也应注意到人的不同和注意许多其他可变的因素。""原则是灵活的，是可以适应于一切需要的，问题在于懂得使用它。这是一门很难掌握的艺术，它要求智慧、判断和注意尺度。由机智和经验合成的掌握尺度的能力是一个管理人员的主要才能之一。"① 这些对管理活动特点进行了精确分析，并近似于警句的话语，值得学习管理的人们注意。

（二）管理的二重性

管理具有二重性是马克思分析资本主义时代管理问题的观点，也是管理活动自身特点所特有的。马克思曾指出，"一旦从属于资本的劳动成为协作劳动，这种管理、监督和调节的职能就成为资本的职能。这种管理的职能作为资本的特殊职能取得了特殊的性质"②

从现实的管理工作中看，一方面管理工作会涉及各种经济资源的安排和各个管理环节的协调，但另一方面，而且是更为重要的方面，管理工作会涉及组织中人们的利益，并由此带来的问题、矛盾和冲突，如所有者与经营者、管理者与雇员、上级和下级、命令和服从等体现人与人之间关系等方面的内容。管理工作的这个特点就自然要求管理人员在学习借鉴中国传统管理和他国管理思想、经验时，要注意区分合乎生产力发展规律和体现生产关系内容的不同方面，注意吸取精华、排除糟粕；在实际工作中，要按社会制度、文化传统的要求和习惯，确立组织中正确的管理模式，有效地开展管理工作；要懂得和知晓，管

---

① 亨利·法约尔. 工业管理与一般管理. 周安华，等，译. 北京：中国社会科学出版社，1982：22-23.

② 卡尔·马克思. 资本论. 中共中央马克思恩格斯列宁斯大林著作编译局，译. 北京：人民出版社，2004：384.

理工作首要的任务是正确地处理好人与人的关系，特别又是管理者与被管理者的关系，这既是管理的基本常识，也是管理工作永恒的主题。

（三）管理的科学性和艺术性

管理究竟是一门科学，还是一门艺术，是管理学理论研究和实践工作中颇有争议的问题，它甚至影响到了人们对管理科学学习的兴趣和信心。但科学和正确的结论是：管理既是一门科学，又是一门艺术，是科学与艺术有机结合的产物。

管理学的科学性是对管理活动理论性的归纳、抽象和描述，往往体现的是学术知识。它突出了在社会科学领域存在着可适用于任何组织，反映组织管理工作内在规律，并能指导组织管理活动的理论体系。这些理论包含着普遍适用的管理理论、管理原理和管理方法，有一套独立于其他学科分析问题、解决问题的科学方法。如管理学教材必然按照计划、组织、领导和控制进行编写就是一个很好的例证。

管理学的艺术性是对管理实践工作中经验的概括和描述，往往体现的是经验感知。它突出了管理者在特定时间、特定背景下特定个体的个人经验，即在工作中创造性地运用管理原理，使组织经营顺应环境的发展和变化，从而取得成功的有关特定情境的知识。它突出了管理工作中强调了管理人员在工作中除了要掌握适用于自我组织类型的管理理论和方法外，还必须结合实际灵活地运用这些理论和方法，更要注意经营理念、管理思想的创新。

为什么管理学具有这样的特性呢？诸多的管理学专家较为一致的看法是：

第一，管理学是一门不精确的科学。与在给定条件下能够得到唯一结论的自然科学相比，管理学几乎不存在什么可以简单套用的定理，也几乎不存在给定的条件下，可以得出唯一结论的可能性。这里只会存在前面已提到过的"尺度"问题。例如，管理学研究的对象容易受到环境和人的因素的影响；管理学研究的对象——组织的运行，离不开运行环境的影响，这些环境因素包括政治、经济、法律、技术和文化等管理者难以控制的组织运行外部环境因素，也包括资源、文化、组织机构等管理者也不易把握的组织运行内部条件。这些本身就不确定、且极易发生变化的众多因素交织在一起，就决定了管理工作运行在不确定性极强的环境中，也就要求管理者在工作中依据基本理论、基本原理、基本方法的同时，还要大胆创新、努力探索、因势利导，才可能取得成功。管理工作的实施者和对象都是人，人最大的特点是有自己的思想，有个人的价值观念。思想和价值观念的差异会使人们面对同样的环境条件，作出不同的判断和选择；也会使人在面对不同的人时，难以使用同一种态度、同一种方式与人交往，实施管理。这些现象就如同管理理论中一些名言所描述的一样：没有最优的决策，只有满意的决策；在管理工作中，几乎从不两次使用同一原则等。

第二，管理学科具有较强的边缘性特征。管理会涉及组织中人、财、物等资源的合理配置，也会涉及组织中供、产、销等活动的科学衔接，因而管理学的研究必然要涉及诸如经济学、哲学、社会学、心理学、政治学、伦理学等理论，也必然要运用诸如数学、计算机科学、工程学等方法和技术。这也就决定了管理学的知识体系较为广博、较为宽厚，容易受到其他学科发展带来的影响，容易形成多角度、多视野的学科特色。

针对"管理工作是一门科学还是一门艺术"的问题，美国的管理学家孔茨有如下的看法："最有成效的艺术总是要对它所依据的科学有所理解，并以此为基础的。因此，科学和艺术并不相互排斥，而是相互补充的。正如物理学和生物学的发展所表明的那样，随着科学的发展，技艺也在发展。医生如果没有科学的知识，就成了巫医；而有了科学，他们就成为技术精湛的外科医生。从事主管工作的行政负责人，如果不懂理论，也不懂得由理论构成的管理知识，那么他必然是靠碰运气，靠直观或过去的经验办事；而如果有了理论知识，他们对于管理工作中出现的问题就有可能找到可行的、令人满意的解决办法。然而，仅有原理或理论知识还不足以保证在实践中取得成功，因为人们还必须懂得如何运用它们。无所不知、万事灵验的科学是不存在的，所以科学不是艺术家的万能工具。这个道理对于诊断疾病、设计桥梁或管理公司而言都是实用的。"由此可见，任何科学知识、任何理论都必须与实践相结合，都必须在与实际相结合的过程中才能发挥作用。但管理学实践性很强的特点是每一位初学管理学的人应当注意的问题。孔茨曾经说过："在运用理论或科学时常犯的通病之一，是忽视了为在总体上取得满意的结果而进行妥协或调和的必要性……另一个常犯的通病，则是不问实际情况而盲目搬用原理。"①孔茨的话不仅科学地阐释了在学习和实践中应如何处理管理工作存在的"科学性与艺术性"的问题，也辩证地讲述了在学习和实践工作中如何处理"科学性与艺术性"之间的关系。

需要注意的问题是，虽然人类的管理活动在实践中体现着以上的诸多特点，甚至构成了人们对管理学理论的质疑，但必须承认，经过一百多年的努力，对人类管理活动进行分析、总结，从而抽象而得出的管理学理论已经构建了反映人类管理活动的一般性理论，这也就是书中所介绍的管理学理论。

第二节　管　理　者

管理者（manager）就是组织中承担管理工作的人员。这一节将介绍管理者的基本职责，管理人员的素质、能力结构特点和在企业这类组织中所扮演的角色。

一、管理者

在以上的学习中已经了解到，管理者是在一个组织中，按照组织的目的，指挥他人活动的人。根据在组织中承担的责任和权力的不同，管理人员一般可分为基层管理者、中层管理者和高层管理者（见图1-3）。

基层管理者通常是作业现场的监督、管理人员。如我国生产企业中的班组长、商业企业中柜长就属于这类人员。中层管理者通常是职能层和执行层的管理人员，他们往往在管理工作中就某一方面的工作进行具体的规划和发挥参谋作用。如我国企业中的计划、生产、财务等职能部门的负责人都属于这类人员。高层管理者是组织战略决策的制定者和执行者，他们往往由董事长、总经理、副总经理等人构成。受组织规模大小、管理工作所在

---

① 哈罗德·孔茨，等．管理学．第7版．黄砥石，等，译．北京：中国社会科学出版社，1987：15-16.

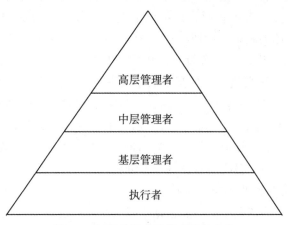

图 1-3　组织的层次及管理者的分类

的层次和其他因素的影响，管理者的知识结构、工作时间和分布、工作的内容都有很大的差距和不同。

◎ **小资料**

德鲁克谈管理者*

在一个现代组织里，如果一位知识工作者能够凭借其职位和知识，对该组织负有贡献的责任，因而能实质地影响该组织的经营能力及达成的成果，那么他就是一位管理者。

"管理者"一词，将泛指知识工作者、经理人员和专业人员，由于其职位和知识，他们必须在工作中做影响整体绩效和成果的决策。

彼得·德鲁克. 卓有成效的管理者. 许是祥，译. 北京：机械工业出版社，2005：6，8.

（一）管理者应具备的基本素质

人的素质由人的道德、知识水平和能力三个方面的内容组合构成。道德是推动个人行为的主观力量，决定着一个人工作的愿望和努力程度；知识水平体现了一个人的智能水平和状况；能力反映出一个人干好本职工作的本领，它包括完成一定工作的具体方式，以及顺利完成一定活动所必需的心理特征。道德、知识水平和能力三者共同构成了一个人的基本素质，但这三者之间并没有必然的联系。如良好的道德有利于知识水平和能力的提高，但并不能直接得出具有良好道德的人就必定具备高的知识水平和能力这样的结论，反之亦然。

早在管理科学发展的初期，科学管理之父泰罗在论及工段长的工作时就谈道："要得到一个具备多种专门知识以及为完成其全部工作所需的各方面的智力和道德品质的人极不容易，因为一个全才必须具有下列九种品德：脑力；教育；专门知识或技术知识，手艺或体力；机智；充沛的精力；毅力；诚实；判断力或常识；良好的健康情况。"① 法约尔也认为："每一种能力（指职能能力）都以下面简述的几个方面的素质与知识为基础：（1）身体——健康、体力旺盛、敏捷；（2）智力——理解和学习的能力、判断力、精力充沛、头脑灵活；（3）道德——有毅力、坚强、勇于负责任、有首创精神、忠诚、有自知之明、自尊；（4）一般文化——具有不限于从事职能范围的各方面知识；（5）专业知识——技术，或商业，或财务；（6）经验——从业务实践中获得的知识，这是人们自己从行动中吸取的教训和记忆。"② 泰罗、法约尔几乎不约而同地强调了作为一名管理者应具备一些基本的知识、能力和道德品质，概括地讲，它们包括：一般的文化和专业知识、体力、智力与经验、坚强、毅力、责任心和首创精神。

（二）管理者应具备的基本能力结构

早在管理理论建立的初期，法约尔根据当时的企业状况就对管理者应具备的基本能力结构进行了分析和研究。他指出："和每一组活动或每一种基本职能相对应的是一种专门的能力，人们将其区分为技术能力、商业能力、财务能力、管理能力等……组成能力的每一种因素的重要性都同职能的性质及职能的重要性有关。"③

表 1-1 和表 1-2 是法约尔在 1925 年出版的《工业管理与一般管理》一书④中所描述的，在大型工业企业和不同规模的工业企业中，各类人员和企业领导人必要能力相对重要性的比较表。

表 1-1　　　　大型工业企业技术职能人员必要能力的相对重要性比较表（部分）⑤

人员类别	能 力						
	管理（%）	技术（%）	商业（%）	财务（%）	安全（%）	会计（%）	总值（%）
工　　人	5	85	—	—	5	5	100
工　　长	15	60	5	—	10	10	100
车间主任	25	45	5	—	10	15	100
部门领导	35	30	10	5	10	10	100
经　　理	40	15	15	10	10	10	100
联合企业总经理	50	10	10	10	10	10	100

---

① 弗雷德里克·泰罗. 科学管理原理. 胡隆昶，等，译. 北京：中国社会科学出版社，1984：80-81.

② 亨利·法约尔. 工业管理与一般管理. 周安华，等，译. 北京：中国社会科学出版社，1982：7.

③ 亨利·法约尔. 工业管理与一般管理. 周安华，等，译. 北京：中国社会科学出版社，1982：7-8.

④ 注：法文原文 1916 年刊登在法国《矿业学会公报》（第 3 期）上，1925 年以书的形式出版.

⑤ 亨利·法约尔. 工业管理与一般管理. 周安华，等，译. 北京：中国社会科学出版社，1982：9.

表 1-2　　　　　　各种规模工业企业的领导人的必要能力相对重要性比较表①

企业类别	能　力						
	管理（%）	技术（%）	商业（%）	财务（%）	安全（%）	会计（%）	总值（%）
初级企业	15	40	20	10	5	10	100
小型企业	25	30	15	10	10	10	100
中型企业	30	25	15	10	10	10	100
大型企业	40	15	15	10	10	10	100
特大型企业	50	10	10	10	10	10	100
国家企业	60	8	8	8	8	8	100

从表 1-2、表 1-3 中可以看出以下规律："在各类企业里，下层人员的主要能力是具有该类企业特点的职业能力，而较高层的领导人的主要能力则是管理能力。"② 法约尔还得出了以下结论：

1. 工人的主要能力是技术能力。

2. 随着人的地位在等级中提高，管理能力的相对重要性也增加，同时技术能力的重要性减少。

3. 经理的主要能力是管理能力，等级越升高，这种能力越起主导作用。

4. 商业能力、财务能力、安全能力在部门领导、经理等级的人中有其最大的相对重要性。随着人的地位升高，这些能力的相对重要性在每种人的评价中不断减少并趋势向平衡。③

从表 1-1、表 1-2 中可以看出以下规律："技术能力是大型企业下层人员和小型工业企业领导人的主要能力；管理能力是较高领导层领导人的主要能力。技术能力在工业阶层占主要地位；而管理能力在上层占主要地位。"④

法约尔的最后结论是："'在各类企业里，下属人员的主要能力是具有企业特点的职业能力，而较上层的领导人的主要能力是管理能力。' 对管理知识的需要是普遍

① 亨利·法约尔.工业管理与一般管理.周安华，等，译.北京：中国社会科学出版社，1982：9.

② 亨利·法约尔.工业管理与一般管理.周安华，等，译.北京：中国社会科学出版社，1982：8.

③ 亨利·法约尔.工业管理与一般管理.周安华，等，译.北京：中国社会科学出版社，1982：10.

④ 亨利·法约尔.工业管理与一般管理.周安华，等，译.北京：中国社会科学出版社，1982：12.

的。"①

美国人凯兹（Robert L. Katz）在 1955 年发表的论文《有效管理者的技能》② 中，针对管理者的工作特点，提出了技术技能（technical skill）、人际技能（human skill）和概念技能（conceptual skill）的概念。凯兹认为，有效的管理者在工作中会依赖这三种技能。凯茨对技术、人际和概念技能的定义如下：

技术技能是指使用技术手段完成组织任务的能力，是做什么（what is done）和与事打交道（working with things）的技能。

人际技能是指在组织目标取得的过程中与人共事的能力，是一件事怎么做（how something is done）和与人共事（working with people）的技能。

概念技能是指理解受环境影响的组织复杂性的能力，是一件事为什么做（why something is done）和形成公司整体概念（one's view of the corporation as a whole）的技能。

凯兹认为，在不同组织层次担任管理工作的人员，在三种技能方面应有不同的优化组合：在较低的层次，管理人员需要的主要是技术和人际技能。在较高的层次，管理者的有效性主要取决于人际和概念技能。在组织的高层，概念技能成为所有成功管理工作中最为重要的技能。依据凯兹的理论，美国的惠伦（T. L. Wheelen）、拉基斯（G. K. Rakes）等对美国《财富》杂志罗列的银行业、工业、保险业、公共事业、零售业和运输业中最大的各 50 家企业，共 300 家公司的总裁进行了调查，调查的结果支持了凯兹的理论（见表 1-3）。

表 1-3 　　　　　　　　**管理者在不同管理层次技能的最优组合**

	技术技能	人际技能	概念技能
高层管理	17.9%	42.7%	39.4%
中层管理	34.8%	42.4%	22.8%
基层管理	50.3%	37.7%	12.0%

调查结果表明，在从基层管理到高层管理的工作中，技术技能在逐渐减弱（降低了 32.4%），概念技能在逐渐增加（增加了 27.4%），而人际技能却变化不大（增加了 5%）。这充分说明，概念技能是组织高层管理人员的重要技能，技术技能是组织基层管理人员的重要技能，而人际技能却是管理人员普遍应具备的技能。

法约尔和凯兹有关管理人员能力的理论，不仅确立了管理者应具备的能力类型，并指

---

① 亨利·法约尔. 工业管理与一般管理. 周安华，等，译. 北京：中国社会科学出版社，1982：12.

② Katz R. Skills of an Effective Administrator. Harvard Business Review, 1955, January-February：33-42.

出了在管理者地位变化的过程中自我能力变化的大致趋势，也告诉了管理者在管理工作的生涯中，应如何科学地转换自我的能力结构，以适应工作和自我发展的需要。

二、管理者的工作范围

管理者的工作范围是指管理者特定的管理行为范畴，即作为管理者，他们的主要工作是什么？他们又如何工作呢？

20 世纪 60 年代末，亨利·明茨伯格（Henry Mintzberg）对 5 位首席执行官的工作进行了仔细研究。通过研究，他发现，许多对管理者工作的研究或看法与实际有很大差距。如通常人们认为，管理者是深思熟虑的思考者，在经营决策的过程中，他们总是认真思考和系统地权衡。但明茨伯格在调查中却发现，所调查的经理们几乎很少有时间能坐下来认真思考，他们经常陷入变化很快、无一定的模式和时间很短的活动中，他们所从事的活动有一半持续不到 9 分钟，只有 10% 的活动持续时间超过 1 小时。在观察的基础上，明茨伯格提出了他所创建的管理角色（management roles）理论（见表 1-4）。

表 1-4　　　　　　　　　　　　明茨伯格的管理者角色理论

角　色	描　　述	特征活动
人际关系方面		
1. 名义首脑	象征性的首脑，必须履行许多法律性或社会性的例行义务。	迎接来访者，签署法律文件。
2. 领导者	负责激励和动员下属，负责人员配备、培训及有关的职责。	实际上从事所有的有下级参与的活动。
3. 联络者	维护自行发展起来的外部接触和消息来源，从中得到帮助和信息。	发感谢信，从事外部委员会的工作，从事其他外部人员参加的活动。
信息传递方面		
4. 监听者	寻求和获取各种内部和外部的信息，以便透彻地了解组织与环境。	阅读期刊和报告，与有关人员保持私人接触。
5. 传播者	将从外部人员和下级那里获得的信息传递给组织的其他成员。	举行信息交流会，用打电话的方式传达信息。
6. 发言人	向外界发布有关组织的计划、政策、行政、结果等。	举行董事会议，向媒体发布信息。
决策制定方面		
7. 企业家	寻求组织和环境中的机会，制定"改进方案"以发起变革。	组织战略制定和检查会议，以开发新项目。
8. 混乱驾驭者	当组织面临着重大的、意外的混乱时，负责采取纠正行动。	组织应对混乱和危机的战略制定和检查会议。

续表

角　色	描　　述	特　征　活　动
9. 资源分配者	负责分配组织的各种资源——事实上是批准所有重要的组织决策。	调度、授权、开展预算活动，安排下级工作。
10. 谈判者	在主要的谈判中作为组织的代表	参与工会进行合同谈判。

资料来源：斯蒂芬·罗宾斯．管理学．第 9 版．孙健敏，等，译．北京：中国人民大学出版社，2008：11.

从表 1-4 中可以看出，在明茨伯格的心目中，"正式的权力产生了 3 种人际角色，这三种人际角色又产生 3 种信息角色，这两类角色使管理者能够扮演 4 种决策角色。"①

1. 人际关系方面的角色。人际角色（interpersonal roles）是指所有的管理者都要履行的礼仪性和象征性的义务。它包含名义首脑、领导者、联络者三类角色内容。公司的领导参加剪彩、颁发奖品等都是名义首脑角色的体现。在组织的领导进行雇用、培训、激励、奖惩下属时，扮演的角色是领导者，而当管理者在组织内外充当联络员时，与提供信息的源头接触就成为他的主要工作。

2. 信息传递方面的角色。信息角色（information roles）是指所有的管理者在某种程度上，都从外部的组织或机构接受和收集信息。它包含监听者、传播者、发言人三类角色内容。在管理人员通过外界媒体了解公众的变化、竞争对手的谋划时都是监听者角色的体现。在组织的领导将外部的信息传递给组织的成员，起着信息传递作用时，扮演的角色是传播者。当管理者在组织充当发言人时，代表组织向外界发布有关组织的信息就成为他的主要工作。

3. 决策制定方面的角色。决策角色（decisional roles）是指所有的管理者都会在其工作岗位上参与组织决策的工作，其中按参与的角色差异，分为企业家、混乱驾驭者、资源分配者、谈判者四类角色内容。企业家是具有创新思维、战略头脑的一类人物，他在组织中常常起到寻找机会、促进变革、带领组织不断发展的重要作用。混乱驾驭者的作用是管理者为了防止组织内部出现重大问题而事先采取的控制活动。资源分配者的作用是管理者对组织的人、财、物资源进行有效的配置，提高组织资源利用效率的工作。与组织有关的利益集团（如股东、供应商、雇员、债权人等）进行谈判，确定成交条件的管理，就在组织中起到谈判者的角色作用。

后续的研究成果基本认同明茨伯格管理角色分类的理论，即管理者在组织中所扮演的角色都与自己在组织的工作职位有关，这与法约尔的看法也有一定的吻合，在规模不同的组织中，管理者在组织中扮演的角色也是不一样的。如罗宾斯认为："在组织的较高层级上，信息转播者、名义首脑、谈判者、联络者和发言人的角色更加重要；而领导者角色（按照明茨伯格的定义）对基层管理者的重要性要高于它对中高层管理者的重要性。"②

---

① 亨利·明茨伯格．管理者的工作：传说与事实．哈佛商业评论．中文版．2004，1：32.

② 斯蒂芬·罗宾斯．管理学．第 11 版．李原，等，译．北京：中国人民大学出版社，2013：11.

第三节　企业与企业管理

企业是人类所创造的一类组织，它是人类实现产业革命后的产物，比诸如国家、宗教、军队等组织出现要晚得多。虽然在本书中，所讲述的管理理论、原则、方法适合于任何一类组织，但根据当前管理理论发展的趋势，特别是人类管理思想、理论的走向，将把企业作为本书的主要研究对象。

一、企业

企业（enterprise）是人类社会中十分重要的经济组织。如前述，它的出现应归于 18 世纪的产业革命。在人类开始大规模使用机器以后，适应机器生产的组织形式——企业就逐渐发展起来了。企业是从事生产、流通等经济活动，为满足社会需要并获取利润，进行自主经营，实行独立核算，具有法人资格的基本经济单位[①]。图 1-4 是企业运行的示意图。企业的组织特性决定了企业的管理有十分鲜明的特征。

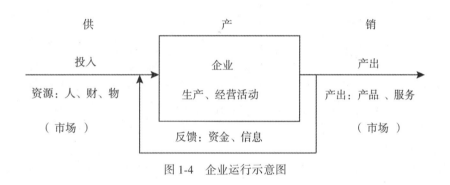

图 1-4　企业运行示意图

从这个图形可以看出，作为人类组织的一种形式，企业运行的特征主要体现在以下方面：

1. 如果将图形中方框边界内的面积看作企业管辖的范围，可以清楚地看出，企业的运行包括两类基本活动：一个是市场的经营活动，这在方框外。企业的资源要在市场获取，企业的产品（或服务）要在市场卖出；一个是企业内部的管理活动，这在方框内。企业的生产组织和服务活动的完成要在内部进行。因而，作为企业的管理人员（特别是企业的领导者）应该具备两类知识：市场运行的经营知识（如看不见的手——价格信号的作用），企业内部运营的管理知识。

2. 企业的运行是一个整体性的活动。从表面上看，企业的活动由资源和运行的管理活动组成。资源的管理活动主要是人员的招聘、资本的筹集、原材料与设备的购买，运行的管理活动主要是供应、生产和销售的匹配和衔接，任何一个部门或一个岗位不能出现影

---

① 中国企业管理百科全书编委会. 中国企业管理百科全书. 上册. 北京：企业管理出版社，1984：1.

响整体活动的"短板"现象。从更为深层次的角度看，企业是一个运行的整体，人、财、物，供、产、销都必须相互协同和协调，企业才能得到良好的运行和发展。所以说，通常对管理工作形象的比喻——"短板"现象，不仅会体现在一个部门能力的缺失形成的"短板"，更为重要的是体现在由于管理不当造成的"各打各的锣，各吹各的号"企业"整体性"缺失而形成的"短板"。

◎ 小资料

短板现象

　　短板现象是形象地借喻构成木桶的板子长短与水桶装水多少之间的关系来说明在日常管理工作中，组织的管理整体水平将由各个职能部门中管理水平最低的部门决定。更深的理解是，组织的管理整体水平由组织各个部门的协同性决定。后一个解释可用水桶必须有桶箍——确保形成整体、涂上桐油——实现紧密无间的重要作用进行阐释。

　　3. 企业是一个具有放大功能的组织。从图1-4可以看出，企业的运行实际上是一个投入-产出的过程。企业的产出应该大于投入，在产品（或服务）销售出去以后，获取的资金应该能够弥补投入的费用，生产、销售等环节的成本，以维持生产运行的进行；或获得超出成本的利润，以扩大企业的生产运行活动。德鲁克指出："企业对社会的责任是盈利，几乎同等重要的是成长的必要性。企业是为社会创造财富的器官。企业管理层必须获得充足的利润，以抵消经济活动的风险，保持创造财富的资源不受损害。"[①] 在管理的实践工作中，产出大于投入的情况将由企业的生产经营活动的效率所决定，也就是由企业管理工作的水平所决定。

　　根据企业的特点，罗纳德·科斯（Ronald Coase）在《企业的性质》中指出："上文的分析似乎弄清楚了经营和管理的关系。经营的意思是进行预测，利用价格机制和新合约的签订进行操作。而管理却正好是只对价格的变化有反应，并以此重新安排生产要素。通常，实业家具有以上两种功能。"[②] 德鲁克也认为："那么，什么是'企业管理'？根据对企业活动的分析，企业是通过营销和创新来创造顾客，因此企业管理必须具备企业家精神，而不能只是官僚作风、行政作风，甚至决策工作。"[③] 经济学家与管理学家的看法是一致的，作为企业的管理人员需要同时具备市场经营和组织管理的知识与能力。

---

①　彼得·德鲁克. 管理的实践. 齐若兰，译. 北京：机械工业出版社，2006：318.

②　奥利弗·威廉姆森，等. 企业的性质——起源、演变和发展. 姚海鑫，等，译. 北京：商务印书馆，2007：36-37.

③　彼得·德鲁克. 管理的实践. 齐若兰，译. 北京：机械工业出版社，2006：39.

二、企业管理

企业管理简单来讲，就是运用管理理论对企业开展的管理工作。具体来讲，企业管理就是对企业生产经营活动进行计划、组织、领导和控制等的管理活动。

只要有组织的存在，就必然有管理活动的发生，那为什么人们往往会在不经意中突出企业的管理工作，强调科学管理诞生的发源地在企业呢？对于这两个问题，在此首先简单地回答第一个问题，第二个问题会在第二章中重点讲解。

第一，约翰·科特（John P. Kotter）曾说过："管理与处理复杂的情况有关。管理的实践和程序主要是对 20 世纪最重要的发展之一——大型组织的出现——所作出的一个反应。如果没有好的管理，复杂的企业可能会杂乱无章，面临生存危机。"① 德鲁克也曾说过："任何讨论管理问题的书籍，都必须以工商管理为中心。""之所以要以工商管理为中心，理由之一是历史因素。工商企业是最先出现的现代机构。"② 从以上的看法中可以看出，突出管理工作在企业中的作用，与管理科学出现时所研究的组织有关，更为重要的是，企业是现代社会中最为重要的一种组织形式。

第二，工商企业是现代社会中社会财富的主要来源，是现代社会科学技术发展、社会进步的重要动力源，是各类组织中形态、组织形式、管理模式变化最大、最快的组织。美国著名的战略管理大家迈克尔·波特在研究各国竞争优势时也曾鲜明地指出："市场竞争实际上不是发生在国与国之间，而是在公司与公司之间进行。迄今为止，我不曾看到哪个国家未拥有强大的公司就能在全球经济中领先的。没有强大的公司，也就不会有持续的发展。"③ 所以，重点研究企业这类组织的管理活动，并从中抽象、提炼而成的理论会对管理理论的形成与发展产生重要影响。

第三，企业的数量庞大，在任何国家都是最大的一类组织群体。国家工商行政管理总局网站的消息显示，截至 2017 年 9 月，我国实有企业总量 2 907.23 万户，注册资本总额 274.31 万亿元；私营企业 2 607.29 万户，注册资本 165.38 万亿元；外国（地区）投资企业 52.27 万户，注册资本 23.38 万亿元。企业在每个国家的数量之大，是任何其他组织难以比拟的，所以管理理论关注企业的管理活动也就有其道理了。

依据以上的分析，在本书中，管理理论的研究将主要集中在企业管理这一领域。

本 章 小 结

1. 管理是组织中，为实现组织与环境变化的协调，组织个人目标与组织整体目标差异的协同，以人为中心，以达到提高组织运行效果和效率的社会活动。这一活动包含计划、组织、领导和控制四项基本职能。

2. 组织运行环境复杂多变，管理活动由人和围绕人进行形成了管理工作自身的特点：

---

① 约翰·科特. 领导者应该做什么. 哈佛商业评论. 中文版. 2004，1：17.

② 彼得·德鲁克. 管理：使命、责任、实务. 北京：机械工业出版社，2006：9.

③ 陈有良. 对西方跨国公司全球扩张的几点思考. 世界经济与政治，2001，5：17.

高度的灵活性、二重性、科学性和艺术性并存。

3. 管理者是在一个组织中，根据组织的目标，指挥别人活动的人。管理者按其工作的层次可分为基层管理者、中层管理者和高层管理者。根据管理者所处岗位层次和企业规模的差异，管理者所应具备的能力也有所不同。

复习思考题

1. 什么是管理？管理工作的特点是什么？

2. 如何理解荀子"分"与"义"在人类"群"问题上的重要性？在现代组织中"分"与"义"应包括哪些内容？

3. 如何正确地理解管理工作科学性和艺术性的辩证统一？

4. 为什么管理层次的高低和组织规模的大小会对管理者的能力结构产生影响？

5. 如何理解法约尔对管理工作特点所下的结论："这是一门很难掌握的艺术，它要求智慧、经验、判断和注意尺度。由机智和经验合成的掌握尺度的能力是一个管理人员的主要才能之一"？

6. 理论上要求管理者在管理工作中应努力实现效率和效果的辩证统一，结合自己的人生经历，试分析，在管理工作中，应如何实现以较高的效率达到较好的效果。

参考书目

1. 弗雷德里克·泰罗. 科学管理原理. 胡隆昶，等，译. 北京：中国社会科学出版社，1984，工厂管理篇.

2. 亨利·法约尔. 工业管理与一般管理. 周安华，等，译. 北京：中国社会科学出版社，1982，第二章.

3. 哈罗德·孔茨等. 管理学. 第7版. 黄砥石，等，译. 北京：中国社会科学出版社，第一篇的第一部分.

4. 斯蒂芬·罗宾斯. 管理学. 第11版. 李原，等，译. 北京：中国人民大学出版社，2013，第一章.

【案例分析】

新冠疫情中的武汉

2020年4月8日0：00是会在中国历史上永远载入史册的时刻，因新冠肺炎（即新型冠状病毒感染的肺炎，下同）疫情"封城"长达76天的武汉向世界宣布，从4月8日零时起，撤除武汉市交通管控卡口，有序恢复铁路、民航、水运、公路、城市公交运行，武汉开封啦。

一位在武汉市生活了70余年的老人听到这个消息不禁潸然泪下。太难了、太艰难了、太不容易了是他心中此时唯一能想到的词汇。

老人是在 2020 年元月 15 日从广东乘高铁回汉的，下车前按照女儿的叮嘱，戴上了口罩，但映入眼帘的情形却与之前的判断大相径庭，高铁站里熙熙攘攘的乘客、街上来来往往的行人很少有人戴口罩，出租车司机依然是侃侃而谈也没戴口罩。回来后的几天，去超市购物，去餐厅聚餐，到医院拿药，都鲜见人们戴口罩，甚至门诊的医生都未戴口罩。这样的状况很快就被元月 20 日国家卫健委高级别专家组组长钟南山院士在接受央视连线时明确的表态——目前可以肯定，此次新型冠状病毒感染的肺炎，存在人传人的现象——而打破。

随着武汉疫情的趋紧，武汉市新型冠状病毒感染的肺炎疫情防控指挥部于 2020 年 1 月 23 日发布了第 1 号通告：自 2020 年 1 月 23 日 10 时起，全市城市公交、地铁、轮渡、长途客运暂停运营；无特殊原因，市民不要离开武汉，机场、火车站离汉通道暂时关闭。随即，各个单位、各个居民小区开始实施封闭管理，人们的生活进入了他 70 余年从未经历过的模式。作为一位亲临这次疫情全过程的老人来说，走过来的深深感受是，在人们遇到一个突发情况、新出现的问题时，都会有一个认识、辨析的过程；与此同时也是对各级、各类组织管理水平的考察，更是对社会制度、文化价值、科学技术等的全方位检验。很欣慰的是，老人所经历、所看到的是一幅幅令人激动、难以忘怀的抗疫情景。

国家在行动

从网站的资料可以看到，武汉市卫健委第一次披露有关"肺炎疫情"的消息是在 2019 年 12 月 31 日。文中讲到："近期部分医疗机构发现接诊的多例肺炎病例与华南海鲜城有关联，市卫健委接到报告后，立即在全市医疗卫生机构开展与华南海鲜城有关联的病例搜索和回顾性调查，目前已发现 27 例病例，其中 7 例病情严重，其余病例病情稳定可控，有 2 例病情好转拟于近期出院。病例临床表现主要为发热，少数病人呼吸困难，胸片呈双肺浸润性病灶。"在 2020 年 1 月 5 日的通报中指出："截至 2020 年 1 月 5 日 8 时，我市共报告符合不明原因的病毒性肺炎诊断患者 59 例，其中重症患者 7 例，其余患者生命体征总体稳定，目前所有患者均在武汉市医疗机构接受隔离治疗，无死亡病例。在 59 例患者中，病例最早发病时间为 2019 年 12 月 12 日。"来源不明的疫情日益严重。

面对来势汹汹的疫情，中国开始了行动。

2020 年 1 月 3 日，中国向世界卫生组织、有关国家和地区组织，包括美国以及中国港澳台地区主动通报了疫情信息；7 日，中国疾控中心成功分离首株新冠病毒（即新型冠状病毒）毒株；10 日中国疾控中心将新型冠状病毒核酸检测引物探针序列信息通报世界卫生组织；世界卫生组织总干事谭德塞 11 日在瑞士日内瓦宣布，将新型冠状病毒感染的肺炎命名为"Covid-19"；12 日中国向世界卫生组织分享新冠病毒基因组序列信息；同一天，武汉市卫生健康委在情况通报中首次将"不明原因的病毒性肺炎"更名为"新型冠状病毒感染的肺炎"。

习近平同志 2020 年 1 月 7 日在中央政治局常委会会议上对新型冠状病毒肺炎疫情防控工作提出了要求；20 日，就疫情防控工作作出批示，要求各级党委和政府及有关部门把人民群众生命安全和身体健康放在第一位，采取切实有效措施，坚决遏制疫情蔓延势头；22 日要求湖北省对人员外流实施全面严格管控；25 日（正月初一），主持召开中央政治局常委会会议，对疫情防控特别是患者治疗工作进行再研究、再部署、再动员，并决定成立中央应对疫情工作领导小组；26 日（正月初二），国务院总理、中央应对新型冠状病毒感染肺炎疫情工作领导小组组长李克强主持召开领导小组会议，进一步部署疫情防控工作。27 日（正月初三），以政治局委员孙春兰副总理为组长的中央指导组，抵达武汉，具体指导武汉市、湖北省的抗疫工作。

在中央的统一指挥下，人民解放军、中央和国家部委、各省区市鼎力相助，派出340 多支医疗队、42000 多名医务人员火线驰援，19 个省区市对口帮扶除武汉以外的16 个市州，武汉市利用体育馆、展览馆，改建了 16 家方舱医院，总床位超 1.34 万张，累计收治新冠肺炎轻症患者 1.2 万名，打响了疫情防控的人民战争、总体战、阻击战。李兰娟院士、黄璐琦院士、张伯礼院士、乔杰院士、王辰院士、陈薇院士亲自带领的医疗团队，钟南山院士的团队一直在武汉与武汉的医务界并肩战斗在抗疫的第一线。

2020 年 3 月 10 日，习近平考察武汉，针对武汉市、湖北省的疫情发表了重要讲话："回顾历史，我们党在内忧外患中诞生，在磨难挫折中成长，在攻坚克难中壮大。敢于斗争、敢于胜利，是中国共产党人鲜明的政治品格，也是我们的政治优势。""我坚信，有党中央坚强领导，有全党全军全国各族人民大力支持，有全省上下众志成城、团结奋战，英雄的武汉人民一定能够彻底战胜疫情，一定能够浴火重生，一定能够创造新时代更加辉煌的业绩！"

到开封之日的 4 月 8 日，武汉市新增确诊病例 0 例，新增出院病例 45 例，新增疑似病例 0 例，累计确诊新冠病例 50 008 例，治愈出院 47 036 人。武汉的疫情阻击战取得了全面的胜利。

社区在行动

"社区"在老人的记忆中是一个较新的词汇，它与传统上的"居委会"功能相似，但也似乎有些不同。在《现代汉语词典》中社区是"城市中以某种社会特性划分的居住区""我国城镇按地理位置划分的居民区"。①

老人记得，在得知武汉市即将封城的当天去离家不远的超市购买了过年必备的肉、鸡蛋、汤圆等食品，但因抢购蔬菜的人太多，排起了长龙就放弃了购买，当时确实没有，也不会想到会出现购物困难的问题。

过年家中都会有一些食物的储备，所以生活也还过得去，但到了年后 10 天左右，家中的食品开始出现问题，特别是蔬菜、早点等食品。老师们自己组织的团购悄然兴起，老人开始还不太放心，但因生活所需参加了其他社区组织的第一次团购，其结果很是惨淡，花了两天的时间磋商、讨论，最后因供货商劳动力成本过高，取消了订单，自发的团购失败。

但这样的情况很快发生了变化，单位的超市开始了供货的团购，政府平价肉也有

---

① 中国社会科学院语言研究所词典编辑室．现代汉语词典．第五版．北京：商务印书馆，2005：1205.

了，校友捐赠的鸡蛋、方便面也送到了门口，小区、单元楼道的消杀工作也开始了，这些工作都是由过去知道，但没有给予关注的社区在组织，社区的管理员、网格员、志愿者们进行的。家中的冰箱又慢慢地被各种食物填满，宅在家的生活虽然单调，但也衣食无忧。

从网上可以看到，这样一些具体、复杂、琐碎，涉及千家万户的事情都是由社区在组织进行。如武昌区中南路街道百瑞景社区的支部书记王涯玲负责有 8 424 户、居民逾 2 万人的社区，在疫情高发时靠着无数次战胜自我的勇气，冒着被传染的危险，与同事们转运确诊或疑似病例 103 人次。武昌区中南路街办事处郭刚勇感染新冠肺炎，治愈并完成隔离后，又很快返回工作岗位。江汉区北湖街建设社区副主任徐智鹏在主要领导感染新冠住院的情况下，主动担起了社区的防疫工作。一次，接一位发热病人去就医，由于对方是残疾老人，行动不便，徐智鹏便亲手为他穿上了防护服。老人送医一周后确诊感染新冠肺炎，消息传来，徐智鹏才感到一阵后怕，但他说，"当时没想那么多。事情总要有人做，我们社区工作者就是做这事的人。"

在武汉 13 个区、7 100 多个小区的社区工作者，"下沉"到 13 800 多个网格的4.45 万名党员干部职工，就像王涯玲、郭刚勇、徐智鹏等无数个默默无闻地工作在武汉社区防疫第一线的工作人员一样，齐心协力密织社区防控"第一道防线"，成为社区防疫工作的领导者、工作者、购物者、送货员，维持着社区的运行，为千万居民的生活、社会的稳定、疫情的防控提供着基本的保障。

社会在行动

老人记得，还是在他读小学的时看过为了抢救六十一位食物中毒人民公社社员的纪录片《为了六十一位阶级兄弟》，对纪录片中的插曲直到他的古稀之年还会哼唱开头的两句："我们是社会主义大家庭，六亿人民是一个整体"，因为这是他几十年来时时处处可以感受到的动人场景。这一次震惊全国、全世界的抗疫之战再一次证明了秉承着数千年中华文化传统家国文化，在新时代思想、制度的引领下中国社会展现出的无与伦比的凝聚力与无穷战斗力。

在震惊世界，由中建三局牵头，武汉建工、武汉市政、汉阳市政等企业参建 10天就修建好的火神山医院的工程中，先后参加设计、建设、提供设备的有中元国际工程有限公司、中信建筑设计院、武汉航发集团、高能环境、东方雨虹、国家电网、亿纬锂能、华为、中国移动、中国电信、中国联通、中国铁塔、中国电子、中国信科、三一重工、中联重科、徐工机械、中国石化、三峡集团鄂州电厂、宝武钢、浙商中拓、五矿发展、中国建材、中国外运、中粮集团、中百仓储、华新股份、河北军辉、正大制管、华美节能、惠达卫浴、海湾安全、佳强节能、新兴际华、永高股份、中国一冶、麦格米特、冠龙公司、联想集团、TCL、小米、紫光、烽火通信、奇安信、卫宁健康、影联医疗、上海信投、东软集团、雅士股份、上海集成电路行业协会、昕诺飞、欧普照明、乐普医疗、汇清科技、奥佳华、猎户星空、欧亚达家居等数十家公司，以及提供物流保证、联合开通的国内及全球绿色通道的顺丰、中通、申通、韵达、EMS、阿里巴巴物流平台。向全世界全方位地展现了中国全产业链制造大国的风采。

在抗疫最为艰难的时刻，到 2020 年 3 月 17 日 12 时，湖北省累计接收全国人民捐赠资金 141.19 亿元、捐赠物资 11 155.23 万件。其中就有武汉大学校友的巨大贡献，如泰康人寿设立 1 亿元公共卫生和流行病防治基金，资助基础卫生体系建设和流行病的防治体系建设，为武汉市医护人员捐赠每人 20 万元保额的特别保险，泰康同济（武汉）医院提前开业，收纳患者，吹响了向抗疫前线冲锋的号角。小米集团向武汉市慈善总会捐赠 1 000 万元人民币，定向支持武汉市金银潭、同济、协和、人民和中南五家医院。卓尔集团前后向湖北各地捐送急需医疗物资，捐赠总额超 2 000 万元。公牛集团捐款 1 000 万元，支持湖北、浙江两省的抗疫斗争。武汉大学大纽约地区校友会在 24 小时内迅速组织起近 40 人的核心团队，募款超过 127 万美元，向湖北各医院定点送达医疗物资总价值超过 67 万美元。武汉大学校友会（欧洲）筹款超过 20 万欧元，采购医疗物资价值超过 17 万欧元，协助中国企业在欧洲采购物资超过 68 万欧元。到 2020 年 1 月 27 日，武汉大学教育发展基金会人民币银行账户共接受捐赠 683 笔，捐赠总额 15 046 563.92 元；微信账户共接受捐赠 68 205 笔，捐赠总额 11 426 804.52元；人民币银行账户及微信账户捐赠总额 26 473 368.44 元。在 2020 年 6 月 20 日武汉大学毕业典礼上，窦贤康校长讲到："我们还有许多校友企业家多方奔走、千里驰援，在疫情最危急的时刻构筑起生死时速的医用物资运送通道，武大校友捐赠总额超过 12 亿元，占武汉市接受捐赠总额的四分之一。"

还有人们难忘的因渐冻症步履蹒跚坚守在金银潭医院的张定宇院长；疫情中坚持送货的快递小哥刘文礼、李顺；为武汉医护人员募集 20 多万副护目镜，坚持为医护人员免费修配眼镜的陈庆申、陈庆丰兄弟；"逆行"给当地医护人员送出了 7 850 杯热咖啡的 Wakanda 咖啡光谷店；已经在抗疫中逝去的刘智明、李文亮等医护人员……

"所谓文化就是经过人类精神陶铸过的自然"，① 中华民族有深厚家国情怀之底蕴，深知"天下之本在国，国之本在家，家之本在身"之道理，熟知"兼相爱，交相利""出入相友，守望相助"之传统。在案例的撰写过程中，全世界的新冠疫情还没有得到控制，中国的疫情也还有局部发生，存在输入的病例，但通过此次武汉疫情的艰苦战斗，老人再一次领略到了中华文化之伟大，时代精神之力量。

（资料来源：参考人民网、光明网、凤凰网、武汉市卫健委、武汉大学网等网站的资料编写而成。）

◎ 讨论题

1. 结合案例披露的武汉抗疫的艰辛历程和习近平主席《在湖北省考察新冠肺炎疫情防控工作时的讲话》，以及自己在防疫中的亲身所见、所闻，分析中国国内疫情防控工作取得巨大成效的主要原因是什么？

2. 根据自己在第一章以及本编其他章节所学习到的知识，试分析，中国在阻击新冠肺炎疫情的防控工作中体现了哪些科学管理的思想、理论和原则？

---

① 贺麟. 文化的体与用. 北京：商务印书馆，1947：32.

第二章 管理学理论的演进

【学习目的】

在本章学习之后，你应该掌握以下内容：

1. 科学管理思想与理论的实质。
2. 科学管理思想与理论演进的主要历程，各个阶段的代表人物与思想。
3. 21 世纪管理理论发展的主要趋势。

【阅读与思考】

组织与管理

　　随着人类的进化，组织也相应发生着变化。人们发现，与他人共同工作能够放大自己的能力，从而更好地满足自己的需求。在群体中，不同的人带来了不同的技能和能力，这导致我们发现有些人比其他人更适合完成某些任务。对集体任务进行划分，也就是说，对劳动进行了分工，以便更有效地利用不同人的技能。一旦存在劳动分工，为了实现群体的目标，人们必须形成组织并协调不同的工作任务。自然而然地，群体还会将任务分级，形成一个权威或权力的层级。很可能由该群体中最强壮、最年长或最善于表达的那个人决定对其他人任务的分配，这个人就成了最早的领袖。在任何情况下，这个群体都要对做什么、如何做以及由谁做达成某种程度的一致意见。

　　在最早出现的组织中，其主要轮廓基本上体现了在整个历史发展过程中所有组织的共同元素。第一，必须存在一个目标，或者需要完成的某件事情。也许它是每年一度的浆果采摘、打猎、某种农作物的播种、保卫本集体免遭外来人的掠夺。第二，人们必须受该目标或共同意愿吸引，愿意参与进来。人们必须觉得实现这个集体目标最符合他们自己的利益。组织最重要的纽带是，人们把加入该组织作为一种满足自己需要的手段。第三，组织成员需要使用某些东西来进行工作或战斗。这些东西就是实现目标所需的资源或手段，包括组织中的人、武器、耕作工具或者任何其他东西。第四，组织成员的各种活动必须是有组织的，他们相互作用、协调一致以实现共同的目标。如果每个人各自为营，缺乏对于时机的把握和协调一致的努力，其结果将是一片混乱。最后，这个群体发现，如果能让某个人专门负责带领整个群体朝向既定目标前进，效果会更好。为了实现目标，必须有人来承担这样的工作：解决意见分歧，决定战略和时机，维持各种行为和关系的组织工作。在这里出现的管理活动与具体工作相分离的局面，成为各种类型的合作努力中至关重要的部分。管理作为一种活动一直存在，其目的是使人们的愿望通过有组织的活动得以实现。管理能够促进组织成员的努力，当人们通过寻求合作来实现目标时，管理便会出现。

人们总是参加与到各种组织中，组织也服务于人们的需求而一直存在。这些需求是多种多样的，而且通过组织活动得以实现，如满足各种经济需要，提供个人和社会期望，使知识一代代传递，保护生命和财产免收内在和外在的威胁。随着理性思考能力的不断发展，人们对于利用物质和人力资源以实现目标的艺术的理解也在不断发展。我们把这种艺术称为"管理"，而它的演变过程是我们研究的焦点。

小　结

纵观历史，在不同文化价值观念和制度的框架下，有关人、管理和组织的观点不断变化。有关如何管理的知识体系也是根据各种文化中经济、社会和政治等方面的变化而演变的。管理思想既是文化环境中的一种过程，也是文化环境中的一种产物，对它的回顾必须在这种文化框架内进行。人类与生俱来具有经济、社会和政治的需要，并寻求通过有组织的活动来满足这些需要。在个体寻求通过群体活动来满足这些需求的过程中，管理产生了。管理能够促进个体和群体实现目标。各种组织，如家庭、部落、国家、教会，在历史上都作为满足人们需求的手段而出现。人们建立组织以放大自己的专业才能，通过它来保护自己的安全，丰富自己的生活，以及满足其他多种需要。为了实现这些目的，那些有共同目标、为了满足自己的需要而被吸引加入群体的个体组成了组织。这些组织必须得到有效管理，而我们的研究将关注有关管理的观点是如何随着时间的推移而演变的。

资料来源：丹尼尔·雷恩. 管理思想的演变. 第 6 版. 孙健敏，等，译. 北京：中国人民大学出版社，2012：8-10.

以上是管理思想史的研究者丹尼尔·A. 雷恩（Daniel A. Wren）对人类管理工作本质、特点和发展过程的影响因素的概括与总结。雷恩对文化的定义是："文化是我们所有非生物属性、世代相传的特征共同继承，它包括与人类行为有关的经济、社会和政治的形式。"[①] 根据雷恩的看法，在人类进步的历程中，人类的管理活动起源很早，管理学理论是如何发展的？为什么在管理学界人们都认同科学管理思想出现的时间是 20 世纪初期呢？这是本章学习过程中需要重点思考和辨识的问题。

第一节　科学管理思想的出现

管理学界有这样基本的共识：科学管理的思想，特别是其理论体系的构建是 20 世纪的伟大事件。英国学者斯图尔特·克雷纳（Stuart Crainer）就讲过："尽管管理是在 20 世纪成熟起来的，但如果认为在 1 900 年之前不存在管理，则是十分愚蠢的想法。文明的曙光初现时，人类已经开始了管理的实践。但只有在过去的 100 年里，管理才得到认识、分

---

① 丹尼尔·雷恩. 管理思想的演变. 第 6 版. 孙健敏，等，译. 北京：中国人民大学出版社，2012：4.

析、监控和传授，才有一定的形式。20 世纪是管理的世纪。"①

一、20 世纪之前的管理

人类有组织的活动和人类的管理活动有着悠久的历史，也有过较大规模的工场生产形式。但产业革命之前的人类组织形式和管理活动主要体现在宗教活动、军队管理和国家施政上，生产活动主要依靠手工、经验传授为主要的方法。应该肯定的是，这些组织管理依据的一些原则与当今的管理思想存在差异，但这些组织管理活动所体现的思想、方法依然还是当今管理理论研讨和管理实践活动中不可或缺的瑰宝。

在圣经中就有这样的故事：摩西的岳父耶罗斯对摩西讲，你这种做事的方式不对头，你会累垮的。你承担的事情太繁重，光靠你个人是完不成的。现在你听我说，我要给你一个建议……你应当从百姓中挑选出能干的人，封他们为千夫长、百夫长、五十夫长和十夫长，让他们审理百姓的各种案件。凡是大事呈报到你这里，所有的小事由他们去裁决，这样他们会替你分担许多容易处理的琐事。如果你能够这样做事，这是上帝的旨意，那么你就能在位长久，所有的百姓将安居乐业。这一著名的故事就较为充分地体现出了分权、授权、管理层次和管理权力划分的管理思想。在建立于公元 2 世纪的罗马天主教会的组织结构中，教会的目标和教义规定得十分严格。教会的最高权威集中在罗马，权力的管理机构在近 2 000 年中基本上没有变化。这也是一个组织中集权与分权、层级划分和职能设计的实例。

古罗马从一个小城市发展成为一个世界帝国，其统治延续了几个世纪。罗马帝国的巩固，主要依靠的是严格的体制与权力层次，以及与各军政机构之间的具体分工。罗马帝国在法制和分权制方面的卓越贡献，为现代社会的法律体系建设、立法与司法的分权制都树立了典范。

古老的中国在治国、治军方面也有巨大的贡献。甚至西方学者都有很高的评价："很可能早在公元前 1000 年，远远早于孔子时代，中国的官僚制度就已经全面发展起来。实际上，孔子的哲学与同时代的法家思想是相互矛盾的。法家寻求通过法律体系进行奖赏和惩罚，以确保行为的正确性；孔子则主张培养和提高人们的道德素质来保证合作……还有证据表明，中国人早在公元元年就对劳动分工及组织的部门化形式非常熟悉。刻在一个饭碗上的一段铭文显示，该饭碗是在一个朝廷工厂中制造出来的。而在该工厂，工匠之间出现了高度专业化的劳动分工。该工厂分为三个部门：会计、安全及生产。"②中国在国家管理上在当时应该是走在世界的前列的。国家政府在很早就开始了"车同轨，书同文，行同伦"的制度建设，举全国之力修长城、铸兵器、开运河，捍卫国家安全，促进经济发展。这其中都不乏严格与科学的管理，并通过卓越的管理活动创造了迄今为止都令世界惊叹的中华文明。

四川成都武侯祠有一副清朝人赵藩撰写的对联："能攻心则反侧自消，从古知兵非好

---

① 斯图尔特·克雷纳. 管理百年. 邱琼，等，译. 海口：海南出版社，2003：1.

② 丹尼尔·雷恩. 管理思想的演变. 第 6 版. 孙健敏，等，译. 北京：中国人民大学出版社，2012：12.

战；不审势即宽严皆误，后来治蜀要深思"，这副对联是对诸葛亮治蜀、战争思想的总结，体现了中华文化谋求长远、爱好和平的思想。康熙十九年知县高以永在河南内乡县衙所撰的对联"得一官不荣，失一官不辱，勿道一官无用，地方全靠一官；穿百姓之衣，吃百姓之饭，莫以百姓可欺，自己也是百姓"充分表达了承担着一方管理责任的官员必须要思考的问题：为官的责任，民生的重要。韩非子在其《显学篇》中讲到的："猛将必发于卒伍，宰相必取于州郡"告知了提拔武将文官的基本途径是必须在有实践经验的人员中进行选拔。这些应该都是政府管理和官员自我管理思想的体现。

以上的实例告诉我们，在人类开始出现在自己的家园——地球时，人类各种类型的管理活动就开始萌芽了。也就是说，为了克服稀缺的经济资源、凶恶的敌对势力和严酷的自然环境给自身带来的威胁，我们的先辈顺应当时自我构建的各类组织的特点，逐步开始了国家、军队、宗教等社会组织的管理工作，因为有组织的活动能有效地帮助当时相对弱小的人类战胜凶恶的毒蛇猛兽和严酷的自然环境，促进稀缺资源的分配、使用，管理思想也就自然地随之而产生和发展了。

14 世纪中叶在意大利兴起、16 世纪在欧洲盛行的文艺复兴运动为欧洲资本主义的发展提供了契机。文艺复兴提倡了人文主义的精神，肯定了人的价值和尊严，倡导个性解放，反对愚昧迷信的神学思想，对长期禁锢人们的神学思想产生了巨大的冲击，为科学的发展、生产力的解放创造了条件。18 世纪下半叶，英国率先出现了产业革命。科学作为生产力，推动着各行业迅猛的发展。特别是蒸汽机、内燃机、电动机的广泛使用，从根本上改变了工业的生产模式和生产组织形式。机器的广泛使用，不仅大大地提高了生产效率，而且使传统的工业生产组织形态——作坊，一跃发展成为适应大规模机器生产的组织形式——工厂。

以市场为导向，需要以谋求利润作为生存重要条件的工厂运行机制，以现代工业大机器生产为特征的工厂管理，都对传统的管理方法提出了挑战。如工厂如何通过良好的经营和管理才能通过市场竞争，谋求利润，给投资者以回报；在成千上万的人们聚集在一个工厂工作的时候，如何有效地进行分工、调度和实施管理；在高速的生产过程中，如何保证生产的连续性、节奏性和均衡性；在产量越来越大的情况下，如何保证产品的质量、标准化；又如何在生产过程、技术标准、产品规格实现标准化后，实现人与工作的规范统一等诸多问题，都摆在了工厂管理者的面前。工厂，这类新型的社会组织形式，需要依靠市场竞争获取自我生存的经济类组织，能够简单地照搬或使用人类在几千年自我发展过程中建立起来的宗教、军队和国家的管理思想和方法吗？雷恩回答了这个问题："正在兴起的工厂制度所提出的管理问题同以前所碰到的问题完全不同。天主教会能够按照教义和信徒的虔诚来组织和管理它的财产；军队能够通过严格的等级纪律和权力结构管理大批的官兵；政府机构可以不必对付竞争或获取利润而展开工作。可是，新工厂制度下的管理人员却不能使用上述任何一种办法来确保各种资源的合理使用。"① 雷恩的总结十分有意义，他讲清了一个道理，人类建立的组织都有管理工作，但各类组织在管理过程中依据的核心理念

---

① 丹尼尔·雷恩. 管理思想的演变. 第 4 版. 赵睿，等，译. 北京：中国社会科学出版社，2000：49.

存在着重大差异。也就是说，每类组织在管理工作中凭借的原则和方法会有不同，如宗教管理凭借的是"教义"和"虔诚"，体现在精神上；军队管理依靠的是"等级"和"权力"，体现在纪律上；而政府管理少有市场的"竞争"和不谋求"利润"，体现在政治上。这也从另一个角度告诉人们，管理人员在不同的组织中要注意组织的基本性质，结合管理的一般性原理，选用可以采用的管理原则与方法。

社会发展的现实问题向人类提出了挑战，人类也为回答现实的问题，开始了对适应新型社会的工厂（随后也就称为企业）的管理工作进行研究。在研究过程中，人们在人类的历史上开始从科学的视角、理论的高度对管理实践活动和工作进行总结和研究。管理作为一种科学、一种理论、一种思想和一套系统的方法诞生了。因此，可以这样认为，虽然人们在生产、生活和战争中自发地运用了一些管理的思想、方法，也有一些认真的总结和探讨，以帮助自我的生存和发展，人们也在国家政权建设、军队训练与战斗和宗教思想传播的过程中广泛地使用了管理的思想和方法，并结合各类组织的特点，建立了一些理论和适应组织工作特点的管理制度和体系，但把管理作为一门科学进行系统的研究，从理论的高度进行概括和抽象却是近一百来年的事情。对管理思想的这一演变过程，即传统的经验管理与现代的科学管理，进行深入的了解和认识，是学习管理知识的我们应该特别注意的问题。

二、科学管理的诞生

伴随着资本义社会的进步和发展，伴随着企业组织形态的变化，以及随着其他科学技术的发展，西方管理理论也在不断地发展，出现种种不同的理论流派，这是任何一门科学发展的必然轨迹。图2-1就概括地反映了西方管理思想的发展过程和各个阶段包含的流派的大致情况。

◎ **小资料**

传统管理与现代管理的差异

"在古代世界，中世纪和现代的殖民地偶然采用的大规模协作，以直接的统治关系和奴役关系为基础，大多数以奴隶制为基础。相反，资本主义的协作形式一开始就以出卖自己的劳动力给资本的自由雇佣工人为前提。"①

——马克思

"在早期管理思想中，占据统治地位的是反商业、反成就和很大程度上反人性的文化价值观。当人们被生活地位和社会身份束缚，当君主通过中央命令实施统治，当人们被要求不考虑个人在现世的成就而要等待来世的更好命运，工业化是不可能出现的。在工业革命之前，经济和社会基本上是停滞不前的，而政治价值观是由某个中央权威作出的单方决定。虽然出现了一些早期的管理理念，但它们在很大程度上是局域

---

① 卡尔·马克思. 资本论. 中共中央马克思恩格斯列宁斯大林著作编译局，译. 北京：人民出版社，2004：384.

的。组织可以依靠君权神授、教义对忠诚信徒的号召以及军队的严格纪律来进行管理。在这些非工业的情境下，没有或几乎没有必要创造一种正式的管理思想体系。"①

——丹尼尔·雷恩

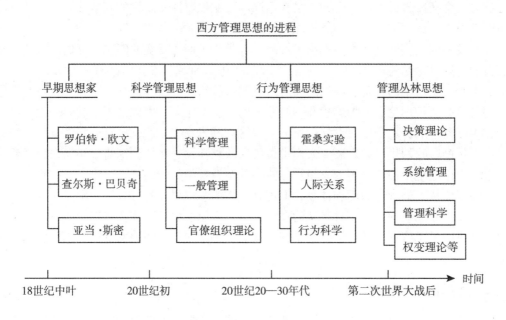

图 2-1 西方管理思想发展过程概貌

科学管理思想出现之前的早期人物有：（1）罗伯特·欧文（Robert Owen），他被人们称为"一位自相矛盾的人物"。他本人是一位颇有成就的企业家，但又是一位批判资本主义社会罪恶的空想社会主义者。他在办企业时，曾用四种不同的颜色作为对职工工作评价的标志，并把它们分别挂在工人工作的机器上，用以鼓励先进，批评落后。他也理解人的重要性，认为把钱用于改善劳动，会得到更大的回报。（2）查尔斯·巴贝奇（Charles Babbage），是英国剑桥大学著名的数学家，他十分推崇工厂中分工的作用，并认为劳动分工会大大提高生产效率。他了解到企业规模扩大会有利于资源的利用，也大力宣传协调工人与工厂主的利益，提供新的刺激方法，会有利于工人与工厂主双方的利益，并有利于工厂效率的提高。（3）亚当·斯密（Adam Smith），是英国著名的经济学家，他在研究经济学的过程中，将人类利己主义本性作为经济研究的前提，把经济现象看成是具有利己主义本性的经济人活动的结果，创立了对科学管理思想有着重要影响的经济人假设。他也曾关注过机器生产方式在英国工厂中带来的积极成果，推崇工厂中的分工。他指出："劳动生产力上最大的增进，以及运用劳动时所表现的更大的熟练、技巧和判断力，似乎都是分工

① 丹尼尔·雷恩. 管理思想的演变. 第6版. 孙健敏，等，译. 北京：中国人民大学出版社，2012：27-28.

的结果。"①

　　（一）弗雷德里克·温斯洛·泰罗的科学管理思想

　　最先突破传统的经验管理桎梏、创立科学管理理论的代表人物是美国的弗雷德里克·温斯洛·泰罗。泰罗有丰富的基层工作经验，熟悉工人的行为，并善于积极思考，因此他的主要贡献体现在对管理工作内涵的深刻阐释和解决工厂现场效率的管理上。他在1911年出版了他的研究成果《科学管理原理》，成为人类管理思想走向科学的标志，他所提倡和推行的管理思想、方法、手段被称为泰罗制（Taylorism），亦称泰罗主义。

◎ **小资料**

弗雷德里克·温斯洛·泰罗

　　弗雷德里克·温斯洛·泰罗（Frederick Winslow Taylor，1856—1915年）出生在美国宾夕法尼亚州一个十分富裕的律师家庭。他具有"迷恋科学调查、研究和实验……强烈地希望按照事实改进和改革事物"的精神。泰罗1874年因眼疾而离开了哈佛大学的法学院，到费城特普里斯水压工厂当了一名学徒，1878年学徒期满后在费城米德维尔钢铁厂当了一名普通工人。通过夜校的学习，他完成了自己的大学学业。由于他的勤奋和努力工作，在以后6年的时间他从一名工人升为职员、机工、机工班长、车间工人、总技师和总工程师，并在这期间获得了机械工程的学位。泰罗特殊的个人经历使他非常了解当时美国工厂生产效率低下的根本原因。泰罗还是一位发明家，他一生获得了40多项专利，这些专利为他带来了不少财富。

　　1915年，他在刚满59岁的第二天就因肺炎而病逝在医院中。他被埋葬在可以俯瞰他花费了几乎毕生精力工作和研究过的费城钢铁厂的小山上，墓碑上镶刻着"科学管理之父弗雷德里克·温·泰罗"的字样。

　　资料来源：丹尼尔·雷恩. 管理思想的演变. 第二版. 孙耀君，等，译. 北京：中国社会科学出版社，2002：119.

1. 管理与科学管理

　　泰罗当过工人，因而在泰罗的眼里，管理是有着特殊含义的一项工作。他认为："管理的主要目的应该使雇主实现最大限度的富裕，同时也使每个雇员实现最大限度的富裕。""'最大限度的富裕'这个词，从它广义的意义上去使用，不仅意味着为公司或老板取得巨额的红利，而且还意味着把各行各业的经营引向最佳状态，这样才能使富裕永存。""同样的道理，最大限度的富裕对每个雇员来说，不仅意味着他能比其他同级别的

---

　　① 亚当·斯密. 国民财富的性质和原因的研究. 上卷. 郭大力，等，译. 北京：商务印书馆，1994：5.

人取得更高的工资，更重要的是，还意味着能使每个人充分发挥他的最佳才能，一般来说，这样他就能以他的天赋和聪明才智去干出最佳的活计来——如果条件许可给他这类活计去干的话。""这些人的绝大多数相信雇主和雇员的根本利益必然是对立的。科学管理则恰恰相反，它的真正基础在于相信两者的利益是一致的；除非雇员也一样富裕起来，雇主的富裕是不会长久的，反之亦然；给工人他最需要的高工资和给雇主他所需要的产品的低劳动费用，也是完全可能的。"①

　　科学管理（scientific management）是泰罗经常使用的词汇。"科学管理"一词来自于协助泰罗推行管理工作改革的一些人。当时泰罗的管理方法受到了一些责难，在一次听证会前，经他人的建议，泰罗就将推行的管理方法取名为"科学管理"。泰罗当时勉强接受这一词汇，因为他担心这个词汇听起来过于科学化。后来泰罗面对国会议员的种种责难，作了如下的解释："最好不要把我的工厂管理制称为泰罗制度。我认为应当用一个全国都能够接受的普通名词比较好。许多自尊心强又能干的经理往往反对在任何用个人的名字命名的制度下工作。反之，如果采用'科学管理'这个名词就不会引起管理人员的反对。"② 这是泰罗在公开场合正式地为其管理方法正名。他认为："科学管理的实质是在一切企业或机构中的工人们的一次完全的思想革命——也就是这些工人，在对待他们的工作责任，对待他们的同事，对待他们的雇主的一次完全的思想革命。同时，也是管理方面的工长、厂长、雇主、董事会，在对他们的同事、他们的工人和对所有的日常工作问题责任上的一次完全的思想革命。没有工人与管理是人员双方在思想上的一次完全的革命，科学管理就不会存在。""这个伟大的思想革命就是科学管理的实质。"③ 他还指出："这里，另一个思想转变对科学管理的存在是绝对重要的。那就是：无论工人还是工长，双方都必须承认，对工厂内的一切事情，要用准确的科学研究和知识来代替旧式的个人判断或个人意见。这包括每项工作所采用的方法和完成每项工作所需要的时间。因此，在一切企业中，劳资双方必须实现这样的思想态度的改变：双方合作尽到生产最大盈利的责任；必须用科学知识来代替个人的见解或个人的知识经验。否则，就谈不上科学管理。这就是科学管理的两个绝对需要具备的要素。"④ 在以上的分析中，泰罗一再强调了科学管理最为重要的两大思想：在企业中，管理人员与被管理人员是平等的关系，双方的合作十分重要；在工业化的进程中，必须用科学研究和知识逐渐取代传统的、经验性的管理、生产模式。

　　从以上的简单介绍中可以看出，将泰罗视为"科学管理之父"是完全正确与合理的。

---

　　① 弗雷德里克·泰罗. 科学管理原理. 胡隆昶，等，译. 北京：中国社会科学出版社，1984：157.

　　② 弗雷德里克·泰罗. 科学管理原理. 胡隆昶，等，译. 北京：中国社会科学出版社，1984：227.

　　③ 弗雷德里克·泰罗. 科学管理原理. 胡隆昶，等，译. 北京：中国社会科学出版社，1984：228.

　　④ 弗雷德里克·泰罗. 科学管理原理. 胡隆昶，等，译. 北京：中国社会科学出版社，1984：239-240.

因为在泰罗的管理思想中，他依据人类文明的进步和企业管理的实际，提出了科学管理思想的两个伟大转变（即两个必须）：在一切企业中，劳资双方**必须**实现这样的思想态度的改变：双方合作尽到生产最大盈利的责任；**必须**用科学知识来代替个人的见解或个人的知识经验。① 与过去传统的管理思想相比，泰罗强调了管理者与被管理者的"双方合作"，从根本上否定了长期以来管理者高人一等，管理者与被管理者是两个完全不同的对立阶层，管理就是"治人"，就是"劳心者治人，劳力者治于人"的传统观点，这从根本上否定了"雇主和雇员的根本利益必然是对立的"观点，这对于协调管理人员与被管理人员乃至雇主与雇员之间水火不相容的关系大有帮助，也是泰罗所说的："他们将会明白，当他们停止互相对抗，转为向一个方向并肩前进时，他们的共同努力所创造出来的盈利会大得惊人。他们会懂得，当他们用友谊合作、互相帮助来代替敌对情绪时，通过共同努力，就能创造出比过去大得多的盈余。"② 这也从根本上否定了大生产体系中仅凭"个人的见解或个人的知识经验"实施管理或传授生产技能的传统做法，从而为科学地按大生产的需要对员工进行系统培训，为大生产培训思想、动作整齐划一的一线员工奠定了思想基础。这应该是科学管理的含义，也是过去几千年人类在组织管理工作中从未注意、从未实施过的管理思想和管理措施。

◎ 小资料

科学管理原理

泰罗提出了"科学管理原理"，明确了企业管理方应该承担的四项责任：

1. 对工人操作的每个动作进行科学研究，用以替代老的单凭经验的办法。

2. 科学地挑选工人，并进行培训和教育，使之成长。

3. 与工人们亲密地协作，以保证一切工作都按已发展起来的科学原则进行。

4. 管理人员和工人们之间在工作责任和职责上几乎是均分的，管理人员把自己比工人更胜任的那部分工作承揽下来；而在过去，几乎所有的工作和大部分的职责被推到了工人们身上。

资料来源：弗雷德里克·泰罗. 科学管理原理. 胡隆昶，等，译. 北京：中国社会科学出版社，1984：169-170.

2. 科学管理的推行

泰罗当时所面临的管理的一个重要问题是企业的效率问题，即生产现场普遍存在工人"磨洋工"的现象。他曾经当过工人，对基层员工和现场管理十分熟悉，因此他对当时工人缺乏积极性，出现影响效率的"磨洋工"现象形成的原因十分了解。泰罗认为："'磨

① 文中的加黑字体为编者所加。

② 弗雷德里克·泰罗. 科学管理原理. 胡隆昶，等，译. 北京：中国社会科学出版社，1984：239.

洋工'的原因有二。第一，由于人的天性趋向于轻松随便，这可称为'本性磨洋工'。第二，由于人与人的关系而造成的错综复杂的思想和顾虑引起的，这可称为'故意磨洋工'。"① 为解决这些问题，泰罗在工具改革、动作研究、工资制度、职能管理等方面推进和实践了自己的科学管理思想。

（1）切削实验。为掌握当时十分普遍的机械加工中体现的科学规律，泰罗在得到美国中部溪谷钢铁公司总裁的同意后开始了他的切削实验。其目的是"测定在切割钢铁时所用的工具应以怎样的角度和形状为佳，同时还要测定切割钢铁的恰当速度"。② 本以为只需进行6个月的实验工作，却持续进行了约26年，在十多台设备上进行实验工作，仔细记录了约5万次实验，把80万磅以上的钢铁切成了碎屑，测试花费了约20万美元。通过这些实验，泰罗发现了在每种情况下的回答都涉及解决一个复杂的数学问题，其中必须判断12个独立变量的影响。"形成一种科学，听来像是一项可畏的任务，事实上要对切削金属这样的科学进行充分的研究，也必然需要多年的工作。"③ 经过科学的实验，泰罗掌握了切削的基本规律，将切削工作的过程从简单的经验总结上升到了科学、系统的分析，并依据研究和分析的结果进行推广。

（2）铲掘实验。泰罗在钢铁厂看见，虽然工人用铁锹铲运的炼铁原料有比重不一样的铁矿石、石灰石、煤等，但现场的铁锹却只有一种。工人用这种铁锹铲铁矿石时重量会达到30磅，而铲煤屑仅仅为4磅，这就出现了"在前一种情况，工人超负荷，以至于干不了一整班的活；而在后一种情况，由于负荷低到了荒唐的程度，显然也不可能干满一天的工作量"。④ 泰罗又开始了现场实验，在观察了一段时间后发现，一个头等的工人在保持正常体力的情况下完成一天最大工作量，每锹的重量大约为21磅。于是，在泰罗的建议下，钢铁厂的现场出现了8~10种不同类型的铁锹，"每种锹只适合于铲掘某一种特定的物料"。通过精心的设计，其他类型的工具也出现在了工具房。通过这样的工具改革和相应的组织调整，原来需要400~600名工人负责铲掘工作的钢铁厂，人员减少到140人。铲运1吨的平均费用由0.072美元减少到0.033美元，一年可以节省7.5万~8万美元。科学又一次战胜了经验，科学管理取得了成功。

（3）人员挑选。泰罗认为，由于人在智力、体力等方面存在差异，应该将合适的人安排到合适的工作岗位上去。这也就是他视为科学管理原则的"科学地挑选工人"。泰罗在美国的伯利恒钢铁公司利用这一思想进行了一次非常成功的科学实验。在伯利恒钢铁公司，泰罗遇到了由一名出色的工长领导的搬运队。经过观察，泰罗惊奇地发现，这个搬运

————————————

　① 弗雷德里克·泰罗. 科学管理原理. 胡隆昶，等，译. 北京：中国社会科学出版社，1984：29.

　② 弗雷德里克·泰罗. 科学管理原理. 胡隆昶，等，译. 北京：中国社会科学出版社，1984：203.

　③ 弗雷德里克·泰罗. 科学管理原理. 胡隆昶，等，译. 北京：中国社会科学出版社，1984：204，209.

　④ 弗雷德里克·泰罗. 科学管理原理. 胡隆昶，等，译. 北京：中国社会科学出版社，1984：188.

队每天的人均搬运量为 12.5 吨，但泰罗了解到，一个优秀的搬运工每天的搬运量应该为 47~48 吨。经过调查，泰罗选中了一个叫施密特的工人，他的特点是身体好，每天搬运完下班后显得依然十分轻松并对收入比较敏感。经过交谈，施密特同意参加实验，条件是：在完成工作后，可以拿到 1.85 美元的工资，比过去的 1.15 美元多 60%。果然，在泰罗的科学安排下，第二天，施密特就将 47.5 吨生铁搬运完毕。泰罗随后也修改了生产任务定额。泰罗认为，在构成科学管理中心环节的四个方面，这一成功的科学试验对其中的三方面进行检验：第一是精心挑选工人，第二和第三是先诱导工人，之后是对其进行训练和帮助，使之按科学的方法去干活。"

这是一些用科学的方法取代经验，并大大提高生产效率的精彩实例。泰罗还在工资计算、动作研究等方面做出了科学的创新，同样取得了成功。泰罗在回顾这些成功实验时谈道："可看出成果是联结在以下几点上的：（1）以一种科学去替代工人的个人判断；（2）不是听由每个工人以任意的方式去自己选择操作方法和进行自我培养，而是对每个工人进行研究、教育和培训，可以说是经过实验之后科学地选择并培养出来的；（3）管理部门和工人的密切协作，两者一起按已形成的科学规律干活，而不是把每个问题交给个别工人去解决。"①

3. 对泰罗科学管理的评价

综合上述的分析可以看到，泰罗科学管理思想的推行，不仅在管理思想上有很大的突破，而且体现了那个时代的科学精神：需要通过实验、选择样本、收集数据，对研究的问题进行分析和探索，所以人们说"泰罗是他所在时代的产物"。② 科学管理在推行的过程中也碰到过许多困难和挑战，但作为一种顺应生产力发展的科学思想还是在许多国家或地区得到了成功，并为这些国家或地区企业管理水平的提高、生产力的发展打下了坚实的基础。

（1）德鲁克的评价。德鲁克在 1990 年撰写的文章《从资本主义到知识社会》中对泰罗做出了极高的评价。在文章中，德鲁克以称赞的口气评价道："泰罗的动机不是效率，不是为所有者创造利润。到他临死的时候，他仍然坚持生产率的主要受益人必须是工人，而不是所有者。他的主要动机是创造一个所有者和工人、资产阶级和无产阶级在生产率上有着共同利益的社会，能建立一种将知识应用于劳动的和谐关系。"③ 德鲁克认为，泰罗认为劳动可以被研究、被分析，可以被分解为一系列简单的动作，每一个动作就必须按正确的方式、以最恰当的时间和使用最好的工具，而最大的贡献就在于建立在此基础上的工人培训。德鲁克分析到，在泰罗将知识应用于劳动之后，美国的生产力几乎开始以每年 3.5%~4% 的速度上升，18 年左右就可以增长一倍。从泰罗推行科学管理到德鲁克写文章

---

① 弗雷德里克·泰罗. 科学管理原理. 胡隆昶，等，译. 北京：中国社会科学出版社，1984：209.

② 转引自陈春花. 泰罗与劳动生产效率——写在《科学管理原理》百年诞辰 [J]. 管理世界，2011，7：164-168.

③ 达尔·尼尔. 知识经济. 樊春良，等，译.. 珠海：珠海出版社，1998：50.

之际，生产效率在所有发达国家增长了近 50 倍。相对于生产力的发展，人们的购买力也增强了近 25 倍。社会的进步还体现在工作时间的缩短上。由于生产效率增加了 50 倍，发达国家工人一年的工作时间，美国工人只有 1 850 小时，德国工人只有 1 600 小时，而在1910 年，工人的工作时间不少于 3 000 小时。与此同时，工人的收入却大幅度提高，到1990 年，美国、德国、日本的工人，一周工作 40 个小时，一年的税后工资收入可达到45 000美元，"这大约是今天美国便宜小汽车价格的 8 倍"①。随着知识的普及、生产效率的提高、先进设备的使用，大量的蓝领工人成为白领工人。德鲁克的赞扬肯定了泰罗在管理思想和发展历程中做出的伟大贡献。

（2）推行过程中的挑战。虽然泰罗的科学管理思想体现了科学，但由于泰罗管理理论自身也存在着缺陷和不足，例如他构建的管理理论基本上是以"经济人"的假设为前提，加上受当时社会客观现实条件和人们主观认识局限的影响，泰罗的理论和做法在当时并没有广泛地得到人们的承认和实施。如在推行中，工厂的资本家认为，泰罗的做法会增加他们的生产成本、有损他们的权威，因而普遍持反对的态度；工人，特别是工会组织认为，泰罗的做法会损害工人的利益，削弱工会组织的影响，同样也持不合作的态度。1909年，工会组织与泰罗思想信奉者之间的冲突达到了最激烈的程度，以至于美国国会要泰罗到国会作证，解释何为在美国全国闹得沸沸扬扬的"科学管理"。为平息社会不满情绪的增长，国会甚至通过了制止在军工企业和政府企业采用泰罗管理方法的法律。这项法律直到 1949 年才被撤销。

（3）列宁的评价。针对泰罗对管理科学的巨大贡献及存在的问题，列宁在《苏维埃政权的当前任务》一文中做了科学的评价。列宁指出："资本主义在这方面的最新发明——泰罗制——也同资本主义其他一切进步的东西一样，有两个方面：一方面是资产阶级剥削的最巧的残酷手段，另一方面是一系列的最丰富的科学成就，即按科学来分析人在劳动中的机械动作，省去多余的笨拙的动作，制定最精确的工作方法，实行最完善的计算和监督制等等。苏维埃共和国在这方面无论如何都要采用科学和技术上一切宝贵的成就。社会主义实现得如何，取决于我们苏维埃管理机构同资本主义最新的进步的东西结合的好坏。应该在俄国研究与传授泰罗制，有系统地试行这种制度并且使它适应下来。"② 列宁的评价值得我们深思，不仅分析极为深刻，也充分体现了一位领袖虚怀若谷的胸怀和接受新生事物的卓越思想。

（二）亨利·法约尔的科学管理思想

亨利·法约尔是法国人。他对管理学理论的伟大贡献是系统地构建了管理的理论体系、原则与相关概念，成为管理学理论的奠基人、构建者和管理过程学派（management process school）或运营方法（operational approach）的创始人。

1. 管理概念的构建

---

① 达尔·尼尔. 知识经济. 樊春良，等，译. 珠海：珠海出版社，1998：54.

② 列宁. 苏维埃政权的当前任务//列宁. 列宁全集. 第34卷. 中共中央马克思恩格斯列宁斯大林著作编译局，编译. 北京：人民出版社，1985：170-171.

　　法约尔与泰罗在管理研究上的差异主要体现在研究的对象上，由于法约尔一开始在企业就是从事较为高层次的工程技术工作和管理工作，而且较快地成为大企业的高层管理人员，他把更多的注意力放在了对管理工作、活动的一般性描述、概念构建和理论体系建设上。

◎ **小资料**

亨利·法约尔

　　亨利·法约尔（Henri Fayol, 1841—1926 年）出生在法国的一个实业家家庭，1858—1860 年在圣艾蒂安国立矿业学院读书。1860 年毕业后至 1888 年，他在科芒特里-富香博-德卡斯维尔公司担任工程师，并在工作中逐渐显示了他的管理才能。1888 年，该公司的财务状况极为困难，公司几乎濒于破产，法约尔被任命为总经理。到 1918 年法约尔 77 岁退休时，公司的经营状况已大大改观。法约尔在科芒特里-富香博-德卡斯维尔公司工作期间就开始了管理的研究工作。1900 年，他向"矿业和冶金协会"的会议提交了管理研究论文，开始系统地阐述他的管理思想。在 1908 年的矿业学会五十周年大会上，他提交了论文《论管理的一般原则》；1916 年，他在矿业学会公报上发表了著名的管理著作《工业管理与一般管理》。1918—1925 年，法约尔致力于普及自己的管理理论。在此期间，法约尔主要从事了两项工作。第一项工作是创办一个管理学研究中心。第二项工作是试图说服法国政府对管理原则进行关注。

　　可能是因为自己工作的体会和经验，法约尔认为企业的全部活动分为六组，分别是：技术活动（生产、制造、加工）；商业活动（购买、销售、交换）；财务活动（筹集和最适当地利用资本）；安全活动（保护财产和人员）、会计活动（财产清点、资产负债表、成本、统计等）和管理活动（计划、组织、指挥、协调和控制）。他认为："不论企业的大小，复杂还是简单，这样的六组活动（或者说基本职能）总是存在的。"[①]

　　法约尔认为，技术活动是指企业的生产、创造和加工等企业职能。他指出，技术职能并不是全部职能活动中最主要的，即使在大型工业企业里也有这样的情况，即其他职能可以对企业的发展有比技术职能大得多的影响。商业活动是指企业的购买、销售和交换等企业职能。懂得买与卖与懂得很好地生产同样重要。商业能力除了策略和决策，还应包括长远的预测能力。财务活动是指企业筹集和最适当地利用资本等企业职能。没有财务职能，企业什么事都做不成。为获得资本、适当地利用可用的资金并避免轻率地承担义务，必须有完善的财务管理。安全活动是指企业保护企业财产和人员等企业职能。这项职能的任务

---

① 亨利·法约尔. 工业管理与一般管理，周安华，等，译. 北京：中国社会科学出版社，1982：2.

有预防偷盗、火灾，消除罢工、行凶暴行等。会计活动是指企业的财产清点、资产负债表、成本、统计等企业职能。会计活动能使人随时了解企业处于什么状况，并向何处发展。管理活动包括企业的计划、组织、指挥、协调和控制活动的企业职能。法约尔认为："前五组活动我们很熟悉。几句话就足以区分各组的范畴，而管理活动需要更多地说明问题。"① 他指出："前述五项职能活动都不负责制定企业的总经营计划，不负责建立社会组织，也不负责协调和调和各方面的力量和行动。管理的活动不属于技术、商业、财务、安全以及会计职能的权限。它们组成了另一种职能，人们习惯叫它'管理'。"② "管理，就是实行计划、组织、指挥、协调和控制；计划，就是探索未来、制订行动计划；组织，就是建立企业的物质和社会的双重结构；指挥，就是使其人员发挥作用；协调，就是连接、联合、调和所有的活动及力量；控制，就是注意是否一切都按已制定的规章和下达的命令进行。"③ 十分清楚，在法约尔眼里，管理活动的基本特点是：它是一类负责企业总体经营、协调力量和资源的活动；它不像其他五类活动容易被人观察到；它既不是一种独有的特权，也不是企业经理或企业领导人的个人责任，管理职能与其他职能的差别就在于，管理职能主要是与人打交道。它同别的基本职能一样，是一种分配于领导人与整个组织成员之间的职能。

2. 管理的原则

在《工业管理与一般管理》一书中，法约尔为企业管理工作制定了 14 条管理原则，这是他对管理理论的又一大贡献。法约尔认为，企业管理工作中需要制定原则的原因是："乍一看来人们可能会惊奇：永久的道德原则、十诫法、教会的戒律……对于管理者来说，还不是足够的指南，他不需要一个专门的法规。应该这样解释，道德与宗教的高级法则一般只是为了个人或一些不属于这个世界的利益，而管理原则一般是为了团体的成功或经济利益的满足。"④ 法约尔挑明了组织管理工作最为重要的特点，即在一般的组织中，特别在谋求经济利益的企业的管理工作中需要注意的是，当人们发觉自己的个人能力有限而参加一个组织后，人们的个体目标往往不会与组织的目标一致，如何将组织中个人分散的目标统一，实现组织的目标是管理工作最大的难题，这既不能简单地依靠个人的道德，也不能依靠上帝的旨意，唯一能发挥作用的就是真正地实现科学管理。

---

① 亨利·法约尔. 工业管理与一般管理. 周安华，等，译. 北京：中国社会科学出版社，1982：2.

② 亨利·法约尔. 工业管理与一般管理. 周安华，等，译. 北京：中国社会科学出版社，1982：4-5.

③ 亨利·法约尔. 工业管理与一般管理. 周安华，等，译. 北京：中国社会科学出版社，1982：5.

④ 亨利·法约尔. 工业管理与一般管理. 周安华，等，译. 北京：中国社会科学出版社，1982：50.

◎ 小资料

管理职能的特点与内涵

"'管理'不是一种独有的特权，也不是企业经理或企业领导人的个人责任。它同别的基本职能一样，是一种分配于领导人与整个组织成员之间的职能。"

"管理职能只是作为社会组织的手段和工具。其他职能涉及原料和机器，而管理职能只是对人起作用。"

"在管理方面，没有死板和绝对的东西，这里全部是尺度问题。我们在同样的条件下，几乎从不两次使用同一原则，因为应当注意到各种可变的条件，同样也应注意到人的不同和注意许多其他可变的因素。"

"原则是灵活的，是可以适应于一切需要的，问题在于懂得使用它。这是一门很难掌握的艺术，它要求智慧、判断和注意尺度。由机智和经验合成的掌握尺度的能力是一个管理人员的主要才能之一。"

资料来源：亨利·法约尔. 工业管理与一般管理. 周安华，等，译. 北京：中国社会科学出版社，1982：22-23.

在以上14条管理原则中，有的涉及管理人员需要自律的责任与权力、纪律的把握，也有的涉及管理工作中需要认真对待的统一领导、统一指挥、集中、公平、人员稳定、首创精神、人员团结等问题。我们可以从法约尔列举的14条原则中感受到，在管理很神圣、管理到处有、管理很简单、管理挺深奥的诸多评说中，做好管理工作是不容易的，因为这里既有对管理工作的要求，更有对管理人员人格魅力的要求。前者不易，后者更难！为什么要总结和提出管理14条原则？法约尔的回答是："没有原则，人们就处在黑暗和混乱之中；没有经验与尺度，即使有最好的原则，人们就处在黑暗和混乱之中；没有经验与尺度，即使有最好的原则，人们仍将处于困惑不安之中。原则是灯塔，它能使人辨明方向：它只能为那些知道自己目的地道路的人所利用。"①

管理工作与人打交道的特征十分明显，也时时与复杂的工作环境打交道，所以管理活动中充满着艺术与尺度的问题，这是法约尔的发现，但法约尔却没有因为他看到了这一普遍和深刻的问题而否定管理教育的重要性，他着重指出了："是不是这是因为管理能力只能从业务实践中得到呢？我相信这是人们所提出的理由。但这是不成其为理由的。实际上，管理能力可以也应该像技术一样首先在学校里，然后在车间里得到。"② 法约尔也认识到，在学校里缺少管理教育的真正原因是缺乏有关管理的理论。没有理论就不可能有教育。然而，还没有从广泛的讨论中得出普遍承认的管理理论。他也认为，他之所以写《工业管理与一般管理》一书，就是希望能够启发大家，提出中肯、有价值的评论，涓涓

---

① 亨利·法约尔. 工业管理与一般管理. 周安华，等，译. 北京：中国社会科学出版社，1982：45.

② 亨利·法约尔. 工业管理与一般管理. 周安华，等，译. 北京：中国社会科学出版社，1982：18.

细流汇成江河。他建议，管理教育应该普及：在小学里是初级的，在中学里稍广阔一些，在高等学校应是发展性的。

4. 对法约尔的评价

法约尔是伟大的，他通过自己的管理工作实践，用十分浅显和通俗的道理概括了管理工作的基本概念、重要性、特点、要素与执行过程的基本原则，奠定了管理学理论的基础和框架。更为重要的是，法约尔完成了一门科学需要的抽象、升华和形成理论架构的过程。在他之后，虽然许多后继者还在努力地推进着管理学理论的发展，但可以肯定地说，迄今为止，还没有任何学者能在管理学理论的架构上突破法约尔设计的理论框架，超越法约尔提出的基本概念和在管理工作中必须遵守的基本原则。

1979 年，皮埃尔·莫兰在为法约尔《工业管理与一般管理》撰写的题为《亨利·法约尔的现实性或失去的机会》一文中对法约尔作出了高度的评价。他说道："可能最好的证明就是：管理的发明者是个法国人。他在 19 世纪后半叶构思并确定了的思想直到 20 世纪 60 年代才被美国工商管理学院重新采用得到承认。这种反常现象应当引起重视，而究竟谁是创始者也应得到纠正。"① "今天，他们承认他是第一位'对管理理论进行综合性陈述'的人。如同他们所解释的，两位伟大的管理理论家差不多是在同一时期建立起他们的理论，一位是从上层建起，那是法约尔；另一位从基层，他是泰罗。"② 斯图尔特·克雷纳在总结百年以来管理思想发展时也赞誉道："法约尔的管理理论——行政管理理论有着惊人的生命力。随着时间的流逝和学科的发展，许多雄心勃勃的理论都衰亡了；而法约尔的理论仍被认为是基本正确的。你只要注意到最权威的管理证书名称'工商管理硕士'（Master of Business Administration）中存在 Administration 这样的字眼，就可以知道法约尔的影响力。"③

（三）官僚组织理论

马克斯·韦伯（Max Weber，1864—1920 年）与泰罗和法约尔是同一时代、在组织理论上有着特殊贡献的德国学者。他研究的主要领域是在社会学、政治学，而不在管理学。他在管理学术上的贡献主要体现在对资本主义社会的研究、分析中对组织问题的探索。韦伯在构建的组织理论中提出了"官僚制度"的组织概念，即由"官职或职位来进行管理"④ "社会及其组成部分，更多的不是通过契约关系或者道德一致，而是通过权力的行使而被聚集在一起。"⑤ 韦伯的组织理论主要由理想的行政组织、权力的分类和理想行政组织的管理制度三个部分构成⑥。十分明显，韦伯的组织理论深受德国的社会文化、行政

① 亨利·法约尔．工业管理与一般管理．周安华，等，译．北京：中国社会科学出版社，1998.1.

② 亨利·法约尔．工业管理与一般管理．周安华，等，译．北京：中国社会科学出版社，1998：9.

③ 斯图尔特·克雷纳．管理百年．邱琼，等，译．海口，海南出版社，2003：6.

④ 丹尼尔·A. 雷恩．管理思想史．第 6 版．孙健敏，等，译．北京：中国人民大学出版社，2012：173.

⑤ 弗兰克·帕金．马克斯·韦伯．刘东，等，译．南京：凤凰出版传媒集团，译林出版社，2011：70.

⑥ 郭咸刚．西方管理学说史．北京：中国经济出版社，2003：167-171.

管理体制的影响。"普鲁士体制有中央集权的详尽物质要求和后勤规划，有无尽烦琐的规则，有严格标准化的操作程序，有对职能管理设计的忠心不二，还把任务分拆成最简单的步骤。"①

　　被认为贯穿韦伯政治社会学的主导思想是："在最宽泛的意义上，统治乃是社会行动之最重要的要素之一。当然，并非社会行动的每一种形式都揭示了一种统治结构。但是，在形形色色的社会行动中，统治都扮演了一个重要的角色，即使是在乍看上去这种情况并不明显的地方……社会行动的一切领域都无一例外地、深深地受着统治结构的影响。"②韦伯认为，在组织中，组织的成员服从领导者的机理（韦伯将其称为"统治的基本合法性"）主要有三种类型：传统型（traditional）、超凡个人魅力型（charismatic）和法理型（legal-rational）。其差异体现在组织中服从的基础（见表2-1）。显然，韦伯对官僚组织"统治"的分析与组织运行的机理、权力的来源、权威的形成有关，这也就是为什么韦伯这位社会学的著名学者在管理学理论中有他独特地位的原因。

表 2-1　　　　　　　　　　　　统治类型与服从基础比较表

统治类型	服从所要求的基础
传统型	服从我，因为我们的人民一直这样做
超凡个人魅力型	服从我，因为我能改变你们的生活
法理型	服从我，因为我是你们法定的长官

　　资料来源：[英] 弗兰克·帕金. 马克斯·韦伯. 刘东，等，译. 南京：凤凰出版传媒集团，译林出版社，2011：78.

　　官僚制度通常被人们视为一个贬义词，但雷恩认为在评价韦伯时，应该注意以下四个方面的问题：第一，韦伯使用"官僚制度"这个术语不是讽刺和贬低，而是用来描述最现代、最有效率的组织形式。第二，官僚制度是一种理论，在现实中并不存在。第三，官僚制度是基于法定（legal）的权力，与此对应，还有基于传统（tradition）和超凡魅力（charisma）的权力。法定权利来源于规则与其他控制措施。下属的服从不是某一个人，而是一个职位拥有的非个人化的权力。第四，人们需要有效率地进行组织，这种需求与文化无关③。官僚制度的优点主要是劳动分工、管理层级、正式选拔、职业定位、正式的规则以及其他控制措施、非个人化提高了组织的效率。缺点是组织有效性的降低，应对变化的困难，部门间的推诿和消极工作的出现。

　　韦伯对管理理论的贡献主要在于他对官僚主义组织体系的研究分析。"实际上，在今天的社会，我们认为理所当然的所有好处——现代医学、现代科学、现代工业——都建立

---

① 斯图尔特·克雷纳. 管理百年. 阎佳，译. 北京：中国人民大学出版社，2013：70.

② 马克斯·韦伯. 经济与社会//弗兰克·帕金. 马克斯·韦伯. 刘东，等，译. 南京：凤凰出版集团译林出版社，2011：70.

③ 丹尼尔·A. 雷恩. 管理思想史. 第6版. 孙健敏，等，译. 北京：中国人民大学出版社，2012：173-174.

在官僚主义的基础之上。从这个意义上讲，韦伯的观点已经非常成功地经受了时间的检验……人们认可韦伯对发展官僚制度的原则作出的贡献，尊称他为'组织理论之父'。"①

在这一时期，对管理理论和实践作出重大贡献的还有亨利·甘特、弗兰克·吉尔布雷思夫妇、亨利·福特等一批人。

亨利·甘特（Henry Gantt）曾是泰罗的同事，因而在管理理论方面的建树多受泰罗的影响。如他所研究改进的任务奖金制度，起于泰罗的差别工资制，但又有所改进，而被称为"计件奖励工资制"。在计划工作的安排上，甘特发明了用水平线条表示时间和工作进度，不同的颜色表示计划与实际工作进展状况的线条图（俗称"甘特图"）。

弗兰克·吉尔布雷斯夫妇（Frank Gilbreth，Lilian Gilbreth）是一对从事科学管理研究的夫妇，他们在管理科学领域中的共同研究与伴侣生活，被人称为类似于物理学界的居里夫妇。当过建筑工人的弗兰克·吉尔布雷斯通过现场观察和潜心的研究，将传统的砌砖动作由 18.5 个减少到 4 个，工人们每天的砌砖量也由 1 000 块增加到 2 700 块。受到过良好教育的莉莲·吉尔布雷斯在 37 岁获取了博士学位，她不仅与她的丈夫密切配合，在生产管理上有所创造，在后续的工作中还开创了管理心理学研究的先河。

亨利·福特（Henry Ford）是一位著名的企业家。他的主要成就是利用汽车工业的生产特点，在 1913 年创立了全世界第一条汽车流水装配线。这种流水作业法后来被称为"福特制"。这种制度是在推行标准化的基础上进行大批量生产，并使所有工序实现机械化和自动化，成为劳动生产率很高的一种生产组织形式，从而大大地提高了生产效率，降低了生产成本。先进生产方式的推行使福特汽车公司一举成为当时全美、全球最大的汽车生产公司。

（四）科学管理阶段的特点

从前面的介绍中可以看出，经过泰罗、法约尔、韦伯、甘特、吉尔布雷斯夫妇、福特等人的不懈努力，科学管理的基本思想、基本概念和基本理论框架已经确立和完善，并在实践中得到了检验，取得了成功。与传统的管理思想相比，科学管理阶段的最大特点是：管理理论围绕着解决人类社会新型组织——工厂的管理问题，形成了较为完善的分析、研究框架。管理的基本概念与特征、管理学理论的理论体系已经明确和形成；已经开始改变人类历史上长时期鲜明体现的"治人"和"人治"的传统管理观念，注意到在管理工作中管理人与被管理人之间的协同与平等；人们已将管理作为一门科学去看待，开始摆脱经验主义的影响，强调通过大量的科学试验去验证如何实施管理；用体现科学规律的管理模式去替代经验主义的管理模式，并得到了社会的承认和关注。与此同时，受当时传统势力的限制与影响，不少在当时已经建立的先进管理思想、理论还未能得到全面的实施和发挥应有的效果，也具有时代的印记，但这一代人开创性的研究成果，以及对管理科学理论和方法的构建在人类的文明史中是不可磨灭的。

---

① 丹尼尔·A. 雷恩. 管理思想史. 第 6 版. 孙健敏，等，译. 北京：中国人民大学出版社，2012：176.

第二节　西方管理思想的演进

科学管理思想诞生以后，随着西方发达国家科学技术、经济的发展，特别是第二次世界大战结束后，各类组织，包括企业都取得了长足的进步。适应各类组织需要，各类学科的迅速发展，以及对管理学科自身发展的研究和探讨，使各类管理理论和思想顺应时代的要求应运而生，迅猛地得到发展。

一、行为管理思想

组织行为是研究组织中人的心理和行为规律从而增进组织有效性的科学。组织由人构成，且人是人类组织中不能再细分的最小单位，组织的管理工作始终都要与人打交道，要集合、协调各类人员去实现组织的目标，因而诸多的管理学理论的研究者自然地会将目光集中到人这样一个组织构成的最为基本的单元主体上。

（一）行为管理思想早期的倡导者

在行为管理思想早期的研究中，最为突出的是罗伯特·欧文、明斯特伯格、福莱特等人。欧文是一位空想的社会主义者，受他哲学观念的影响，他很早就告诫企业经营者，要关心组织的人力资源财富。他曾说道："……你们将发现，我在进行管理的伊始就把人口（劳动大军）看成是……一个由许多部分组成的系统，而把这些部分结合起来，这是我的责任和兴趣所在，因为每一个工人以及每根弹簧、每根杠杆、每个车轮都应有效地合作，以便为工厂主带来最大的钱财收益……那么如果你对极为重要的构造更为奇特的机器（人力资源）给予相同的注意的话，什么样的结果不可以期望取得呢？"① 这段话明确地表明了欧文在管理工作中对人的重视和关心。雨果·明斯特伯格（Hogo Munsterberg）是工业心理学的创始人。他出生在德国，1892 年在哈佛大学建立了他的心理学试验室。1913 年明斯特伯格出版了他的著作《心理学与工业效率》一书，这本书共包括三部分：（1）最最合适的人；（2）最最合适的工作；（3）最最理想的效果。该书分别研究了辨识具备最适合从事人们所要做的工作的心理品质的人的必要性；寻找确定在什么样的"心理条件"下才能够从每一个人那里获得最大的、最令人满意的产量；对人的需要施加符合实际利益的影响的必要性。玛丽·福莱特（Mary Follett）是公认最早发现应当从个人和群体行为的角度考察组织的学者之一。福莱特是一位美国的社会哲学家，她认为，组织应该基于群体道德而不是个人主义，个人的潜在能力只有通过群体的结合才能得以释放。作为一名管理者，其重要的任务是调和与协调群体的努力，管理者重要的任务是调和与协调群体的努力，管理者应把自己看成是合作者。管理者在日常的工作中应当更多地去依靠他的知识和专长去领导群众，而不要仅仅去依靠自己的职位和相应的权力。从年代上讲，福莱特属于科学管理时代；从哲学知识方面讲，她是社会人时代的一员。她同这两个时代都有联系。她既把泰罗的许多想法加以概括，又预测到霍桑实验研究人员的许多结论，从而

---

① 丹尼尔·雷恩. 管理思想的演变. 第 2 版. 孙耀君，等，译. 北京：中国社会科学出版社，1986：72.

她的工作成为两个管理时期之间的过渡环节，她自己则成为这两个管理时期之间的一个过渡性人物。

（二）霍桑实验

霍桑实验（Howthorne Studies）是在美国西方电气公司（Western Electric）伊利诺依州西塞罗的霍桑工厂中所做的一项实验，始于1924年。实验设计的主要思想是，希望通过实验检验工作环境与生产效率之间的关系。但实验的结果却出人所料，在实验组和对比组中，两个组的产量似乎与工作环境的变化关系不大。随后，实验人员又对更多的因素对生产率的影响进行了实验，得出的结果依然与实验者们实验设计的初衷相矛盾，在上述各类因素的正向（或反向）变化过程中，生产效率均有提高。1927年西方电气公司邀请哈佛大学从事心理学研究的埃尔顿·梅奥（Elton Mayo）教授参加实验。实验又重复进行，且一直延续到了1932年。在后续的实验中，梅奥教授与参加实验的职工进行座谈，对绕线组织的成员进行了团体行为的测试。通过这些实验、访谈、调查，梅奥教授终于破解了其中的奥秘——人们不仅仅只是关注金钱，他们也希望得到组织的关心与重视，并由此得到了以下的结论：

1. 企业的职工是"社会人"。梅奥的这种看法是对从亚当·斯密开始，直至科学管理阶段理论中把人视为"经济人"的否定。梅奥曾说过："人是独特的社会动物，只有把自己完全投入到集体之中才能实现彻底的'自由'"。与梅奥一起参与霍桑实验的另一名学者弗里茨·罗特列斯伯格（Frizy Roethlisberger）也认为："一个人是否全心全意地为一个团体服务，在很大程度上取决于他对自己的工作、自己的同事和上级的感觉如何……""……社会承认……我们的社会重要性的明显证明……完全的感觉，这种感觉更多地是来自被接受为一个团体的成员，而不是来自银行中存款的金额。"

2. 满足工人的社会欲望，提高工人的积极性，是提高生产率的关键。也就是说，满意的工人才是有生产率的工人。梅奥认为："现代工业的重组，必须建立在'如何实现有效合作'这一知识的基础之上……这是引领霍桑实验的信念。"①

3. 组织中实际存在着"非正式组织"。非正式组织是伴随着正式组织的运行而产生的，是正式组织的一些成员，由于工作性质相近，对一些具体问题认识基本一致，在性格、业余爱好以及感情相投的基础上，形成了一些被其他成员共同接受并遵守的行为规则的组织。这类组织联系的纽带是感情，与正式组织的目标和理性往往存在冲突。梅奥发现，非正式组织对组织成员起着两种作用：（1）保护其成员免于遭受内部成员不当行为的伤害，；（2）保护其成员免受管理部门的外来干预。但梅奥也认为，非正式组织不应被看成坏的组织形式，而应看成正式组织所必需的、相互依存的一个方面，管理人员需要对非正式组织进行正确的引导。

4. 组织应发展新的领导方式。在梅奥看来，"社会变革期间，社会必然诞生具有高度

---

① 埃尔顿·梅奥. 合作问题//W. V. 宾汉姆. 今日心理学：讲稿和研究手册. 芝加哥：芝加哥大学出版社，1932；理查德·特拉海尔埃尔顿·梅奥. 人道主义的倡导者和促进者. 陈小白，译. 北京：华夏出版社，2008：251.

'综合化头脑'的管理者。"① 这种新的领导方式是以社会和人群技能为基础的领导方式，并认为，这种领导方式能克服社会的反常状态和社会的解体。因而，新型的领导能力在于，通过对职工满足度的提高而激励职工的"士气"，从而达到提高生产率的目标。

梅奥的总结是"只要不考虑人性本质和社会激励的概念还广泛地应用在企业管理上，我们就不可能告别罢工、破坏等行为，这些行为就会成为企业发展的副产品。"②

随着管理思想和理论的发展，强调对人的行为管理逐渐成为管理学理论中十分重要的研究领域，得到了快速的发展。其主要的发展集中在以下研究领域：关于人需求、动机和激励问题的研究。代表性的研究成果有亚伯拉罕·马斯洛（Abraham H. Maslow）的"人类需求层次理论"，赫茨伯格（Frederick Herzber）的"激励因素-保健因素"，斯金纳（Burrhus Frederic Skinne）的"强化理论"和弗鲁姆（Victor H. Vroom）的"期望理论"。关于"人性"问题的研究，代表性的研究成果有麦格雷戈（Douglas McGregor）的"X理论-Y理论"，阿吉里斯（Chris Argyris）的"不成熟-成熟理论"。关于组织中非正式组织和人与人的关系问题的研究，代表性的研究成果有卢因（Kurt Lewin）的"团体力学理论"，布雷德福（Leland Bradford）等人的"明感性训练方法"。关于组织中领导方式问题的研究，代表性的研究成果有坦南鲍姆（R. Tannenbaum）和施密特（Warren H. Schmidt）的"领导方式连续统一体理论"，里克特（Rensis Likert）的"支持关系理论"，斯托格第、沙特尔（Ralph M. Stogdill, Carroll L. Shartle）的"双因素模式"，布莱克、穆顿（Robert R. Blake, Jane S. Mouton）的"管理方格法"。

（三）行为管理阶段的特点

20世纪20年代所创立的行为管理理论和方法，从其发展的历程不难知道，行为科学的最大特色是更为全面地发现和认识了组织构成的基本单元和管理的主要对象——人的本质，将组织中的人视为"社会人"，是复杂的社会系统的成员，任何组织的成员都不会仅仅单纯地追求金钱收入，他们还有社会、心理等多方面的需求，要求得到人与人之间的友情、组织的安全感、归属感和受人尊重。这些对人认识的重新定位，对组织的管理模式、管理思想和方法都带来了重要的影响。

二、管理理论的丛林

第二次世界大战以后，世界处于相对平稳的发展时期。科学技术的发展大大加速了全球经济的增长，适应社会发展需要的各类社会组织纷纷涌现；与此同时，社会的进步对诸如企业、政府、各类非营利组织等的管理提出了更高的要求，各类组织对管理人才的需求也相应扩大；全球化的经济浪潮也对管理人才的培养提出了新的要求。面对不同国度、不同行业、不同组织、不同层次的需要，第二次世界大战之前的管理理论对新现象的阐释似乎有些力不从心，管理理论再次受到重大挑战，新的一轮理论发展又开始到来，现代管理理论出现了。人们一般认为，现代管理理论是继科学管理理论、行为科学管理理论出现之

---

① 理查德·特拉海尔. 埃尔顿·梅奥——人道主义的倡导者和促进者. 陈小白，译. 北京：华夏出版社，2008：257.

② 斯图尔特·克雷纳. 管理百年. 邱琼，等，译. 海口：海南出版社，2003：68.

后，西方管理理论和思想发展的第三个阶段，特指第二次世界大战以后出现的一系列学派。与前两个阶段相比，这一阶段的最大特点是：学派林立，新的管理理论、思想、方法不断涌现，甚至出现了没有一个学派成为管理理论主流学派的现象。

（一）孔茨的发现

美国的哈罗德·孔茨教授对第二次世界大战以后管理理论的发展与特征重要的界定作出了重要的贡献。他于 1961 年在《美国管理学会学报》（*Academy of Management Journal*）发表了论文《管理理论的丛林》（*The Management Theory Jungle*），1980 年在《美国管理学会评论》（*Academy of Management Review*）发表了论文《再论管理理论的丛林》（The Management Theory Jungle Revisited），在这两篇文章中，孔茨对这一时期管理学理论出现的现象进行了系统的归纳、梳理与评述，因而他也就成为这一阶段管理学理论界著名的代表人物。

孔茨教授在论文中认为，从车间的泰罗管理秩序研究到法约尔抽象得到的一般管理理论，现在看到的是过分生长和相互缠绕的管理理论的丛林。他认为，在这丛林之中，随着诸如心理学、社会学、人类学、社会人际关系学、经济学、数学、物理学、生物学、政治学等理论，甚至管理者的实践经验都对管理理论的发展产生了影响。为了让人们能梳理丛林，指明管理理论研究的方向，孔茨认为，可以根据理论丛林源头及理论的主要差别，将当时的不同观点分成"学派"（school）或"approach"（观点）。

◎ 小资料

哈罗德·孔茨

哈罗德·孔茨（Harold Koontz，1908—1984 年）是美国当代著名的管理学家，人们一般认为他是管理过程学派最为重要的代表人物。孔茨 1908 年出生于美国俄亥俄州。1931 年在美国西北大学获企业管理硕士学位，1935 年孔茨在美国耶鲁大学获得哲学博士学位。他担任过大学教授（1962 年为加利福尼亚大学洛杉矶分校管理学院管理学教授）、政府官员、企业高级管理人员。孔茨教授在管理理论方面的研究成果颇为丰富。从 1941 年开始，孔茨先后撰写了多本教材、专著和多篇论文，他的著作有《管理学》《管理学精要》《董事会和有效管理》等。与西里尔·奥唐奈（Cyril O'Donell）、海因茨·韦里克（Heinz Weihrich）一起编写的《管理学》先后在美国出版发行 10 余版。《董事会和有效管理》于 1968 年获得"管理学院学术书籍奖"，1974 年获美国管理促进协会最高奖赏——"泰罗金钥匙"。

（二）孔茨对管理学派的划分

1. 1961 年孔茨对管理学派的划分

在 1961 年的文章中，孔茨将管理学派分为了 6 个：管理过程学派（management process school）、经验学派（empirical school）、人类行为学派（human behavior school）、社

会系统学派（social system school）、决策理论学派（decision theory school）和数学学派（the mathematical school）。

2. 1980 年孔茨对管理学派的划分

1980 年，孔茨根据他对管理理论的了解，将当时的管理理论中分成了 11 类：经验或案例观点（the empirical or case approach）、人际行为观点（the interpersonal behavior approach）、群体行为观点（the group behavior approach）、协作型社会系统观点（the cooperative social system approach）、社会技术系统观点（the sociotechnical system approach）、决策理论观点（the decision theory approach）、系统观点（the system approach）、数量或"管理科学"观点（the mathematical or "management science approach"）、权变或情景观点（the contingency or situation approach）、管理角色观点（the managerial role approach）、运营观点（the operational approach）。需要注意的是，孔茨教授在这篇文章中将学派（school）这个单词改为了"approach"。这一改变，反映了孔茨将自己新归纳出来的对管理理论存在的 11 种不同看法，从存在学术差异形成的"学派"降为看法不尽相同的"观点"。

3. 孔茨对管理理论中"丛林"现象的分析

虽然孔茨花了很大的篇幅系统归纳了第二次世界大后在管理理论中出现的各个学派（方法），也对各个学派（方法）进行了介绍、评价，但孔茨对管理理论充斥着各种学派（方法）是不满意和忧心忡忡的。因为他认为，管理学界出现的这种局面会伤害管理工作中的实践者。根据他的判断，他认为，产生这种现象的原因主要是：（1）语意的丛林（the semantics jungle）。经常出现的问题是管理理论中一些关键词汇意思的不清晰引发了管理学术界对基本问题的争论。（2）对知识主体管理的定义差异（differences in definition of management as a body of knowledge）。这个问题甚至出现在了对管理自身的定义上。孔茨十分无奈地问道，专家和书本上的如此之多的管理概念会有一个管理理论能被实践中的管理人员认为是非常科学和有用的吗？（3）先验的假设（priori assumption）。孔茨认为，管理领域的新加入者加剧了管理理论的混沌现象，因为新的加入者抛弃了该领域在过去已经确立的结论与分析。（4）原理的误解（misunderstanding of principles）。孔茨认为，有些人是为了自我的名利而否定已经确立的管理原则，更有甚者是不顾管理原则的整体框架，而只是抓住在实践中看到的与某一原则的差异进行证明。（5）管理界学者之间缺乏能力或不愿相互理解（inability or unwillingness of management theorists to understand each other）。孔茨认为，管理理论丛林是由管理理论家之间不能或不愿相互理解造成的，但孔茨认为，阻碍理解的唯一理由就来自学者之间的不愿相互理解。

孔茨着重指出：在管理理论探索的过程中，不能忘记的一些基本准则是：理论应该研究知识的领域和探索"管理的可行性"（manageable），只有在人们关注整个领域之时，知识才会有大的进步；理论应该有助于实践的改进，不能忽视工作中的人们和实践的人群；理论应该不能在语意上有所混沌，特别应该关注的是，实践者难以理解无价值和令人费解的语句；理论应该有助于明确研究与教学方向，并提高其效率；理论必须认识到它是更大的知识和理论领域的一部分。孔茨的分析对从事管理学理论教育的人们来说是十分重要的。

三、西方管理思想的新发展

（一）知识经济与知识管理

1. 知识、知识经济

知识是经过人的思维整理过的数据、信息、形象、意象、价值标准以及社会的其他符号化产物等。它不仅包括科学技术知识，还包括人文社会科学知识、商业活动、日常工作和生活中的经验知识，人们获取、运用和创造知识的知识，以及面临问题做出判断和需要解决方法的知识。德鲁克认为："作为关键资源的知识根本不同于任何传统的关键资源，即不同于土地和劳动力，甚至也不同于资本。知识不和任何国家联系在一起。知识是超国家的。知识是可以携带的。知识可以在任何地方迅速地廉价地被创造。最后，就定义而言，知识是变化的，知识总是在一个短时期内就使得自身成为过时的。关于以知识为基础的比较优势——无论是一个国家的优势，还是一个产业的优势，或者一个机构的优势（如一个企业、一所大学），乃至个人的优势等——有一件事是可以预见的，那就是这种优势将很快受到挑战，很可能这种挑战来自新的后来者。"①

"知识经济"（Knowledge Economy；Knowledge Based Economy）是联合国研究机构和经合组织（国际经济合作与发展组织）首先提出的概念。经合组织认为，知识经济的提出，是出自对知识和科技在经济增长中作用的深刻认识，知识历来是经济发展的核心要素，经济也密切地依赖于知识的产生、传播和利用。早在 1982 年，未来学家约翰·奈斯比特在《大趋势》一书中就提出，知识是我们社会的驱动力；信息经济社会是真实的存在，是创造、生产和分配信息的经济社会。

2. 知识管理

知识管理（knowledge management，KM）是企业通过有计划、有目的地构建企业内部知识网络进行内部学习、构建企业外部知识网络进行外部学习，有效地实现显性知识和隐性知识的相互转换，并在转化过程中创造、运用、积累和扩散知识，从而最终提高企业的学习能力、应变能力和创新能力的系统过程。知识管理是网络新经济时代的新兴管理思潮与方法，是由工业经济向知识经济演进这种新的世界经济形势下企业做出的战略性反应。

知识管理可以看作实现知识的创造、分类与储存、分享、更新并最终实现其价值的过程。其中，知识创造是知识管理的基础，其源头并非仅局限在企业内部，企业应建立一个广纳企业内部、企业间以及企业外部知识来源的机制。知识由内隐到外显的引导过程中，不应将外显知识的管理仅局限在文件档案的储存与管理，应包括个人的核心专长，如训练、著作、专利、证照的储存，也应包括将思考化成文字的知识社群机制。知识经过大量传播后，才能产生价值，因此企业必须建立开放性的知识社群与在线学习机制。另外，建立能让宝贵的经验与知识不断更新的企业智库和知识顾问团队，是企业永保知识鲜活的重要机制。知识管理的目标是通过知识的共享与创新来增加企业的价值，只有将知识分享给有需要的个人或企业，才能让知识的价值真正产生，进而协助企业创造知识利润，实现持

---

① 彼得·德鲁克. 大变革时代的管理. 赵干城，译. 上海：上海译文出版社，1999：201-202.

续的竞争优势。

（二）知识经济下的管理工作

在知识经济迅猛发展的新形势下，社会经济结构、产业结构、消费结构和市场行为随之而发生着深刻变革。知识经济使企业面临着一个崭新的生存发展环境，企业的管理方式自然随之发生相应的转变。德鲁克在《从资本主义到知识社会》一文中认为，从1700年以后开始，在难以置信的短短50年间，技术发明把技艺的神秘性同有机的、系统的、有目的的知识结合在一起，人类进入了工业革命的时代。虽然在这个时代，工人受到了更为粗暴的虐待，但工厂城镇的婴儿死亡率下降了，生活水平上升了，"工业化从开始就意味着物质的改善"。到了20世纪初叶，在泰罗将知识运用于劳动的几年后，生产力开始以每年3.5%~4.0%的速度上升，也就是在这样前所未有的扩展中，发达国家的生活标准和生活质量得到了提高。德鲁克总结道："新阶级——后资本主义社会阶级的生产力，只有通过运用知识与劳动才能增长。机器做不到这一点，资本也不能做到这一点。实际上，如果单独应用它们的话，很可能是妨碍而不是创造生产力。"① 这也就是德鲁克认为的生产力革命的阶段。第二次世界大战结束至今，是德鲁克认定的管理革命阶段。在这一阶段，知识已成为今天唯一意义深远的资源。传统的生产要素——土地、劳动力和资本的作用还未消失，但是它们已经成为第二位的要素了。若人们有了知识，就能够容易地得到传统的生产要素。知识已成为实用的、获得社会和经济成果的工具。德鲁克讲道：随着管理强有力的推广，人们对管理真正是什么的理解正在加深。他以对经理的定义为例说道：在他第一次开始研究管理时（20世纪40年代），经理被定义为"对下属工作负责的人"，即认为经理是一个工头，管理就是地位和权力；到了50年代初期，该定义改变为"经理是对人们业绩负责的人"；而现在，则把经理看成，"经理是对知识的应用和知识的绩效负责的人"。

德鲁克对知识经济条件下的管理概念进行了修正。他指出："提供知识去有效地发现现有的知识怎样能最好地应用于产生效果，这就是我们所指的管理。""管理是所有组织的一个生长功能，不管这些组织的特殊使命是什么，管理是知识社会的一个生长器官。"针对这些定义和认识的变化，德鲁克还指出："这一变化意味着，我们现在把知识看作一个基本的资源。土地、劳动和资本作为限制因素是重要的。没有它们，甚至不可能产生知识；没有它们，甚至也不能实行管理。而只要存在着有效的管理，即将知识应用于实践，我们总是能得到其他资源。"②

德鲁克还针对随着知识经济的发展与深入，知识工作者的群体将会逐渐超过体力劳动的群体，提出了如何提高知识工作者工作效率和管理的问题。

（三）学习型组织

学习型组织是美国学者彼得·圣吉（Peter M. Senge）在《第五项修炼》一书中提出的管理观念，其含义是在面临变化剧烈的外部环境时，组织应力求精简、扁平化、弹性因应、终生学习、不断自我组织再造，以维持竞争力。

---

① 达夫·尼尔. 知识经济. 樊春良，等，译. 珠海：珠海出版社，1998：55.

② 达夫·尼尔. 知识经济. 樊春良，等，译. 珠海：珠海出版社，1998：57-59.

彼得·圣吉在书的开篇就提出了管理理论早就发现却不容易回答的两个问题：为什么在许多团体中，每个成员的智商都在 120 以上，而整体智商却只有 62？为什么 1970 年名列《财富》杂志"世界 500 强"排行榜的公司，到 80 年代却有 1/3 已销声匿迹？他随后给出了自己的答案：这是因为组织的学习智障妨碍了组织的学习及成长，使组织被一种看不见的巨大力量侵蚀，甚至吞没了。因此，90 年代最成功的企业将是"学习型组织"，因为未来唯一持久的优势，是有能力比你的竞争对手学习得更快。

彼得·圣吉认为，学习是培养如何实现生命真正想要达到的结果的能力，是开创性的学习。学习型组织通过五项修炼不断地扩张它的能力来创造它的未来，因此，所谓的学习型组织就是指通过培养弥散于整个组织的学习气氛，充分发挥员工的创造性思维能力而建立起来的一种有机的、高度柔性的、扁平的、符合人性的、能持续发展的组织。这种组织具有持续学习的能力，具有高于个人绩效总和的综合绩效。

◎ 小资料

五 项 修 炼

自我超越（personal mastery）：这是个人成长的学习修炼。具有高度自我超越意识的人，能不断扩展他们的创造能力，以个人不断学习为起点，形成学习型组织的精神。

改善心智模式（improving mental models）：心智模式可能是简单的概括性的看法。心智模式影响我们"所见"的事物。改善心智模式就是要改变长期积累的对事物认知的模式，迎接新的变化。

建立共同的愿景（building shared vision）：共同愿景是组织中人们所共同持有的意象或景象。共同愿景的建立可以创造出众人一体的感觉，并遍布组织全体的活动，而使各种不同的活动融汇起来。

团队（体）学习（team learning）：发展团队成员整体搭配和实现共同目标能力的过程。它建立在发展"共同愿景"这一项修炼上，是一种集体的修炼。

系统思考（systems thinking）：融合五项修炼对成就学习型组织非常重要。系统思考是整合其他各项修炼成一体的修炼。

资料来源：[美] 彼得·圣吉. 第五项修炼. 张成林，译. 北京：中信出版社，2009.

彼得·圣吉认为组织的学习智障是大部分组织学习能力不好的原因，并认为，对于组织来讲，学习智障是致命的问题，解决这类问题的第一步就是辨识组织的学习智障。学习智障主要是：局限思考；归罪于外；缺乏整体思考的主动积极性；专注于个别事件；对微小危险丧失警惕；从经验学习的错觉；管理团队的迷思。

◎ 小故事

煮青蛙的故事

把一只青蛙直接放进热水锅里，由于它对热水十分敏感，会很快地跳出锅外。如果把一个青蛙放进冷水锅里，慢慢地加温，青蛙并不会立即跳出锅外，它会显得若无其事，甚至自得其乐；随着温度的上升，青蛙会变得越来越虚弱，无法动弹。水温逐渐升高的最终结果是青蛙被煮死了。

煮青蛙的故事说明，对于突然的变化，人们易产生警觉，而面对微小但会导致危险的变化，人们却难有清醒的察觉，而陷入危险的境地。

维娜·艾莉评价彼得·圣吉的贡献是："由于彼得·圣吉《第五项修炼》的出版，在20世纪90年代引起了对学习型组织广泛的兴趣、研究和实践，高级管理层越来越意识到并确信提高学识是一个重要的成功因素。尽管这种思想的学术来源能追溯到20年前，组织学习这个术语受到公众注意是随着1990年出版的彼得·圣吉的《第五项修炼》的畅销而开始的。所有的组织均按学习型组织的功能而运行。学习型组织的战略目标是提高学习的速度、能力和才能。建立愿景并能够发现、尝试和改进他们的思维模式并因此改变他们的行为的组织才是最成功的学习型组织。"[1]

（四）21世纪管理发展的新趋势

21世纪已经过去了20年，虽然在20世纪80年代管理学界就有人提出管理学理论遇到了发展的瓶颈，但我们可以看到的是伴随着知识作为最为重要的经济要素显现其特殊的作用、信息技术的快速推进、经济全球化浪潮的涌现、人类对自我环境的爱护与关注，企业的运行环境、企业的组织形态、企业员工自我的诉求、消费者理念的变化都给企业的经营活动、管理工作带来了巨大的变化。如创新在企业竞争中更为突出，大数据给管理工作带来决策分析便利，机器人、各类识别系统广泛使用，不同文化和思想交锋与碰撞，人们对美好生活日益增长的需要眼花缭乱、目不暇接地出现在我们的面前。又如2008年全球金融危机的爆发、"金山银山不如绿水青山"理念的推进、各类平台企业的涌现、银行柜台被ATM机取代、快递小哥群体的成长都在改变着环境、理念、需求和竞争的规则。

但我们也看到，尽管出现了许许多多的变化，但从整体上看，人在变化，但依靠组织以求得自我的发展仍是基本的需要；组织在变化，但组织依然是人类社会发展中的重要形态；组织中的人在变化，但组织中的人自我的需求和对组织的要求依然有其规律。组织的管理依然是维系组织基业长青的主要手段。如在我国红极一时，甚至被誉为"新四大发明"之一的共享单车，虽存在着市场上"最后一公里"的极大需求，但也因管理理念有误、管理手段失常，在自我发展过程中遇到了极大困难。

第三节　西方管理思想演进述评

综合以上论述，不难发现，就在20世纪近一个世纪的时间里，以企业为主要研究对象的管理科学已经成为一门发展很快、内容丰富、体系完善、学派林立的学科，而且随着生产力的进步，社会的发展，还将会遇到新的问题，甚至强劲的挑战，也会在不断地解决

---

[1]　维娜·艾莉. 知识的进化. 刘民慧，等，译. 珠海：珠海出版社，1998：306.

新问题、解释新现象的过程中，得到进一步的发展。回顾近一百年管理科学的发展历程，还应了解、把握影响和推动管理科学发展的主要因素。

一、推动管理科学发展的主要动力是社会生产力的发展

社会生产力是推动所有科学，特别是社会科学发展的主要力量。管理科学的发展也毫无例外地证明了这一点。可以设想，若没有产业革命导致社会生产力的迅速发展，产生了适应大生产需要的工厂组织形式，就不会产生以泰罗为代表的科学管理思想；若没有大规模地使用机器，使工业产品零配件的互换性、标准化成为重要的工作，也就不会产生泰罗提出的要用科学取代经验的思想。行为科学的诞生，是顺应了美国当时社会发展、工人们的需求发生变化的产物。"管理丛林"的出现，更应归结于第二次世界大战以后生产力迅猛发展，社会的组织、人们的需求随着社会的发展出现很大变化，各种管理的思想也逐渐萌芽、成长起来。若注意到这一点，在我们参考、学习、借鉴发达国家现代管理理论和方法时，就必须注意它与生产力水平的适应关系，与他国国情必然存在的密切联系。简单地模仿、照搬，粗浅地运用拿来主义，不与实际结合的套用，都是错误的做法，甚至会在不经意间危害自己的工作和组织的发展。改革开放以来，引进的诸多现代管理理论和方法在我国许多组织的管理工作中并未产生明显的效果，难以被部分负责人和群众所接受，或是在执行的过程中走样、变形、变味，甚至出现"南橘北枳"的现象，其根本原因就在这里。

二、自然科学、社会科学的发展也会推动、带动管理科学的前进与发展

管理科学是一门综合性较强、学科边缘较为模糊、涉及面较广的学科，也被人称为不精确的学科。就是这一原因，诸多学科容易向管理科学渗透，形成了当今难以厘清的学派丛林。例如，管理涉及企业人、财、物资源的协调与配置，牵连着企业产、供、销活动的组织和安排。单独抓出一个因素用其他的科学予以解释就很容易形成一种有特殊理论、特殊方法的"学派"。如行为科学、人际关系学说的起源可以追溯至心理学、社会学理论对管理学科渗透而形成的学派；第二次世界大战后蓬勃发展的计量科学对管理工作的分析研究，就形成了管理科学、系统理论的学派；更有甚者，人们看到企业组织领导人在企业活动中的特殊作用，进行研究分析，就产生了经理角色理论。更深入、更细微的分析还可发现，管理理论、管理思想、管理方法还与一个国家、一个民族、一种文化、一种信仰有着深刻的关系。管理科学的这一特有现象容易造成我们学习中的迷惑和困难，容易产生"一叶障目，不见泰山；两豆塞耳，不闻雷霆"的问题。因而在学习管理学时，要注意兼收并蓄，博采众长，结合实际，灵活地加以运用。当前，科学和技术的发展，正带动着管理科学的发展，更促进着管理学科的发展，这是学习管理学时应该注意的基本问题。如功能强大的计算机的普及迅速推动着管理活动中计量和定量方法的深入发展，进入大数据时代。医学和生物科学的发展，使人们能够更为清楚地了解自我，也就更能在管理实践中深刻地把握构成组织的人，推进管理的科学化、人性化。

三、管理科学理论和思想是对现实管理工作的概括和抽象，在实际工作中要注意结合行业、组织、岗位的特点，灵活地加以运用

前面讲到，目前构建管理学理论的主要体系是由法约尔奠定的过程学派或运营方法。过程学派或运营方法的优点是，它高度地抽象出了管理工作开展的基本程序、基本原则、基本内容和基本方法，但它的问题在于未能包容各种流派中有益的思想和理论，也未能在讲述的过程中突出各类组织的特殊管理方法，当然，也可以认为，这正是科学抽象的结果。管理工作是一项实践性特别强的工作，因此在学习管理学的过程中，必须更为广泛地涉猎其他管理大家的著作，必须结合行业的特点学习，结合实际工作学习，把较为抽象的理论、方法与自己工作所在的行业、所在的组织、所在的岗位特点加以结合，才可能在理论与实践的结合中求得科学、艺术、思想、方法的完美统一。

本 章 小 结

1. 科学的管理诞生于 20 世纪初期，起源于对企业管理的研究。到 20 世纪 80 年代，科学管理经历了科学管理、行为管理和管理丛林阶段。

2. 科学管理阶段主要的代表人物是泰罗、法约尔、韦伯等人。他们的主要贡献体现在科学管理思想的构建，管理概念、理论与原则的形成，官僚行政组织的研究。

3. 霍桑实验的基本过程，梅奥教授的发现，以及行为管理在管理工作中的特点。

4. 管理丛林中基本流派与特点，孔茨对管理丛林形成的原因分析，形成较为统一的管理学理论的基本方法。

5. 了解知识经济条件下管理工作的主要特点，知识经济条件下管理工作在提高组织效果与效率上的主要作用。

6. 回顾西方管理理论的发展过程可以发现，社会生产力的发展、自然科学与社会科学的进步是推动管理理论发展的重要力量。深入地学习西方的管理理论，结合实际灵活地运用管理的基本思想、理论和方法，是学好管理理论的重要前提。

复习思考题

1. 为什么管理学界将泰罗视为"管理之父"？泰罗建立的科学管理思想主要体现在何处？

2. 法约尔对管理理论的主要贡献是什么？为什么要在企业管理的工作中建立管理者应该遵守的基本原则？

3. 何为管理丛林？管理丛林形成的原因是什么？这种现象对管理工作有无影响？在管理理论的建立过程中，是否存在建立普适性管理理论的可行性？

4. 知识经济的实质是什么？对组织的管理有何影响？

5. 试论管理理论发展的新趋势及产生这些变化的原因。

6. 结合 21 世纪以来世界和中国发生的巨大变化，以及自己在学习过程中观察到的企业经营环境变化，分析管理思想与理论可能出现的趋势与变化。

参 考 书 目

1. 德鲁克. 管理的实践. 北京：机械工业出版社，2006.
2. 德鲁克. 21 世纪的管理挑战. 北京：机械工业出版社，2006.
3. 法约尔. 工业管理与一般管理. 北京：中国社会科学出版社，1982.
4. 泰罗. 科学管理原理. 北京：中国社会科学出版社，1984.
5. 克雷纳. 管理百年. 海口. 海南出版社，2003.
6. 雷恩. 管理思想的演变. 北京：中国社会科学出版社，2002.
7. 张钢. 管理学基础文献选读. 杭州. 浙江大学出版社，2008.
8. 维娜·艾莉. 知识的进化. 珠海：珠海出版社，1998.
9. 谭力文，包玉泽. 20 世纪的管理科学. 武汉：武汉大学出版社，2009.

【阅读与思考】

德鲁克、克雷纳谈管理

德鲁克谈管理

从 1750 年到 1900 年的 150 年间，资本主义和技术征服了地球，创造了世界文明。资本主义和技术创新都不是新鲜的事情，两者都是整个历史时期一再出现的寻常现象，既出现在西方，也出现在东方。崭新的特征是它们扩散的速度，是它们超越文化、阶级和地理位置的全球扩展范围。正是这一点——它们的速度和活动范围，使资本主义转变为大写字母的"资本主义"，转变为一个"系统"。它把技术进步转换为"工业革命"。

这个转换是由知识意义的根本变化推动的。在西方和东方，知识一直都被视为对"是什么"的探索。一夜之间，它开始致力于"做什么"，变成一个资源和有用的东西。知识一直是私人物品。一夜之间，它变成了公共物品。

在第一个阶段的一百年里——知识被用于工具、工艺、产品。这创造了工业革命，但是也创造了马克思所称的"异化"和新阶级与阶级斗争，创造了与之相伴随的共产主义。在第二个阶段——从 1880 年左右开始到第二次世界大战前后达到了顶峰，知识在新的意义上开始应用于劳动。这带来了"生产力革命"，这场革命把无产阶级转变成接近上层阶级收入的中产阶级。由此，生产力革命击败了阶级斗争。最后一个阶段开始于第二次世界大战之后，知识开始被应用于知识自身。这就是管理革命。知识现在正在加快成为生产的一个要素，与劳动和资本并列。称我们的社会为知识社会也许为时过早（也确实很冒昧）。到目前为止，我们只是有了知识经济。但是，我们的社会确实是一个"后资本主义社会"。

资料来源：达尔·尼尔. 知识经济. 樊春良，等，译. 珠海：珠海出版社，1998：35-36.

克雷纳谈管理

工业化属于 19 世纪，而管理属于 20 世纪。在 1900 年，管理尚未为人所识；现在，它已成为人类文明的中心活动。大量受过良好教育的人从事管理工作，它决定了我们的经济进步的步伐和质量，决定了我们的政府服务的有效性，决定了我们的国防力量。我们进行"管理"的方式，我们影响组织的方式，影响并反映出我们社会的形成过程。

——《财富》杂志（1966 年）

过去的 100 年见证了管理形成的戏剧性过程。管理成为一种职业。管理从一种不可言传的、非正式的、临时性的活动，发展成为一种可以从所有可能的角度进行规范分析和评论的活动。管理摆脱了阴影的笼罩，成为社会经济和个人生活的一种重要推动力量。它的触角伸得更远。现在，似乎已经没有什么东西——没有什么组织和活动——可以超越管理的范围或抱负。

尽管管理是在 20 世纪成熟起来的，但如果认为在 1900 年之前不存在管理，则是非常愚蠢的想法。文明的曙光初现时，人类已经开始了管理的实践。但只是在过去100 年里，管理才得到认识、分析、监控和传授，才有一定的形式。20 世纪是管理的世纪。

在此期间，管理常常被狭义地定义为与企业活动有关。正如伟大的管理思想家彼得·德鲁克指出的，这种行为其实是给管理帮倒忙。管理的应用远远超越商业世界。的确，德鲁克指出，早在 20 世纪初就产生了"城市管理者"一词，这是管理第一次像今天所理解的那样在某一特定工作中得到应用。管理可以在企业中产生作用，也一样可以在地方政府中发挥作用。管理在政治和政府中的表现，和它在健康保护和医院中的表现一样自如。它在体育部门——教练只是管理的一个方面——和工厂中一样都有施展的机会。

管理是包罗万象的。德鲁克说："当然，管理在不同的组织中是有所不同的——毕竟，组织的使命决定了组织的战略。而组织的战略决定组织的结构。但是，管理一个连锁的零售商店和管理罗马天主教的众多教区之间的差别，远远比连锁店管理者和主教们所认为的差别要小得多。差别只存在于应用方式上，而不是在管理原则上。例如，这些组织的管理者都同样要花费大量的时间解决人的问题，而这种人的问题几乎都是一样的。因此，不论你是管理一家软件公司、一家医院、一家银行，还是童子军组织，其间的差异大约只占你的工作的 10%。这 10% 是由组织的特殊使命、特殊文化、特殊历史和特殊语汇所决定的。而其他的绝大部分的工作是相同的，是可以互相交换的。"

管理是一个组织成功（包括财务和伦理方面的成功）的衡量尺度。因此，不必吃惊，波克夏·哈萨威（Berkshire Hathaway）总裁沃伦·巴菲特（Warren Buffet）总是投资管理得好的企业。巴菲特在陈述自己的投资哲学时说："他们热爱自己的事业，他们就像所有者一样思考问题，他们的身上体现了正直和能力。"巴菲特投资哲学的精华就是，在既定的良好条件下，好的管理者产生好的企业。永远不要投资于管理混乱的企业。

不过，经过艰苦努力之后，管理是一个独立学科的事实才得到了认可。尽管超级明星管理者与超级明星销售员相比，管理者明显享受到更多的权力和影响力；尽管劳动者中很大比例的一部分是从事管理工作的，人们还是很少认为管理师是最高贵的职业，甚至根本不认为这是一项职业。管理是人们总是要面对的事物。客户服务部门的工作是为了更好地进行市场营销。如果你是一位副总裁，人们围着你问什么是管理时，你就会意识到这句话的意义。

不论你是在内布拉斯加州的工厂、哈佛大学的教室还是香港的交易大厦里，只要你说"管理就是——"，这都会引发探询的沉默和激起讨论的涟漪。与此相似，管理在社会上的地位问题，也是让人回避的。管理者决定交易的工作、不可信的推销艺术、制定决策、繁杂的公文管理、激励、科学的分析、预算或者杰出的领导艺术，这些是管理，但管理还意味着更多。杰出的理论家舒曼特拉·高沙尔（Sumantra Ghoshal）、克里斯托弗·巴特列特（Christopher Bartlett）和彼特·莫兰（Peter Moran）曾经说："公司和管理者都对社会所表现出来的广泛的矛盾性感到痛苦。只有一部分人给予他们英雄式的礼遇，但大部分人根本就不信任他们。"

管理一直承受着糟糕的压力。管理的吸引力和困难在于，管理有着多重角色。要明确说出管理是什么，就像要用钉子把果冻钉起来一样困难。管理是一个复杂的、高度人性化的职业，现在又是全球化的职业。

由于这种复杂性的存在，代表同时代管理的人和事就非常多，变化也非常大，出现这样多的历史和理论观点也就不足为奇了。伟大的管理思想家来自众多令人困惑的学科和职业——他们可以是经济学家（如哈佛商学院的迈克尔·波特）、心理学家（如麻省理工学院的埃德加·沙因）、社会学家（如哈佛商学院的罗莎贝丝·摩丝·坎特）或管理咨询顾问（如布鲁斯·亨德森和马文·鲍尔），他们中也有许多工程师（如弗雷德里克·泰罗和汤姆·彼得斯），他们甚至可以是原子能科学家或是想成为政治家的单簧管演奏家大前研一那样的人。

结果就构成了一幅有着令人难以置信的有关观念和最优实践活动的丰富画面。确实，管理愿意受到观念推动的事实，不断地使它独立成为一个职业。在管理中，理论是有差别的；当观念在实践中得到应用，就能够改变数百万人的生活。

资料来源：斯图尔特·克雷纳.管理百年.邱琼，等，译.海口：海南出版社，2003.

◎讨论题

1. 结合本章所学习的内容，谈谈自己读这两份资料的体会。德鲁克和克雷纳讲了什么？这对于自己学习管理学有什么帮助？

2. 结合在第一章中所学习过的管理工作的特点、管理者工作的重点等内容，进一步思考管理工作和管理者角色的特点及应该注意的问题。

第三章　中国的管理思想

【学习目的】

在学习本章之后，你应该掌握以下内容：

1. 中国传统管理思想与中国传统文化的关系。
2. 中国传统管理思想的主要内容。
3. 中国近代管理思想的基本特点。
4. 中国现代各阶段管理思想发展的主要特点。

【阅读与思考】

评价中国经济思想遗产必须反对两种倾向

政治经济学作为一门独立的学科，是在资本主义的工场手工业时期出现的。在此以前，任何国家、任何民族经济思想的发展，都没有达到形成一门独立科学的水平。1840 年第一次鸦片战争以前的中国，长期停滞于封建社会。中国古代的经济思想，和近代西方相比，确实处于一个较低的发展阶段。这一点必须承认。中国有一些号称"国粹派"的人，他们把中国的封建文化看成尽美尽善，认为它优于任何文化。国粹派实际上是一些赞扬封建毒素的人物。在评价中国经济思想遗产的历史地位时，必须反对用国粹派的眼光看问题，绝不允许赞扬任何封建毒素。

但是，承认古代中国经济思想比近代西方经济思想处于较低的发展阶段，决不等于说中国经济思想遗产本身贫乏浅薄，无足轻重，决不等于说中国经济思想遗产在世界经济思想史上不占重要地位。因为，一种较高级社会制度的文化形态，一般总是高于较低级社会制度的文化形态，资本主义的文化总比封建主义文化更高，经济思想也是如此。但是，另一方面我们应当看到，后代的经济思想总是利用前代的经济思想发展起来的；否定了前代的经济思想，后代的经济思想本身的形成和发展也就成了不可能。而且，各时代的经济思想，是各时代的社会经济的反映。研究某一时代的社会经济状况，也必须依靠和利用当时的经济思想所提供的材料。例如，在研究封建社会时，封建时代的经济思想能提供重大帮助，这种帮助是资产阶级的经济思想所不能代替的。

还应指出：不同历史阶段经济思想发展水平的比较，和不同国家、不同民族在世界经济思想上的地位，是两个不同的问题。评价中国古代经济思想在世界经济思想史上的地位，只应把中国古代的经济思想和同时代的其他国家、其他民族的经济思想相比，而不应该以更高历史发展阶段的经济思想水平要求它。以中国古代的经济思想发展阶段低于近代西方经济思想为依据而贬低、否定中国经济思想遗产，把它说成"无一顾之价值"，这不但没有历史观点，也是违背思维逻辑的。

在评价中国经济思想遗产时，"国粹派的夸大性"当然要反对；鄙视中国经济思想遗产，认为它无甚价值，可以弃置不顾的民族虚无主义也要反对。从中国经济思想史这门学科的研究历史来看，"国粹派的夸大性"并不是主要倾向，更应该着重反对的是民族虚无主义。

资料来源：赵靖．中国经济思想史述要．北京：北京大学出版社，1998：4-6.

以上是北京大学赵靖教授研究中国经济思想史的认识。他所提出的经济思想史的科学比较观，要防止国粹派和虚无主义对经济思想史研究的影响，特别要重点防范民族虚无主义的学术立场在我们对中国管理思想的研究中也有着参考作用。

中国是世界最为古老的文明国家之一，光辉灿烂的中国传统文化绵延不断、历 5 000 年而不衰，展现了强大的生命力。除了有诸如"四大发明"的科学贡献之外，在各类组织的管理中也有自己的独特之处和贡献。根据中国社会形态的变化，中国的管理思想可以划分为古代管理思想、近代管理思想和现代管理思想三个阶段。

第一节　中国古代的管理思想

中国古代的管理思想亦称中国传统的管理思想，是指公元 1840 年鸦片战争之前历史阶段形成的管理思想。社会的发展、悠久的历史、深厚的中国传统文化、各类组织的管理实践造就了源远流长、内容丰富的中国传统管理思想，并影响着东方甚至整个世界，至今仍闪耀着智慧的光芒。

一、中国传统文化的特征

世界上任何国家的管理思想都是深深根植于该国的生存环境和民族文化土壤之中的，都无一例外地会带有这个国家、民族的文化印痕。中国传统的管理思想也同样带有鲜明的中国传统文化烙印。中国传统文化犹如万里长江，从高山上的涓涓细流，汇合成奔腾的巨流，从不中断，直到汇入大海，是世界上唯一没有中断的文化。因此，它在发展中既一脉相承，又汇入、综合了我国各民族的智慧，形成了自成体系的人类文化宝库。关于中国传统文化的特征，学术界论述甚多，代表性的见解可归纳为以下几点：

（1）伦理型特征。中国文化是以伦理道德为核心，以儒家伦理中心主义为出发点的，具有明显的伦理型特征。中国文化高度重视伦理道德学说这一根本性特征使其由重德发展为泛德，成为一种以伦理为本位的文化，并将伦理道德渗透到意识形态的各个分支，渗透到人们的社会生活、思想意识和行为规范。其基础是家庭伦理，并演绎出社会伦理、国家伦理，注重道德感化的威力，强调劝善惩恶，见贤思齐，要求人们把个人的品格修养和个人对社会的义务置于主要地位，并形成了"三纲""五常"等中国封建社会的基本道德原则和规范。因此，中国古代有理想有抱负的人首先强调修身，即注重自身的道德修养，有"吾日三省吾身"，"不患无位，而患德之不修也；不忧其贱，而忧道之不笃也"等名言，然后才能齐家、治国、平天下。《礼记·大学》也告诫世人，"古之欲明明德于天下者，先治其国；欲治其国者，先齐其家；欲齐其家者，先修其身"。

（2）天人合一的特征。先秦诸子争鸣的中心命题之一就是天与人的关系。各家各学派都认为天中有人，人中有天，天人互动，天人合一。所谓天人合一，是指人类处于大自然之中，人类的一切行为不能不顾及大自然，亦不能不与大自然期求合一之道。天人合一是中国传统思想中最根本的一个观念。这一人与自然关系的观念与近现代宇宙观是明显不同的。近现代宇宙观大多把宇宙看作一种物质的、机械性的运动秩序，不是生命体，更不会含有道德价值意味。对人的本质，也多采用生物学、心理学的观点加以剖析。而天人合一是一个以人际关系伦理为中心的囊括世界的伦理型知识系统。这反映了东西文化和古今智慧的不同。

（3）有容乃大、兼容并蓄的特征。在《尚书·君陈》里，儒家的圣君之一周成王训导其臣子时说"有容德乃大"，意思是只有具备博大宽容的胸襟才能成就高尚的品德。后来"海纳百川，有容乃大"成了一句代代相传的古训，同时演化成为中华民族精神的有机组成部分。如鲁迅曾经由衷地赞叹过的"汉唐气魄"，即在汉、唐等最强盛时代，中华民族怀着无比的自信力吸收了可能吸收的一切有益外来文化，丰富和发展了自己。

（4）务实精神、崇尚中庸的特征。务实是农人的基本特点，不务实则无以收获，在文化上自然强调实用。农业自然经济和以平和稳定为旨趣的农人生活产生了中庸思想。中庸尚调和，主平衡，反对走极端，提倡择两用中，《中庸》里就有"致中和，天地位焉，万物育焉"之说，因此，孔子谓"君子和而不同，小人同而不和"，意思就是说君子追求的是和谐一体，而不是要求绝对一致；小人徒然追求绝对一致，结果连和谐共存也做不到。历代儒者都对中庸思想进行了反复阐释和发挥，中庸之道成了儒家认识世界、对待社会人生的基本态度和准则，被认为是中国式的智慧特征。

（5）家族本位的特征。与西方国家社会中以个人为中心不同的是，在传统中国社会中，家族是社会活动的中心，也是社会活动最基本、最普遍的细胞。更广泛地看，传统中国社会被家族观念所笼罩，整个中国社会俨然一个大家族，故圣人提倡以孝治天下，能尽孝，必能尽忠，在人与人的关系上是讲凝合、讲依存的。因此，背井离乡的中国人总是思念家乡，表现了传统文化中亲情的浓重色彩。但这在一定程度上也造成了传统文化中重家庭轻个人，容易忽略甚至压抑个人和自我价值的实现。

二、中国古代组织管理的基本特点

人类的管理活动与人类的出现是同步和共生的。而"我国经济管理思想史从严格意义上讲始于西周，兴盛于春秋"[①]，"具有自己的民族特色和历史传统，成为灿烂的中国古代文化组成部分的中国古代经济思想，主要是在中国的封建时代形成的。"[②]

在漫长的封建社会时期，中国的各个朝代都有浩大的工程修建，它们有的是为了统治者的享乐，如阿房宫、兴庆宫、圆明园等；也有的是为了国家的治理、防卫和民生，如长

---

① 刘含若，等．中国经济管理思想史．哈尔滨：黑龙江人民出版社，1988.

② 赵靖．中国经济思想史述要上．北京：北京大学出版社，1998：8.

城、灵渠、都江堰、大运河等。在这些浩大的国家工程中，工程的组织、质量的保证、严格的管理都必定广泛地用于这些浩大的国家项目中。上至皇帝、宫廷人员，下至官员、百姓的起居、生活也需要生产资料和生活资料的制造与生产，也需要工商业的发展与经营。但从整体上看，在这漫长的历史阶段，国家的经济活动、社会的工商业经营管理具有以下特点：

1. 国家宏观经济管理治国学思想较为丰富，而工商业微观管理的治生学较为薄弱。

2. 国家的宏观经济管理主要体现的是封建时代的经济与管理思想。在宏观的经济管理活动中体现着国家直接管理经济、依靠官府力量干预经济的特色，经济活动主要为皇权和官府服务。

3. 工商业生产活动完全是手工业的劳动形式，虽有官营与私营之分，但以官营为主。建立在封建统治基础上的工商业管理体系也体现着很强的政治干预和自给自足的特点。

三、中国传统管理思想的要点

中国传统管理思想蕴含和散见于中国古代政治家和思想家的治国思想、古代兵书、历代文人作品、古典小说和史书、古代工商业者的卓越经营管理实践等中国传统文化之中。其中，既有理论的论述，也有实践经验的总结，但主要集中于两个方面，即宏观管理的治国学和微观管理的治生学。宏观管理的治国学是中央集权的封建国家由于治国需要而逐步形成的理论，而微观管理的治生学是在生产发展和经济运行的基础上，通过官、民的实践逐步积累形成的理论，它反映国家的管理和企业的发展。这两方面的思想极其浩瀚，但作为管理的指导思想和主要特征，可概括为以下几点：

（一）人性论

北宋苏洵在其名篇《心术》中开宗明义："为将之道，当先知人，知人之道，当先知心。"人是组成组织的最小单元，也是组织活动的具体执行者和组织活动的基础。对人性的看法在管理中是一个极为重要的理论和实际问题，我国古代思想家的主张也都以各自的人性假定为基础，其主要看法有三点：

一是人性性善论。儒家创始人孔子提出了"性相近也，习相远也"（《论语·阳货》）的命题，肯定了人生而具有相近的或相似的本质，只是由于后天环境和教育程度的差异，才有品性上的差异，但是他并未涉及人性的根源，也就是没有说明相近之性究竟是"善"还是"恶"。孟子则从"人所以异于禽兽"的认识出发，提出了系统的人性性善论。孟子认为，"恻隐之心，人皆有之；羞恶之心，人皆有之；恭敬之心，人皆有之；是非之心，人皆有之。恻隐之心，仁也；羞恶之心，义也；恭敬之心，礼也；是非之心智也。仁义礼智，非由外铄我也，我固有之也，弗思耳矣"（《孟子·告子上》）。按照孟子的看法，不仅人性本善，人性本来有"四心"，就连仁义礼智这四种品质道德，也都是"我固有之也"，只不过平时我们没有去想它因而不觉得罢了。所以，现在我们应该做的就是在自己的本性之中去发现仁义礼智，"尽其才"，充分发挥自己的天生资质。孟子根据他的"性善论"提出了"善教"与"善政"的管理之道："善教"就是主张个人修身养性，"养心莫善于寡欲"（《孟子·告子上》）；"善政"即为"仁政"，就是"以力服人者，非心服也，力不赡也；以德服人者，心悦而诚服也，如七十子之服孔子也"，"人皆有不忍人之心。先王有不忍人之心，斯有不忍人之政矣。以不忍人之心，行不忍人之政，治天下可运之掌上"（《孟子·公孙丑上》）。

二是人性性恶论。战国后期，同为儒家的荀子却不同意孟子的性善论，主张性恶论。他认为，人性是与生俱来的、质朴的一种自然属性，"凡性者，天之就也，不可学，不可事……而在人者，谓之性"，表现为"铠而欲饱，寒而欲暖，劳而欲休"，所以人性就是"生而有好利焉""生而有疾恶焉""生而有耳目之欲，有好声色焉"（《荀子·性恶》）。而人性的"善"是后天人为的，"人之性恶，其善者伪也"（《荀子·性恶》）。"善"是后天环境和教化学习的结果，"礼义者，圣人之所生也，人之所学而能，所事而成者也……可学而能、可事而成之在人才，谓之伪"（《荀子·性恶》）。先天的"性"和后天的"伪"是一对矛盾，要解决矛盾需通过"化性起伪"，就是通过学、事而改变"性"。"性"和"伪"是对立统一的，"无性则伪无所加，无伪则性不能自美"，只有做到"性伪合，然后成圣人之名"（《荀子·礼论》）。荀子的性恶论与孟子的性善论有极大的区别，但就通过所谓的"圣王之教"来教育感化民众这一目的而言，他们又是一致的。荀子的性恶思想也被后人认为是其法家思想趋向的萌芽。其后，他的学生韩非集法家之大成，提出了人的本性是"好利恶害"，即"好利恶害，夫人之所有也，赏厚而信，人轻敌矣；罚重而必，人不北矣"（《韩非子·难二》），并认为人们"好利恶害"的本性天生如此，无所谓善与恶且不可改变。人们莫不"生则计利，死则虑名"，"民之欲富贵也，共阖棺而后止"（《韩非子·备内》）。在这种"好利恶害"的人性面前，儒家倡导的"德治""仁政""教化"等，无不是丝毫不能奏效的骗人的假话。因此，"人性有好恶，故民可治也""人性有好恶，故赏罚可用"（《商君书·错法》）。"凡治天下，必因人情。人情者，有好恶，故赏罚可用。赏罚可用，则禁令可立，而治道具矣""好恶者，赏罚之本也"（《韩非子·八经》），人的"好利恶害"的本性是实行法治的基础。

三是超越善恶的自然人性论。道家的人性论既不讲性善，也不讲性恶，而是主张超善恶的自然人性论。老子指出人的本性是纯洁的，"不尚贤，使民不争；不贵难得之货，使民不为盗；不见可欲，使民心不乱"（《老子》）。老子多次提到婴儿，认为人应该像婴儿那样天真，说"专气致柔，能婴儿乎"，"常德不离，复归于婴儿"，说自己"沌沌乎如婴儿之未孩""含德之厚，比之赤子"，并认为"圣人在天下，以其气息使人心浑然纯朴"（《老子》），指出圣人的使命就是使百姓都回到婴儿般无知无欲的纯真状态。以此为基础，道家提出了"无为而治"的管理思想体系。

（二）重人

中国传统管理的重人包含三方面含义：一是个人修养，二是人才归离，三是人心向背。

从一定意义上讲，管理取决于管理者的人格类型，取决于不同类型管理者人格形成的背景和条件。中国传统管理思想非常重视人的内在修养与精神世界。儒家主张积极入世，在人格修养上也提倡一种内外合一的入世人格，力求把个人的修身养性与经世致用相结合，为此，儒家提出了"格物、致知、诚意、正心、修身、齐家、治国、平天下"的政治道德训条，这既是个人仁德的修炼塑造过程，也是将仁德展开、实现而广济于世的过程。道家则属意消极避世，着眼于个性自由，逃避社会生活。所以，道家的理想人格更注重的是保存人的自然本性，追求自身的心灵自由和精神解脱，要求具有理想人格的圣人神人至人应该"见素抱朴，少思寡欲，绝学无忧"（《老子》）。对于义与利，道家认为达到理想境界的障碍主要在于人的机智与欲望太多，"罪莫大于可欲，祸莫大于不知足，咎莫大于欲得"（《老子》），对其过于追求会损害人的自然本性，因此，要保持自身的心灵宁静就应该绝仁弃义，绝巧弃利。由此，道家主张抛弃仁义道德，鄙夷功名利禄，放弃责任义务，摆脱名缰利索。兵家则认为为将之道在于具备"五德"，即"将者，智、信、仁、勇、严也"（《孙子兵法》）。两汉之际传入中国的佛教则倡导主动出世，强调人的来世追求，着眼于来生幸福，超越现实社会，所以要求具有理想人格的佛门圣僧断绝无明烦扰而达到涅槃境界，感悟人情，洞穿世态，大彻大悟，追求精神上的解脱与超越。

中国传统管理思想把人放到一个很重高的地位，重视人才的作用。因此，历史上形成了许多重才、识才、用才的人才思想，素有"求贤若渴"一说。孔子说："天地之性人为贵""人与天地参"，人的价值被看作与天、地、道等量齐观，并列论之，而居于万物之首。唐太宗李世民结合自己的治国体会，提出了"为政之要，唯在得人"的著名论断，这是当时对人才重要性的最高概括。以德才兼备作为选贤任能的标准，德为先，才为主，二者是一个统一而不可分割的整体，缺一不可。司马光提出"道德足以尊主，智能足以庇民"的人才标准，其中"道德"即今天讲的"德"，"智能"即今天讲的"才"。曹操则提出了用人"勿拒品行"的方针，在第三次求贤令《举贤无拒品行令》中，甚至明确提出，即使"不仁不孝而有治国用兵之术"，也要大胆地选拔使用。这符合当时打天下的需要，也成就了曹操的一代霸业。而有了人才，如何恰当的使用人才则至关重要，明太祖朱元璋说过，人君必须拥有"有识、有谋、有仁、有勇"的各类人才，但能否获得成功，"亦在人君任之何如耳"。用才要善于"因艺授任"，即根据才能专长的不同授予不同的职务；要"佚于使人"，即一旦相准了人才，就应充分信任他们，不要横加干涉；要会取人之长弃人之短。

中国传统管理思想也具有"重民"特点，重视人心向背。孟子就提出"民贵君轻"思想，主张"政在得民"。唐甄也认识到："封疆，民固之，府库，民充之，朝廷，民尊之，官职，民养之，奈何见政不见民也！"唐太宗李世民常说："民，水也；君，舟也。水能载舟，亦能覆舟。"这些思想逐步成为管理国家的准则，也为后代管理者所借鉴。

（三）人和

"礼之用，和为贵"（《论语·学而》）是儒家倡导的道德实践原则。"和"就是讲团结，要通过调整人际关系，实现上下和，左右和。对治国来说，和能兴邦；对治生来说，和能生财；对治家来说，和能兴事。因此，人和与天时、地利一起被人们总结为事业成功的三要素。

（四）诚信

我国历来有提倡"诚贾"的传统。商而不诚，苟取一时，终致瓦解，成功的商人多是商业信誉度高的人。荀子就曾指出：君子"能为可信，不能使人必信己"，"耻不信，不耻不见信"（《荀子·非十二子》）。老子也有一句名言，"轻诺必寡信"（《老子》），即轻易向人许诺的东西，一定是不能兑现的，也是不能令人相信的。因此，要"以诚待人"。庄子曰："真者，精诚之致也。不精不诚，不能动人。"（《庄子·渔父》）在管理手段上，则要"赏罚必信"，"赏罚不信，则民易犯法，不可使令"（《吕氏春秋·贵信》）。同时，要注意培养下属的诚信意识，而中国传统文化的伦理型特征强调人际关系和个人自身的修炼，都有益于培育诚信精神。

（五）以法为本

以法为本的思想来自以韩非为代表的法家学派。韩非坚持人性恶的观点，因此反对儒家的仁爱观点，认为"法者，王之本也"（《韩非子·心度》），并认为法的作用在于"定分止争"和"兴攻惧暴"，肯定"循法而治"是统治的最有效方法。法家不守旧，认为历史是向前发展的，一切的法律和制度都要随历史的发展而发展，既不能复古倒退，也不能因循守旧。商鞅明确地提出了"不法古，不循今"的主张（《商君书·更法第一》）。韩非进一步发展了商鞅的主张，提出"时移而治不易者乱"（《韩非子·心度》），把守旧的儒家讽刺为守株待兔的愚蠢之人。要保证制度的实施，则要"明法"，即"使天下之吏民无不知法者"（《商君书·定分》）；要公正执法，"诚有功，则虽疏贱必赏；诚有过，则虽近爱必诛"（《韩非子·主道》）；要以身作则，因为"明主在上，则人臣去私心，行公义；乱主在上，则人臣去公义，行私心"（《韩非子·饰邪》）；要赏罚有信，因为"赏罚不信，则禁令不行"（《韩非子·外储说左上》）。但是法家思想和我们现在所提倡的民主形式的法治有根本的区别，最大区别就是法家极力主张绝对的君主集权。

（六）顺其自然

道家学派主张"无为""无为即自然"。老子认为天地万物都是由道化生的，而且天地万物的运动变化也遵循道的规律。那么道的规律又是什么呢？老子认为，"人法地，地法天，天法道，道法自然"（《老子》）。可见，道的最根本规律就是自然。既然道以自然为本，那么对待事物就应该顺其自然，无为而治，让事物按照自身的必然性自由发展，使其处于符合道的自然状态，不对它横加干涉，不应影响事物的自然进程。但是，无为而治的"无为"，绝不是一无所为，不是什么都不做。无为而治的"无为"是不妄为，不随意而为，不违道而为。相反，对于那种符合道的事情，则必须为之。所为之为，都应出自事物之自然，是自然而为，而不是人为而为。所以这种为不仅不会破坏事物的自然进程和自然秩序，而且有利于事物的自然发展和成长。因此，在管理上就要"因自然以事理"，要顺应客观规律。这种思想也被中国古代商人所实践，如被后人称为"陶朱公"的范蠡就认识到要根据市场供求关系来判断商品价格的涨落，即所谓的"论其有余不足，则知贵贱"（《史记·货殖列传》）。孔子的学生子贡提出了"物以稀为贵"的理论，他说："君子之所以贵玉而贱珉（石之美名）者，何也？为夫玉之少而珉之多邪？"（《荀子·法行》）后世经商人家常贴一副对联："陶朱事业，端木生涯"，即指此二人。

（七）计谋

我国古代兵书论述的用兵作战规律对经营管理也有普遍意义。古人云："用兵之道，以计为首"，"运筹帷幄之中，决胜千里之外"。兵家最重视"谋"，重谋划，重计策，重韬略，常把决策看成是一种综合性活动，其目标的实现要受到诸多复杂因素的制约，只有对这些因素进行全面、综合的考虑，才能做出正确的选择；而正确的选择恰恰是克敌制胜的保证，故有"知己知彼，百战不殆"之说。孙子也主张"上兵伐谋""不战而屈人之兵"，就是力求用计谋胜敌，"以巧成事"，因此，提出了"经五事""校七计""知己知彼、知天知地""而索其情"的决策分析模型。所谓"经五事""校七计"就是关系到"国之大事、死生之道"的首要问题。在战略战术上讲求灵活机动，"兵无常势，水无常形，能因敌变化而取胜者，谓之神"（《孙子兵法》），并认为民心向背是战争胜负的关键。

定计只是"知胜"，还不是真正的胜利。真正的胜利，还要到战场上决定。因此，定计之后，在用计过程中要随机应变，即孙子所说的"践墨随敌"。"践墨"之"践"是践履、遵循、执行之意，"墨"为绳墨，引申为规律、规则、法度、计划之意。无"墨"可践，就会打乱仗；但只知"践墨"，不知"随敌"，就是打呆仗。只有既"践墨"又"随敌"，才可能使自己立于不败之地。孙子的这一原则体现了计划性和灵活性高度统一的思想，至今仍具有指导意义。

四、简评

中华民族悠久的历史积累了丰富的管理实践和影响深远的管理思想，这些管理思想和实践都是对人类文明社会的进步与管理的发展的重要贡献。回顾管理思想的发展历史，我们能清楚地看到，管理思想的发展与文化历史、社会生产力的发展水平，与人的认识程度和生产方式等因素的发展变化有着密切的关系。现代管理学这门学科的诞生和发展是与西方工业文明的发展历史紧密联系在一起的，中国古代及近代虽有管理的哲理，但并没有形成系统的管理思想，只是散见于中国传统文化宝库之中，是一些片段式的、就某方面所进行的论述。这些思想是在中国传统文化的土壤中产生的，被丰富的实践活动所证明，并融入中国的文化。由于世界各国的管理既有其特殊性，又有其普遍性，要实现华夏文化与现代管理的融合，应当采取"取长补短"的方针，从而达到"殊途同归"的目的。

第二节 中国近代的管理思想与商学的发展

中国的近代是 1840—1949 年这一时期，在中国的历史上是一个非常特殊的时期，因为就是在这段时间里，曾在历史上有过超强实力和辉煌文化的中国开始走向衰落，逐步向半殖民地半封建社会转变，中国人民也逐渐陷入极端贫困、落后、屈辱和受压迫、受剥削的深渊，从而形成了这一特殊时期极为鲜明的社会经济现象，也对中国经济的发展和管理活动产生了影响。

一、中国近代社会的基本特征

"中国近代经济思想史所涉及的历史时期，同鸦片战争前的中国传统经济思想发展演变的漫长历史时期相比是十分短暂的，但它在性质、内容、产生的历史条件以及同外来经济思想的关系等方面，都同传统经济思想有根本的区别。"① "在半封建半殖民地经济时期，中华民族在思想上经历了两次亘古未有的变动。"② 第一次是鸦片战争，英国的炮舰既粉碎了清代封建王朝的武装力量和冲破了中国的经济大门，也使中国人的思想意识产生了重大的变化。"中国在鸦片战争以前不止一次地被胜利者或征服者所击败乃至被征服，但中国人民不曾有一次被胜利者或征服者所鄙视，也不曾有一次丧失其民族自尊心和自信心。只有鸦片战争的失败才使民族的自豪感也同时被侵略者的炮舰所摧毁，民族的自信心也开始动摇了。人们对传统的思想意识及社会价值产生的怀疑日渐增长。先进的人们决心从他们的侵略者的武库里寻求物质的和精神的武器，开始了一个无先例的'向西方学习'的运动。"③ "师夷长技以制夷"是推行洋务运动的主导思想。在洋务运动中，中国开始从西方各国引进了新式的工业、开矿业和交通业，对中国直接接触、分享产业革命的成果——现代工业的建立打下了基础。第二次是"五四运动"。"五四运动"的影响更为巨大，"五四运动""彻底摧毁了旧有的一切道德准则，要求以一些外来的价值准则和科学方法为起步，处理现实的各种问题。"④ 这些变化为中国较为全面地引进西方的科学技术及思想，乃至产业革命后的工业生产方式奠定了基础。但中国社会当时变化总的趋势是逐渐地向半殖民地半封建的社会转变。胡寄窗对此的认识是："从社会经济形态方面考察，所谓半封建半殖民地经济，必然是传统的旧封建经济体系的日益瓦解和外来的资本帝国主义经济体系的日渐繁荣这两种趋势的交织，换言之，是整个历史时期全属于新旧社会形态的变革或过渡过程。"⑤

二、"洋务运动"时期的管理活动

洋务运动是 19 世纪 60 到 90 年代晚清洋务派所进行的一场引进西方军事装备、机器生产和科学技术以挽救清朝统治的自救运动。在"中学为体，西学为用"思想指导下，通过学习、引进的方式，开始兴办了一批与手工业生产方式完全不同的，按照当时世界先进技术进行生产的企业。如江南机器制造总局、金陵制造局、天津机器局、福州船政局、汉阳铁厂、湖北织布官局等。在这些企业中，不仅引进了大批的生产设备，也聘请了一些外国专家，开始按照大生产的要求指导生产和进行管理。如福州船政局在 1867—1907 年间就聘请了三批"洋员""洋匠"81 人参与采购、安装、调试、生产，负责技艺的传授与培训；汉阳铁厂也从钢铁技术较为发达的卢森堡聘请了十多位专家指导工厂的生产。先进技术、先进生产组织形式的工厂以及外国专业人士的引进，不仅提高了这些企业的生产能力，也提高了工厂管理的水平。

为满足社会发展的需要，一些有识之士也开始按照西方的教育方式兴办学堂，并开始

---

① 赵靖. 中国经济思想史续集：中国近代思想史. 北京：北京大学出版社，2004.

② 胡寄窗. 中国近代经济思想史大纲. 北京：中国社会科学出版社，1984：4.

③ 胡寄窗. 中国近代经济思想史大纲. 北京：中国社会科学出版社，1984：4.

④ 胡寄窗. 中国近代经济思想史大纲. 北京：中国社会科学出版社，1984：5.

⑤ 胡寄窗. 中国近代经济思想史大纲. 北京：中国社会科学出版社，1984：1.

了商务学门类的设置，培养近代商务界的管理人才。其中，具有代表性的是张之洞在湖北开办的自强学堂。作为武汉大学前身的自强学堂设置的商务门被认为是"我国最早设立的近代商学专业"，也意味着"洋务运动时期开办的新式学堂堪称为中国近代高等教育的发轫，而发端于洋务运动时期的高等商业教育也标志着中国工商管理高等教育正式步入历史舞台。"①

虽然"洋务运动"是以失败为告终的一次运动，但从历史的角度看，洋务运动在客观上推动了中国生产力的发展，给中国工商企业学习西方的先进工业生产技术、工厂管理、自我发展，乃至中国民族资本主义的产生与发展带来了契机，促进了中国教育的近代化和国防的近代化。

三、20 世纪上半叶中国管理科学的发展

20 世纪上半叶中国管理实践活动可以粗略地划分为在国民党统治区和中国共产党建立的革命根据地展开。其中，在国民党统治区的中国企业主要是由三部分构成：帝国主义在华投资兴办的企业、国家垄断资本投资兴办的企业以及民族资本投资兴办的企业。从总体上看，帝国主义经营的企业具有残酷压榨、无偿掠夺的特点，国家垄断经营的企业具有政府掌控、少有竞争的特色，而唯独民族资本企业才具有既要抗争帝国主义企业的种种优势，又要反抗国家垄断企业无情打压，还要遵守市场经营规则、开展竞争的特点，下面将介绍民族企业的管理情况。1927 年第一次国内革命战争失败之后，中国共产党开始着手建立了革命根据地（抗日战争后称为解放区），并在根据地建立了自己的工业企业。这些具有社会主义性质的企业，在外界几乎完全被封锁的情况下，经营管理方面形成了十分鲜明的特点，对中华人民共和国成立后国营企业管理模式产生了重要影响。因此，革命根据地公营企业的管理也是下文介绍的重点。

（一）中国民族资本企业的管理

在中国近代经济结构多元化的格局中，民族资本主义经济代表着中国经济近代化的进步方向，但由于封建自然经济、外国资本主义经济和官僚资本主义经济的压迫和排挤，它始终没有成为近代中国社会经济的主导形式。在曲折发展中，中国民族资本企业探索了自己的管理道路，但是在管理的基本理念上距离科学的管理还存在巨大差距，存在着对工人残酷剥削的一面。

1. 学习与传播科学管理思想。"科学管理之父"泰罗的《科学管理原理》在 1911 年出版后即风靡世界，我国民族资本主义企业家也注意到了该书。1914 年，近代民族资本家穆湘玥深感"吾国工业不兴，实以缺乏管理人才故"，而泰罗的著作令人"以恍焉悟美国实业界管理方法之精进，实此辈先觉左右指导之功居多"，因此就着手翻译此书，由中华书局于 1916 年出版，书名为《工厂适用学理管理法》，希望该书的出版能"诚得一般有志改进家，熟按此书所载方法，引申触类变通化裁而妙用之，无论个人与家庭，社会与

---

① 陈启杰. 中国工商管理类专业教育教学改革发展战略研究之二. 北京：高等教育出版社，2002：9.

国家，种种事业，参用此项新管理法，无不立收奇效，是又私衷所馨香祷祝者矣"①。中国最早 MBA 学位获得者之一、著名爱国民主人士杨杏佛在《科学》杂志 1915 年 11 月号上发表论文《人事之效率》，提出"效率之名，新语也，其源出于科学实业，晚近始有美人泰乐（即 F. W. Taylor）施之人事"。他在 1918 年 11 月号《科学》杂志上发表《科学的管理法在中国之应用》一文，介绍科学管理思想及其心得，并号召有志之士群起实验，竞相效法②。由于受到当时环境的种种羁绊，总的来说，学习效果甚微。

2. 民族资本主义企业的组织设置。由于民族资本主义企业规模一般不大，故多采用职能型组织结构，并能根据公司的发展和竞争状况在组织机构设置上采取灵活的做法。如南洋兄弟烟草公司上海总公司在 1933 年前采用分权制，在 1933 年后改为集权制，国内各分机构的业务、财务、人事由总公司直接掌握。1937 年又在总公司设立总务、稽核、购料、供应、会计、金库等科室。分公司在经理或副经理之下设立营业、调查、会计、文牍和金库、庶务、广告等部门，以保证公司扩大后的经营与管理。荣氏家族的企业中分别设置了总公司，下辖各分厂，关于这些总公司的职责、权力，有如下的表述："总公司组织与一般公司组织不同，各厂是无限公司和合伙。""总公司内部分为好多部门，部门之间进行分工，各设主人负责。各厂的经理、厂长对厂负全部责任，着重生产方面。总公司则集中掌握各厂的购料、产品销售和资金调动。后来，各厂也经办小部分原料，系辅助总公司工作上的不足。""总公司为各厂（包括面粉厂和纱厂）统一采购原料，销售成品，统筹资金，各厂只管工务。各厂多余资金必须存总公司，存息比行庄多一些。总公司代筹资金给各厂，照行庄利息加二毫半，作为总公司的经费。总公司采购原料，配给各厂。销售则照原售价结给各厂。总公司名称是茂新、福新、申新总公司。在业务方面，面粉和纱布是分别进行的。""总公司没有董事会，股东会也无大权，总经理掌握全权，一切集中于总经理。从批发发展成为总公司后，就掌握各厂的购料与销售等业务，体现了总公司的集权。"③ 由此可见，在当时的企业（或公司）中，已经开始注意到组织结构的建设。

3. 传统文化与民族资本主义企业的管理。深受中国传统文化影响的民族企业家立足于传统，探求企业成功的管理路径。成立于 1922 年的上海康元制罐厂秉承了中国文化的传统，在自己的"厂训"和"训练通则"中提出了"勤、俭、诚、勇、洁"的思想，要求职工"不偷懒、说实话、有过改之、遵纪守法"，并要求学徒做工与读书相结合，每天要上文化技术课。申新四厂对养成工的规定就包括这样的条款："养成期内，第一月授课三小时（每日上午下午或晚间），工作九小时；第二月授课两小时，工作十小时；第三月授课一小时，工作十一小时。课程为标准工作法、纺学、公民、国语、常识、音乐、体育

---

① 转引自许康. 八十年前泰罗与中国学者的文字之交——科学管理法传入中国远离探索之一. 科学学与科学技术管理，1995，3.

② 许康. 杨铨（杏佛）对科学管理的宣扬——科学管理法传入中国远离探索之二. 科学学与科学技术管理，1995，4.

③ 上海社会科学院经济研究所经济史组. 荣家企业史料. 上册. 上海：上海人民出版社，1980：96-97.

等科。每月终举行学科及实习考试一次，不及格者留级。"① 这种养成工或与养成工极其相似的工人培训、管理在当时中国（可能主要集中在上海）是较为普遍的做法。

（二）革命根据地公营企业的管理

1927 年第一次国内革命失败后，中国共产党在经历了土地革命战争时期（1927—1937 年）、抗日战争时期（1937—1945 年）和解放战争时期（1945—1949 年）之后，最终建立了新中国。革命根据地工业的逐步形成和发展大体上也经历了这三个阶段，共产党在不断探索企业经营管理的方法。1942 年底，中共中央召开的"高干会议"在总结经验的基础上为抗日根据地公营工厂管理指明了基本方向。因此，以此会议的召开为标志，前期是企业管理模式的探索阶段，后期则是形成和完善阶段。

1. 革命根据地企业管理模式的探索

在土地革命战争初期，由于革命斗争形势的要求以及骨干是军需工业的特点，公营工厂实行的是军事制度。党委决定一切，对企业采取机关化管理，工厂和部队一样实行供给制、费用实报实销的管理模式。这种制度在初期发挥了积极作用，但是工厂不是军队，工厂管理也不等于军队管理，因此，这种管理模式很快就弊端丛生，共产党也开始了管理工厂的探索，主要表现在以下几点：

（1）企业领导体制基本形成，主要是"三人团"领导体制模式和在公营企业内推行三大民主。所谓"三人团"，是指工厂内设立的由厂长、党支部代表、工会代表、团支部代表、工厂其他负责人、工厂代表等 5~7 人组成的管理委员会中，由厂长、党支部代表及工会代表组成的"三人团"。管理委员会决定厂内重大问题，而"三人团"负责处理厂内的日常问题。党支部代表及工会支部代表组成的"三人团"。在 1934 年 4 月，中华苏维埃共和国人民委员会颁布了中国社会主义性质的第一个管理法规——《苏维埃国有工厂管理条例》，明确了国有工厂实行厂长负责制。②

（2）工人报酬形式的探索。在土地革命初期，绝大部分工厂是将军队中的供给制与津贴制移植过来，工人日常生活费用由公家按统一标准供给，每月再给少量的津贴。这种平均主义的分配制度不利于调动工人的积极性，但在战争时期，也起到了重要的作用。1932 年初，临时中央政府将国营工厂工人的供给制改为工资制。随着革命形势的发展，这一制度并没有坚持下去。

（3）企业化经营的探索。对企业的机关化管理严重束缚了企业的手脚，党企不分，也不能调动企业管理者和工人的积极性。根据地政府对国营企业进行清理整顿，将一部分国营企业卖给私人经营，或者租给群众集股的生产合作社经营，或者关闭，并规定国有工厂必须确立经济核算制度。

（4）特色鲜明的工人激励与培训措施。群众路线是共产党的优良传统，是党领导人

① 上海社会科学院经济研究所经济史组. 荣家企业史料（上册）. 上海：上海人民出版社，1980：571-572.

② 中国企业管理百科全书编辑部. 中国企业管理百科全书．上）. 北京：企业管理出版社，1984：71.

民取得新民主主义革命和社会主义建设事业胜利的三大法宝之一。通过思想政治工作、开展劳动竞赛等调动广大职工的劳动积极性，同时，组织工人学习，树立新的劳动态度和劳动技能。

2. 革命根据地企业管理模式的形成和完善阶段

长征结束后，在陕甘宁边区仍延续了土地革命时期苏区的企业管理模式，存在的问题也越来越严重。于是，在总结经验教训的基础上，1942 年 12 月毛泽东同志在陕甘宁边区高级干部会议上做了《经济问题与财政问题》的报告，提出了精兵简政的思想，为公营工厂由机关化向企业化转变指明了方向。随着解放区的扩大，特别是东北的解放，其工业基础较好，公营企业数目快速增加，企业管理模式也日趋成熟。

（1）企业化经营模式确立和计划生产。1948 年起开始按照企业化的原则管理企业。在正常进行生产的企业，不再依靠财政支持。在供销关系上，按照企业化原则办事，不再是供给性质。同时，传统观点认为社会主义应该实行计划经济体制，公营企业主要是为了完成国家的生产计划，因此，从 1948 年开始东北解放区工业实施了计划生产，最后由东北工业部完成 1949 年东北工业生产修建计划，呈报东北财政委员会批准，开解放区计划经济的先河。

（2）加强经济核算制度。1942 年前，公营工厂大多实行报销制。这种制度不利于节约人力、物力。其后一些企业先后采取了制造费制、营业制等，在解放战争时期东北公营企业内建立了经济核算制度。这些制度在公营企业中贯彻经营企业化的原则，对于干部改变手工业管理方式和供给制思想，树立经济核算思想和成本核算观念，以适应近代大工业的科学管理方式具有重要的作用。

（3）"一长制"的企业领导模式。在实行"三人团"制度的过程中一度出现行政、党支部、工会各搞一套的不协调现象，即所谓"三权鼎立"现象。鉴于这种管理分散局面，党和边区政府明确提出公营工厂实行一元化管理，包括工厂与政府关系的一元化，规定工厂只同政府的一个管理部门发生关系。在公营工厂内，厂长代表政府，集中管理工厂内部的一切。厂长是厂内的最高负责人，党支部和工会的一切活动如与生产计划相抵触，厂长有停止执行之权，但工厂必须实行民主管理。

（4）企业分配制度的探索。1943 年的公营工厂厂长联席会议明确指出，工厂要实行企业化，就必须改变不合理的分配方式。因此，把公营企业内实行的供给制度改为全面的工资制度，取消供给部分，一律实行按件累进工资制，公营工厂的工资完全由技术等级和劳动态度来决定。另外，根据具体情况，有些工厂实行了公私合作、按股分红的股份制。

（5）在公营企业内实行精简机构、定员管理，消除了非生产人员过多、浪费经费的现象。

（6）重视职工素质的提高。为培养兵工技术专业人才和企业管理干部，八路军总部创办了军事工业学校，生产第一线的技术工人则主要靠兵工厂内部培训。

（7）开展劳动竞赛调动职工积极性。陕甘宁边区开展了"赵占魁运动"等，总工会提出了模范工人的七项标准，更好地调动广大职工的生产积极性。

◎ **小资料**

赵占魁运动

　　赵占魁是在生产竞赛中涌现出来的著名劳动模范。"他个子不高，身体算不上结实，可干起活却一身是劲。"1943 年，参加陕甘宁边区劳模大会的赵占魁是这样被战友评价的。那年，从山西省盂县一个贫苦农民家庭走出来的赵占魁，参加过数次与日军的作战，后随部队在南泥湾垦荒两个年头。他积极负责、埋头苦干、大公无私，有自我牺牲精神，是劳动英雄、技术能手、节约模范，又是团结和学习的标兵。朱德称赞他是把革命放在第一位，用革命者的态度对待工作的"新式劳动者"。1942 年 10月，陕甘宁边区总工会提出"向赵占魁看齐"的口号。同年 12 月，毛泽东在边区高级干部会议作《经济问题与财政问题》报告，指出要开展赵占魁运动。从此，在中共中央职工委员会和各抗日根据地总工会的领导下，这一运动在公营工厂普遍开展，总工会提出了模范工人的七项标准。新中国成立后，赵占魁的事迹和赵占魁运动的经验对推动社会主义劳动竞赛运动的发展起了推动作用。

　　资料来源：中国企业管理百科全书编辑部．中国企业管理百科全书．上．北京：企业管理出版社，1984：76.

第三节　中国现代管理思想与管理学学科的发展

　　1949 年 10 月 1 日，中华人民共和国成立，掀开了中华民族历史崭新的一页，中国共产党人开始了对有中国特色的社会主义现代化建设道路的不懈探索。这一时期可以大致分为 1949—1966 年，1966—1978 年和 1978 年迄今三个时代特点鲜明的时期。

一、中华人民共和国建立初期的企业管理模式探索

　　在 1949—1966 年短短的 17 年的时间内，由于社会主义革命与建设事业的逐步推进和国内外形势的变化，中国企业的管理模式也随之出现过不同特色的时期。其中，中华人民共和国成立初期基本上是沿袭了革命根据地工业企业管理制度，而随着 1953 年大规模、有计划的社会主义经济建设的展开，我国开始全面学习苏联的管理模式。1956 年之后，随着中苏关系逐渐破裂以及在推行学习苏联的经济模式过程中出现了不适应中国国情的问题，中国开始了努力探索适应中国国情发展道路的过程。

　　（一）全面学习苏联的管理模式

　　1953—1957 年是中国开始学习苏联、实施国民经济建设第一个五年计划的时期。随着苏联援建的大型工业项目的实施和完成，苏联的整套工业企业管理制度和方法也被全面引进，形成了我国企业管理历史上一个十分特殊的时期。在学习的过程中，特别是在苏联专家的帮助下，在企业中开始推行一长制——生产区域管理制的组织领导体制，按照生产区域的特征实行厂长、车间主任和工段长负责制；党组织负责保证和监督国家计划的执行情况，负责企业职工的思想工作；工会、共青团等群众团体负责企业职工的劳动竞赛和文

娱活动。在企业中推行了具有计划经济色彩的企业内部管理工作，如强化了企业的计划管理工作，全面推行生产计划和生产作业计划工作，建立各种原始记录，开展统计工作，制定劳动定额，实施工艺、设备管理，在全面实行独立核算制的基础上，要求厂长对企业的盈亏、是否完成国家的成本等财务计划等完全负责。在劳动分配上，按照社会主义"各尽所能，按劳分配"的分配原则，推行了各种工资制度的建立，如在工人中普遍推行了八级工资制。

显然，企业管理工作的这些巨大改进的本质是一种高度集中管理模式的延伸，或在企业层面的体现，所以与之相适应的企业管理模式也就是强化企业内部的管理。这种管理模式在中国企业管理的历史上有着十分重要的意义，不仅使我国的企业全面接受和学习了适应大生产需要的严格的内部管理形式，而且对我国企业管理的整体水平的提高起到了巨大的作用。

（二）探索适合中国国情的企业管理模式

在推行苏联的经济模式过程中一些做法被发现并不适应中国的国情，于是，中国开始了努力探索适应本国国情发展道路的过程。在企业管理工作上，开始摆脱对苏联企业管理理论和实践完全照搬的做法，努力探索适应中国国情的企业管理模式。尽管其中出现了种种波折，但还是出现了"鞍钢宪法"等值得关注的企业管理模式，并在1961年颁布了《国营工业工作条例（草案）》（简称"工业七十条"），较好地总结了过去的经验和教训，提出了十分具体而系统的适应当时我国工业企业发展水平的管理条例。1964年，毛泽东发出了"工业学大庆"的号召。大庆人艰苦奋斗的精神，讲究科学、严格管理的态度，以及被称为"王铁人"的王进喜的模范行为极大地鼓舞了全国工业企业的广大职工，学大庆的运动在全国工业企业中展开，并取得了巨大的成效。可惜的是，正当中国人民自力更生、奋发图强，取得一个又一个胜利的时候，1966年6月"文化大革命"开始了，好不容易建立的企业管理制度、措施和方法再一次被打乱，科学管理几乎荡然无存。

◎ 小资料

"马钢宪法"与"鞍钢宪法"

"马钢宪法"：指以马格尼托哥尔斯克冶金联合工厂经验为代表的苏联一长制管理方法，其特点是：实行"一长制"；注重物质刺激；依靠少数专家和规章制度进行管理，不搞群众性的技术革命。

"鞍钢宪法"：1960年3月，毛泽东在中共中央批转《鞍山市委关于工业战线上的技术革新和技术革命运动开展情况的报告》的批示中，以苏联经济为鉴，对我国社会主义企业的管理工作做了总结，强调要实行民主管理，干部参加劳动，工人参加管理，改革不合理的规章制度，工人群众、领导干部和技术员三结合，即"两参一改三结合"的制度。1961年制定的"工业七十条"正式确认这个管理制度，并建立党委领导下的职工代表大会制度，以扩大企业民主，吸引广大职工参加管理、监督行政，克服官僚主义。当时，毛泽东把"两参一改三结合"的管理制度称为"鞍钢宪法"，使之与苏联的"马钢宪法"相对。

二、改革开放后我国企业管理模式的探索

改革开放后，我国企业的管理工作也得到了迅猛发展，新时代的企业管理思想也发生了巨大的变化。这种变化是适应我国宏观经济环境从计划经济转变为有计划的商品经济进而转变为社会主义市场经济体制而产生的，是一个学习、奋斗、追赶的过程，是一个逐步走向本土化、走向自主创新的过程。具体来说，大致可以分为以下几个阶段：

（一）科学化管理的启蒙阶段（1978—1984 年）

1. 整顿与加强企业管理基础工作。1982 年 1 月，中共中央、国务院发出《关于国营企业进行全面整顿的决定》，要求通过全面整顿把企业整顿工作的重点转移到现代化建设上来，以生产为中心，以提高经济效益为重点，大力提高企业的生产水平、技术水平和管理水平。根据企业当时的状况，整顿和加强企业基础管理工作选择了四个切入点，即质量管理工作、企业标准化工作、编制定员和劳动定额工作以及会计和成本管理工作。经过全面整顿，企业管理思想和管理水平都有不同程度的提高，为企业改革奠定了较好的基础。

2. 扩大企业自主权，推行经济责任制。高度集中的计划经济体制的主要弊端之一就是企业的生机和活力受到压抑。因此，对国有企业的改革是从扩大企业自主权，增强企业活力开始的。1978 年 10 月，国家先后在四川重庆钢铁公司、成都无缝钢管厂等国有企业开展改革试点工作。1979 年 5 月，国家经委、财政部等六个单位在北京、天津、上海选择八个单位进行扩大企业自主权的试点。1979 年 7 月，国务院发布了有关扩大国营工业企业经营管理自主权、实行利润留成、开征固定资产税、提高折旧率和改进折旧费使用办法、实行流动资金全额信贷等五个文件，要求地方部门按照统一规定的办法选择少数企业试点。1979 年底，试点企业扩大到 4 200 个，1980 年又发展到 6 000 个，约占全国预算内工业企业数的 16%，产值的 60%，利润的 70%①。到 1982 年，工业企业普遍推行了经济责任制。

◎ **小资料**

经济责任制

经济责任制是在国家计划指导下，以提高社会经济效益为目的，把责（经济责任）、权（经济权力）、利（经济利益）紧密结合起来的生产经营管理制度。这种管理制度的实行，可以把国家、企业和劳动者个人三者的责、权、利紧密结合起来，提高生产者的生产积极性，有力地促进企业生产的发展和职工收入的增加。经济责任制要求企业的主管部门、企业、车间、班组和职工，必须层层明确在经济上对国家应负的责任，建立和健全企业的生产、技术经营管理各项专责制和岗位责任制，并采取一定的考核和奖惩办法。它要求正确处理国家、企业和劳动者个人，三者的关系，把企

---

① 董辅礽．中华人民共和国经济史．下卷．北京：经济科学出版社，1999：67.

业、职工的经济责任、经济效果同经济利益联系起来，贯彻按劳分配原则，多劳多得，有奖有罚，克服平均主义。

3. 引进国外先进管理技术。1984 年初，国务院召开的全国经济工作会议提出，整顿好的企业要把重点转移到企业技术进步和管理现代化上来，逐步实现技术现代化、管理现代化、人才现代化。国家经委紧接着在 1 月份召开了全国第二次企业管理现代化座谈会，总结并提出了企业管理现代化的"五化"内容，即管理思想现代化、管理组织现代化、管理方法现代化、管理手段现代化、管理人才现代化，推荐了 18 种在实践中应用效果好、具有普遍推广价值的现代化管理方法，即价值工程、网络计划技术、目标管理等，并确定北京内燃机总厂、天津自行车厂等 20 家企业为第一批管理现代化试点企业。

（二）从生产型管理转变为生产经营型管理（1985—1992 年）

改革开放后，企业管理的改革大多围绕着生产环节进行，这与在传统计划经济体制下企业的主要任务是生产相一致。1979 年 11 月，邓小平在会见外宾时就指出，社会主义也可以搞市场经济。因此，在前一阶段对国有企业全面整顿的基础上，企业管理模式开始从生产型向生产经营型转变。

1. 通过经营承包责任制实现两权分离。受农村家庭联产承包责任制的启发，1986 年12 月，国务院《关于深化企业改革增强企业活力的若干规定》中提出，要推行多种形式的经营承包责任制，给经营者充分的经营自主权。其基本特征是：包死基数，确保上交，超收多留，欠收自补。1988 年 4 月，七届全国人大一次会议通过的《全民所有制工业企业法》在保证和促进承包经营责任制方面，起到了重要作用。于是，企业承包制在全国推行。到 1990 年底，大多数实行承包制的企业完成了第一轮承包，开始了第二轮承包。20 世纪 90 年代初，国有企业改革强调转换企业经营机制贯彻的还是两权分离的思路。1992 年 7 月，国务院发布了《全民所有制工业企业转换经营机制条例》。该条例根据两权分离的思路明确了企业经营权、企业自负盈亏、企业和政府的关系、企业和政府的法律责任等问题。

◎ 小资料

如何认识承包制

理论界对于承包制的看法始终存在着尖锐的意见分歧。实事求是地分析，完全肯定和完全否定的意见都有片面性。承包制曾经起过的积极作用是不可否认的。例如，它可以使《企业法》中规定的企业自主权得到落实，可以增强企业的动力机制，可以加强企业的财务责任，可以明确主管部门的责任，特别是使政府和企业的关系发生了变化，企业不再完全听命于政府，促进政企分离等。承包制也有其固有的缺陷。例如，实行承包制的企业仍然在相当程度上隶属于政府机关，经营自主权仍受到限制，甚至受到很大的限制，没有也不可能实行自负盈亏，会使产业结构固化，与产业结构调整和合理化的要求相矛盾等。

2. 制度创新的探索。我国企业在发展中深刻认识到，我国本土企业与西方企业管理的差距不仅仅体现在管理理念、管理方法上，这些是相对容易学习和赶超的，根本的差距是制度的差距，这是深层次的差距。现代企业制度是现代企业产权制度、现代企业组织制度、现代企业管理制度的有机统一，产权制度是现代企业制度建立的前提，组织制度是现代企业制度建立的保证，管理制度是现代企业制度的基础，三者密不可分。我国企业开始进行制度创新，逐步建立现代企业制度。

◎ **小资料**

制度创新的初步探索

1985 年 8 月，沈阳市选择了防爆器械厂等三家企业作为破产试点。一年后，防爆器械厂宣告破产倒闭。国外媒体评论道：沈阳发生了超过 8 级的改革地震，中国的"铁饭碗"真的要打碎了。1986 年 12 月 2 日，第六届人大常委会第十八次全体会议正式通过了《中华人民共和国破产法（试行）》。

1985 年，浙江温州瓯海登山鞋厂最先使用"股份合作企业"名称，温州也被视为中国股份合作制企业的发祥地。1987 年，国务院决定在温州建立改革实验区，实行股份制改革，解决企业生产要素的问题，如技术、人员、资本，通过股份合作形式来扩大规模。1992 年，股份制企业试点全面开展，意味着真正意义上的公司的成型，这是我国经济体制上的重大突破。

（三）建立现代企业制度阶段（1992—2001 年）

1993 年 11 月，党的十四届三中全会指出社会主义市场经济是同社会主义基本制度结合在一起的，正式提出要进一步转换国有企业经营机制，建立现代企业制度。在此背景下，国有企业的管理体制和经营机制都为了适应市场经济而发生了深刻的变化。

党的十四届三中全会通过了《关于建立社会主义市场经济体制若干问题的决定》，指出我国国有企业改革的方向是建立现代企业制度，并把现代企业制度概括为适应市场经济和社会化大生产要求的、产权清晰、权责明确、政企分开、管理科学的企业制度，要求通过建立现代企业制度，使企业成为自主经营、自负盈亏、自我发展、自我约束的法人实体和市场竞争主体。1994 年 1 月 1 日，《中华人民共和国公司法》实施，为建立现代企业制度、规范公司组织和行为、保护公司和其利益相关者、规范政府对公司的管理提供了法律依据。随后开展了现代企业制度的试点。

1999 年 9 月，党的十五届四中全会发布《关于国有企业改革和发展若干重大问题的决定》。为贯彻全会决定精神，国务院办公厅转发了国家经贸委会同有关部门起草的《国有大中型企业建立现代企业制度和加强管理的基本规范（试行）》。到 2000 年，国有企业与市场经济相结合的总体思路、途径和方式都取得了重大的突破，按照建立现代企业制度的方向，国有大型企业的规范性公司改造和国有经济布局的战略性调整都取得了显著的成效。

（四）走向国际化快速发展的阶段（2002 年迄今）

2001 年 12 月 11 日，中国正式成为世界贸易组织的一员，中国经济成为全球经济的一部分，企业也开始面对全球竞争，开始融入国际经济分工中，逐渐与国际惯例接轨。

1. "走出去"战略与企业的国际化经营。当今世界经济的发展，要求我们必须勇于和善于参与经济全球化的竞争，充分利用好国外和国内两种资源、两个市场。2001 年《国民经济和社会发展第十个五年计划纲要》明确提出实施"走出去"战略后，越来越多的中国企业走出国门。但是，"走出去"也并非一帆风顺，其中也是暗礁密布。跨国投资失败的原因多种多样，其中有缺乏国际经营经验的问题，但更多的问题还是与产权问题相关的约束机制不完善。

2. 经济环境和发展模式的变化。在 2002 年中国共产党第十六届全国代表大会上，"三个代表"的重要思想正式确立。依据对中国共产党历史方位的科学判断，江泽民提出：贯彻"三个代表"重要思想，关键在坚持与时俱进，核心在坚持党的先进性，本质在坚持执政为民。大会提出了全面建设小康社会的奋斗目标。围绕着经济建设和经济体制改革，提出了根据解放和发展生产力的要求，坚持和完善公有制为主体、多种所有制经济共同发展的基本经济制度；健全现代市场体系，加强和完善宏观调控；坚持"引进来"和"走出去"相结合，全面提高对外开放水平等举措。在 2007 年中国共产党十七次全国代表大会上提出了"科学发展观"的科学理论。胡锦涛认为："科学发展观，是立足社会主义初级阶段基本国情，总结我国发展实践，借鉴国外发展经验，适应新的发展要求提出来的。""科学发展观，第一要义是发展，核心是以人为本，基本要求是全面协调可持续，根本方法是统筹兼顾。"围绕着科学发展观，提出了提高自主创新能力，建设创新型国家；加快转变经济发展方式，推动产业结构优化升级；统筹城乡发展，推进社会主义新农村建设；加强能源资源节约和生态环境保护，增强可持续发展能力；完善基本经济制度，健全现代市场体系等加快转变经济发展方式、完善社会主义市场经济体制方面的对策与要求。在 2017 年中国共产党第十九次全国代表大会上，围绕"不忘初心，牢记使命，高举中国特色社会主义伟大旗帜，决胜全面建成小康社会，夺取新时代中国特色社会主义伟大胜利，为实现中华民族伟大复兴的中国梦不懈奋斗"的主题，提出了新时代中国特色社会主义思想。习近平认为："中国特色社会主义进入了新时代，这是我国发展新的历史方位。""中国特色社会主义进入新时代，我国社会主要矛盾已经转化为人民日益增长的美好生活需要和不平衡不充分的发展之间的矛盾。"依据新时代的特点，在建设现代化经济体系上提出了深化供给侧结构性改革、加快建设创新型国家、实施乡村振兴战略、实施区域协调发展战略、加快完善社会主义市场经济体制和推动形成全面开放新格局等举措，发出了为决胜全面建成小康社会、夺取新时代中国特色社会主义伟大胜利、实现中华民族伟大复兴的中国梦、实现人民对美好生活的向往继续奋斗的号召。在这些一脉相承的发展思路中可以看到中国经济发展的格局，也可以看出中国经济发展模式的调整与变化，经济发展始终保持着较快的速度向前推进。

3. 国民经济的增强与企业的快速发展。随着改革开放的深入发展，以及改革思路和发展模式的调整，国民经济与企业的发展都得到了快速的发展。根据我国国家统计局公布的《国民经济和社会发展统计公报》，2002 年我国国内生产总值达到 102 398 亿元人民币，社会消费零售额为 40 911 亿元人民币，货物进出口总额 6 208 亿美元，国家外汇储备 2 864 亿美元，规模以上工业企业实现利润 5 620 亿元，有 11 家企业进入财富世界 500 强；2007 年我国国内生产总值达到 246 619 亿元人民币，社会消费零售额为 89 210 亿元人民币，货物进出口总额 21 738 亿美元，国家外汇储备 15 282 亿美元，全年规模以上工业企业实现利润 22 951 亿元，1~11 月份工业企业实现利润 22 951 亿元，有 24 家企业进入财富世界 500 强；2017 年我国国内生产总值达到 827 122 亿元人民币，社会消费零售额为 89 210 亿元人民币，货物进出口总额 21 738 亿美元，国家外汇储备 31 399 亿美元，规模以上工业企业实现利润 75 187 亿元，有 109 家企业进入财富世界 500 强。早在 2010 年我国的工业制造业能力就已经超过了美国，在全球 500 多种最重要的工业产品中，中国生产的产品种类排名稳居世界第一位。生铁、煤炭、粗钢、水泥、平板玻璃、化肥、化纤、汽车等产业的总产量以及造船的总吨位都位居世界第一，也涌现了如华为、阿里巴巴、腾讯、海尔、格力等优秀企业。

但需要看到的是，我国的企业从整体上看还缺乏核心竞争力，大多数企业还处在大而不强的发展阶段，许多核心技术、基础元器件生产技术还受制于人。如 2016 年中国进口总额为 15 874.8 亿美元，而工业制品进口为 11 773.3 亿美元，占了进口额的 74.2%，集成电路进口了 2 271 亿美元，占了整个工业品进口总额的 19.3%。

四、管理学学科的发展

1949—1978 年间，我国的经济发展模式基本是向苏联学习，采取的是计划经济发展模式。回顾起来，这一发展模式对我国国民经济的恢复、工业生产的发展、工业体系的完善起到了十分重要的作用。但受计划经济模式的影响，忽视了市场在资源上的调配作用，因此也就淡化了国民经济细胞——企业的作用，出现了轻视企业管理人才培养现象。加上对组织管理工作作用认知的偏差，管理学的学科中十分重要的工商管理教育逐渐淡化，甚至消失。经济管理人才的培养目标主要集中在国民经济管理和行业管理人才的培养上。

伴随着改革开放伟大事业的推进，全党工作的重点和全国人民的注意力转移到社会主义现代化建设上来的变化，社会主义市场经济的提出，缺乏管理人才，特别是缺乏工商管理人才的问题逐渐显露。为满足改革开放事业对人才的需要，大学在 20 世纪 70 年代末和 80 年代初恢复、新建了管理学科的相关专业，开始招收和培养工商管理的学生。1979 年 10 月中国工商行政管理代表团访问了美国，考察美国的管理教育；1980 年《国外经济管理名著丛书》开始翻译出版；1984 年大连工学院（现大连理工大学）与美国纽约州立大学布法罗商学院合作举办工商管理硕士（MBA）教育；1990 年国务院学位委员会批准设立 MBA 专业学位和试办 MBA 教育，1991 年在中国人民大学、清华大学等 9 所试点院校开始招生；1998 年管理学专业正式成为一个门类，管理学学科的地位正式得以承认；2002 年国务院学位委员会办公室批准开展高级管理人员工商管理硕士（EMBA）专业学位教育。教育部统计数据显示，2018 年管理学门类的毕业生中博士 3 189 人、硕士 75 790 人、本科 748 510 人；在校生中博士生 25 733 人、硕士 365 564 人、本科生 2 996 311 人①。

---

① 2017 年教育部规划司统计数据 . http：//www.moe.gov.cn/s78/A03/ghs_left/s182.

可以认为，中国管理学学科的全面建立与发展起源于改革开放之后。

本 章 小 结

1. 中国传统的管理思想带有鲜明的中国传统文化烙印，主要包括宏观管理的治国学和微观管理的治生学。尽管中国古代没有形成系统的管理思想，只是一些片断式的、就某方面所进行的论述，但是这些思想具有适合中国国情的特色。

2. 中国现代的管理思想是在极其复杂的历史背景下形成，其基础既包括中国传统文化和古代管理思想，苏联及西方的管理思想也对其产生了深远影响。改革开放后，我国管理思想的发展是一个学习、探索和自主创新的过程，这一过程决定于宏观政治、经济管理模式的状况。

复习思考题

1. 理解中国传统文化的特点，思考中国传统文化与中国古代管理思想之间的关系对现代企业经营管理有何启示。

2. 简述中国古代管理思想中"人性论"的主要内容，并与西方的"X"和"Y"理论对人性的看法进行比较。

3. 改革开放后，我国企业管理的不同发展阶段有何特点？谈谈对你的启示，并结合学习时我国企业管理出现的新发展进行总结。

4. 在教师的帮助下收集相关资料，分析为什么中国管理学学科的全面建立和发展源自改革开放事业？

参 考 资 料

1. 葛荣晋. 中国管理哲学导论. 北京：中国人民大学出版社，2007.

2. 张文昌. 于维英. 东西方管理思想史. 北京：清华大学出版社，2007.

3. 董辅礽. 中华人民共和国经济史. 北京：经济科学出版社，1999.

4. 谭力文，包玉泽. 20 世纪的管理科学. 武汉：武汉大学出版社，2009.

【案例分析】

华人：地球上最令人吃惊的经济蚂蚁

号称"亚洲糖王"的马来西亚首富郭鹤年在《郭鹤年回忆录》一书中认为，华人是"地球上最惊人的经济蚂蚁"，并且有无与伦比的经商管理能力。他认为华人对东南亚贡献巨大，其成功原因则是因为骨子里有文化的力量。

一、无名英雄

海外华人为东南亚的发展做出了巨大贡献。他们是该地区的无名英雄：这些贫穷的华人迁移至东南亚，走入森林经营木材、割胶、采锡或开个小店铺，承担了这些费力的工作，打造了新经济。

英国人是很好的管理者，但他们大都舒舒服服地坐在伦敦、新加坡或吉隆坡的会议室或办公室里，是华人帮助建立了东南亚。印度裔也起到了很大的作用，但华人是帮助建立东南亚经济的主力。

移居海外的华人是天生的企业家。东南亚大多数海外华人的根都在福建和广东省沿海的城镇或乡村里——他们有着世界上最棒的企业家的基因。他们带着饥饿和渴望迁移至此，可能只是赤着脚、穿着单衣长裤。但他们什么活儿都肯干，踏实地赚钱糊口。

华裔企业家高效且精打细算，当他们寻求外国资源时，也懂得极力讨价还价，他们比任何人都更勤奋、愿意"吃苦"，华人堪称地球上最惊人的经济蚂蚁。

明朝时，中国人在东南亚和印度洋经商、开辟新天地。但直到19世纪中后叶，才出现少量的人员迁移。殖民化打开了东南亚的大门。欧洲人为该地区带来了法律与秩序的外表，开设了橡胶厂、矿厂并带来了商业活动。数以百万计的中国人向南去寻求更好的机会。大部分海外华人很有道德操守，推行公平竞争，华人身无分文时，愿意做任何事获取种子资本，再努力超越过去，成为具备道德声誉的商人。

我从未见到有人像华人一样忠诚。日本人也很忠诚，但是那种不加鉴别的、武士道式的忠诚：即使主人是个混蛋，他们也忠贞不渝。与日本人不同，每一个华人都非常具有批判性，无论受过高等教育还是没受过教育，都是如此。因为在每个华人村庄或社群，道德价值都已在家教中熏陶并耳濡目染。华人懂得很多，他们在中国时虽然只是居住在小村庄，但来到全然陌生的东南亚，却可以非常快速地学会各种新事物。

地球上有生意的地方，就肯定有华人，他们知道应该见谁、应该怎么做，以及如何边省钱边赚钱；他们也不需要昂贵的器材或办公室，只需去执行。

看看香港的成功企业家，像李嘉诚、郑裕彤、李兆基或已故的郭德胜，他们全都是从经验中淬炼成才，他们没有一个人上过大学。

华人企业家会在人生中的每时每刻交流经验，他们从来没有真正的周末或假期，这就是他们的工作方式；他们会在每个时刻聆听，每个人头脑中都有个强大、熟练的"筛子"，可以过滤掉垃圾，并留住有价值的信息。

华人的良好经商管理能力几乎无人能敌，至少在我70年企业岁月中，从未见过任何人可媲美之。

这并不意味着华人企业是全球最大或最富有的，如果和比尔·盖茨或沃伦·巴菲特比较，当然是小巫见大巫。但是，美国人在全球最大经济体运作，受到政治和经济稳定、强大司法制度和健全体制的呵护，而身处东南亚的海外华人则在相对不友善的环境里生存，他们在缺乏国家、政治和金融援助或东道国支持的情况下，繁荣崛起。华人在东南亚往往受到苛待，也被人瞧不起。当你去马来西亚、苏门答腊或爪哇，当地人都会以歧视的方式叫你"支那"。

海外华人尽管面对不公待遇，却能奋发图强，在相同环境，比其他族群都赚取更多利润。

二、强大的文化优势

华人为何可以在东南亚生存、适应并繁荣发展？我认为，答案就在于华人骨子里的那种强大的中华文化优势。海外华人离乡背井时，骨子里还保留着中华文化。我记得我父亲也曾是苦力，扛米袋赚钱后往往一身汗臭，他们的衣服从没好好洗过，也没能力买香皂洗澡，但他们内心里却是堂堂正正的好人，信守道德价值观。

在我还是个三四岁的孩童时，我偶尔会坐在他们的腿上，他们会告诉我旧时在中国生活的故事，回想这些故事，我会说，他们都是非常有文化的人。华人懂得黑白对错，即便是完全没有受过教育者，通过家庭教育和社会环境，也了解谦虚、低调、卑劣、吹牛和骄傲等行为的后果。

我记得曾应印度尼西亚战略和国际问题研究中心的邀请到雅加达出席一个策略研讨会。其中一个会议的主题是经济发展。轮到我发言时，我对着面前的麦克风说："先生们，今天我听到了在座各位很多关于印度尼西亚该如何发展的建议。你们很多人都认为，我们应引入全球跨国公司，利用他们的优势来发展我们的国家。恕不苟同。欧洲和美国的跨国公司，用他们推土机式的态度和思维，会取得成功。我对此毫不怀疑，但他们也会给我们带来高通胀。这些通胀行为会注入你们的血液，进入你们的骨髓，永远摆脱不了！这个国家还很贫穷，承受不了这种管理方式。"

我继续说："今天，我想说说东南亚的华人。大多数海外华人都是好人。如果你去最小的马来部落，你会发现有华人在那里开店。他的整个店或许只有 200 至 300 平方英尺（18 到 28 平方米）大，但会有那个部落所需的所有必需品。如果是个渔村，会有很多饼干和罐头食品、手电筒和电池——这些食物和生活必需品会让渔民在海上生活好几天。"

"这些人在各处都起到了重要的作用，"我强调，"他们是有商业头脑的企业家，尽管他们很多人缺乏金融支持。他们所售商品的毛利很小，因此，他们在销售链中起到了至关重要的作用。"

我又回到了印度尼西亚的主题上："难道印度尼西亚领导人不应该善用华人企业家的力量发展国家吗？华人能做，他们会非常经济地去做，不会像跨国公司那样用强制的方式。善用海外华人，用小本经营的方式，建设你们的经济。这是我的请求。"

（根据以下资料整理：http://www.sohu.com/a/208188123_99897608.）

◎ 讨论题

1. 结合案例提供的材料，搜集并阅读东南亚华人企业发展的相关资料，分析东南亚华人企业经营管理能够取得成功的主要因素是什么。

2. 试总结东南亚华人企业的经营管理与西方企业的差异。

3. 试分析在中国企业的管理实践中，应如何实现中华传统文化与西方管理理论之间的有机结合。谈谈自己的思考与认识。

第二编　计　划

工欲善其事，必先利其器。

——《论语·卫灵公》

凡用兵之道，以计为首。未战之时，先料将之贤愚，敌之强弱，兵之众寡，地之险易，粮之虚实。计料已审，然后出兵，无有不胜。

——《百战奇略·计战》

制定行动计划是每个企业最重要（也是最艰难）的工作之一。它牵扯到所有的部门和所有的职能，特别是管理职能。

缺乏计划或一个不好的计划是领导人员没有能力的标志。

——亨利·法约尔

战略家要在索取信息的广度和深度之间做出某种权衡，他就像一只在捉兔子的鹰，鹰必须飞得足够高，才能以广阔的视野发现猎物，同时它又必须飞得足够低，以便看清细节，瞄准目标进行进攻。不断地进行这种权衡正是战略家的任务，一种不可由他人代替的任务。

——彼得·德鲁克

计划（planning）是全部管理职能中最基本的一个职能，它通常先于组织、领导、控制活动，而处于管理职能工作的首位。我们可以认为计划是火车头，而组织、领导和控制活动为一系列牵引着的火车车厢。我们也可以把计划看成一棵巨大橡树的主根，从这一主根长出组织、领导和控制的枝杈。本编主要阐述与计划职能有关的计划、决策、战略。

计划是对未来行动的安排。管理者需要面对未来、预见将来、把握未来，要通过自己切实的努力去实现未来的理想，而做好这一切，计划工作是极其重要的。在计划章节中我们将介绍计划的概念、种类及制定方法。

管理者在编制计划之前必须要对做什么、谁去做、何时做、何地做、如何做等问题做出抉择。事实上，对管理者来说，决策是最频繁、最重要、最花时间，也最具有风险的一项工作。正因如此，决策活动引起了许多领域（诸如管理学、心理学、社会学、计算机科学等）学者的极大关注，并日益发展成为一门独立的学科——决策科学。在决策章节中我们将对决策过程、决策分类、决策理论、决策方法以及计算机对决策科学的发展做一些介绍。

制订计划最重要的结果是为组织提供发展战略。战略，作为一个全局性、方向性的纲领性文件，对组织的成功变得日益重要。在战略章节中我们将学习战略规划、分析和制定战略以及实施战略等。

第四章　计　划

【学习目的】

学习本章之后，你应该掌握以下内容：

1. 计划的定义、什么是有效的计划。
2. 各种不同的计划类型及其特征。
3. 目标和目标管理。
4. 进度计划、滚动计划和投入产出表。

【案例——问题的提出】

国内服饰巨头海澜之家 2018 年目标

海澜之家成立于 1997 年，是一家大型服装企业，公司主要采用连锁零售的模式，销售男性服装、配饰与相关产品。2014 年 4 月 11 日，海澜之家借壳上市，2015 年底公司市值已超过 600 亿元人民币，成为国内服装行业的龙头企业。

近几年，源于经济下滑、电商冲击及行业竞争等，公司营收及净利润虽然每年仍有上升，但已呈现出明显放缓趋势。公司开始对主业做一些创新性的尝试，如加大年轻型产品的比例，将目标客户由原来的成年、成熟男性扩大到更加年轻的群体，据了解，2015 年以来，海澜之家的时尚款式已经达到 50% 的比例。另一方面，海澜之家在男装之外积极寻求转型，向女装和童装进军。定位于都市女性的时尚休闲品牌"爱居兔"，其门店数量由 2015 年 306 家猛增至 2018 年 1 050 家，营收从 3.1 亿元增长至 8.9 亿元。2017 年 10 月，海澜之家旗下子公司海澜投资出资 6.6 亿元收购英氏婴童 44% 股权，正式涉足婴幼儿消费市场。目前海澜之家旗下有三大主要品牌：男装品牌"海澜之家"、女装品牌"爱居兔"和定制品牌"圣凯诺"。2017 年，海澜之家还新开发了 HLA Jeans（潮流时尚男装）、AEX（高性价比轻商务男装）、OVV（高性价比轻商务女装）、爱居兔童装、海澜优选等多个品牌。

2018 年 3 月 24 日，海澜之家发布 2017 年年报，公司 2017 年 1~12 月实现营业收入 182 亿元，同比增长 7.06%；归属于上市公司股东的净利润 33.29 亿元，同比增长 6.6%。

财报显示，2018 年公司计划实现营业收入比上年同期增长 10%，为实现上述目标，公司将重点做好以下几方面工作：

1. 优化街边店的布局，加大购物中心门店的拓展力度。2018 年公司计划海澜之家品牌门店净增 400 家，爱居兔品牌门店净增 300 家。

2. 坚持高性价比，根据消费需求优化产品结构，丰富产品品类，加强精细化管理，提高产品品质。

3. 积极推进产业链信息化升级，强化各端一体化协同作战能力，提高产业链的管理水平，加强公司内部横向互动和产业链纵向合作。

4. 继续推进线上线下融合，联合线上优质平台，调动门店、电商、移动端等全渠道资源，创造与消费者更好的互动连接，推进线上线下一体化发展。

5. 整合自有品牌和投资品牌的优势资源，在管理、营销、拓展等方面为品牌提供支持，实现优势互补、协同发展，助力产业规模的进一步壮大。

6. 围绕服装产业展开投资并购，挖掘符合公司战略目标的投资并标的，培育新的利润增长点，扩大和优化公司产业布局，为公司未来持续成长注入内生动力。

7. 稳步推进公司发行可转债的再融资工作，分阶段落实各项募集资金投资项目的实施，为公司打造多品牌管理平台的战略目标提供有效保障。

资料来源：根据 http：//mini. eastday. com/bdmip/180324192033429. html 及其他信息整理。

结合以上案例能否了解企业计划工作的基本内容？再结合自己学习《管理学》课程的时间收集海澜之家 2018 年之后的财务报表，对比 2018 年计划目标，看看计划实施的结果，有什么样的认知呢？

计划是管理的首要职能，企业经营活动围绕着计划展开，好的计划是组织成功的蓝图。在本章，我们将学习计划的相关知识及制订有效计划的基本方法。

第一节 计划的概念

一、计划的定义

计划是管理职能中的一个基本职能，计划是对未来行动的安排。它包括定义组织的目标、考核的指标、实现目标的手段选择、战略制定，以及进度的安排等等。

计划工作有如下特点：

第一，它与未来有关。它既不是总结过去成绩，也不是描绘现在状况，而是在预测未来趋势的基础上对组织发展的一种前景规划，计划能使组织在一定程度上成功地应对未来。

第二，它与人们的行动有关。它不是空泛的说教，而是确定一个应遵循的行动路线。

第三，它与管理的其他职能相关。它影响并贯穿于组织工作、领导工作、控制工作中。根据计划的编制情况，合理有效地组织有限的人、财、物资源，在领导的带领、指导、协调、控制下，确保高效率地完成计划，即计划要通过管理的其他职能活动去执行。

计划的内容常用"5W1H"（即下列句子的英文首写字母）来表示：

What to do it？——做什么？一项计划的活动内容、工作要求及工作重点。

Why to do it？——为什么做？说明此计划制订的理由、意义、重要性。

Who to do it？——谁去做？计划中的人员安排、部门安排、奖罚措施。

Where to do it? ——何地做？计划实施的地点、场所、空间组织和布局。

When to do it? ——何时做？计划中各项活动的开始时间、进度安排、完成时间。

How to do it? ——怎么做？实施计划的手段、途径、主要战术。

持这种看法的人们认为，任何一项计划都要包含以上几个要点，即组织的计划必须明确地提出未来行动的目的、原因、内容、负责人，实施的时间、地点、方法。

计划的概念有广义和狭义之分。广义的计划是指制订计划、执行计划、检查计划三个紧密相连的过程；狭义的计划仅指制订计划，即根据实际情况，通过科学、准确的预测，提出在未来一定时期内的目标及实现目标的方法。它是组织中各种活动的行动指南，也是各项活动有条不紊地进行的保证。本章所涉及的计划内容，主要涉及狭义计划概念的范畴。

二、计划与其他管理职能的关系

计划是一项基本的管理活动，其他管理活动只有在计划确定了之后才能进行，并且都随着计划和目标的改变而变化。计划工作是管理职能中的首要职能，先于组织、领导和控制工作，是组织、领导和控制活动的基础。组织的计划表明了组织目标和实现手段，决定了目标的实现需要什么人、财、物资源以及相应的结构安排；计划目标的实现决定着领导人的选择、需要采用的领导方式和激励方式；计划的目标又为控制职能提供了工作开展参照的标准，以及如何有效地实施控制。图 4-1 描述了上述关系，体现了计划在管理工作中的重要作用与先导特点。

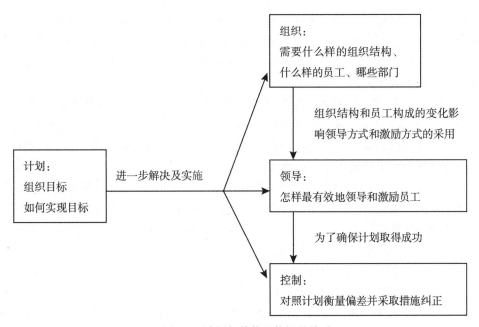

图 4-1 计划与其他职能间的关系

资料来源：杨文士，张雁. 管理学原理. 北京：中国人民大学出版社，1994：75.

通过制订计划，管理人员可以了解组织期望达到的目标。通过做出决策，管理者使其制定的内部政策、任务、工作目标与手段等与希望的结果保持一致,整个组织的所有决策必须与计划保持一致。关于计划与决策的关系,通常有两种观点:以法约尔为首的管理过程学派认为计划是管理的一部分,计划包括预测未来的发展并相应采取的行动安排,而决策只是其中的一个部分(见图4-2);而以西蒙为代表的决策理论学派则强调管理就是决策,决策是管理的核心,并贯穿于整个管理过程,自然计划也是决策过程的一部分。

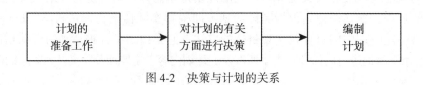

图4-2 决策与计划的关系

计划与决策不能说谁包含谁,它们是相互渗透、密不可分的。计划的编制过程,不可避免地蕴含着决策,如组织目标和总体计划的确定、实现目标的手段选择等都是组织决策的结果,从这个角度来说,决策是计划的前提,计划是决策的逻辑延续和组织落实过程。另一方面,在计划的实施过程中,管理者需要根据实际情况随时随地抉择,管理者的所有决策必须以计划为基础,围绕着计划的实施进行,计划为管理者科学决策服务,也对管理者的决策行为起着规范和促进作用。从此意义上说,计划又是决策的基础和前提。

三、计划的重要性

管理者为什么要制订计划?这是因为管理者的主要工作是对未来进行把握,而计划可以给出今后的方向,减小变化的冲击,避免由于犹豫不决所造成的机会损失或多走弯路所造成的人、财、物资源的浪费,以及为控制工作提供控制的标准。具体来讲,计划工作的重要性体现在以下四个方面:

1. 指明方向。计划给管理者和非管理者指明方向。未来的不确定性和环境的变化使得行动如同大海航行,而计划则像航海灯塔,它使所有的人知道自己的位置和航行方向,指引人们直接开往目的地。如果没有计划,就会导致犹豫、方向难以确立,其结果可能是走了许多弯路或者根本就到不了目的地。

2. 减小不确定性。因为计划是建立在科学预测的基础上的,所以管理者在制订计划之前,必须预见未来的可能性变化,考虑各种变化所带来的冲击,并采取应对的措施。也就是说,计划已把近期内的一些未来事件以某种清晰度表示出来了,人们通过计划可以看到未来的状况,计划减小了未来的不确定性。

3. 高效地实现目标。计划不仅提出了组织的目标,而且从众多的实现目标的手段、方法、途径中选择了最优的方案,且这种方案是经过了科学的论证的。因此,在计划的实施过程中,可以避免无计划时的重叠性、浪费性活动,使组织目标经济、高效、优质地完成。

4. 提供控制标准。如果我们不清楚要达到什么目标,怎么能判断我们是否已经达到了目标呢?如果没有预先规定产品的精确度,怎么知道产品是否合格?在计划中,我们设立了目标和考核的指标,而在控制职能中,我们将实际的绩效与计划的目标、指标进行比较,从而能发现偏差并采取措施校正、补救。计划是为控制活动提供标准的,没有计划，就谈不上控制。

四、计划的有效性

有计划的管理者和组织，一定比没有计划的管理者和组织取得更好的绩效吗？凭直觉你可能认为结论是正确的，有许多经验证据支持这种观点，但我们不能就此简单地下断言，有计划总比无计划好。关键不是有没有计划，而是要看计划对组织有无效用及效用大小如何。效用是指金钱、物品、劳务或别的事物给人提供的满足，是某一状态下一个行动的效果。一项计划对组织的效用如何，只有通过实践才能做出最终回答。当然，计划的效用除了依赖于计划本身的有效性之外，还与人们执行计划的情况有关。

（一）评价一项计划本身的有效性的标准

1. 统一性。计划必须具备统一性，这里的"统一"并不是指只允许一个计划。事实上，一项复杂的活动除了一个总计划外，往往有许多分计划或辅助计划，分派给不同的部门去执行。计划的统一性正如法约尔所指出的，是指针对某一活动的所有计划的目的必须统一，步调必须一致，且它们之间的关系是相互促进、相互配合的。统一的计划有助于组织最快、最好地完成任务，达到目标。相反，若计划不统一、相互矛盾、重叠、不协调，就会分散精力，浪费人、财、物、时等资源，结果可能导致混乱，"南辕北辙""各奔东西"。

2. 灵活性。计划是为不确定的未来做出规划的管理工作，但事情的发展往往会出乎我们的预料之外，所以这就要求计划具有灵活性，能回应环境的变化、人们的改变，以便适当地调整、改变，以适应没有预见到的未来变化。计划的灵活性体现在计划本身具有改变方向的能力，即制订计划时需要依据未来可能发生的各种偶然事件，事先拟出若干套可供选择的替代方案。这样，不管环境发生什么变化，都能使计划有回旋的余地，甚至原有计划失误时，仍能使组织朝着既定的目标前进。一个不容改变的僵硬的计划，只会导致计划的失败。

3. 精确性。使计划具有灵活性并不意味着计划就不需要精确。灵活性是指计划适应变化的能力，而精确性是指计划目标与未来实际状况接近的程度。精确的计划能很好地指导和控制未来活动的顺次展开，避免管理人员猜测、误解、随意决断，保证计划自身被准确地执行，科学的预测方法和客观的分析推理是提高计划精确性的手段。

4. 经济性。计划的经济性是指计划的经济效果，计划的实施是否能够以最少的投入获得最大的收益。所以，有效的计划是那些能比较经济地达到组织目标的计划。计划的经济性要求我们在制订计划时，一定要考虑到各种费用支出，做好投入预算，拟订花费较小又有效的方案。

由上可知，一个有效的计划至少要具备统一性、灵活性、精确性和经济性这四个标准。这是从计划本身具有的特点来说的，如果换个角度，从制订计划的主体——人来说，制订一个有效的计划，又有些什么基本要求呢？

（二）制订有效计划的基本要求

1. 领导艺术。一个计划，特别是一个复杂的计划，往往不是一个人所能完成的。制订计划是每个企业最重要也最艰难的工作之一，它牵涉到所有的部门和所有的职能，特别是管理职能。法约尔曾说，缺乏计划或一个不好的计划是领导人员没有能力的标志，即计划的优劣能反映出管理人员领导水平的高低。能力强的管理人员，能合理地安排、组织人员，能身先士卒起模范作用，能激发、调动职工的积极性和创造力，能指导、沟通、协调、控制，能为计划工作创造一种适宜的环境。

2. 勇气。法约尔曾说，胆小的人总想取消计划或使它变为可有可无，以免自己遭受批评。人都有一种逃避压力、随意散漫的本性，因而制订计划、提出严格的考核标准是需要勇气的。

3. 稳定。不同的领导人员的领导风格是不一样的，过于频繁地更换领导人员不利于计划制订的统一性。另外，还可能造成更多的重复性工作，诸如了解情况、召开会议、人员调换、权力的重新分配、资料的收集和整理、草案计划的重新拟订等等，造成时间、资金、人员的巨大浪费。

4. 广博的知识和专业能力。计划工作过程需要遵循科学方法，缺乏广博的知识和专业能力的人难以制订出正确、有效的计划。

"只有一个在经过较长时期深思熟虑、精心准备的计划，才能使人们对未来有清楚的认识，并能尽最大可能来对付出现的危险。"① 因而，制订计划是每个组织最重要的一项工作，它需要组织的所有部门，特别是管理人员齐心协力，集中知识和智慧，发挥创造性的精神。

（三）应变性计划

已制订计划的目标与不确定的未来环境会存在一定的差异，在差异很大甚至超出管理人员控制能力时，为了应对后一种情况，就需要准备预案，也可称为应变性计划。所谓应变性计划（contingency plan）就是在发生无法控制的情况时可以用来执行的替代性计划。为了做好应变性计划，管理人员需要思考以下三个问题：（1）我的部门可能会发生什么样的差错？（2）我要如何预防它的发生？（3）如果它真的发生了，我该如何做才能将损失降至最低？

◎ **小资料**

保持长期思考的亚马逊

亚马逊是一家可怕的公司，体量如此庞大的情况下 2018 年股价狂飙 50%，成为继苹果之后第二家突破万亿美元的公司。亚马逊的成功毫无疑问打上了创始人贝索斯的深深烙印，这位个体独特的光头男人带领以网上书店起家的亚马逊一路狂奔，其业务从 kindle 到亚马逊音箱、从零售到广告、从云服务到无人售货店 Amazon Go、从医疗服务到自制影视，似乎在贝索斯的字典里没有"边界"二字。

作为一名领导者，他时刻充满活力、激情和干劲。他是一个风趣的人，但他在追求亚马逊未来发展时却是一个冷静思考的人，是一个长期战略的高手。在接受《福

---

① 亨利·法约尔. 工业管理与一般管理. 周安华，等，译. 北京：中国社会科学出版社，1982：57.

布斯》采访时，贝索斯说："我很少被拖入当天的工作中，我在未来两三年里开始工作，我的大多数领导团队都有同样的安排。朋友们在发布季度财报后祝贺我说，'干得好，这个季度很棒'，我会说'谢谢你，但这个季度的报表是三年前预测出的'，而现在，我正在努力实现 2021 年的季度目标。"

现在美国的任何公司，都记下了一条笔记——即刻创新，否则杰夫·贝索斯将会帮你做。

资料来源：http：//www.sohu.com/2018-10-07。

五、计划编制过程

计划的编制必须有一个工作过程。计划的类型和编制方法有很多，下面的章节会有所涉及，但是编制计划都要遵循大致的逻辑和步骤。

1. 确定管理目标。目标是计划的一个重要组成部分，是整个计划编制赖以存在的基础，是编制计划的第一步。目标为组织指明了方向，计划则将目标进行分解，让各个部门参与目标的完成。

2. 前提预测。要想计划目标切实可行，就必须认清目前所处的环境状况，对前提条件认识得越透彻，计划的制订就会越接近目标，从而使计划真正地在管理中起到航标的作用。对环境的认识不仅包括对自身组织的认识，更应该考虑与外部相联系的一系列动态政治环境、经济环境等。在分析计划前提的基础上，进行有效的预测。

3. 制订和选择计划。所谓"条条大路通罗马"，制订计划的方法常常不止一种，而能够达到目标的途径也很多，这就有可能制订尽可能多的计划，但并不是每个计划都让人满意，因此必须对这些可供选择的计划进行评估和选择。另外，在选择了计划方法之后，可以细化重要的环节，制订应急计划以确保在环境发生变动时，不至于影响组织计划的执行。

4. 量化计划。这是计划的最后一步，是指将计划用可计量方式表达出来，对计划编制预算，这样使计划更具体和更易于控制。

◎ 小故事

隆　中　对

东汉末年诸葛亮与刘备讨论天下大势而传为历史佳话的"隆中对"，乃是中国古代战争谋划发展史上的突出典型之一。当时，诸葛亮依据对曹操、刘备、孙权三方以及刘表、刘璋等方的政治、军事、经济、地理诸种条件的精辟分析，为刘备的生存与发展制定了"联孙抗曹"的总战略。为了实现这一战略计划，诸葛亮提出首先要向薄弱方向发展，夺取荆、益二州以建立稳固基地，安抚西南各族，联合孙权，整顿内政，加强实力；待条件成熟时，从荆、益两路北伐曹操，夺取中原，统一中国。显然，这是一个比较符合客观实际、既稳健又有进取精神的战略构想。刘备后来虽因条件所限而未能实现统一中国的计划，但他恰是依据诸葛亮"联孙抗曹"的战略谋划，而建立了蜀汉政权，成为一代三足鼎立者之一。

资料来源：百度百科（http：//baike.baidu.com）。

第二节 计划的分类

任何一种未来的行动方案，都可视为计划。计划的种类很多，可以按不同的标准进行分类，常见的分类标准有：计划的期限、计划的精确度、计划的广度和计划表现形式等。了解计划的类型有助于实际编制计划的工作中避免漏掉或忽视了某些重要的内容，以提高计划的有效性。

一、按计划的期限划分

管理上计划的期限划分可按时间长短分为三种：长期计划、中期计划和短期计划。

长期计划一般超过 5 年，它主要回答两个问题：一是组织的长远目标和发展方向是什么；二是怎样达到组织的长远目标。例如，我国的"十二五""十三五"国民经济和社会发展计划，企业五年发展规划等。

期限在 1 年或 1 年以内的计划通常称为短期计划，它非常详细，有很具体的工作要求，能够具体指导一项活动的开展。比如，企业中的年度利润计划、销售计划、生产计划，季度计划、月计划、周计划等都属于短期计划。

一般在长期计划与短期计划之间有一个承上启下的中期计划，它主要是协调长、短期计划之间的关系，通常比长期计划详细、具体些，同时它又是短期计划制订的依据。

每一个企业，既要制订长期计划，也要围绕长期计划制订一系列中、短期计划。没有中、短期计划，长期计划很难保证实现；没有长期计划，企业很容易短视，采取短期行为，不考虑后果，就会出现"脚踩西瓜皮，滑到哪里算哪里"的盲目、随意的现象。

二、按计划的明确性程度划分

计划按其明确度可分为具体性计划和指导性计划。

具体性计划具有明确规定的目标以及一套可操作的行动方案，不存在模棱两可，也没有容易引起误解的问题。例如，一位经理打算使他的企业的利润在未来的 6 个月内增加 10%，他或许需要制订一些特定的方案，比如成本降低 5% 的成本控制计划、销售额增加 12% 的销售计划、产量提高 1 倍的生产组织计划等，上述这些计划就是具体性计划。

当周围环境变化时，具体性计划所要求的明确的指标和条件不一定全部满足，具体计划会出现弹性不足的缺点。比如上述例子中，在计划期的 6 个月内，市场的需求出现变化，原材料供应发生短缺，导致具体计划难以实施。这种情况下指导性计划就显得更可取一些。

指导性计划只规定一些一般的方针，它指出重点，但不把管理者限定在具体的目标上和特定的行动方案上。比如，上例中指导性计划也许只提出未来的 6 个月中计划使企业利润增加 5%～10%，或者使利润有所增加。当然，指导性计划在具有灵活性的同时丧失了具体性计划指导明确的特点。

因此，制订计划时，要根据未来的不确定性因素在灵活性与明确性之间权衡。从计划工作来看，计划越明确，越能反映领导者的管理水平，对工作的顺利开展和指导下属工作越有利。

三、按计划范围的广度划分

计划按其广度可分为战略计划和作业计划。

战略计划是为组织设立总体目标和寻求组织在环境中的地位的计划；作业计划是明确总体目标如何实现的细节的计划。战略计划与作业计划在时间跨度、范围、目的等方面是不同的，如表 4-1 所示。战略计划考虑的是组织几年甚至几十年的发展规划。对作业计划而言，1 年就是一个相对的时间周期。战略计划影响公司广泛的活动，而作业计划只局限在很小的范围内，两者所涉及的关系、数量存在很大差别。

表 4-1　　　　　　　　　　　　战略计划与作业计划的对比

	战 略 计 划	作 业 计 划
时间跨度	3 年或 3 年以上	1 年或 1 年以内（周计划、月计划、季度计划、年计划）
范　围	涉及整个组织	局限于特定的部门或活动
侧重点	确立组织宗旨、目标、战略等重大问题	明确实现的具体目标和贯彻落实战略、措施的各种方法
目　的	提高效益	提高效率
特　点	全局性、指导性、长远性	局部性、具体性、时期性

在大多数情况下，基层管理者的计划主要是制订作业计划，当管理者在组织中的地位上升时，他的计划角色就更具战略倾向。对于大型组织的管理者而言，他的计划工作基本上是属于战略性的。

战略计划、作业计划与组织的管理层次之间存在着某种程度的对应关系，见图 4-3 所示。

四、按计划的表现形式分类

计划可以按其工作的程序、层次和明确程度分为愿景（vision）、使命（mission）、目标（objective）、战略（strategy）、政策（policy）、程序（procedure）、规则（rule）、规划（program）、预算（budget）等几类。

1. 愿景。愿景是一个公司未来的运行图。它为技术和顾客的偏好、寻求的区位和产品市场、计划的能力提升和通过管理努力创新的公司类型提供特定的说明①。愿景的特点

---

① 斯蒂芬·罗宾斯. 管理学. 第 4 版. 黄卫伟，等，译. 北京；中国人民大学出版社，1997：155.

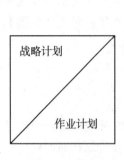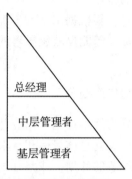

图 4-3 战略计划、作业计划与组织层次的关系

资料来源：斯蒂芬·罗宾斯，等．管理学．第 4 版．黄卫伟，等，译．北京：中国人民大学出版社，1997：155．

是：愿景应该具有高度的特异性。对于一个愿景来说，独特性以及与众不同极其重要。在愿景的表述中回答的问题是：我们希望成为什么（what we want to become）？我们将去往何方（where are we going）？

2. 使命。任何一个有意义的经营单位，都至少有一个宗旨或使命——基本职能或根本任务。它指明组织是干什么的，应当干什么。组织的使命支配着组织的目标，确定组织一定时期内应达到的有意义、合理的目标，首先必须明确它的使命或宗旨。如上所述，在使命的表述中回答的问题是：什么是我们的经营活动（what is our business）？我们是谁（who are we）？我们做什么（what do we do）？

3. 目标。一定时期的目标或各项具体目标是组织经营活动所要得到的结果，它们都属于计划。目标应该是计划制订者根据内外分析希望获得的工作结果。组织一定时期的目标构成了组织的基本计划，但这种计划只是初始计划、简单计划，是未来行动蓝图上的一个终点站，是制订全部具体计划的一块基石。

4. 战略。战略是实现目标的方针，反映组织经营的一种概括性概念，用于描述为实现各项目标所选择的发展方向、所采取的行动方针和决定支配运用资源的政策的总纲。如福特汽车公司早期为扩大市场份额，它的战略就是通过大批量生产，大幅度降低生产成本。虽然战略并没有确切说明组织应如何实现其目标，这属于其他许许多多辅助性计划的内容，但战略就指导组织的经营思想和行动而言，则是一种有用的框架，战略的指导性说明战略也是一种计划。

5. 政策。政策是组织活动的指南，是表现在计划中的文字说明，它为决策活动提供方针和自由斟酌的范围，保证行动和目标的一致，有助于目标的实现。如企业为提高经济效益采取的奖罚政策、工资效益挂钩政策等。政策还有助于将一些问题确定下来，避免重复讨论，并给其他计划一个全局性的概貌，从而使管理人员有可能控制全局。

6. 程序和规则。程序可看作由一系列的规则组成。它给出了处理未来活动的例行方法或步骤，程序的实质就是对所进行的活动规定时间先后顺序，它为政策的执行提供了方法和步骤。规则往往是一种最简单的计划，指在一定情况下采取或不采取某个特定的行动，如"工作现场禁止吸烟"就是一个规则。

7. 规划。规划是为实现既定方针所必需的目标、政策、程序、规则、任务委派、采取的步骤、使用的资源等要素的综合性计划。它通常需要经营预算的支持。规划可大可小，大的规划一般可以派生出许多小规划，小规划的实现是大规划实现的基础。例如，一个五年规划的实现依赖于它的派生计划，诸如年度计划、月计划、周计划的实现。

8. 预算。预算也可称为"数字化"的规划。它是以数字表示预期结果的一种说明书，如现金预算、费用预算等。编制预算是计划工作的内容，在许多国家和企业，预算是基本的计划工作手段。另外，预算也是一种重要的控制方法。

在计划工作的等级中，由上到下，计划的具体性不断增加，而且下一层次通常是上一层次实现的手段和方法。从此计划工作的层次链中也可看出，对于那些使命显而易见的组织，目标这种计划形式对组织其他计划形式起着重要影响作用，可以说目标是所有计划制定过程的基础，对组织各类计划的编制具有指导作用。

◎ **小资料**

愿景与使命

- 阿里巴巴的愿景：构建未来的商务生态系统，让客户相会、工作和生活在阿里巴巴，并持续发展最少 102 年。
- 阿里巴巴的使命：让天下没有难做的生意。
- 华为公司的愿景：丰富人们的沟通和生活。
- 华为公司的使命：聚焦客户关注的挑战和压力，提供有竞争力的通信解决方案和服务，持续为客户创造最大价值。
- 海尔的愿景与使命：致力于成为行业主导，用户首选的第一竞争力的美好住居生活解决方案服务商。
- 武汉大学经济与管理学院的愿景：大经大管，为道为器，领秀中国，闻达世界。
- 武汉大学经济与管理学院的使命：创造思想，培育精英，贡献社会，影响未来。

五、按计划是否被重复使用分类

根据计划是否被重复利用，计划还可以分为常备性计划与单一用途性计划（见图4-4）。

常备性计划（standing plan）就是在制订以后，会被一再重复使用的计划。它是处理反复出现、可以预见的情况的一套标准化程序，包括常用来解决一些重复性问题的政策、程序和规则。它的目的是指导员工在决策上的行动方向，并节约员工的时间。

单一用途性计划（single-use plan）是指制订后只需要运用一次的计划。它包括为处理非重复性问题所发展出来的一些规划和预测，与常备性计划不同，它是为了某个特定目的如项目而发展出来的，以后也许不会以同样的形式再运用一遍。例如，一家迅速扩展的

图 4-4 常备性计划与单一用途性计划

公司打算设立一个新的货仓，就要为该项目制订一个专门的单一用途性计划。虽然公司可能过去已经建立了若干仓库，但新的货仓涉及一些独有的要求，如地点、建筑成本、可利用劳动力情况、市区规划限制等。

方案（program）指涉及一系列相对范围较广的活动的单一用途性计划，它勾画出以下内容：（1）达到一个目标需要的重大步骤；（2）对每一步骤负责的企业单位或成员；（3）每一步的规程和时间安排。项目（project）是组成方案的更小的、独立的部分。项目范围有限，并且对任务和时间有明确的指示。如果方案是把库存从一家仓库转移到另一家仓库，那么其中一个相关的项目可以是估算新的安置点的土地面积。预算是控制企业活动的主要手段，因此是方案和项目的重要组成部分。

需要指出的是，有时可能这种单一用途性计划会被当作未来规划或预测的既定模式，比如策略就是一种单一用途性计划。

六、按组织的职能划分

按组织的职能可以分成生产计划、营销计划、财务计划等。从组织的横向层面看，组织内有着不同的职能分工，每种职能都需要形成特定的计划。如企业要从事生产、营销、财务、人事等方面的活动，就要相应地制订生产计划、营销计划、财务计划等①。

七、按制订计划的组织层次划分

按制订计划的组织层次可以分成高层管理计划、中层管理计划和基层管理计划。高层管理计划一般以整个组织为单位，着眼于组织整体的、长远的安排，一般属于战略计划；中层管理计划一般着眼于组织内部的各个组成部分的定位及相互关系的确定，它既可能包含部门的分目标等战略性质的内容，也可能有各部门的工作方案等作业性的内容；基层管理计划着眼于每个岗位、每个员工、每个工作时间单位的工作安排和协调，基本上是作业性的内容。

第三节 目标和目标管理

一、目标

目标是目的或宗旨的具体化，是一个组织或个体在一定时期内期望达到的预期成果。

---

① 芮明杰. 管理学——现代的观点. 上海：上海人民出版社，1999.

它为组织活动或个体活动提供了方向，因而它是计划职能的一个重要组成部分。更为具体地讲，目标具有以下的特征：

（一）目标的多样化

我们知道，一个企业的目标是追求利润，一个学校的目标是培养人才，一个医院的目标是救死扶伤，一个行政机关的目标是提供高效的服务。那么，能否说组织的目标是单一的呢？如果深入地分析，我们就会发现：所有的社会组织，其目标并非单一的，而是多样化的。只不过这些多样化的目标之间有主从之分。主要的目标往往处于表面，容易被人认识和发现；次要的目标隐藏得深一些，往往被人忽视。有时候，这些多样化目标中还有些目标相互冲突。比如，一个大型炼油化工厂，其使命是源源不断地向社会提供经济发展所需的石油化工产品。其总体目标为：合理组织生产，以最低的成本生产更多的产品以获得更多的利润。它的其他目标还有：（1）年产量力争突破 2 000 万吨；（2）年创利税 10 亿元；（3）主要装置的能耗降低 6%，环保合格率达 98%，质量合格率达 99%，优质品率达 97%；（4）加强职工培训，实行全员持证上岗；（5）改善员工生活，提高职工医疗保健水平；（6）提高企业知名度，扩大市场份额；（7）引进先进的技术、机器设备；（8）开发新的产品；（9）进一步降低生产成本……由此可以看出，这个化工厂的目标并非单一化，除了像其他企业一样追求经济效益外，它还追求社会效益，如关注员工素质的提高和生活条件的改善，关注环境保护问题，关注社会地位、企业声誉等。在这些多样化的目标中，有些目标是相互关联、相辅相成的，如（1）和（2）、（7）和（9）；有些目标则是相互冲突的，如（5）和（7），在企业财力有限的情况下，这两个目标就存在一定的矛盾，一个目标的实现很可能导致另一个目标资金的短缺。

在多元的组织目标中，如何确定先后轻重、主从关系，如何协调相矛盾、相冲突的目标，则是管理决策的首要任务。

（二）个人目标与组织目标

个人目标与组织目标一样，也存在着多样化的特点，但就两者的方向和内容来看，则存在许多不一致的地方，个人目标有经济收入、工作满足、兴趣爱好、荣誉感、成就感等，而组织目标除了考虑增加员工的收入、改善员工的生活条件之外，更多的是考虑组织自身的发展，如组织规模、实力、经济效益、地位等。

企业中的个人目标和组织目标存在着如何取得最大程度上的协调统一的问题。在现实社会中，个人要实现自己的目标并保持其稳定性和低风险状态，往往需要借助于某个组织，即通过与该组织订立某种契约成为组织的一员，将自己的行动支配权交给组织，由组织目标的实现来保证个人目标的实现。从这个角度来说，组织目标的实现是个人目标实现的前提和基础，在组织目标实现的过程中，个人目标才有可能实现，这是两者之间统一的地方。但是，个人为组织做出贡献的意愿却是不确定的，有时很积极，有时很消极，有时很强烈，有时很微弱，这将取决于他对组织的满意程度。当这种合作的意愿很微弱或很消极时，对立便显露出来。最早对这一问题进行研究的是美国管理学家巴纳德，针对个人目标和组织目标的不一致，巴纳德提出了他的"效果"与"效率"两个概念。巴纳德指出，如果一个协作的组织达到了自身的目标，这个组织就是有效的。效率是指个人为组织贡献力量的程度，是个人对自己目标实现程度感到满意或不满意的一种函数。如果他们的个人目标得不到满足，他们就会停止贡献或退出该组织，此时这个组织就是无效率的。巴纳德指出，如果一个组织是无效率的，那它就不可能有效果，即组织没有成功协作完成目标。

组织目标与个人目标之间存在矛盾冲突的一面以及两者之间尽可能和谐一致的必要性，是"目标管理"产生的主要原因之一。

二、目标管理

1954 年，美国管理学家德鲁克在《管理的实践》一书中提出了"目标管理和自我控制"的主张。几十年来，目标管理这一方法得到很大的发展并被广泛地使用。现在，美国最大的 500 家工业公司中大约有 40%的公司采用了目标管理，日本企业运用目标管理的比例更高。

目标管理（Management By Objectives，MBO）是让组织的管理人员和员工亲自参加目标的设定，在工作中实行"自我控制"，并努力完成工作目标的一种管理制度或方法。至于员工的工作成果，则是根据目标的完成情况来评价和进行奖励的。目标管理不是用目标控制、约束，而是用其激励下级。由于这种方法特别适用于对各级管理人员进行管理，所以也有人称之为"管理中的管理"。

传统的目标转化方法是"自上而下"的，由每层上级设定后分派给对应的下级。而目标管理的目标转化方法既是"自上而下"又是"自下而上"的。每一个组织成员和各级管理者共同参与了目标的设定，把组织整体目标层层转化为组织单位和个人目标，结果构成一个目标层级结构，如图 4-5 所示。在此结构中，每一层的目标与下一层的目标连接在一起，而且对每一位成员，目标管理都提供了具体的个人目标。因此，每个人对组织的贡献都很明确，如果所有的人都实现了他们各自的目标，则他们所在单位的目标也将达到，从而组织整体目标的实现也将成为现实。

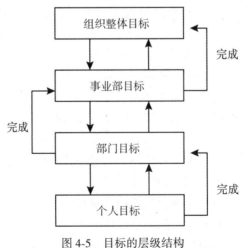

图 4-5　目标的层级结构

目标管理能发挥各成员的主动性、积极性和创造性。各级成员根据上层目标和所在部门目标设立了自己的具体工作目标，从目标本身来说肯定是可行的，经过一番努力必定能够实现。这就避免了上级单独分解设定目标可能会产生的目标模棱两可、目标过高或过低的现象。另一方面，从人的本性来说，员工是愿意负责的，愿意在工作中发挥自己的聪明才智和创造性。既然成员自己设定了目标，那么他们一定会积极地工作并且自觉地控制自己的行为，为完成自己的目标努力奋斗。

目标管理强调"自我控制"、权力下放，并不意味着管理部门就撒手不管了。各级上司会定期检查下层人员完成目标任务的进展情况，并且反馈给个人，以使他们能够调整自己的行动。这种反馈形式是多种多样的，如不定期的检查小组、定期举行的评估会议等。目标管理的步骤一般包括以下 5 个，如图 4-6 所示。

图 4-6 目标管理的步骤

资料来源：周三多．陈传明，等．管理学——原理与方法．第七版．上海：复旦大学出版社，2018：181.

目标管理要做好如下工作：

其一，上、下级共同商定切实可行的、易评估的工作目标，如企业的利润率、投资所得率、销售额、生产量、质量、出勤率等。

其二，通过讨论、协商分解总目标，得到各部门和各层次的具体计划。

其三，上级复审目标的设定，并授予下级一定的权力去完成自己的目标。上级要查明目标的分解过程是否严密、协调，需要哪些用人、用钱和对外交涉的权力。

其四，实现目标并定期检查进展情况，向有关单位和个人反馈。

其五，对目标完成情况进行评价，考核人员绩效，以决定奖惩和升降。

目标管理的绩效如何，取决于许多环节，尤其是在设定目标的过程中，要注意以下几方面：

第一，目标的可考核性。如果设立的目标不容易考核，目标管理的优越性就发挥不出来。定性的目标一般不明确、不具体，不具有严格的考核性，而定量的目标可以很好地进行度量和评价。所以设立目标时，尽量使用定量的目标。

第二，目标设定的难度。有证据表明，比较困难的目标通常导致更高的绩效，但是在组织中，人们一般倾向于设定自己比较容易达到的目标，逃避压力。如果目标定得太低，就失去了目标管理的意义，所以上级在参加目标的设定和审核时，一定要把握好目标的难度。当目标困难到足以使个人发挥出他的潜能时，目标管理是最有效的。

第三，真正的参与。应避免管理者通过种种手段把自己的意愿强加给下级的"伪参与"或"走过场"现象。管理者必须认识到若没有下级的真正参与，目标管理的可信性和有效性将大大降低。

◎ 小故事

目标的 SMART 原则

无论是制定团队的工作目标还是员工的绩效目标都必须符合 SMART 原则。所谓 SMART 原则指目标必须符合 Specific、Measurable、Attainable、Relevant、Time-bound 五个指标，缺一不可。

- 目标必须是具体的（Specific）
- 目标必须是可以衡量的（Measurable）
- 目标必须是可以达到的（Attainable）
- 目标必须和其他目标具有相关性（Relevant）
- 目标必须具有明确的截止期限（Time-bound）

第四节　常见的计划方法

一、进度计划安排工具

进度安排就是将各种需要进行的活动列出来，以达成某个目标的过程，并根据各活动所需完成的时间，依次列出所有的活动。进度上的细节可以回答有关内容、时间、地点、方法以及参与者等多项问题。在排定进度的时候，必须将工作界定清楚，并确保可以获取所有必要的资源。下面介绍三种时间进度安排工具。

1. 规划表。规划表说明目标并列出各种活动的顺序、各活动的起始和结束时间、由谁来完成各个活动。表 4-2 就描绘了每月营销信函的转换过程。

表 4-2　　　　　　　　　　　　　　　**某公司的作业规划表**

目标：在每个月的 15 日以前，寄出一份亲笔信函给所有的目标客户

负责人：张三

起始时间：每个月的第一天

完成时间：每个月的第十五天

监测时间：每个月的第七天和第十二天

活动（内容步骤、地点、方法、所需资源及其他）	起始时间		结束时间	负责人
1. 在文字处理机上进行打字	第一天		第二天	李四
2. 把信件传送到印刷厂	第三天	或	第四天	张三
3. 以公司信纸印出信件	第五天		第六天	印刷厂
4. 从印刷厂取回信件	第六天	或	第七天	张三
5. 在信纸和信封上打上姓名和住址	第七天		第九天	张三

续表

活动（内容步骤、地点、方法、所需资源及其他）	起始时间	结束时间	负责人
6. 由李四在每封信上签名，再折好放入信封内	第十天	或　第十一天	张三
7. 将所有信件打包好，做成大宗邮件	第十二天	第十三天	张三
8. 拿到邮局投递	第十三天		张三
9. 邮寄信件	第十四天	或　第十五天	邮局

2. 甘特图。甘特图是以条棒式的图形来描绘某段时间内正向某个目标迈进的时间进度表。各种不同的进行活动会垂直排列在图表里，时间则是以水平方向陈列。资源的分配，如人员或机器，则放在垂直轴上。同一个部门里所需完成的各种工程计划都可以在相同的图表上列出来。甘特图就像规划表一样，适用于为了达成目标而有着独立连续性步骤的计划。甘特图优于规划表的地方在于它把迈向目标的进度都放在图表上了，展示直观、明确。换句话说，甘特图既是计划工具也是控制工具。

上例的规划表也可以转换成甘特图，只要把"时间"换成1~15天的天数，取代原先的起始和结束时间，而每一排的方框代表的是每个步骤的所需天数。

图4-7描绘了某个运营部门各种订单的甘特图。每一个方框代表的是某一零件加工时间的起始和结束，而颜色比较黑的部分则代表目前为止所完成的进度。有了这个图，你就可以一眼看出每份订单的进度如何。如果发现某个工程计划的进度落后，就可以采取一些补救行动来加快进度。假定图上显示的是5月第三周的第一天，那么4个工程的进度就是：零件1已生产完成；零件2完全符合进度要求，将在本周内完成所有的工作；零件3的进度落后；零件4的进度超前。

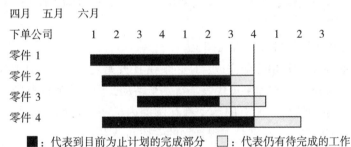

图4-7　工程计划的甘特图

3. PERT技术。各种不同的活动若可以同时进行，就是属于独立性质的活动。若必须完成一个活动之后才能开始另一个活动，则是非独立性活动。规划表和甘特图都适用于非独立的连续活动，但是若有些活动有时候是独立的，有时候又是非独立的，这时就要利用PERT技术了。PERT技术又称计划评审技术（program evaluation and review technique），它由甘特图逐渐演变而来，是运用网络技术编制计划的方法。它通过网络图的形式来反映和表达一项计划中的任务、活动过程、工序和费用的先后顺序、相互关系与进度安排。PERT 技术的要素是各项活动、事件、时间、关键性路径和可能的成本。其中关键性路径是指在 PERT 网中最耗时间的系列活动。在关键性路径上如果有任何耽搁，就会拖延整个工程计划。以下步骤解释了图 4-8 的 PERT 网是如何完成的：

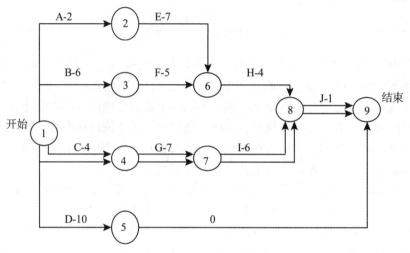

图 4-8　计划评审技术网络

步骤 1：列出所有需要完成以达成目标的活动/事件。

每一个活动用一个字母来代表。本例中，字母 A 到 J 代表 10 种活动。

步骤 2：判断出完成每个活动/事件的所花时间。

在图 4-8 中，时间是以如下的天数来计算的：A-2、B-6、C-4、D-10、E-7、F-5、G-7、H-4、I-6、J-1。

步骤 3：依完成顺序把各任务排在图上。

在图中，A 必须在 E 开始之前完成；E 必须在 H 开始之前完成；H 必须在 J 开始之前完成。D 属于独立性质。箭头和字母代表了每一个活动，内有号码的圆圈则表示各个事件的完成都会引出预定的结果。所有的活动都在圆圈内标明了开始和结束。以图中例子来看，1 代表工程计划的开始，9 则是工程计划的完成和结束。

步骤 4：判定关键性路径。

要想做出判定，就必须先计算出从①到⑨每一条路径的总时间。路径①—②—⑥—⑧—⑨的加总天数是 2+7+4+1 = 14 天；路径①—③—⑥—⑧—⑨的加总天数是 6+5+4+1 = 16；路径①—④—⑦—⑧—⑨的加总天数是 18 天；路径①—⑤—⑨的加总天数是 10 天。比较后，由于①—④—⑦—⑧—⑨所用的时间最长，所以我们在该路径上画上双箭头，表明这是关键路径。也就是说整个工程计划将花 18 天的时间完成。如希望压缩工程时间，就可以在关键路线上想办法，如调集设备、投入人力加快关键路线工程的完成。

二、滚动计划法

滚动计划法是根据近期计划的执行情况和环境变化情况，定期修订未来计划并逐期向前滚动的一种长期计划方法。它将短期计划、中期计划、长期计划进行了有机的结合。

其编制方法是：在制订计划时，同时制订出未来若干期的计划，计划内容采取"近细远粗"的原则，即近期计划尽可能地详尽，远期计划的内容则较粗略；在计划的第一阶段结束时，根据该阶段计划执行情况和内外部环境变化情况，对原计划进行修订，并将整个计划向前滚动一个阶段；以后根据同样的原则逐期滚动。图4-9是一个滚动计划编制过程的示意图。

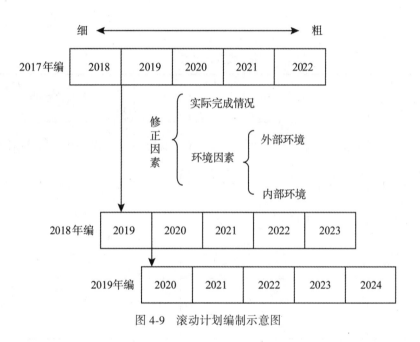

图 4-9　滚动计划编制示意图

滚动计划的编制方法具有灵活性。由于在计划工作中很难准确地预测未来发展的各种影响因素的变化，而且计划期越长，这种不确定性就越大，若硬性地按几年前制定的计划实施，可能会导致重大的损失。滚动计划法不断地根据情况变化，定期地修订计划，不仅可以避免不确定性带来的不良后果，而且使组织始终有一个比较切合实际的长短期计划作指导。即是说，采用滚动计划法可以保持组织计划的连续性、先进性和适用性，能有效地提高计划的质量。滚动计划存在的缺陷是，在滚动过程中易出现计划编制工作量过大的问题。

三、投入产出分析

投入产出分析是20世纪40年代美国经济学家华西里·里昂惕夫（Wassily Leontief）首先提出的。目前已有100多个国家采用，我国在1973年正式采用此种方法来编制各种计划。投入产出法亦称"部门联系平衡法",是利用数学方法和计算机技术来研究和分析各种经济活动的投入与产出之间的数量关系的一种方法。

所谓投入就是在生产活动中的消耗,如生产活动过程中消耗的原材料、辅助材料、能源、机器设备、劳动力等,而产出是指生产活动的结果——产品的种类和数量。投入产出法的主要内容是:建立投入产出表,根据投入产出表对投入和产出的关系进行经济分析、计划计算和经济预测,再用分析的结果来编制计划进行综合平衡。表5-5就是一个投入产出表的示范。

投入产出分析是通过表格形式来反映经济现象的,涉及的数学不难,并容易利用计算机进行分析,因而被广大的计划工作者所采用,尤其在宏观经济管理部门得到了更为普遍的使用。

表4-3 投入产出表

产品的消耗来源（投入） ＼ 产品的分配去向（产出）		中间产品				最终产品		总产出
		部门1 部门2 … 部门N			合计	积累消费	合计	
物质消耗	部门1 部门2 ⋮ 部门N	I				II		
	合计							
净产值	劳动报酬 纯收入	III				IV		
	合计							
总投入								

本 章 小 结

1. 计划是未来行动的安排。它包括做什么（what）、为什么做（why）、谁去做（who）、何地做（where）、何时做（when）、如何做（how）。广义的计划指制订、执行、检查三个过程,狭义的计划仅指制订计划这一个过程。

2. 计划给管理者和非管理者指明了今后的方向,减少了未来的不确定性,使组织目标能高效地实现,并为控制工作提供了标准。

3. 评价计划有效性有四个标准:统一性、灵活性、精确性、经济性。

4. 制订有效的计划要求管理人员有高超的领导艺术,有积极性、进取心、勇气和相关的知识以及领导人员任职的稳定性。

5. 计划可按期限分为长期计划、中期计划、短期计划；按明确性分为具体性计划和指导性计划；按计划广度分为战略计划和作业计划，以及按其表现形式分为使命、目标、战略、政策、程序、规则、规划及预算等类型；按是否重复使用分常备性计划与单一用途性计划；按组织的职能划分为生产计划、营销计划、研发计划等。

6. 目标管理的步骤：（1）上下级共同确定目标；（2）上下级共同分解目标；（3）上级复审目标的结构；（4）实现目标并定期检查进展情况；（5）评价考核。目标管理的实质是"职工参与管理"，实现"自我控制"。目标管理有利于发挥各成员的主动性、积极性和创造力。

7. 常见的计划方法介绍了三种进度安排方法（规划表、甘特图和 PERT 技术）和滚动计划法、投入产出法。

复习思考题

1. 什么是计划，它包括哪些内容？为什么在管理理论中将计划定位为首要的职能？

2. 为什么亨利·法约尔在谈及计划职能时指出，制定一个好的行动计划要求领导人员必须具有管理人的艺术、积极性、勇气、领导人员的稳定、专业能力和处理事务的一般知识？

3. 一个有效的计划具有哪些特征？计划有哪几种基本种类？

4. 计划在管理中的地位是怎样的？它与其他管理职能的关系又是怎样的？

5. 试举例说明组织目标的多样性。多样性的目标中有无核心目标？

6. 什么是目标管理？目标管理的程序是什么？目标管理的作用大吗？

7. 什么是滚动计划？它是怎样制订的？有什么优缺点？

8. 计划既然是未来的行动路线，那么一个具体的计划是否降低了行动的灵活性？

9. 有人反对设定长远目标，因为他们认为在未来将会发生什么事情是不可预知的。你是否认为这是一种可取的明智态度？

参 考 书 目

1. 亨利·法约尔. 工业管理与一般管理. 周安华，等，译. 北京：中国社会科学出版社，1982.

2. 斯蒂芬·罗宾斯. 管理学. 第 11 版. 李原，等，译. 北京：中国人民大学出版社，2012.

3. 郭楚凡，黄艳平. 华为目标管理法. 北京：电子工业出版社，2018.

【案例分析】

中国首部过亿美元大片《阿修罗》一败涂地

据香港媒体报道，由包括阿里巴巴影业集团在内的出资方花费 7.5 亿元人民币拍摄的奇幻大片《阿修罗》，作为 2018 年暑期档"身价"最高的电影于 7 月 13 日全国上映，但仅仅 2 天后，7 月 15 日下午 4 点，《阿修罗》官方在微博宣布"经全体投资方决定，电影《阿修罗》将于 7 月 15 日晚间 22 点起撤档停映"。这一史上上映时间最短的影片，如果以 3 天的总票房收入 4 847.5 万元来计算的话，7 亿元的亏损也堪称历来最失败的影片之一。

影片背景

影片讲述了阿修罗王为找回洞察之头的灵魂重灭天界，派出"尸婆罗"入六界遍寻万里，找到洞察之头"如意"并带回阿修罗界后发生的一系列故事。和其他电影不同，主角阿修罗王的演员有三位，分别是梁家辉、刘嘉玲和吴磊，三个人饰演不同的头——欲望之头、谋略之头和洞察之头。制片人杨真鉴曾提到，阿修罗的三个头从拍摄、表演、后期视效，都堪称"世界级的难题"，至于灵感来源，他表示包含了中国人的想象力和东方文明的哲学。

影片从筹备到上映花了 6 年时间，联合出品方多达 20 家，工作人员来自 35 个国家，团队实力强大。其中，美术总监 Oscar Chichoni 曾参与过《霍比特人》《环太平洋 2》；服装造型师 Ngila Dickson 参与过《指环王》三部曲；视效总监 Charlie Iturriaga 参与过《速度与激情 7》等；声效总监 Martin Mernandez 曾参与过《荒野猎人》《鸟人》等。按照制片人杨真鉴早前受访的说法，影片 7.5 亿元投资的绝大部分用在了拍摄视效环节和启用北美团队上。影片中 2 400 个特效镜头，踏遍了西北的名山大川实地取景；影片用于特效抠像的蓝布总长度达到了 56 公里，还打造了一个 1 万平方米的摄影棚，现场包装得像一个舞台。《阿修罗》旨在打造一部类似好莱坞工业流水线生产的奇幻动作大片。片方曾计划把《阿修罗》拍成三部曲，呈现天界、阿修罗界、人界、饿灵界、魔兽界、炼狱界六界。该片只是第一部，片方原本预期内地票房破 30 亿元。

缘何撤档？

作为一部耗时 6 年、斥资 7.5 亿元打造的电影，《阿修罗》缘何会紧急撤档？有业内人士表示，"关键原因之一就是票房"。猫眼专业版数据显示，《阿修罗》3 天的票房累计仅为 4 847.5 万元；而对比同天上映的电影《邪不压正》，该片 3 天票房累计却达 3.13 亿元。《阿修罗》的票房表现实在差强人意。

对《阿修罗》出片方来说，该片首日票房为 2 523 万元，而同一天上映的《邪不压正》首日票房为 1.21 亿元。再加上前有口碑票房一直飘红的《我不是药神》的挤压，《阿修罗》平均排片仅有 10% 左右，3 天票房收入 4 847 万元，对于耗时 6 年、投资高达 7.5 亿元人民币的巨额成本来说，可以说是血本无归，更不必说要达到片方在之前宣传时号称的"30 亿元"的票房目标了。

"从演员阵容上来看，《阿修罗》既有小鲜肉吴磊，也有老戏骨梁家辉，其实并不输于目前线上的其他影片。说到底，还是口碑的问题，口碑一直上不来，自然会影响到排片，排片都没有，哪里来的票房。"

出品方认为口碑遭遇"黑水"

7 月 13 日上映首日，电影《阿修罗》官方微博发表过一篇文章，质疑该片在两个票务平台上口碑呈现两极的情况，影片在淘票票评分为 8.4 分，而在猫眼电影却只有 4.9 分。在微博上，影片制作方指控有人涌入网上售票平台猫眼电影发表负面评论，"这是一起有组织、有预谋的'黑水行为'，是这个行业的耻辱！"分析人士说，猫眼电影是阿里巴巴的竞争对手腾讯资助的，占据 30% 至 40% 的市场份额。在阿里巴巴拥有的售票服务平台淘票票网上，《阿修罗》的评分要高出很多。

投资陪跑？

业内人士表示，此次《阿修罗》紧急撤档后，以后若想再重登院线很难，而从现在的情况来看，基本无法回本，7.5 亿元投资"打了水漂"是肯定的了。但以 7.5 亿元成本计算，票房至少要达到 20 亿元才能收回成本，这个目标任重道远。

现阶段票房是国内院线电影的主要收入来源之一，此外电影在下映后也会通过将版权销售给视频网站、电视台等来获得版权收入。"《阿修罗》此时选择撤档，也算是给自己找了一个相对较好的结果，后面还能再尝试销售版权获得一定收入，如果真的等到出现上映一个月只获得 6 000 万元左右票房的结果后再去找视频网站，那时估计就连销售版权都会更加困难。"

败在叙事？

无论《阿修罗》的投资方经过哪些深思熟虑后最终决定紧急撤档，今后又会做何安排，不可否定的是，《阿修罗》的内容受到观众较大的争议。

豆瓣电影的数据显示，《阿修罗》的评分仅有 3.1 分，且在这 10 989 位评价者中，63.9% 的用户只给予 1 星评价，共计超过八成的用户评分在两星及以下，而评分在四星和五星的用户只有 3.6%。与此同时，再看《阿修罗》的影评可以发现，不少观众均对影片剧情、逻辑等方面提出质疑。有观众表示，"有太多似曾相识的元素，吴磊生活的小镇很像《魔戒》的霍比特村，女主的造型跟《权力的游戏》龙妈如出一辙。可能为了显示这是一个洋气的魔幻故事，里面有众多外国人的角色，他们全都说着一口流利的普通话，这也许是最魔幻的部分。"

除了元素与其他电影似曾相识外，更有不少质疑声放在故事情节上。"不知道在做什么。叙事、人物、视觉、听觉，各种堆砌拼接，全无逻辑可讲。对文化元素的拆解完全不顾文化常识，重新混搭时也不去自圆其说。所谓大制作大投资的概念，在这个项目上被置换为胡制作、乱烧钱的手段。中国固然需要技术流幻想派类型大片，但现在有些影片的做法，实际上是在毁掉这条道路，弄不好今后很长时间里既没有人敢拍，也没有人敢看。"

据悉，《阿修罗》的导演为张鹏，此人曾担任《蚁人》《王牌特工：特工学院》《冲出康普顿》等影片的动作指导或视觉特效等职位，《阿修罗》则是张鹏的首部导演作品。该导演的从业经历，也令部分观众降低对剧情的预期，以重点看特效、场景的心理走进影院，但观众却反映，"全片找不到一场有设计感的对战，每次开打都镜头乱晃，几乎分不清谁是谁，只看到一伙人混乱地撕扯在一起"。

资料来源：根据北京商报、新京报、参考消息的相关信息整理而成。

◎ **讨论题**

1. 从筹备到上映花了 6 年，资金充裕，人员到位，影片《阿修罗》为何是这样的结局？

2. 国家电影专项资金办公室公布的数据显示，2018 年排名前五的国产电影分别是：《红海行动》《唐人街探案 2》《我不是药神》《捉妖记 2》《前任 3：再见前任》，请讨论中国电影市场的变化对《阿修罗》影片的影响。

3. 从《阿修罗》影片的失败实例中，你能从中得到什么启示？

第五章 决　　策

【学习目的】

在学习本章之后，你应该掌握以下内容：

1. 决策的定义和决策过程。
2. 制订决策方案和评价方案的方法。
3. 决策理论的发展。
4. 决策的常见类型。
5. 决策技术的基本种类与方法。

【案例——问题的提出】

京东线下便利店的拓展模式

2017年4月，京东集团（以下简称京东）创始人刘强东宣布"百万京东便利店计划"，表示未来5年将在全国开设超过100万家京东便利店。2018年4月，刘强东还公开表示，截至2018年3月，京东每周在中国新开1 000家京东便利店，而今年年底的目标则要达到每天新开1 000家京东便利店。

采用合作模式开便利店

事实上，每天1 000家的开店速度对于传统实体零售商来说是难以想象的事情，京东方面声称，并非开设非传统意义上的便利店，并非直营，而是以合作模式为主。依据优品店、精品店及旗舰店不同级别，合作的店主需缴纳5 000～20 000元不等的质保金；而集团除了提供优质货源外，京东还将输出品牌、模式和管理。对于合作的便利店，有了京东品牌形象授权，店主通过京东集团旗下一站式B2B订货平台获得货源以及享有集团研发的大数据管理系统。

有业内人士说，这样的合作模式在本质上与其最大竞争对手阿里如出一辙，即把技术、数据、商品、供应链、物流，开放输出给便利店。2017年阿里采用加盟模式，同时采用"千店千面"的运营模式在全国各地开设天猫小店，预计2018年底天猫小店数量将突破10 000家。对于苏宁，在线下门店中自营占据主要比例。苏宁方面表示预计到今年底将有超过5 000家门店，未来3年将落地1.5万家店。自2017年6月亚马逊以137亿美元收购全食超市后，这场线上零售转线下的争夺战就已经开始。

翻牌加盟模式弊病重重

过去一年，京东便利店主要以收编夫妻店的翻牌加盟模式拓展，不过，这种松散加盟的形式在经营过程中也招致店面陈列欠佳、经营手段传统、盈利水平不一等诟病。

据悉，北五环外的回龙观社区周边目前约有两家京东便利店，而苏宁小店已经开至 8 家，对京东便利店几乎形成"围剿"之势。同属于电商巨头所开设的实体小店，二者分别采取了直营和松散加盟模式，商品、服务等方面呈现的效果也存在鲜明对比。

尽管开业已一年多，京东便利店在整体形象上依然没有较大升级，"杂乱""小卖铺""货不全"等字眼在点评网站上也随处可见。一位京东便利店店主向媒体坦言，加盟京东便利店后主要就是从京东进货，可以保证商品的正品品质，但是在商品陈列、店铺管理等方面的体系标准基本还是靠自己摸索。京东便利店目前采取的加盟模式虽然有助于加速扩张，但是也带来了管理上的"混乱"。由于订货、管理等基本上凭店主个人感觉和经验，这直接导致了店面形象欠佳、营销手段传统、经营方式落后等弊病，顾客推开的虽然是"京东便利店"的门，但扑面而来的还是传统夫妻小卖铺的气息。

与京东便利店毗邻的苏宁小店，其门店内装修、货架标识等都是统一的苏宁风格，员工为苏宁聘请并穿着苏宁工服，京东便利店则由个人管理运营，仅墙壁上能看到带有京东字样的海报。商品方面，两者都以销售食品日杂为主。为了吸引社区消费者，两家店都上线了生鲜商品，不同的是，苏宁小店的生鲜商品与快消品都来自苏宁供应链，每天根据店铺销售情况由苏宁物流配送到店，统一定价；而京东便利店的生鲜销售区则由一个名为"57优鲜"的供应商供货，销售价格由店家自己决定，有时店家与供应商不能就价格达到一致，生鲜货品就存在缺货现象。

转型直营店考验不小

相对于最初翻个牌的"样子工程"，现在的京东便利店也在积极调整转变。比如有些门店已经开始使用京东提供的收银系统，店主也表示使用起来很方便，不过由于要花费 3 000 元购买，并不是所有门店都会选择安装。此外，部分京东便利店虽然已经上线美团外卖平台，但有消费者发现，一些门店的上线商品存在缺货现象，几乎每个分类里都有多款商品标注"已售罄"字样，而这些门店月销售量也以惨淡的个位数、两位数为主。

翻牌加盟模式其实不乏成功者，这种模式并不是不可取，只是更考验操盘方式，需要与闲散小店在选址、店面环境、采购经验、销售理念等方面不断磨合出体系。电商通过翻牌加盟模式整合社区内的闲散夫妻店，短期内对于门店的硬件、产品统一标准，一定程度上可以使闲散经营的小商户们走向正轨、规模化，但要触及便利店运营管理系统的深水区，则还有较长的路要走。虽然京东在供应链、数据算法、人工智能技术等方面的支持确实对一些中小型店铺的经营有帮助，不过由于是翻牌加盟模式，对闲散店主个体行为的管控相对松散，在管理上的不可控因素也很多，因此每个店铺的业绩也具有较大的不确定性。

最近，京东在便利店领域又有新动作，京东从北京 711 传统便利店挖走了 5 位管理层人士，组建出一个新的团队，筹划开设京东便利店以外的直营店铺。有专家表示，虽然京东在供应链上的积累优势明显，尤其是对商品数据的掌握很深入，但是开直营便利店的话，则要直面实体便利店经营所要面临的来自租金、人工和商品开发三个方面的难题，仍要经历不小考验。

　　资料来源：根据百度百家号 https：//baijiahao.baidu.com/2018-4-17、北京商报网 http：//www.bbtnews.com.cn/2018-10-9 的资料整理得到。

　　从上述案例中可以看到，组织的经营活动充满着决策挑战，而在一定程度上讲，组织的成功取决于决策的正确性和及时性。制定决策是管理的本质，也是管理者的主要工作，所有的管理者都希望能有良好的决策，因为组织的目标和外界的环境都是根据这些决策结果来判断和评价的。然而，决策工作不是易事，因此许多公司曾有失败的决策经历。本章将考察决策的过程，讨论管理者如何科学地制定决策，以保证组织决策工作的顺利与成功。

第一节　决策与决策过程

　　决策是计划工作的核心部分，以至于美国著名的管理学专家西蒙（H. A. Simon）认为管理就是决策。在计划工作中，环境的分析、资源的选择、战略的确定等计划工作的主要内容都需要决策才能落实。

一、决策的含义

　　正如西蒙所说，人们通常把决策理解为"在几种方案中进行选择"，把决策者描绘为"像个骑马思考问题的人，考虑成熟之后，突然把他的决定批示给他的随从"。这种观点只注意了决策最后的片刻，显然过于简单。决策实质上是一个过程十分复杂的选择行为，它包括最后时刻之前的了解、调查、分析等一系列活动。

　　由此可见，决策就是指人们为了达到一定目标，在掌握充分的信息和深刻分析各种情况的基础上，科学地拟订各种方案并加以评估，最终选出合理方案的过程。

二、决策制定的过程

　　决策过程的划分有三阶段法、四阶段法、六阶段法、八阶段法等，且表述也各不相同，但纵观这些描述，大多"形不似意似"，观点比较雷同，只不过划分的粗细程度不同而已。本书采用四阶段法，把决策过程分为：（1）发现问题；（2）拟订各种可行的备选方案；（3）对备选方案进行评价和选择；（4）实施和审查方案，如图5-1所示。决策理论学派的代表人物西蒙把这四个阶段依次称为：情报活动、设计活动、选择活动、审查活动，并以决策的过程来定义决策。决策过程的前三个阶段，其实跟人类的逻辑思维过程是相一致的，即：问题是什么？有哪些解决方案？哪一个方案最好？最后一个阶段是实施情况的一个总结，它往往是下一轮决策的一个起点（问题的来源）。下面就对这四个阶段做具体分析。

（一）发现问题
决策是为了解决现实管理工作中提出的需要解决的问题。所谓问题是现实与标准之间

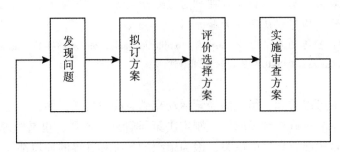

图 5-1 决策过程示意图

存在的差距。标准是什么？它可以是预先设置的目标，组织过去的绩效，或是组织中其他一些单位的绩效，或是其他组织中类似单位的绩效。

通过调查、收集和整理有关信息，发现差距，识别问题，明确奋斗目标，是决策的起点。没有问题就不需要决策；问题不明，难以做出正确的决策；问题判断错了，则决策不可能正确。从本质上来说，不能识别出正确问题以至于没有采取行动与正确地解决了错误问题是一样的。所以说，决策的正确与否首先取决于对问题判断的准确程度，识别问题是决策过程中一个非常重要的初始环节。

但是，问题的识别和判断却往往受个人主观因素的影响，它依赖于管理人员的知识、经验、洞察力、分析判断能力等主观条件。同一个事实或现象，在某个管理人员看来是"问题"，而另一个管理人员可能认为是"事物的正常状态"，即使都认为是问题，两个管理人员对于造成问题的起因的判断也是不一样的。譬如，企业销售额比上月下降了5%，有人认为是季节性波动，有人认为主要是企业本身的问题。而认为是企业问题的人，还可能有产品缺乏竞争力或广告预算不足的观点之争。

因而，要想提高识别问题的准确性，就必须进行科学的调查研究，排除可能的偶然性和主观因素的影响，把握客观事实。正如列宁曾讲过的，如果从事实的全部总和、从事实的联系中去掌握事实，那么，事实不仅是胜于雄辩的东西，而且是证据确凿的东西。如果不是从全部总和、不是从联系中去掌握事实，而是片面的和随便挑出来的，那么，事实就只能是一种儿戏，甚至连儿戏也不如。现代调查研究工作已经有一系列可行有效的方法，抽样调查、典型调查、专家集体咨询等都是科学调查时常采纳的方法。

需要说明的是，若问题明确以后，还要指出这个问题能不能解决，如果由于主、客观条件的限制，这个问题不能解决，或近期不能解决，那么决策过程也应考虑暂时搁置，或等时机成熟再予以考虑。

（二）拟订各种可行的备选方案

决策的基本含义就是抉择，如果只有一个方案，没有选择的余地，也就无所谓决策。俗话说："不怕不识货，就怕货比货。"只有相互比较，才能找到"最佳"。因而，在备选方案的拟订过程中，需要尽可能地列出可供选择的方案，力争做到不漏掉可信的方案，特别是那些好方案；另外，方案与方案之间要相对独立，不要互相包含，同时注重方案的质量而非绝对数量。

1. 利用信息和技术拟订可行方案

1981—1997 年任可口可乐公司 CEO 的罗伯特·戈伊苏埃塔（Roberto Goizueta）认为，21 世纪的理想经理人是一个国际人，能够利用事实、信息和专业知识来做决策。做决策时要有充分的资料，绝对不能只凭自己的直觉。但是，在拟订可行方案的时候，需要多少信息呢？如何得到它们呢？答案是复杂的。一般来说，决策越重要，所需的信息资料和方案就越多。为了力求完美，你要选出最佳的可行方案。但是，如果你的信息资料太多，决策就变得又棘手又复杂，说不定选不出一个最佳方案。

有用的信息资料有以下四个特点：（1）适时性；（2）品质性；（3）完整性；（4）关联性。适时性指可以及时取得此信息资料来做决策；品质性指信息资料的精确性，错误的信息会误导人们的判断；完整性是指收集的信息资料全面；而关联性则指此信息资料包含的内容和决策目标之间的关系密切。依据这些标准将有助于信息的收集和筛选。科学技术的发展可以帮助决策人员提高收集信息和做出决策的潜力。如视频会议可以让来自全世界的人聚在一起进行研究、分析和讨论。

2. 利用团队合作的方式产生各种有创意的方案

当问题已被分派为某个团队所必须处理的事情时，就可以利用团队参与的方式来想出各种有创意的解决办法，如头脑风暴法、群体决策法、专家意见法等。

拟订方案的过程是一个创造性的过程，只要集体共同努力，充分发挥每一个人的积极性、创造性和丰富的想象力，就能拟出许多行动方案。

例如：公司销售额比上月下降 5%，如果诊断为产品缺乏竞争力的问题，则至少可拟出以下几个方案：

方案一：降低产品价格。

方案二：改善产品的式样、包装，增添花色等。

方案三：增加产品的功能。

方案四：放弃这种产品，开发新的产品。

方案的可行性取决于实施方案时必须具备的条件、所需的资源。决策的分析人员必须知道他的方案需要哪些条件，哪些已具备，哪些还应争取，人、财、物、信息等资源量是否充足。未来的不确定因素包括自然条件、社会政治经济条件的变化对方案可行性的影响，有无预防性的对策、紧急应对措施等。

（三）对各种备选方案进行评价和选择

方案拟订出来后，选哪一个方案？这需要对每一个方案进行分析、评价，从各种可行的方案中进行选择。客观来说，应选择那些能最大限度实现所有目标且最经济的方案，即"最优"方案，当"最优"方案很难找到或者根本不存在时，只好退而求其次——寻找"满意"方案。

方案评价时，一个困难是实现目标属于多目标的情况下，如何评价方案的优劣。如果存在一个使所有目标都能很好地达到的"最优"方案，当然就没有烦恼了。但困难就在于每一个方案只能部分地实现所有目标，且每一个目标实现的程度又不一样。没有统一的标准，如何做出优劣的评价？比如上例中，方案一容易实现，但会减少公司的收入；方案二所花的成本最少，很容易做到（即可行性很大），但是效果——提高产品的绝对竞争力却不大；方案四虽然效果可能最大，但所需的成本很高，且近期实现的可行性较小；方案三的效果都处于方案二、四之间。能简单地说哪一个方案最好吗？显然十分困难。解决的办法通常是：根据公司的经验，首先将目标的相对重要性排出先后次序，并根据目标的重要程度赋予一定的权重，把各个目标统一成一个标准（加权求和法）。如上例中，增强产品竞争力的目标和权重如表 5-1 所示。每个方案的得分如表 5-2 所示。显然总分最高者即最满意方案。计算的结果显示，第三种方案为最满意的方案。

表 5-1　　　　　　　　　　　　　　　**目标的相对重要性排列**

目　标	可行性	效果	成本
重要性（W_i）	10	8	2

表 5-2　　　　　　　　　　　　　　　**评价方案的得分**

方案	目　　标			标准
	可行性（δ_1）	效果（δ_2）	成本（δ_3）	得分（$\sum W_i \delta_i$）
方案一	10	1	-1	106
方案二	10	2	-1	114
方案三	6	8	-4	116
方案四	1	10	-10	70

　　方案评价的另一个困难之处是定性指标的定量化。当需要定量比较时，如上例中可行性、效果这两个定性目标达到程度的数值化，往往靠决策人的主观判断，是不精确的。不同的决策人判断的数值不可能完全相同，这些数值的变化会影响方案的评价从而最终决定了不同的决策人选择不同的方案。这是无法避免的现象。所以在评价方案时，应尽可能多地使用明确、定量的目标，诸如利润、成本、质量合格率、市场占有率、报酬率、销售收益率、投资回收期等，增加方案的客观性，以减少依赖人们主观判断造成的失误。

　　（四）实施和审查方案

　　选定的方案若得不到落实，并正确地实施，仍可能失败。

　　方案实施前，要保证实施的完备条件和充足的资源、相应的职权。同时，实施过程也是一个不断反馈的过程。拟订方案时所忽视的地方和方案本身的缺陷，在实施过程中不断地显露出来，需要边实施边审查边改进。特别是当环境的变化需要重新进行决策时，这一步又成为下一轮决策的起点。

　　决策过程并非严格地按以上四阶段进行，因为做出某一特定决策的每个阶段，其本身就是一个复杂的决策过程。例如，设计阶段可能需要新的情报活动，实施阶段若遇到意外情况，可能需要重新设计。这也就是西蒙所说的"大圈套小圈，小圈之中还有圈"的现象。

三、决策工作的重要性

决策是管理活动的核心，是管理人员的主要任务。决策对管理者各方面工作的重要性怎么强调也不过分。如表 5-3 所示，决策不仅是计划工作的内容，而且贯穿于全部管理活动的始终，即贯穿于计划、组织、领导、控制之中。实际上，管理人员天天要回答这些问题，天天在回答中要对工作的方案进行选择，这也就解释了为什么管理者（当他们执行计划、组织、领导、控制等职能时）常被称为决策者。

表 5-3　　　　　　　　　　　　　　　管理职能中的决策

计　划	组织的长远目标是什么？什么战略能够最好地实现这些目标？组织的短期目标应该是什么？每个目标的困难程度有多大？
组　织	直接向我报告的下属有多少人？组织中的集中程度应多大？职务如何设计？组织何时应实行改组？
领　导	我应当如何对待缺乏积极性的雇员？在特定的环境中，哪种领导方式最有效？一个具体的变化将如何影响工人的生产力？何时是激发冲突的最恰当时机？
控　制	组织中的哪些活动需要控制？如何控制这些活动？绩效偏差达到什么程度才算严重？组织应建立哪种类型的管理信息系统？

资料来源：斯蒂芬·罗宾斯．管理学．第 4 版．黄卫华，等，译．北京：中国人民大学出版社，1997：124.

◎ 小资料

李东生：TCL 并购汤姆逊时有一样东西没看准

2003 年 11 月 4 日，TCL 集团和法国汤姆逊公司正式签订协议，重组双方的彩电和 DVD 业务，组建全球最大的彩电供应商——TCL 汤姆逊电子公司，即 TTE 公司。在这个合资公司中，TCL 与法国汤姆逊共同出资 4.7 亿欧元，其中汤姆逊出资 1.551 亿欧元持有 33% 的股份，TCL 出资 3.149 亿欧元占 67% 的股份，这是我国企业第一次兼并世界 500 强企业。TCL 集团兼并汤姆逊的目的是规避欧美市场的反倾销和专利费困扰。汤姆逊 2003 年彩电和 DVD 等电子业务亏损 2.54 亿欧元，TCL 集团当年的净利润在 5.6 亿元人民币左右。TCL 集团董事长李东生曾喊出"18 个月扭亏"的口号。但这次并购并没有给 TCL 带来拓展欧美市场的机遇，反而背上了沉重的包袱。收购汤姆逊后，TCL 集团在 2005 年、2006 年连续亏损两年，戴上了 *ST 的帽子。

2012 年初，李东生谈及并购汤姆逊的教训时说："我们并购的时候有一样东西没看准，就是未来电视会往哪个方向走，究竟是等离子还是液晶电视，当时更多人认为是 PDP 等离子，汤姆逊有很强的 DLP 背投技术，我们认为汤姆逊的背投更胜等离子，一脑门子扎下去，结果赔了大钱。"

资料来源：根据《中国证券报》（2012 年 2 月 2 日）的资料整理得到。

第二节　决 策 理 论

在评述孔茨"管理丛林"思想时曾介绍过，决策理论流派的关注点是决策本身，个体、群体的决策问题，决策过程分析，个人或群体的决策。它起源于消费者选择理论且为经济学家们所关注，流派的内容主要是模型构建和数量分析。

一、古典决策理论

古典决策理论主要盛行于 20 世纪 50 年代之前，其研究的基础是具有代表性的、以"经济人"假说为基础的古典经济学理论。

古典经济学的基本命题是完全理性和"最大化或最佳原则"，它把人类行为抽象为经济人的行为，以经济人行为作为研究的前提条件。经济学家认为经济人具有完全理性的特征。经济人有一个完整而内在一致的偏好体系，他总能够在面临的备选方案中做出抉择，完全了解有哪些备选的替代方案；他为择优所进行的计算，不受任何复杂性的限制，从而在一个详细说明和明确规定的环境中进行"最大化"选择或"最佳选择"，即选择的都是纯理论上的最优解。关于结果，古典经济学区分了三种情况：第一是"确定的"，即决策者对每项措施的唯一结果都完全了解，在这种情况下，择优也是准确无误的；第二是"有风险的"，决策者对每项措施各种可能的结果只能准确地了解它的概率分布，在这种情况下，理性的选择就是选定期望值最大的措施；第三是"不确定的"，即每项措施的结果存在于所有可能发生的结果之中，但每个结果出现的概率无法确定。在此情况下，理性的选择就成为问题了，且选择后理性标准是否合适，也难以评价。

二、行为决策理论

行为决策的思想起源于 20 世纪 40 年代，其标志性成果是西蒙于 1941—1942 年完成，并于 1947 年出版的著作《管理行为》（*Administrative Behavior*）。西蒙在书中指出，经济人的模式有两个难点：第一，只有在确定的情况下，它才符合理性的概念；第二，在决策时，必须假定全部可供选择的措施都是"已知的"，每一个措施的结果都是知道的，要么是确定的，要么是不确定的或有风险的，以及所有的结果都能排列成正确的效用数列（从大到小或从小到大）。以上假定允许人们不必进行观察和分析就可以预计、判断人们的行为。西蒙认为这种理论只能处理相对稳定和与竞争性均衡相差不大的经济行为，无法满意地处理有关不确定和不完全竞争情况下的决策行为。这时代替"完全合理性"的是有限制的合理性模式。①

　　为什么说理性是有限制的呢？西蒙认为在现实生活中完全理性的假定前提很少能完全满足。

　　（1）因为人们很难对每一个决策的后果具有完全的了解和正确的判断，常常要在缺乏完全了解的情况下（如决策所需要的全部信息，罗列出所有的决策方案，掌握每个决策方案的所有结果等），在一定程度上根据主观判断进行决策。

　　（2）因为在决策工作中，也难以对所有决策工作的措施、方法进行考虑和安排。人的能力是有限的。

　　（3）因为会受到决策人自我能力、价值观念、内外环境分析判断、决策目标了解程度的制约与限制。

　　（4）因为决策环境的高度不确定性和极度复杂性。决策工作需要对外界环境的深刻了解与把握，但构成环境的因素极其复杂，动态多变，了解不易，难以掌控。

　　由此可见，完全的理性导致决策人寻求最佳措施、最佳结果，获取"最优解"；而有限理性导致他寻求符合客观现实条件或可行的措施，获取"满意解"。这如同西蒙举例所说的那样：在一个草垛里散落着一些缝衣针，如果寻找"最优解"就要把所有的针都找到，逐一比较后找出最尖锐的一根；如果寻找"满意解"，那么只要找到能够缝制衣服的针就满足了要求，不用再找下去了。

　　西蒙的另一个贡献是他结合决策工作，运用心理学理论，对决策的过程进行了科学的分析。如他认为，在任何组织决策工作中都存在事实要素和价值要素、程序化决策和非程序化决策等。

　　西蒙的决策理论不仅是经济学的一个组成部分，而且能为企业和政府的决策者提供决策的基本思路和方法，具有重要的实践意义。由于西蒙提出的决策理论基本假设突破了古典经济学的传统观点，因此获得了1978年诺贝尔经济学奖，瑞典皇家科学院对其的评价是："现代经济学和管理理论大部分建筑在西蒙的思想之上"。②

◎ **小资料**

决策与心理

　　光环效应（halo effect）也称晕轮效应，指人们对他人的认知判断首先根据整体印象，然后再从这个判断推论出认知对象的其他品质的现象。比如"情人眼里出西施"就是这种效应的体现。

　　从众效应（bandwagon effect）也称乐队花车效应，当个体受到群体的影响（引导或施加的压力）时，会怀疑并改变自己的观点、判断和行为，朝着与群体大多数人一致的方向变化，即俗话说的"随大流"。

　　首因效应（primacy effect），也称为第一印象作用或先入为主效应，指个体在社

---

① 赫伯特·西蒙. 管理行为. 第3版. 杨砾, 等, 译. 北京：北京经济学院出版社, 1988.
② 赫伯特·西蒙. 管理行为. 第3版. 杨砾, 等, 译. 北京：北京经济学院出版社, 1988.

会认知过程中，通过"第一印象"最先输入的信息对客体以后的认知产生的影响作用。第一印象作用最强，持续的时间也长，比以后得到的信息对于事物整个印象产生的作用更强。

近因效应（recency effect）也称新颖效应，与首因效应相反，是指在多种刺激一次出现的时候，印象的形成主要取决于后来出现的刺激，即交往过程中，我们对他人最近、最新的认识占了主体地位，掩盖了以往形成的对他人的评价。

资料来源：根据 http：//www.docin.com/p-419865903.html 的资料整理得到。

三、决策理论的其他观点

（一）灵活决策的观点①

合理的决策建立在这样的信念上，即管理者可以把一系列复杂的事实、假设、目标和理智的推测转变为企业内人们可以执行的决策。人们认为这个世界的发展可以被管理者的智力所影响，因此决策是一种改变企业命运的努力，这种信念持续了一个世纪。

然而人们发现，组织决策后采取行动的后果是由组织所采取的行动和其他组织正在采取的行动共同决定的，因而决策后采取的行动和行动的后果要比合理的决策者认为的更麻烦、更不可预见的，于是提出了灵活决策的理论假定。如在美国航空客运业发生的事情恰恰说明了这一点。航空班机经常空载，但不管是空载还是满载，航空公司必须为昂贵的飞机和受过高级训练的雇员花费巨额开支。因此，对于任何航空公司来说，最合理的方法就是降低票价以吸引更多的乘客乘坐本公司的班机。于是在1992年的春季，几家大航空公司如美国航空公司、联邦航空公司、德尔塔航空公司和西北航空公司几乎同时降低票价。然而，由于客运总人数没有增长，降低票价并没有弥补因载客率低而损失的利润。这样，航空公司单方面做出的合理决策导致价格战，结果每一个航空公司都遭受了损失。

我们大家知晓的博弈论和混沌理论中就体现了灵活决策观点中的基本假设。

（二）回溯决策的观点②

回溯决策（retrospective decision）思想或隐含最爱（implicit favorite）思想也是关注决策制定后决策者的行为问题，即决策者如何努力使自己的决策趋向合理化。该思想是皮尔·索尔伯格（Peer Soelberg）在1967年提出的。

索尔伯格在观察商学院毕业生择业时发现，在很多情况下，学生在招聘过程中很早就确定了自己的隐含最喜欢的方案。但在随后，学生们会继续寻找更多的备选方案，并将自己确定的最优方案作为第二备选方案。随后，学生们会琢磨出能清晰表明自己的隐含最爱方案优于备选第二方案的决策标准，并用这套被自己扭曲了的标准接受隐含最爱方案。索尔伯格的研究发现，隐含最爱方案通常只有1~2个方面优于备选方案。回溯决策思想表

---

① 詹姆斯·斯通纳，等.管理学教程.第6版.刘学，等，译.北京：华夏出版社，2001：205.

② 周三多，陈传明，等.管理学.第七版.上海：复旦大学出版社，2018：147-148.

明，决策事实上只是为已经作出的直觉决策证明其合理性的过程，说明了直觉在决策中的作用。

（三）有效的决策观点①

如今的企业界都十分关心决策的制定，而且常常是在信息不充分或不完整，并且面临巨大时间压力的情况下作出高风险的决策。绝大多数管理者需要作出一个又一个决策，有更多决策事关组织的成败。错误的决策会让组织付出惨痛的代价。为了在当今快速变化的世界中作出有效的决策，重要的是要理解文化差异；掌握退出的时机；使用有效的决策制定过程；创建一个能够辨别突发状况并且迅速适应新环境的组织。在当今快速变化的世界中制定决策并不是轻而易举的事情。成功的管理者需要具备良好的决策技能来进行计划、组织、领导和控制。

从以上介绍中不难看出，灵活决策、回溯决策只是在涉及有关决策问题时更加突出决策工作中的某一个因素，或某一个环节，也可能与学者观察到的某一现象有关。有效的决策方法则采用了包容的方式，将决策工作中认为重要的内容列出，供管理人员选择。

第三节 决 策 类 别

决策的分类有许多种，这是由组织特征与决策性质决定的。如按决策的层次可分为高层决策、中层决策和基层决策；按决策的确定性程度可分为确定决策、风险决策和不确定决策；按决策的形态性质可分为程序化决策和非程序化决策；按决策参与对象可分为个人决策和群体决策等。这里我们重点介绍后三种决策类别。

一、确定决策、风险决策与不确定决策

根据决策环境是确定性（非常容易预测）、风险性还是不确定性（很难预测），相应地把决策分为确定决策、风险决策和不确定决策（见图 5-2）。

图 5-2　确定决策、风险决策与不确定决策

确定决策是指在确定条件下，决策者清楚地了解自我目标，并对自我所做的选择的结果有精确的、可靠的了解。比如，你进行某项投资时，如果投资的项目仅仅包括债券和定期存款，那么可以说你是在确定条件下做出决策的，因为你知道每一种方案的收益如何。

风险决策指当我们对所做出的选择不能肯定地预测它的结果到底如何，但我们知道每

---

① 斯蒂芬·罗宾斯，等. 管理学. 第 11 版. 李原，等，译. 北京：中国人民大学出版社，2012：191-192.

一种结果出现的概率大小。比如上面的例子中，如果你考虑的投资项目是获利不错的几种股票，像可口可乐、美孚石油和通用汽车。根据统计资料，你大概可以知道每一种股票上扬的概率（比如40%、35%和25%），并大致了解配股的收益如何，那么你所做的决策就是风险决策。当初可口可乐公司决定推出新可乐的时候，风险问题出现了。如果公司可以确定这个决策的后果是什么，它就不会推出新可乐了。这属于一种风险条件下的决策，因为公司在190 000名消费者身上做过口味测试，得到了一个最终的调查结果：受访者以绝大多数的领先比例表示新可乐的口味胜过原来的口味，但最后发现这是一个有问题的决策。

不确定决策指在不确定条件下，决策者对他们的决策及其产生的后果和其出现的概率了解很少。如上例中，若你考虑的投资项目是另外两家拥有创新产品的全新上市公司，你就无法确定报酬会有多少，更别提概率了。一般来说，不确定状态来源于两种因素：首先，决策者面对的是不在他控制范围内的外部条件，如天气对某项活动的影响、股票市场的波动等。其次，因为缺乏资料和相关信息，决策者对某些事实或事件不了解，如拥有创新产品的全新上市公司，其产品的创新性如何、被市场接受的程度如何、该公司未来运作效果如何、投资者对该公司的兴趣如何，以及这些因素相互作用的结果如何等，决策者都无从得知。

二、程序化决策和非程序化决策

程序化决策是指可按一定的程序、处理方法和标准而做出的决策，又称为"常规"决策或"结构良好"的决策。它所解决的是组织中经常重复出现的、常规的管理问题，如企业的库存问题、产品质量、设备故障、现金短缺、供货方未按时履行合同、顾客退货、员工迟到早退等。非程序化决策指无常规办法可循的一次性决策，它解决的是偶然发生的、新颖的、性质完全不清楚的、结构上不甚分明的、具有重大影响的问题，如组织结构变革问题、开发新产品、在不熟悉的国家投资等。解决程序化问题通常是根据已有的制度和规则按特定的程序处理，不需要管理人员再花费时间、精力去拟订解决方案，选择解决方案。而解决非程序化问题由于无先例可循，无固定模式，或没有现成的处理方法，通常是按解决问题的一般思维过程寻找独特的解决办法，需要发挥创造性的思维对它进行研究和分析。表5-4列出了程序化和非程序化决策的传统式和现代式决策技术。

表5-4   传统式和现代式决策技术

决策类型	决策技术	
	传统式	现代式
程序化的：常规性、反复性决策，组织为处理上述决策而研制的特定过程	1. 习惯；2. 事务性常规工作，标准操作规程；3. 组织结构，普通可能性，一次目标系统，明确规定的信息通道	1. 运筹学（数学分析，模型，计算机模拟）；2. 电子数据处理

决策类型	决策技术	
	传统式	现代式
非程序化的：单射式，结构不良，新的政策性决策，用通用问题解决过程处理	1. 判断、直觉和创造，概测法；2. 经理的遴选和培训	探索式问题解决技术适用于：1. 培训决策者；2. 编制探索式计算机程序

资料来源：赫伯特·西蒙. 管理决策新科学. 李柱流，等，译. 北京：中国社会科学出版社，1982：41.

组织中的管理人员在实际处理问题时，常有一个通用的决策模式，即当管理者面对某一问题时，他首先要决定这个问题需不需要决策。若需要，那么这个问题的处理是常规的、程序化的决策，还是非常规的、非程序化决策呢？若是前者，就要依照现存的程序、规则制度等直接进行处理即可；若是后者，则需要花一定的时间、精力去探求、创造一种新颖有效的解决方法，再依此方法处理问题。这个通用的决策模式如图5-3 所示，它显示了管理人员决策过程的内在逻辑性步骤。由此可知，进行程序化决策时，由于事先设定了程序、方案，故我们前一节所讲的决策四个过程中的第二步拟订备选方案和第三步评价备选方案其实已被省去，但进行非程序化决策时，这四个步骤一般需要严格遵守。

进行程序化决策所费的时间少、成本低、效率高，若把非程序决策转化为程序化决策，有助于管理效率的提高和管理成本的降低。因而，若想提高组织的效率，要尽可能多地采用程序化决策，即把非程序化决策尽量程序化。近年来，许多集团、公司、企业在尝试这一方法。另外，程序化决策和非程序化决策与组织层次之间存在着某种程度上的对应关系。一般来说，低层管理者主要处理的是程序化决策，而把那些无先例可循或困难的决策向上呈送，因而高层管理者处理的大多是棘手的非程序化决策。

需要说明的是，程序化决策和非程序化决策这一划分并非绝对的。正如西蒙所说的："它们是像一个光谱一样的连续统一体，其一端为高度程序化的决策，而另一端为高度非程序化决策。我们沿着这个光谱式的统一体可以找到不同灰色梯度的各种决策，而我们采用程序化和非程序化这两个词也只是用来作为光谱的黑色频段和白色频段的标志而已。"[1]

三、个人决策和群体决策

（一）个人决策

个人决策就是决策者只有一个个体的决策过程。个人决策最大的优点是效率高且责任明确。前面已详细论述了人的有限理性对个人决策的影响，这里就不再重复。

---

[1] 赫伯特·西蒙. 管理决策新科学. 李柱流，等，译. 北京：中国社会科学出版社，1982：39.

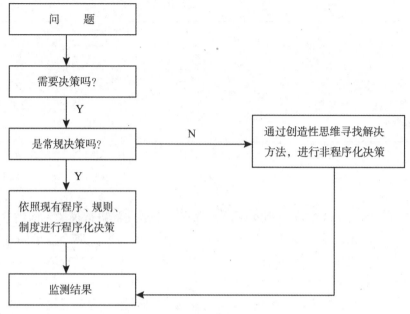

图 5-3 通用决策模式

资料来源：方齐云，刘海云. 权变策略. 武汉：湖北人民出版社，1997：238.

个人的行为特征对决策也起着重要的影响作用。这些行为特征很多，如行为持久性、对刺激的反应、感知的方式、知觉的选择性和成见效应，还有动机、记忆、习惯、偏好等，这些是借用心理学的研究成果。

（二）群体决策

在一个正式组织里，纯粹的个人决策还是很少的，更多的决策是两人或两人以上的群体做出的。俗话说："三个臭皮匠顶个诸葛亮。"群体决策的一个最大优点，就是群体比任何个体拥有更广泛的知识、经验和信息，从而有利于识别问题、设计方案、评价方案。此外，群体参与决策，还有助于人们更好地了解和接受所做出的决策，特别是那些实施决策的人们，因而群体决策比个人决策得到更积极、更正确的执行。

当然，由于群体成员的价值和目标多样化，影响力、能力和个性也有差异，群体决策也有许多个人决策所没有的特殊问题，其中最大的问题是"从众现象"，即有意识或无意识的趋同。另外，群体决策通常比个人决策花费更多的时间，也没有个人决策的责任那么清楚。表 5-5 具体列出了群体决策的优势和劣势。

表 5-5　　　　　　　　　　　　　群体决策的优势与劣势

优　　势	劣　　势
1. 知识的更多的汇集 　 群体与个人相比，能带来更多的信息和经验处理决策问题	1. 群体的压力 　 不愿意"触礁"和顺从压力相结合的结果，会抑制个人的贡献和创造性

续表

优　　势	劣　　势
2. 不同的观点 　具有不同经验和利益的个人能使群体从不同角度去看决策环境	2. 少数人的控制 　当群体中某些人讲话时间最长、声音最大时，群体活动的质量会下降
3. 更宽泛的了解 　群体对于不同行动方案取舍的讨论能使人们更好地理解最终决策的理由	3. 相互妥协 　政治性结盟会取代明智的思考
4. 决策的接受性 　那些在群体决策中发挥积极作用的人会把决策当做自己做出的而不是别人强加的	4. 目标置换 　有时为了赢得争论，阐明一种观点或回击对手而忘了真正要解决的问题
5. 培训基地 　那些缺乏参与经验的个人可以通过参与群体决策学会如何适应群体动态	5. 集体思维 　有时群体中的凝聚力使得达成全体一致的愿望限制了理智的判断，从而不能正确评价各备选方案并做出最后选择

　　资料来源：方齐云、刘海云. 权变策略. 武汉：湖北人民出版社，1997：242. 表中文字有改动。

　　群体决策不仅受个体心理的影响，而且还受群体心理的影响。群体的心理现象包括舆论、社会压力、默契、士气、风尚、内在的氛围等。群体决策的效果很大程度上取决于群体心理的积极程度，而后者又取决于主管人员的领导水平。如果引导得不好，群体决策的效果会比个人决策的效果差；如果引导得好，那么群体决策就会产生"1+1>2"的整体扩张效应。

　　（三）决策方式的选择

　　既然个人决策和群体决策各有优劣，那么哪些场合用个人决策好？哪些场合用群体决策好呢？这要看决策问题的性质、参与者的能力和相互作用的方式。

　　1. 决策问题的性质。首先要看决策问题的时间紧迫性程度，即问题需不需要立即做决策。如果问题需要马上决策处理，显然采取个人决策要好；如果问题没有时间限制或时间很长，比如提高职工业务素质、开发新产品等，采取群体决策效果好些。其次要看问题的复杂性程度，若是简单问题，个人决策能迅速做出决断；若是复杂问题，需要依靠多个部门、各方面技术专家协作，此时只能采取群体决策方式才能保证决策的正确性。

　　2. 参与者的能力。包括领导人员的能力和参与决策的下级人员的能力。如果领导人员的能力很强，具有广博的知识、丰富的经验、很好的预见性和洞察力，则一般倾向于个人决策；若下级人员的素质普遍比较高，且有参与决策和承担责任的意愿及很强的独立意识，那么领导人员可考虑用群体决策方式。

　　3. 相互作用的方式。你所在的组织是"三个臭皮匠顶个诸葛亮"，还是"一个人是一条龙，三个人是一条虫"呢？相互作用的方式决定了群体中的个人与个人间互相作用的效果。通常，相互作用的方式有两种：相互增强和相互抵消，其分别呈现出"1+1>2"和

"1+1≤2"的结果。若是前者，采用群体决策；若是后者，采用个人决策。

第四节　决策技术

决策技术基本上可分为两大类：定量分析法和定性分析法。但是，作为决策方案的评价和决定，都是同时运用定量与定性方法，将其结合起来做出判断，而不是单纯用一种方法就能简单地做出决策。

一、定性方法

定性方法是建立在人们经验的基础上，对决策方案进行分析、评价与判断的一种方法。但经验判断并不能依靠某一个人的经验，而要求大家的经验、群体的知识和智慧，所以定性分析方法的关键在于发扬民主、集思广益，科学地进行决策。常用的定性方法有以下两种：

（1）头脑风暴法（brainstorming）。头脑风暴法原意是神经病人的胡思乱想，转化为要自由奔放、打破常规、创造性地思考问题，构思方案。头脑风暴法主要用于收集新设想，它鼓励提出任何种类的方案设计思想，但禁止提出任何批评。它把人类的思维和观点的产生比喻为像狂风暴雨一样迅猛。

典型的头脑风暴法会议中，一些人围桌而坐，群体领导者以一种明确的方式向所有参与者阐明问题，然后成员在"一定"的时间内"自由"地提出尽可能多的方案。在没有讲完所有的意见和建议前，不允许提出批评。另外还欢迎对别人的原建议做出改进，特别是一些新思想，并把所有的方案都当场记录下来，留待以后讨论或分析。

（2）专家意见法。专家意见法是采用开讨论会的形式，将一些见识广博、学有专长的专家召集起来，向他们提出要决策的问题，让这些专家提出各种方案，并进行讨论，最终决定最佳方案。这种方法有一定的效果，但也存在着一些严重的缺陷，例如，与会者可能会受到专家的影响，对权威的迷信导致"从众"现象，或因为"面子"问题而固执己见。

鉴于传统的专家意见法的缺点，美国兰德公司发展了一种新的专家意见法，取名为德尔菲法（Delphi technique）。此种方法的特点是参加决策的专家互不见面，意见的发表和交流采取匿名书面方式进行。其一般过程为：先向有关专家提出相关的情况或问题，请专家分别写出书面意见；然后，主持人把各人的意见整理后再交换寄给那些专家，做出分析意见后再收集起来，进行综合、整理，再反馈给每个人；各人在修改和增添后再寄给主持人，如此反复多次，直到各专家的意见大体趋于一致为止。

德尔菲法隔绝了群体成员间可能的相互影响，它还无须参与者到场。比如，一个跨国公司可以用此法询问它在世界各地的销售经理有关公司的一项新产品在世界范围内合理的价格水平。这样做既避免了召集的花费，又可获得各地市场的信息。当然，德尔菲法的缺点是较为耗费时间，不适合需要快速做决策的场合。

二、定量方法

定量方法是根据已有的实际数据以及变量间的相互关系，建立一定的数学模型，然后通过运算得到结果，进行判断。定量方法很多，下面简单介绍几种。

（1）期望值法。决策者对一个方案可能出现的各种结果，分别估计其得失数值和可能发生的概率，各种结果的两者乘积的求和即为此方案的期望值，同理计算出每个方案的期望值再进行比较，做出选择。通常选择期望值大者作为最优方案。例如，两个方案的相关数值如表 5-6 所示。

表 5-6 　　　　　　　　　　　　**两个方案各种结果的概率与收益**

	状态 θ	概率 $P(\theta)$	收益 F
方案 A	θ_1（成功）	0.6	350
	θ_2（失败）	0.4	−100
方案 B	θ_3（成功）	0.7	500
	θ_4（失败）	0.3	−300

$$期望值 E = \sum F_i \times P_i(\theta)$$

方案 A 的期望值 $E_1 = 350 \times 0.6 + (-100) \times 0.4 = 170$

方案 B 的期望值 $E_2 = 500 \times 0.7 + (-300) \times 0.3 = 260$

因 $E_1 < E_2$，故最优方案为方案 B。

（2）决策树法。决策树用于解决连续决策下的方案评价，它遵循的决策准则可以是期望值准则，也可以是效用准则。比如一个公司想投资扩张，向银行申请贷款。银行经理要决定是否提供这一贷款。如果银行提供贷款，该公司的扩张可能成功，也可能失败。如果该银行不提供贷款，该公司可能会与以前一样通过该银行做其业务，也可能将其账户转到别的银行。那么这些方案和事件的时序可以用决策树反映，见图 5-4。如果知道未来每一事件下的收益和发生的概率，就用期望值方法评价出最优方案。

（3）边际分析法。边际分析是把边际支出和边际收入相比较，二者相等时为临界点，一般临界点的方案即为最好的方案。

例如，若一个企业的产销平衡，销售收入的表达式为：$R = 41.5Q - 1.1Q^2$，总成本的表达式为：$C = 150 + 10Q - 0.5Q^2 + 0.02Q^3$，$Q$ 代表产量（以万台为单位）。试用边际分析法计算企业的产量为多少时企业利润达到最大。

解：边际收入 $= \Delta R/\Delta Q$　　边际成本 $= \Delta C/\Delta Q$

当边际收入 $=$ 边际成本时，企业利润最大，即：$\Delta R/\Delta Q = \Delta C/\Delta Q$

$\lim\limits_{\Delta Q \to 0}(\Delta R/\Delta Q) = \lim\limits_{\Delta Q \to 0}(\Delta C/\Delta Q)$　　$dR/dQ = dC/dQ$

$41.5 - 2.2Q = 10 - Q + 0.06Q^2$

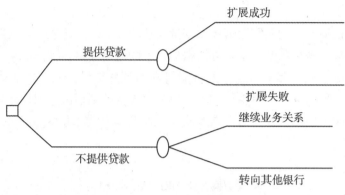

图 5-4 决策树方法

$Q^2 + 20Q - 525 = 0$

$Q_1 = -35$（去掉）　　$Q_2 = 15$

即产量为 15 万台时，企业的利润最大。

（4）现值分析法。将不同时期内发生的收益或追加的投资及经营费用，都折算为投资起点的现值，然后与期初的投资比较，净现值大于零的方案是可行方案；净现值最大的方案为最佳方案。折现时多采用复利计算。其计算公式为：

$$\text{NPV} = \sum_{t=1}^{n} \left[S_t / (1 + i)^t \right] - P_0$$

式中，NPV 为净现值，i 为贴现率，S_t 为第 t 年的现金净收量，n 为投资方案的有效年限，P_0 为原始投资总额。

该方法有一些局限性，只能用于持续稳定且现金流可预期的方案评价，如果方案的不确定性很大，无法精确估计现金流和正确估算风险调整贴现率，此方法就难以应用。另外，此方法只以现金流衡量，忽视方案的战略性价值，会低估具有重大战略性价值的方案（虽然现金流可能很小），如研发活动。针对上述缺陷，近些年来实物期权分析方法不断发展起来。

（5）运筹学方法。运筹学方法是一种定量的科学方法，研究一个系统的组织管理优化决策问题，即如何最经济、最有效地使用人、财、物取得最好的工作效果。

运筹学起源于 20 世纪初叶的科学管理运动。如泰罗和吉尔布雷斯夫妇等人首创的时间和动作研究，甘特发明的"甘特图"，兰切斯特（Lanchester）1914 年提出的军事运筹学中的战斗方程以及丹麦工程师爱尔朗（A. K. Erlang）1917 年在哥本哈根电话公司研究电话通信系统时提出的排队论的一些著名公式，都可看作早期的"运筹学"。第二次世界大战期间，战争的需要刺激了运筹学的发展并产生了许多解决实际军事问题的定量方法；第二次世界大战后，这些军事方法相继在工业、农业、经济、社会等各领域得到了广泛应用，与此同时，运筹学也有了飞速的发展。到 20 世纪 60 年代，已形成了运筹学的许多分支，如线性规划、非线性规划、整数规划、目标规划、动态规划、图论与网络、排队论、存储论、对策论等。

应用运筹学方法，最重要的一步是建立数学模型。根据问题的性质确定采用哪一类运筹学方法，并按此方法将问题描述为一定的数学模型，确定问题的变量、约束条件、目标函数。其次是求解过程。稍复杂的模型求解一般要借助计算机和相应的软件进行。另外，运筹学最终得到问题的最优解，是附加了各种假定条件的"理论上的最优解"。实践中，由于各种条件的变化，多目标之间的冲突，最终的解决方案只能是一种折中方案，是"满意解"而非"理论最优解"，也是运筹学方法存在的缺陷。

线性规划法是运筹学方法中最常用的一种，因为它的模型简单，求解方法又成熟，所以也是应用最为成功的一种。线性规划主要是解决有限资源的合理分配问题。比如，某厂生产的产品Ⅰ、Ⅱ，两种产品都需 A、B 两种原材料，有关数据见表5-7。在原材料供应量的限制下，产品Ⅰ、产品Ⅱ各安排生产多少，能使企业获得的利润最高？这个问题用线性规划就很容易求解出来。

表 5-7 数 据 表

	Ⅰ（千克）	Ⅱ（千克）	现有原料限制量（吨）
A	9	4	36
B	1	5	20
利润（百元/千克）	7	14	

解：设产品Ⅰ、产品Ⅱ分别生产 x_1、x_2 千克，用 z 代表利润，建立数学模型如下：

$$\max z = 7x_1 + 14x_2$$

$$\text{s. t.} \begin{cases} 9x_1 + 4x_2 \leq 36\ 000 \\ x_1 + 5x_2 \leq 20\ 000 \\ x_1,\ x_2 \geq 0 \end{cases}$$

求解这个数学模型可用单纯形法或图解法，这里用后一种方法，如图 5-5 所示。约束条件围成的区域用阴影表示，虚线表示斜率相同的一组直线簇 $z_0 = ax_1 + bx_2$。目标函数在 C 点上达到最大值，即最优解为（0，4 000），也就是说，在已知条件的约束下，需生产产品Ⅰ0千克，产品Ⅱ4 000 千克，才能使企业获得最高的利润。

定量分析方法不仅有助于人们比较精确地分析、判断问题，而且能借助计算机把大量的程序化决策高度自动化，提高了决策的速度和效果。但定量分析法也有其局限性，一是需要与定性分析结合起来，才能提高决策的科学化水平；二是能完全化为定量分析的问题所占的比例不大，许多决策问题还得依赖定性分析方法。

三、用计算机辅助决策

上述方法是决策的手段，这些手段有时必须借助于某些决策工具才可应用。比如，用于收集信息和交流意见的电话和传真；用于数据处理、信息加工、决策模拟的计算机。特

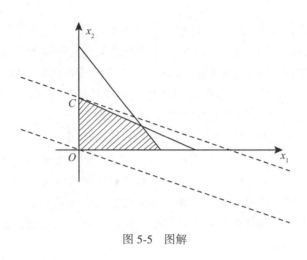

图 5-5 图解

别是后者对决策科学的发展起着重大的推动作用。如何看待计算机在决策工作中的作用和影响呢?

第一，用计算机辅助决策大大提高了决策的速度和精确性。计算机硬件所具有的功能加上软件系统的不断开发、发展和应用（如人工智能在机器视觉、指纹识别、人脸识别、虹膜识别、专家系统、智能搜索、自动程序设计、智能控制、机器人学、语言和图像理解、遗传编程等方面都得到了广泛使用），使得计算机不仅取代人去做许多过去依靠人不易做好的工作，而且也逐步承担了决策过程中的许多工作，如信息、数据的存储和处理，运用对象模型拟订多种方案，方案运算和分析等，因而大大缩短了决策过程，减少了决策时间，同时计算机精确的计算也提高了决策的精确性。如我们已经可以感受到的计算机已经可以在任何棋类赛中战胜人类，铁路 12306 订票网站旅客流向大数据分析，天网在防范犯罪和抓捕坏分子上的作用等都是极好的实例。

第二，计算机的运用提高了决策的自动化程度。我们前面介绍了程序化决策和非程序化决策。程序化决策通常都有一套解决问题的方法和程序，这些方法和程序绝大部分属于运筹学或管理科学领域。我们只要把它们编译成计算机语言，那么程序化决策就可以完全实现自动化。非程序化决策由于没有以往经验和固定模式可遵循，所以往往需要发挥主管人员或领导的创造性。计算机在模拟人脑思维领域的发展，使我们逐步取得了非程序化决策实现自动化的技术手段。现在以至将来，决策制定的自动化程度将不再是个技术问题，而将变成一个经济问题——使用计算机的费用与人力资源费用的比较。在那些前者费用小于后者费用的领域或场合，自动化程度高，反之自动化程度低。

第三，计算机的运用提高了决策者的能力。不同的决策者拥有的知识、经验、信息、才能不同，所以决策的效果必然存在差异。在计算机，特别是大型（超级）计算机没有出现的时候，决策者往往可以依靠自己掌控的信息、知识来取得竞争优势。谁拥有竞争对手没有的信息，谁就有可能在市场竞争中打败对方。计算机的出现和运用，特别是网络、AI 技术的开发，使获取与分析信息相对容易，这必然带来市场竞争的加剧，也对决策者获取信息、分析信息的能力，以及综合素质提出了更高的要求。

◎ 小资料

大数据是一种决策武器

大数据可能是伴随着社交媒体产生的信息交换而出现的一种产物。所有有关客户、合伙人、员工、市场和其他方面可计量的庞大数据都被收集并可利用来回应这些利益相关者的需求。通过大数据处理，管理者可以测量和了解更多相关的业务信息，并"将这些认知转化为决策制定和绩效的改进"。一个恰当的例子是：当沃尔玛开始查看它庞大的数据库时，注意到如果天气预报表示将会有飓风来临，不仅手电筒和电池的销量会提高，Pop-Tarts（一种有果酱或果馅的小圆饼）的销量也会提高。现在，只要有飓风来临的威胁，沃尔玛就会在入口处储存 Pop-Tarts 和其他紧急风暴物资。这有助于它更好地服务顾客和促进销售。通过帮助企业做它该做的事，吸引和满足它的顾客以实现企业目标，大数据是组织未来一种至关重要的决策武器。

资料来源：斯蒂芬·P. 罗宾斯. 管理学. 第 13 版. 李原，等，译. 北京：中国人民大学出版社，2017：227.

虽然计算机的普及与使用对决策工作带来很大的变化，但由于人类大脑的复杂生理特征与作用机理还没有被人类掌握，所以计算机技术的发展、AI 的推进从目前，甚至在可以观察到的时间内，还不能取代人类的决策工作。这一过程如同西蒙所总结的："不管过去二十年出现的程序化决策制定技术的意义如何重大，不管转用更复杂的程序在减少以前被认为是非程序化的领域方面的进步有多大，这些发展对管理决策制定活动的重要部分仍然未加触动。许多，或多数由中层和高层管理处理的管理问题仍不能顺当地进行数学的处理，也许永远不行。"[①]

本 章 小 结

1. 决策是一个过程。决策制定过程的四个步骤为：（1）发现问题；（2）拟订方案；（3）评价选择方案；（4）实施审查方案。决策的正确与否取决于每一步骤。

2. 决策是管理活动的核心。它不仅是计划工作的重要内容，而且贯穿于全部管理活动的始终，即贯穿于计划、组织、领导、控制之中。

3. 决策理论最具代表性的是古典经济学理论和行为决策理论。古典经济学从"完全理性"和"经济人"假说出发，追求"最优决策"的获取；而西蒙通过分析"完全理性"在现实中的不存在性提出了"有限理性"和"管理人"基本命题，从这两个命题出发，得出"满意解"的结论，从而开创了决策研究的新领域。

4. 根据决策环境是确定性（非常容易预测）、风险性还是不确定性（很难预测），决策可分为确定决策、风险决策和不确定决策。

5. 决策有程序化决策和非程序化决策之分。程序化和非程序化决策与组织层次之间

---

① 赫伯特·西蒙. 管理决策新科学. 李柱流，等，译. 北京：中国社会科学出版社，1982：53.

存在着某种程度上的对应关系。通常上层领导所遇到的问题要比下层职员所遇到的问题程序化更少。

6. 决策还有个体决策和群体决策之分。个体决策虽有决策速度快、效率高、责任明确的优点，但没有群体决策应用广。群体决策比个体决策拥有更多的知识、经验和信息，从而弥补了个体决策容易失误的缺点。另外，群体决策还有助于人们更好地理解决策，因而能够得到更积极和更准确的执行。

7. 决策方法有定性分析法和定量分析法。定性分析法常用的有头脑风暴法、专家意见法和德尔菲法。定量分析法有许多，除了运筹学方法外，还有期望值法、决策树法、边际分析法、现值分析法等。

8. 用计算机辅助决策的范围随着计算机在硬件、软件方面的迅速发展而不断增大。计算机辅助决策对决策工作质量的提高、企业之间竞争的加强会产生影响。

复习思考题

1. 为什么说决策是管理活动的核心？

2. 古典经济学理论和行为决策理论在决策工作中的异同点是什么？它们在组织决策方案的选取过程中会有什么不一样的结果？

3. 群体决策和个人决策的优缺点各是什么？

4. 群体决策有效果吗？有效率吗？

5. 决策的基本步骤是什么？具体包含哪些内容？

6. 管理者如何开发、分析、选择、实施方案并评价决策是否有效果呢？

7. 请你预测一下，未来计算机的发展会使管理决策变为什么样？

8. 组织文化如何影响管理者决策的方式？

9. 你认为在决策过程中哪一步最重要？对你的答案进行合适的解释。

10. 决策程序化能给组织带来哪些好处？

11. 能否结合自己的日常生活进行判断：在什么情形下你的决策是属于确定型的、风险型的或不确定型的？请各举一例。

12. 现代决策方法有哪些？决策树法的具体内容是什么？

13. "一位农民和他的儿子及一头骡到几里外的城镇去赶集。开始时，农民骑骡，儿子走路，没走多远，碰到一位年轻的母亲，她指责农夫虐待他的儿子，于是农民走路，儿子骑骡；走了一里路，遇到一位老和尚，他骂年轻人不孝顺，于是两人都不骑，牵着骡走了四里路；碰到一位学者，学者笑话他们放着骡不骑，累得气喘吁吁是自找苦吃，于是两人一起骑骡又走了三里路；碰到一位外国人，这位外国人见他们俩骑一头骡，就指责他们虐待牲口。"读完这个小故事，请回答：

（1）农夫和其儿子屡遭指责，是几位过路人的观点有误吗？是父子俩的行为不对吗？为什么？

（2）从中你领悟到了什么？

参 考 书 目

1. 赫伯特·西蒙. 管理决策新科学. 李柱流, 等, 译. 北京：中国社会科学出版社, 1982.

2. 赫伯特·西蒙. 管理行为. 第3版. 杨砾, 等, 译. 北京：北京经济学院出版社, 1988.

3. 斯蒂芬·罗宾斯. 管理学. 第11版. 李原, 等, 译. 北京：中国人民大学出版社, 2012.

4. 周三多, 陈传明, 等. 管理学——原理与方法. 第7版. 上海：复旦大学出版社, 2018.

【案例分析】

加多宝能否走出困境?

从中药铺走出的凉茶之王

曾几何时, 凉茶还是中国广东地区一种非常特殊的饮品。广东地区气候炎热潮湿, 经常容易引发大家生病, 在这样的情况下, 凉茶这种饮料自然而然地在广东地区流行开来。而"王老吉"凉茶的历史, 则可以直接向上追溯到清朝, 在晚清道光年间, 道光皇帝的太医院令王泽邦告老还乡回到了自己的老家广州, 开了一家维持生计的凉茶铺, 用自己的小名取名叫"王老吉"。当时, 正好碰到广东地区发生瘟疫, 王老吉的凉茶用最低的成本帮助当地百姓治好了瘟疫, 也就被广为流传, 成为了广东的"凉茶王"。之后, 王泽邦过世, 将自己的凉茶配方传给了儿子们。他的子孙分成了两支: 一支去了海外, 在中国香港、中国澳门、东南亚地区继续卖凉茶; 另一支留在了境内, 最终成为广药集团的一部分。

20世纪90年代, 一个在香港打拼的大陆人陈鸿道看到了凉茶这种广东特有饮品的魅力, 于是花钱从香港的王老吉后人那里买到了配方, 1995年第一罐红罐的王老吉被卖出, 标志着王老吉的正式面世。1997年陈鸿道的香港鸿道集团有限公司与广州羊城药业王老吉食品饮料分公司签订了商标使用许可合同。

于是, 王老吉开始正式在国内销售, 但是一直到2003年之前, 这种太具有地方特色的饮料只能够在中国华南市场销售, 并且在消费者的心目中这不是饮料而是药。2003年加多宝 (鸿道集团全资子公司) 打出"怕上火, 喝王老吉"这句堪称中国营销典范的广告词, 让王老吉一瞬间红遍大江南北。2007年, 加多宝旗下的红罐王老吉凉茶总销售额突破50亿元人民币, 王老吉在中国成为超越可口可乐、百事可乐饮料巨头的存在。2008年的汶川地震中, 红罐王老吉的母公司加多宝集团更是捐出了1亿元, 让它坐稳了中国国民饮料的宝座, 至此, 中国的凉茶之王正式走上了巅峰。

陷入法律诉讼的泥潭

伴随着国内凉茶市场需求的高速增长, 加多宝集团先后投资几十亿元在北京、东莞、绍兴、武汉、杭州、四川等地自建了十余家分部，并投产生产。在王老吉顺风顺水发展时，当年一分为二的隐患已经埋下，到了 2011 年，红罐王老吉的销售额全线超过可口可乐，达到 160 亿元，但当时绿盒王老吉的销售额还不足 20 亿元，这样的巨大差距，让绿盒王老吉和王老吉商标的所有者广药集团可谓是多有怨愤。

这个时候，当年广药集团的一个受贿案被曝出，当时时任广药集团副董事长李益民先后两次收受了香港鸿道集团 300 万港元的贿赂，以每年 500 万元的商标使用费，将"王老吉"的商标租期延长至 2020 年。这明显是和当时已经总销量过千亿元的王老吉严重不符的，于是广药集团认为，这份协议是无效的，将加多宝（红罐王老吉）告上了法庭，2012 年，法院判定鸿道集团停止使用"王老吉"商标。但双方的较量却没有因此停止，据媒体粗略统计，从包装的颜色、字体到广告语，双方对簿公堂高达 20 多次，涉及金额达到 50 亿元。在这 5 年的战斗中，加多宝一直败多胜少，重新换商标，换品牌，换包装，这一系列的"重生"都让集团付出了沉重的代价。

花费巨额广告支出重建自有品牌

在和广药集团公堂博弈的时候，加多宝可以说在营销上面不遗余力。2012 年加多宝凭借大力赞助《中国好声音》再次将"正宗好凉茶，正宗好声音"的广告语打了出去，为更名后的"加多宝"凉茶重塑品牌形象，火速解决消费群体流失的危机。2012 年到 2015 年，加多宝在《中国好声音》上累计冠名费为 7.8 亿元，2013 年在央视招标中，以 5.78 亿元成为第三标王。除了频频现身各大卫视的热门节目，加多宝在体育营销上也不遗余力，先后赞助 2012 年伦敦奥运会、2014 年巴西世界杯等重大体育赛事。但在近两年，相比于加多宝，王老吉反而在浙江卫视的节目赞助与冠名上有更多的合作。

面临内外经营困局

2012 年，加多宝的年销售额就已经突破 200 亿元，2013 年销售额在 2012 年的基础上增长了 20%~30%。到了 2014 年底，加多宝公开表示，为庆祝 2014 年加多宝销量再度夺金，推出金罐凉茶。由此可见，在 2014 年加多宝的销售额依然可观。不过，据智通财经报道数据，加多宝的销售额在 2015 年开始停滞，2016 年更是出现倒退，2017 年则下滑至 150 亿元。今年的中弘股份重组案中，中弘股份在发布公告时（2018 年 8 月），意外披露出其合作伙伴加多宝的业绩。2015 年至 2017 年，加多宝的业绩分别为 100.4 亿元、106.3 亿元和 70.02 亿元，而净利润则分别为 -1.89 亿元、14.8 亿元和 -5.82 亿元。同时还披露，加多宝 2017 年年底资产总计 127.15 亿元，负债 131.68 亿元，净资产 -3.45 亿元，暴露了加多宝业绩低迷、资不抵债的困境。合作伙伴反目、经销商断货、工厂几近停产、员工罢工等成了整个 2018 年夏季加多宝的关键词。曾经的凉茶之王到底是怎么沦落到这种地步的呢？

与王老吉的法律诉讼和市场争斗使加多宝元气大伤。虽然加多宝是将凉茶品类做大的功臣，并且创造了多个营销奇迹，但 5 年来多场败诉的官司，对加多宝的打击不容小觑。另外，加多宝还面临王老吉在市场和渠道上的围追堵截。"加多宝从 1995 年推出凉茶至今的盈利，基本都用在了与王老吉的斗争上了，还有价格战、争夺渠道经销商等。由于和王老吉打价格战，每箱加多宝利润已经下滑到一块多钱，加多宝不赚钱了。"

王老吉和加多宝互掐的 5 年里，整个凉茶市场也在逐步放缓。2016 年中国凉茶行业市场销售收入达 561.2 亿元，同比增长 4.2%；而这一数字在 2015 年为 10%，2012 年之前市场增速一直在 20%以上；2017 年则成为一个拐点，进入下降通道。凉茶品类的萎缩虽然不能把原因全归于王老吉和加多宝的内斗上，但不能否认，由于两家斗法，缺乏创新，最终让其他品类拿下消费者的胃。如今，火热的喜茶、丧茶、一点点、贡茶等比这两个"冤家"更懂得如何讨好年轻人的欢心。

还有最近几年加多宝的人员流失和高层人事变动问题。根据媒体的报道，2016 年，加多宝最先砍掉了西北大区分部，遣散包括行政、人事、销售等所有工作人员。当时，为加多宝做了 4 年代加工的汇源集团也停掉了下属 6 家工厂的全部生产线。这些加工厂中每个工厂都设有 2~3 条生产线，单条生产线的日产量达 70 万瓶。2016 年整个公关部撤掉，被并到品牌部。2017 年下半年，品牌部的人也基本走光了。到了 2018 年，人员动荡蔓延至高层。2018 年 3 月，加多宝集团总裁王强及集团副总经理徐建新被解职，李春林接任集团总裁。

上市即救赎？

2018 年 3 月 21 日，加多宝集团在其官网发布了"2018—2020 年中期发展规划"。该规划显示，加多宝集团开始启动上市计划。其实，早在加多宝还没改名的时候，就已经有了上市的预期，当时市场都在预计这个中国的饮料之王到底何时能够上市，然而，随着和广药集团的官司不断，上市之路可以说是一拖再拖。传闻加多宝希望借路中弘股份，达到曲线救国的借壳上市的目的，但到了 9 月 12 日晚，中弘股份发布复牌公告，同时也宣布正与加多宝集团协商终止重组协议。虽然中弘股份表示非常"遗憾"，但是我们能够看到的是加多宝的又一次上市计划的失败，可以说加多宝已经失去了多次上市的机会，资本市场的很多良好时机已经不再，留给加多宝融资的时间已经不多了。

在这一片暗色调之后，9 月 7 日，加多宝和王老吉的"红罐之争"已彻底落地。最高人民法院正式驳回广药集团所提出的红罐包装装潢案再审申请，加多宝继续将与王老吉共享"红罐包装"，这算是加多宝这么多年以来少有的好消息，只是如今的加多宝已经不复当年的雄风，真要再夺回饮料市场王者的宝座，不知道还有没有希望。

资料来源：根据凤凰网财经栏目等相关资料编写而成。

◎ **讨论题**

1. 进一步收集加多宝的有关资料，结合此章学习的内容，分析凉茶之王加多宝在发展过程中犯了哪些决策失误？
2. 加多宝作出这些糟糕决策的原因是什么？给其他企业有什么启示？
3. 加多宝如何走出当前的困境？思考并提出你的建议。

第六章　战　略

【学习目的】

在学习本章之后，你应该掌握以下内容：

1. 战略的含义、战略规划的重要性以及战略计划的三个层次。
2. 战略规划的基本步骤。
3. 一些常用的战略分析工具。
4. 各个战略层次的战略选择。
5. 战略实施的工作重点。

【案例——问题的提出】

两面针牙膏与云南白药牙膏

说起中药牙膏，现在的消费者首先想到的是云南白药牙膏。通过多元化战略转型，云南白药产品由起初单一的散剂发展至 300 种，明星产品云南白药牙膏也早已坐稳了国产牙膏的头把交椅。然而，第一个推出中药牙膏产品的并不是云南白药，而是两面针。

早在 1978 年，两面针前身"柳州牙膏厂"就研制出中国第一款中草药牙膏——"两面针药物牙膏"，此后柳州牙膏厂改制为柳州两面针股份有限公司（下文也简称为两面针），并与国防科技大学、天津大学建立技术合作，还从西方引入先进的制膏、灌装、包装工艺，大规模淘汰更新设备。经营管理体制改革、巨大的资金技术投入使得两面针迅速抢占牙膏市场份额，从 1986 年到 2001 年连续 15 年本土产销量第一，成为与高露洁、佳洁士等洋品牌三足鼎立的"本土牙膏第一品牌"。两面针这一时期的成功，在于对牙膏业务的持续投入和专注创新，把中草药配方与西方先进制造工艺结合，大规模生产符合中国消费者使用习惯的高性价比产品。靠着主营的牙膏业务，两面针在 2004 年成功上市，并在 2006 年达到销量巅峰，牙膏业务营收（指营业收入）3.12 亿元。

随着中华、黑人、黑妹、冷酸灵、六必治等品牌的加入和发力，中国牙膏市场竞争日益加剧。两面针试图避开竞争激烈、利润微薄的低端市场，分食高端牙膏市场的蛋糕，因而主动停售部分毛利率偏低的侧翼产品，放弃了大片低端市场份额，但是表现平平的高端牙膏产品没能赢得高端市场的认可。最终，两面针不得不放弃商超等高端渠道，借助批发渠道重新开拓低端市场，由此导致牙膏业务全面溃败。2006 年之后，两面针的牙膏业务开始走下坡路，2007 年牙膏销售额骤降至 1.78 亿元，2013 年销售额仅为 0.79 亿元，市场份额已不足 1%。两面针很早便投资了中信证券，一度是其十大股东之一。多年来，中信证券的股票分红为两面针提供了维持经营的稳定收益，承担了"造血"的功能。2007 年，两面针提出："无产品经营不稳，无资本运作不富"的理念，高位抛售中信证券股票，套取大量现金，转入多元化扩张，进入蔗糖制造、巴士、造纸、房地产以及出口贸易等领域，而不是及时加码正在下滑的牙膏业务。2008 年，两面针创始人、董事长梁英奇与总裁岳江因虚报年利润、违规买卖股票双双辞职。在柳州市国资委的安排下，新掌门人马朝梅走马上任。但新领导人并没有改变上一个管理层的战略意志，而是继续带着企业走多元化战略并向纵深推进，一路狂奔，越走越远。根据媒体分析，纸浆及纸品业务是两面针较大的投资行为失误。在 2010 年，该业务亏损额高达 2 376 万元；2017 年报显示，7 家中 5 家亏损的分公司中，亏损最大的当属柳州两面针纸品有限公司。虽然 2013 年曾任柳工副总裁的钟春彬，"空降"到两面针后，宣布"重回牙膏之路"，通过升级换代、增加广告宣传费用投入、签约明星代言人，开展 O2O 全渠道建设重走中高端路线，但效果并不显著。如今，两面针是锦江之星、如家、汉庭、7 天、格林豪泰等大型连锁酒店的主力供应商，其一次性用品略显产品廉价，对于定位高端化消费群体的两面针而言，甚至显得有些"打脸"，提高销售渠道的方式与定位相矛盾，使得两面针再一次错失进一步发展的良机。

反观同为本土品牌的云南白药牙膏，从 2004 年初入市场的 3 000 万元做到了 2017 年的 30 亿元，依靠云南白药背后强大的研发团队一开始就走中高端路线，打造非传统牙膏的战略定位，在激烈的快销品市场后来居上成为家喻户晓的国产第一牙膏品牌。

云南白药非传统牙膏的定位推广，起源于两大惊人的市场发现。发现一：中国 90% 的成年人都有不同程度的口腔溃疡和牙龈肿痛、出血、萎缩等口腔问题。这些口腔小问题虽然不足以去医院，但大多困扰了人们的情绪，有快速解决的心理和生理需求。发现二：传统牙膏解决的大多是牙齿的问题，是防蛀、美白和清洁的问题。这些问题主要聚焦在牙齿上，着重于清洁，但科学表明，清洁是牙膏必备的基础功能，防蛀主要是儿童期需要解决的，成年人口腔问题大多体现为牙龈和口腔内的综合问题。这些是传统牙膏所不能解决的，消费群体又存在巨大潜在需求的空白点，这恰恰是云南白药牙膏能填补的优势点。以牙膏为载体，将云南白药用于口腔保健，使白药的功效在牙龈、口腔等软组织发挥其独特功效，开启了中国非传统牙膏功能护口的新时代。

非传统牙膏的战略定位，使云南白药牙膏在上市之初就实现了两大消费可能：(1) 一支药企牙膏的消费可能。非传统牙膏的定位将医药科技背景与日化产品有效嫁接，巧妙地将劣势转化成优势，凸显了牙膏的医药科技含量和功能品质保证。(2) 一支高价牙膏的消费可能。对普通清洁牙膏而言，10 元是消费者接受的价格分水岭，而把一支牙膏作为解决口腔问题的功能性产品时，20 多元的价格就显得容易理解了。

在这个非传统定位下，云南白药牙膏在推广运作之初就进行了症状和人群的最大化拓展：从单一的解决牙龈出血问题到解决牙龈出血、牙龈肿痛、口腔溃疡等全面性的口腔问题。就这样，以非传统牙膏为市场定位突破口，云南白药牙膏创造了一个不同于普通牙膏的新品类，开创了中国"第三代牙膏"，为企业插上了腾飞的翅膀。

　　　　资料来源：根据财富网 http：//www.fortunechina.com/、云 南 白 药 公 司 网 店 www.yunnanbaiyao.com.cn、百度百家号 https：//baijiahao.baidu.com/等资料整理而得。

　　从两面针和云南白药的对比中，可以看出企业发展过程中良好战略的重要性。为了确保在竞争中生存，任何公司都必须制定战略向前发展，现在的问题是怎样制定战略、制定什么样的战略及如何实施才能保持竞争优势？下面的学习内容就是用来解答上述问题的。

第一节　战略与战略规划

一、战略

　　战略（strategy）来源于希腊语"Strategeia"，意思是做将军的艺术和科学。古希腊能干的将军们需要率领军队征服并且维护领土的安全，保护城市不受侵略，还要消灭敌人等等。这样，每一个目标都需要不同的人力和物力资源的调动。同样，一个军队的战略可以定义为对敌人的行动做出反应而采取的一系列行动。

　　把商业与战略联系在一起是近代的事情。1938 年美国学者巴纳德在《经理人员的职能》一书中提出了"战略因素理论"的问题。1965 年美国学者安索夫（H. Igor Ansoff）出版了《公司战略》一书，并构建了适应多元化战略的"产品—市场战略"模型。1971 年美国哈佛大学商学院的教授安德鲁斯（Kenneth R. Andrews）出版了《公司战略的概念》，较为完整地构建了"SWOT"分析方法，并对公司战略的制定、实施进行了详细的阐述。可以认为，战略管理的思想较为全面地用于企业管理工作是在 20 世纪 60 年代。战略是战略制定者根据自己的主观认识去分析、看待战略制定需要涉及的环境要素，以求组织资源、能力与组织外部环境的平衡，战略制定者主观认识与客观存在的一致，是战略制定者自我判断的产物。而战略管理则是制定、实施和评估战略的工作或过程。

二、战略规划过程

　　战略规划是制定和实施战略的管理过程（见图 6-1）。此过程包括以下具体步骤：（1）确定目标和宗旨；（2）战略制定分析；（3）战略形成；（4）战略实施与控制。前三个步骤属于战略规划制定的范畴，后一个步骤属于规划付诸实施的范畴。目标和宗旨是制定战略规划的基础，战略规划必须服从于它并围绕着它展开，最终实现该目标和体现该宗旨。战略分析是解决组织的定位问题，剖析组织有什么样的竞争优势和能力以创造机遇，分析外部环境发生了什么变化以及这种变化对组织有什么影响等等。战略形成则是在战略分析的基础上选择各层面的战略方案。战略执行与控制是根据战略计划配置资源，实施战略，并在实施的过程中或实施后评价战略实施的效果和纠正严重的偏差。

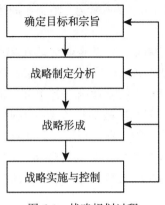

图 6-1 战略规划过程

三、战略的层次性

如果所有的组织都生产单一产品或提供单一服务，则任何组织的管理当局只需开发单一的战略计划，就可囊括所有的事情。但是许多组织的业务都是多元化的，如后面将介绍的中国保利集团的经营范围就包含了国际贸易、房地产开发、轻工领域研发和工程服务、工艺原材料及产品经营服务、文化艺术经营、民用爆炸物品产销及服务、金融业务。这类多元化经营的公司往往会在多个子公司设立独立的职能部门，如财务部门、营销部门、开发部门等，因而会在组织体系中形成三个层次（见图 6-2），这也是通常称为的公司层、事业层和职能层。

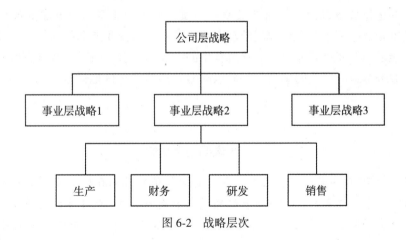

图 6-2 战略层次

组织的战略可以因此分为三个层次：公司层战略（corporate strategy）、事业层战略（business strategy）和职能层战略（operational strategy）。如果企业希望从整体上获得成功，那么企业必须将这三者有机地结合起来以使其整体发力，也就是说管理者要从这三个层次来考虑企业的经营战略。如果企业仅从事某一项事业，那么企业的公司战略与事业层战略就是一样的，也就是说这两种战略的决策权都将集中在企业的高层管理者手中。如果企业跨行业经营，而且有许多不同的事业单元，则企业的战略层次就是三个层次的战略组合。

公司层战略是研究企业要去哪儿，以及企业应该在哪些行业经营，使自身长期获利，是企业的战略总纲领和最高行动纲领，代表企业的未来发展方向。公司层战略要注重把握企业内、外部环境的变化，同时努力将企业内部各个部门间的资源进行有效的战略配置，并以企业的整体为对象。因此，公司层战略以价值为取向，选择"做正确的事情"并以抽象的概念为基础，忽视具体性原则。在公司层次的战略思考中，企业可以考虑一体化战略、多元化战略、战略联盟和收购战略，必要时还将考虑企业重组以增强企业的整体效率。另外，行业不同发展阶段的相应战略也是这个层次所要思考的问题。公司层战略具有如下特点：

（1）公司层战略体现了企业全局发展的方向，具有整体性与长期性；

（2）公司层战略主要由企业高层管理人员来制定和推行；

（3）公司层战略与企业的组织形态关系密切。

事业层战略是在企业总体战略的指导下，经营管理某一个事业单元的战略计划。它是公司层战略之下的战略。它既服务于企业的整体目标，也体现自己所在产业的竞争议题。因而，事业层战略偏重考虑企业如何在特定的产业市场上获取竞争优势，如怎样发现新的商机，在什么样的市场以及什么时间推出什么样的产品、提供什么样的服务等。另外，事业层战略还要思考在一个产业所有的竞争议题，比如，自身所要加强的部分、市场上的自我定位、取得竞争优势的方法、在不同产业发展阶段所采用的不同策略等，同时针对不断变化的外部环境在各自的经营领域里有效竞争。

职能层战略则考虑如何有效地组合企业内部资源来执行公司层和事业层战略，思考如何提升企业的运作效率以便获得企业效率、品质、创新和顾客回应方面的最佳能力。因而，它更偏重企业内部主要职能部门的短期战略计划，以使职能部门的管理人员能够清楚认识到本职能部门在实施企业总体战略过程中的责任和要求。由于该战略直接处理诸如生产、市场、服务等最为一线的事情，因此该战略是强调"正确地做事"。

◎ **小资料**

小米的生态战略

成立于 2010 年的小米，短短 8 年的时间估值超过 800 亿美元。小米崛起的奥秘是什么？小米诞生之初，在智能手机领域几乎是一张白纸的小米没有像华为那样投入资源独立去开发手机至关重要的元器件——芯片（小米手机虽然也有自己的松果芯片，但是使用的机型很少，出货量较大的机型使用的还是高通芯片），却另辟蹊径：除了在研发、制造、维修、服务、市场渠道等环节降低成本外，还通过互联网将供应商、实体渠道商、互联网渠道商、手机应用开发商以及用户纳入其构建的生态系统中，形成一个与众不同的竞争优势。这是移动互联时代（以智能手机为主要战场）小米的打法，到了万物互联时代，小米进一步升级了它的生态系统。

很多人有所不知，小米公司本身只做手机、电视、路由器以及 VR 产品，为数众多的其他商品都是小米生态链企业做的，包括绿米、青米、蓝米、紫米等 77 家公司，小米通过对这些公司（小米称之为生态链企业）的投资（但不控股）和运营支持，不断强化自己的生态系统优势。

那么，在这一过程中，小米扮演的角色是什么？简单来说，是知识的输出。除了对生态链企业进行资金上的支持、品牌上的背书以外（这些都是投资企业的例行动作），小米关键举措之一是对生态链企业输出产品方法论，与生态链企业共同定义产品、主导设计、协助研发以及背书供应链，有时甚至为了产品具有更好的品质，和上游生产企业一起投入研发新的工艺，对生产线进行改造乃至进行投资，帮助其建立新的生产线。

资料来源：根据小米生态谷仓学院的《小米生态链战地笔记》（2017 年中信出版社出版）整理得到。

第二节　战略制定分析

组织的战略必须与其能力和外部环境相匹配，因此在制定战略之前，必须先分析组织所处的外部环境和自身的内部资源。环境分析又称状况分析，其目的就是为了找出组织内外环境的一些特点，这些特点最能直接架构出战略窗口下的各种选择和契机。状况分析包括宏观环境分析、产业竞争环境分析、公司状况分析、业务组合分析等。需要指出的是，拥有多条事业线的组织一定要为每一条事业线执行环境分析。

一、宏观环境分析

宏观环境分析也称为 PEST 分析，它通过四个方面的因素分析从总体上把握宏观环境，并评价这些因素对企业战略目标和战略制定的影响。

P 即政治（politics）要素。政治要素是指对组织经营活动具有实际与潜在影响的政治力量和有关的法律、法规等因素。当政治制度与体制、政府对组织所经营业务的态度发生变化时，当政府发布了对企业经营具有约束力的法律、法规时，企业的经营战略必须随之做出调整。

E 即经济（economy）要素。经济要素是指一个国家的经济制度、经济结构、产业布局、资源状况、经济发展水平以及未来的经济走势等因素。构成经济环境的关键要素包括 GDP 的变化发展趋势、利率水平、通货膨胀程度及趋势、失业率、居民可支配收入水平、汇率水平等。

S 即社会（society）要素。社会是指组织所在社会中成员的民族特征、文化传统、价值观念、宗教信仰、教育水平以及风俗习惯等因素。构成社会环境的要素包括人口规模、年龄结构、种族结构、收入分布、消费结构和水平、人口流动性等。人口规模直接影响着一个国家或地区市场的容量，年龄结构和教育水平则决定消费品的种类及推广方式，价值观念和风俗习惯会影响居民对组织目标、组织活动以及组织存在本身的认可与否。

T 即技术（technology）要素。技术要素不仅仅包括那些引起革命性变化的发明，还包括与企业生产有关的新技术、新工艺、新材料的出现和发展趋势以及应用前景。在过去的半个世纪里，最迅速的变化就发生在技术领域，像微软、苹果、亚马逊等高技术公司的崛起改变着世界和人类的生活方式。同样，技术领先的医院、大学等非营利性组织，也比没有采用先进技术的同类组织具有更强的竞争力。

◎ 小资料

摩尔定律（Moore's Law）

　　摩尔定律是由英特尔（Intel）创始人之一戈登·摩尔（Gordon Moore）提出来的。其内容为：当价格不变时，集成电路上可容纳的晶体管数目，约每隔 18 个月便会增加 1 倍，性能也将提升 1 倍。换言之，每 1 美元所能买到的电脑性能，将每隔 18 个月翻 1 倍以上。这一定律揭示了信息技术进步的速度。

　　摩尔定律并非数学、物理定律，而是对发展趋势的一种分析预测，因此，无论是它的文字表述还是定量计算，都应当容许一定的宽裕度。从这个意义上看，摩尔的预言是准确而难能可贵的，所以才会得到业界人士的公认，并产生巨大的反响。

二、产业竞争环境分析

　　各产业因其商业架构、竞争状况以及成长潜力的不同而有很大的差异。为了判别某产业是否有投入的价值，需要回答以下几个问题：该市场有多大？成长率如何？其中有多少竞争对手？迈克尔·波特（Michael E. Porter）构建了一个产业竞争分析模型（也称五力模型），用来分析产业的竞争环境。波特认为，产业中的竞争是由五种竞争力混合决定的（见图 6-3）。

　　（一）供应商

　　供应商通过提高供货价格和降低产品或服务的质量等手段影响业内企业的盈利能力。一般来说，供应商的讨价还价能力取决于其数量、集中程度以及可供选择的替代输入等要素。波特认为，在以下几种情况下供应商拥有较强的议价能力：

　　1. 供应商的产品独特而且转换成本高。比如，世界上最大的半导体制造商美国高通公司，不仅在智能手机的高端芯片领域具有垄断地位，而且在中低端芯片领域也具有很高的市场占有率。如果它的直接或间接的客户试图转向其他芯片供应商，那么势必面临着较大的转换成本。

　　2. 供应商有可信能力构成前向一体化的威胁。比如另一个半导体巨头，专注于电脑芯片的英特尔公司，它就有前向一体化的能力，不但生产电脑芯片，而且也生产母板（个人电脑的主要组装部件）。另外，它还为一小部分客户生产品牌电脑。

　　3. 参与竞争的供应商相当少，而且他们比为之服务的客户要更集中。可口可乐公司

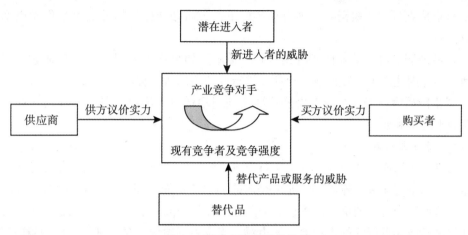

图 6-3 驱动产业竞争的力量

资料来源：迈克尔·波特. 竞争战略. 陈小悦，译. 北京：华夏出版社，1997：3.

对那些独资的可口可乐瓶装厂就拥有无上的权力，因为它是唯一的供应商。

（二）购买者

买方的影响力大时，会迫使业内企业降低价格，提供更高质量的产品或服务并使业内企业相互对立。此种情况的发生会降低整个行业的获利能力，因而进行产业分析时要分析购买者的力量。如果出现以下几种情况，购买者的影响力往往会变得很强大：

1. 客户数量少而购买量大。当客户购买的产品固定成本高，生产商保持高生产量的动机强烈而不惜低价销售时，客户具有特别的影响力。

2. 产品差异很小或者转换成本低。在这种情况下，客户们可以迅速地从一个供应商转向另一个供应商，并且可以运用这种威胁来设法得到更低的价格。

3. 如果客户感到不能从供应商得到满意的价格，那么他们有可信的能力实现后向一体化。近些年，这已成为电子行业某些细分市场中客户的有力手段，许多公司现在能够设计自己的集成电路，并且与铸造厂联系生产这些部件。这种发展趋势给一些半导体公司造成很大的压力。

（三）现有竞争者及竞争强度

行业内的竞争者是五种竞争力中最强大的一个竞争力量。为了获得竞争的成功，这些竞争者常常不惜代价地参与竞争，甚至会出现产品价格低于单位成本的价格大战情形导致全行业亏损，如中国的彩电行业。一般来说，在同一行业内部，竞争者间的竞争激烈程度是由一些结构性因素决定的，如竞争者数目、行业增长率、产品或服务的差异化程度以及退出障碍等。下列情况下竞争会比较激烈：

1. 竞争对手规模大致相同。当市场上有一个明显居主导地位的竞争对手时，竞争往往趋于缓和，如 IBM 曾多年占据计算机主机行业的支配地位。

2. 行业固定成本高，或者产品或服务不耐久。这常常导致竞争对手通过削价活动来设法抓住客户数量。航空业就是一个典型的例子。

3. 行业成熟且增长缓慢。这种市场环境下，公司必须抓住额外的市场份额以增加自己的销售额。

4. 产品或服务没有差异性或者没有转换成本。如果许多公司已经成功地建立了很强的专利标准并因此产生高转换成本，那么该行业竞争的激烈程度就较低。

5. 退出障碍大。当一个或多个公司即使利润很低也不愿离开某个行业时，往往会降低行业的平均赢利能力。

（四）潜在进入者

新的进入者构成的威胁程度取决于行业进入障碍，以及原有竞争者对新竞争者有效反应的能力。如果行业进入障碍小，业内企业的客户就可能利用新竞争者参与的这种威胁，从供应商那里得到更低的价格或更优惠的条件。在供应商不能有效反应的情况下，客户就鼓励其他国家或邻近行业的供应商进入市场。当发生下述情况时，进入市场的障碍就大：

1. 原竞争者在研发、生产、营销及售后服务和技术支持方面具有相当可观的规模经济。与原竞争者具有类似策略的新进入者为了获得规模经济就需要做出巨大投资，否则就被迫在成本劣势情况下经营。

2. 原竞争者具有强有力的产品差异或高额的转换成本。

3. 新进入者面临与规模或范围无关的成本劣势。有时，原竞争者由于原材料成本低、劳动力成本低，或者专利技术成本化而具有成本优势。

4. 新进入者很难接近分销渠道。

5. 原竞争者对新进入者做出强烈反应的能力和意愿也影响进入市场的障碍。如果原竞争者资源充足，并显示出要使用价格武器或其他武器来对付新进入者，那么这就会影响新进入者的热情。

（五）替代品

替代品是指能够满足顾客需求的其他产品或服务，它包括行业内的更新换代产品以及其他行业所提供的具有相同功能用途的产品。如果许多物品可以替代你的产品，那么竞争压力就很大，反之则小。若替代品的价格比较低，就会限制行业产品的价格进而限制行业利润。

行业中的竞争企业常常会因为另一个企业能够生产出优良的替代品而面临竞争的威胁，替代品威胁分析包括：替代品是否在价格上具有吸引力；替代品在质量、性能以及其他一些重要属性方面的顾客满意度怎样；购买者转向替代品的难易程度如何等。

◎ 小资料

跨 界 竞 争

同行是冤家？错！当今的时代是跨界竞争的时代。跨界竞争顾名思义就是本来不从事这一行业的企业跨行业加入了这一领域的竞争，像苹果从电脑端"入侵"手机端成为业界奇迹、阿里巴巴支付宝的诞生谁也想不到会对银行构成严重威胁、腾讯的

悄然发展谁也想不到竟会让人们从短信时代进入了微信时代。跟联通、电信斗了多年，移动发现，原来腾讯才是它们真正的竞争对手。

跨界竞争的本质是"同一个问题，更优的方案"。其发生动因，大概在于人们需要、消费的仅仅是契合需求、满足预期的结果，而且偏爱更优的结果，所以一切手段、工具、方案都是可替代的。随着科学技术的迅猛发展，各行各业的边界日趋模糊，更优方案越来越源自好似关联不大的行业、企业、产品，而不是同一赛道、同一领域的竞争者。

跨界竞争，是最残酷的竞争，是彻底的颠覆。智能手机的崛起侵占了原本属于数码相机的市场，尼康没有被索尼和佳能等同行打败，却被智能手机所打败。令人恐惧的不是对手的强大而是不知道对手在哪里。

未来，酒吧还是酒吧吗？咖啡厅还是喝咖啡的地方吗？酒店就是用来睡觉的吗？餐厅就是用来吃饭的吗？肯德基可不可以变成青少年学习交流中心？银行等待的区域可以不可以变成小说阅读区？

即将消灭你的那个人，迄今还没有出现在你的敌人名单上。

——凯文·凯利

资料来源：根据网上相关资料整理得到。

三、公司状况分析（SWOT 分析）

公司状况分析或 SWOT 分析是战略管理过程中用于寻找和识别组织战略机会的分析技术。其中，S 和 W 指通过对组织拥有的内部资源进行分析来评价组织的相对优势（strengths）和劣势（weaknesses），以便识别本组织有哪些与众不同的能力与长处，以及存在哪些方面的不足与局限。O 和 T 指在外部环境分析的基础上评估有哪些可以挖掘的机会（opportunities）以及组织可能面临的威胁（threats）。

SWOT 分析可以用来判定某个组织内部资源的优缺点以及外在环境的机会与威胁点，该工具适合任何企业。只要将从内外部环境分析所发现的内容用简洁的语言写在图 6-4 中所指定的区域中，并按箭头所指的方向努力，该工具的威力就会显现出来。SWOT 分析的目的是确认组织当前的战略与特定的优势与劣势之间的关系程度，组织好应对环境变化的资源，帮助组织制定战略。另外，通过 SWOT 分析可以了解内部资源与外部环境的共同作用，明确自身的战略地位，为组织下一步制定具体战略奠定基础。

四、公司业务组合分析

最著名的公司业务组合分析方法是波士顿咨询公司（Boston Consulting Group）提出的成长-占有率矩阵（group-share matrix），也叫 BCG 矩阵。BCG 方法主要通过三方面来衡量每个部门的情况，即它的销售量、市场的发展情况和这个部门在运作中是消耗现金还是产出现金。它的目标就是平衡现金消耗和现金产出的各个部门。BCG 矩阵的示意图如图 6-5

图 6-4　SWOT 分析模型

所示，其中横轴代表市场占有率，纵轴表示预计的市场销售增长率，四个方框分别为现金牛、吉星、问号和瘦狗。

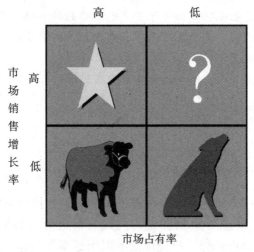

图 6-5　BCG 矩阵

现金牛（cash cow）方框是低增长和高市场份额区域。处于这一区域的业务可以获得利润，缓慢发展的市场不需要投资去保持企业或产品在市场中的现有的地位，所以能挤出大量的现金流，但是其未来的增长前景可能是有限的。吉星（star）是高增长和高市场份额的区域。处于此区域的业务刚开始崭露头角，成长率很高，市场占有率也不错。但现金流也许是正的也许是负的，这取决于该业务所需要的投资量的大小。问号（question mark）指高增长与低市场份额的区域。处于此区域的业务多属投机性，带有较大的风险。一开始的时候市场占有率往往很低，需要从其他地方拿些钱过来投资，好培养它成为吉星，但它们也可能成为瘦狗。瘦狗（dog）业务身处低度成长的市场，报酬率很低，市场占有率也不高。若是它们不再有利可图的话，就会被裁撤或清除。

公司业务组合分析为管理当局提供了如何在这些业务中配置现金和资源的方法。一般而言，管理当局应该从现金牛身上挤出尽可能多的"奶"来，把现金牛的新投资额限制在最必要的水平上，而利用现金牛产生的大量现金投资于吉星业务，也可以投资于问号业务。来自瘦狗业务的现金资源也可以流向吉星和问号。吉星和问号的数量应该和现金流之间取得平衡，问号由于具有很大风险，相应地应该限制这种投机性业务的数量。瘦狗则应该尽量避免碰到，或者可以脱手出售。

只有单一业务的公司可能无法执行公司业务组合分析，但是，它却可以依靠产品组合分析，同样利用 BCG 矩阵来分析单一业务线。比如，麦当劳一开始只有一种简式的汉堡和薯条，经过多年以后，麦当劳推出新产品，例如麦香堡。麦香堡一开始的时候也只是一个问号，后来成为吉星，最后又演化为现金牛。麦当劳也曾经推出过比萨，可是这个问号却没有成为吉星，反倒成了瘦狗。对于拥有多种产品的公司，可以为每个产品分类，取得产品之间的平衡。

第三节　层级战略

一、公司层战略

公司层战略就是公司战略（corporate strategy），体现在公司整体发展的方向和道路的选择上。笼统地讲，在企业发展方向和道路的选择上，企业战略的选择可分为增长战略（growth strategy）、稳定战略（stability strategy）和收缩战略（retrenchment strategy）。在这三种战略中又分成了许多细类（见表6-1）

表 6-1　　　　　　　　　　　　企业发展战略的类型一览表

增长战略			稳定战略	收缩战略
集中增长战略	水平增长战略		不变化的战略	转变战略
	垂直增长战略	前向垂直增长战略 后向垂直增长战略	利润战略	放弃战略
分散增长战略	同一中心分散增长战略		暂停战略	被他人收购的战略
	混合型分散增长战略		小心发展战略	清算战略

（一）增长战略

增长战略是企业一般喜欢选择的战略，这意味着面对增长较快的市场机会，企业会增加投资，扩大规模，希望获取更大的市场份额，在市场中开展新的竞争。增长战略可分为集中（concentration）增长战略和分散（diversification）增长战略。

实行集中增长战略的企业通常将自己的全部资产或绝大部分资产集中在一个行业中，经营活动集中在一个产品（或一个系列的产品）、一个市场上，使用一种技术。在集中增长战略中又可以进一步细分为水平（horizontal）增长战略和垂直（vertical）增长战略。水平增长战略是企业通过自己的扩建或收购同行业企业扩大自己的生产能力，而垂直增长战略是为避免市场风险、降低市场的交易成本而采取的增长战略。如生产企业兼并或合并销售企业，这称为前向（forward）垂直增长；而对原材料、零配件供应企业进行兼并或合并称为后向（backward）垂直增长。

分散增长战略可分为同一中心（concentric）分散增长战略和混合型（conglomerate）分散增长战略。采用同一中心分散化增长战略的企业往往在分散化时突出"同一中心"，如使用相近的技术、相近的销售渠道、相近的管理技能、相似的产品，服务于相近偏好的顾客。采用混合型分散增长战略的企业往往是在完全不相关的行业中进行经营活动。

根据以往的经验，集中增长战略成功的概率大于分散增长战略，如美国的统计资料显示，美国成功的企业70%是单一经营的企业；在分散经营活动中，同一中心分散化经营成功的概率又大大高于混合分散化经营。

（二）稳定战略

稳定战略是企业面对变化不大，或中等增长的市场机会，或因自我发展中存在某些问题而选择的战略。在稳定战略中，不变化（no-change）的战略是企业面对的外部、内部环境都无大的变化，且企业运行正常时采用的战略。利润（profit）战略是企业为了克服短期的困难，以获取短期利润为目标，而牺牲未来增长的战略。暂停（pause）战略是企业在经过高速发展之后，出现了管理失当、效率下降，为巩固已取得的经营业绩而采用的战略。小心发展（proceed-with-caution）战略是企业遇到外部环境可能发生大的变化，且变化不够明朗时采用的战略。

（三）收缩战略

由于收缩意味着某种程度的失败，所以收缩战略是企业一般不愿采用的战略，但也是缓解企业困难，企望今后发展的一种战略。

在收缩战略中，转变（turnaround）战略是谋求企业提高效率的一种战略。执行这种战略一般可分为两个阶段。面临困难的企业首先是进行收缩（contraction），如关闭工厂、裁减员工，以迅速地缩小规模、降低经营成本，谋求新的盈亏平衡。然后是巩固（consolidation）阶段，企业在新的状态下稳定取得的成果，达到新的经营平衡。若企业能够巩固，面对可能的发展机会，就可以重建（rebuilding），再进行新的扩张。20世纪90年代初IBM、通用汽车遇到经营严重困难时，无一例外地采用了这一战略，并都获得了成功，因此也被《财富》杂志称为美国企业遇到困难时首选的战略。

放弃（divestment）战略是企业遇到的困难是因某一事业部或某一产品的失败造成时所采取的战略。采用该战略的企业往往就是放弃遇到严重困难的某一事业部或产品，而将资源转移到其他的事业部或产品之中。像IBM公司为了丢掉包袱，更专注地致力于服务器等产品的发展，把它的个人电脑事业部卖给了联想集团，就属于这种战略。

被他人收购（captive）的战略是为了企业的生存，与强大的企业进行合并，以获取支持而选用的战略。如共享自行车摩拜公司让美团收购自己。

清算（liquidation）战略是企业在上述收缩战略并不见效时而采用的战略，虽然清算相对于破产较为主动，但也表明企业此时已经遇到了严重困难，经营已遭受到重大的失败了。

在多元化的公司中，公司总部除了发展方向战略的选择之外，还有一个很大的职责就是从公司总部的高度对在不同行业中开展经营活动的事业部（亦称战略商务单元，Strategic Business Unit，SBU）进行协调，以维护公司整体利益的最大化，使公司在不同行业竞争的事业部能实现战略的一致性。

二、事业层战略

事业层战略亦称商务战略或事业部战略（business strategy 或 SBU① strategy），它可以是单一经营的公司或多元化经营公司事业部实施的战略。

（一）适应型战略

适应战略框架是雷蒙德·迈尔斯（Raymond Miles）和查尔斯·斯诺（Charles Snow）首先提出来的。迈尔斯和斯诺在研究经营战略时辨认出四种战略类型：防御者、探索者、分析者和反应者，并认为前三种战略都可能使企业获取成功，是适应型战略；只有第四种战略常常导致失败。适应型战略侧重于强调适应外在环境的改变，并以进入新市场作为增加销售量的一种手段。

企业的事业层需要根据变化中的环境和成长的潜力来选择适应型战略（见表6-2），同时此战略还要适应公司层的大战略。每一个适应型战略都反映出不同的目标，下面具体分析事业层的几个适应战略。

表 6-2　　　　　　　　　　　　　　　　适应型战略的选择

环境变化的速度	成长潜力的速度	适应型战略	呼应的公司层战略
快速	高度	探索性战略	增长战略
适宜	适度	分析性战略	组合战略
缓慢	低度	防御性战略	稳定战略

1. 探索性战略。探索性战略追求创新，不断地推出新产品和（或）进入新市场。联邦快运公司采用探索性战略发展出它的隔夜包裹递送业务。沃尔玛超市持续开设新店，进入新的市场。探索性战略的实力在于发掘新产品和新市场的机会，它非常适应于快速变化和有成长潜力的环境。

2. 防御性战略。防御性战略就是在原有的产品线上和原有的市场上增加顾客群或维系已有的顾客群。这种战略倾向于采用标准的经济行为，如以竞争性价格和高质量的产品或服务作为竞争手段，拼命阻止竞争者进入自己的地盘。实施防御性战略的公司一般来说不受其细分市场以外的发展和变化趋势的诱惑，凭着市场渗透和有限的产品开发获得增长。经过长期的努力，真正的防御性企业能够开拓和保持小范围的细分市场，使竞争者难以渗透。麦当劳公司在快餐业中奉行的就是防御性战略。防御性战略与稳定战略一样，非常适应于变化缓慢和低度成长潜力的环境。

3. 分析性战略。分析性战略是一种偏于中性的战略，介于探索和防御之间，分析性战略会以小心谨慎的步伐进入某个新市场，或提供核心产品群和寻求新契机。为了使风险最小化和利润机会最大化，分析者通常靠模仿生存，复制探索者的成功思想。采用分析性战略的企业必须具有快速响应领先者的能力和对竞争者的产品模仿改进的能力。另外，分

---

① SBU 即 Strategic Business Unit.

析者还要保持其稳定产品和细分市场的经营效率，而探索者必须有很高的边际利润率以平衡风险并补偿其生产上的低效率。一般来说，分析者的边际利润低于探索者，但其效率通常比后者高。分析性战略非常适应于适度变化和适度成长潜力的环境。

（二）竞争战略

竞争战略框架是波特在 20 世纪 80 年代初提出的，该理论出现后，即成为战略管理理论方面的主流思想。波特认为在一个行业中开展竞争有三个基本的竞争战略：成本领先战略、差异化战略和目标集聚战略。

1. 成本领先（overall cost leadership）战略

成本领先战略就是以尽可能低的成本把"可以接受"的产品提供给顾客。通过对所有关键成本包括经验曲线因素的积极管理，公司可以获得持续性竞争优势。为了保持领先地位，公司必须通过价值链或市场链积极控制成本。在个人电脑业务中，戴尔公司就曾经采用直接销售即没有中间商的竞争策略。戴尔公司在提供用户自定义设计时推出了这种服务。正是由于提供了这种服务，减少了二次安装和二次搬运，减少了中间商的介入，不但大大降低了成本，使计算机可以卖得很便宜，使计算机发生故障的可能性减少到最小。戴尔公司以这种直接生产、快速交货的直销模式改变了计算机行业的竞争模式，并取得了巨大的成功。为了同运用差异化战略的竞争对手相抗衡，使用成本领先战略的公司其产品及相关的服务都必须尽量与前者的产品和服务相当。成本领先者的产品在最新的功能或最好的客户服务方面可能暂时会落后一点，但不能长期落后很多，否则客户会认为这家公司的产品没有任何价值。

要成功实施成本领先战略，企业必须持续关注降低成本，直至低于竞争对手。企业经常通过规模经济进行设备投资、紧缩开支、加强控制，以及在服务、销售、研究与开发上使成本最小化来降低成本。

2. 差异化（differentiation）战略

差异化战略就是企业以产品的独特特性为顾客创造价值，并运用溢价来弥补寻求独特性的高额成本。要使此战略成功，企业的产品必须真正在某些方面独特或使顾客感到独特。

与成本领先战略不同，差异化战略的焦点是在顾客价值方面不断投资和开发差异化产品的性能。整体上，采用差异化战略的企业可以在许多方面寻求与竞争者的差异。企业的产品或服务与竞争者相差越多，企业对竞争者的行动越有缓冲余地。众所周知的差异化产品包括奔驰汽车、劳力士手表、瑞士军刀、苹果手机等。

产品的差异可以来源于许多途径：不寻常的特性、尽职的顾客服务、快速的技术革新和技术领先、声望和地位、与众不同的品位、工程设计和表现，等等。如果一家公司成功地以差异化的产品和服务领先于其竞争对手，这家公司就应该能够享有溢价，溢价应当超过差异化的成本。很明显，差异化战略并不是让公司忽视成本。在所有不直接构成差异化的各个方面，公司必须努力实现与竞争对手的成本相等。

3. 目标集聚（focus）战略

目标集聚战略是企业为满足某个特定部分的需求而设计的生产产品的一套完整的行动。它与成本领先战略或差异化战略不同，后者是在广泛的顾客群中获得竞争优势，而采用目标集聚战略的企业，努力将自己的核心能力服务于特定产业部门的需求，如一个特定的顾客群，一部分产品线或某个地域市场，在狭窄的竞争领域或部门中攫取成本优势或差别化优势。尽管目标的范围有限，但目标集聚战略的实质是开发一个较狭窄的市场而不是整个产业。通过成功采用目标集聚战略，即使企业不能获得整个产业内的竞争优势，也能够在选定的目标市场中获得竞争优势。

目标集聚战略的基础是企业在某一部分产业中运行比在整个产业中运行更有效率。目标集聚战略的成功依赖于企业能够发现那些顾客特殊需求根本没有满足或没有很好满足的目标市场，即成功地进行市场细分并选择和定位于一个"正确的"细分市场的能力。如奔驰公司的 SMART 轿车、宝马公司的 MINI COOPER 轿车就是市场细分的结果，前者适合喜爱小型车的群体，后者适合年轻的时髦女性。还有 GoPro 相机抓住了索尼、松下等相机巨头所忽视的运动相机这一细分市场，满足了户外爱好者和消费者随时随地拍摄相片上传社交网站的需求。

三、职能层战略

职能部门必须发展出各自的战略来应对、执行和完成事业层的宗旨和目标。职能层战略包括了营销、生产、财务、人力资源和其他部门的战略。

营销部门的主要职责就是了解顾客想要什么，如何增加顾客价值以及界定目标市场。营销的 4P 为产品（product）、促销（promotion）、地点（place）和价格（price）。即是说，营销必须决定应推出什么产品？如何包装这些产品？如何打广告？该在何处出售？价格定为多少？如果事业层的战略是探索性的，那么营销部门就应该进行新产品和新市场的规划与执行。如果是防御性的，那么营销部门就不必考虑新产品、新市场和新广告。如果是分析性的，营销部门就会在探索和防御之间找出中性的办法。如果公司使用的是转变和节流性战略，营销部门就不得不挑出被淘汰的产品和要退出的市场。

生产部门肩负着把输入转换成输出这个过程的责任。生产部门注重的是产品制造的品质和效率，而究竟应生产什么产品，由营销部门来判定。在公司探索性战略下，生产部门就要参加新产品的规划和制造。在防御性战略下，生产部门必须竭尽所能地改善产品品质和运营效率，并减少支出。

人力资源部门必须负责与各职能部门密切地合作，为它们招聘、训练、评估和奖励员工。在公司探索性战略下，人力资源部门就要参加员工数量的规划和扩展。若使用的是转变和节流战略，人力资源部门就要进行裁员。

财务战略至少涉及两方面：（1）通过发行股票或贷款来募集资金，以便负担各种商业活动的经费支出；决定债务权益比例以及清偿债务和发放股利；（2）保存交易记录、开发预算和报告财务结果。

其他部门比如研发部门其重要性视每个企业的性质而定。在小企业里，研发部门的重要性没有在大企业里大，采用分析性战略的企业，仅是复制探索者的成功产品，所以对研发方面的资源需求没有探索性企业的大。

第四节　战 略 实 施

任何战略莫胜于执行，一个合适的战略如果缺乏有效的实施会导致整个战略的失败。只有将战略正确地付诸行动，企业才能真正获得成功。战略实施还是一个较新的领域，至今还没有对它的各个层面达成共识，但是学者和管理者们都赞同一些中心论点。第一个论点是成功的战略实施部分取决于组织结构。这里我们只回顾一下阿尔弗雷德·钱德勒（Alfred D. Chandler, Jr.）及其追随者的经典理论，即建立战略与结构之间的关联。第二个论点是战略必须制度化，换句话说就是必须融入价值观、规范和职责的体系中，以塑造员工行为，为实现战略目标创造便利条件。

一、结构与战略

成功的战略实施部分取决于组织活动的分工与协调，即组织的结构。当组织的结构与战略一致时，组织战略成功的机会无疑要大得多。同理，随着基本战略在时间推移中的转变，组织结构也必须进行相应的调整。

（一）结构追随战略

阿尔弗雷德·钱德勒对大公司历史进行了开拓性的研究，他考察了美国70家最大的公司的成长和发展，其中包括杜邦、通用汽车、标准石油和西尔斯。从中发现，这些公司的成长有一个共同的模式。虽然这些企业不断改变其发展战略，以适应技术、经济和人口状况的变化，但是新战略也引发了管理问题和经济上的低效率。这时就需要转变结构，才能解决问题。因此，钱德勒提出组织结构顺应公司战略的变化并且反映公司成长的战略。

钱德勒认为，组织经历了单元组织、职能型组织和多事业部组织三个发展阶段。一开始企业很小，往往只是一个工作地点、一种产品和一个决策者，该决策者负责全部的设计、生产、测试和营销。随着企业的成长，销量和工作地点的增加带来新的挑战。企业成为单元组织，有几个工作单元和一个管理部门，该部门负责各单元之间的协调、分工和标准化。第二阶段是纵向一体化。企业仍然生产原来的产品，但是已开始通过原材料的供应和产品分销扩大经营规模。如钢铁公司涉足采矿业，制造公司涉足批发业等。纵向一体化带来新的问题，经营活动太杂乱无章，于是企业演进为职能型组织，由各职能部门管理相应的活动。到第三阶段，企业向多行业和多样化产品发展，新的挑战促进了多事业部结构的产生。该结构由一系列下属公司组成，半自主的生产部门负责短期运作决策，中央管理部门统领长期战略决策。

钱德勒发现，从一种组织结构转换到另一种组织结构往往举步维艰，企业一般不会主动地去改变结构，除非企业战略转变导致在实施过程中遇到层层阻力时，企业结构才被迫转变。于是，他得出结论结构是追随战略转变而转变的。

后来，钱德勒的追随者又进行了大量的研究。梅尔斯和斯诺分析了企业战略、结构和管理程序之间的配合问题，他们提出，成功企业的战略与市场环境时刻配合，并且以合理的结构和管理程序支持这种战略。

虽然也有一些批评家批判钱德勒的论点颠倒了战略与结构的关系。不管最终结论如何，至少有一点是一致的，即若不考察企业结构，我们就永远不可能理解企业战略。

（二）7S 模式

麦肯锡咨询公司曾提出了一个成功实施战略的 7S 模式（Mckinsey 7S model），公司顾问们发现，忽视 7 个因素中的任何一个，都可能使战略实施的努力变成一个缓慢、痛苦甚至注定失败的过程。

这 7 个 S 分别为结构（structure）、战略（strategy）、系统（system）、风格（style）、员工（staff）、专长（skills）和共享的价值观（shared values）。7 个因素同等重要，且每一个因素与所有其他因素相互作用，如图 6-6 所示。在不同的形势下，执行不同的战略，将决定哪个因素是主要驱动力。

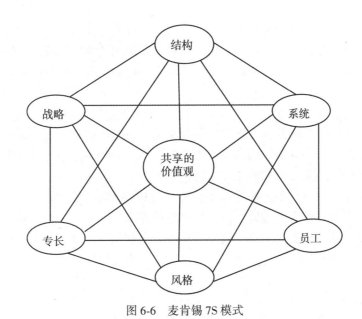

图 6-6　麦肯锡 7S 模式

7S 模式为组织结构问题增添了一种顺应形势的解决办法。麦肯锡的顾问们指出，在今天动态变化的复杂环境里，一个成功的企业可以临时调整结构，以适应某些特定的战略任务，无须放弃企业的基本结构单位。关于战略，7S 模式强调，在实际工作中，更容易出问题的环节不是战略的发展而是战略的执行。企业系统也可能会阻止战略实施。比如一家消费品制造厂发现，如果不对管理信息系统加以调整，它就不可能实施其新战略。风格指高级经理采取的大量的、具有象征意义的行动。行动一般胜于语言，它能够更清楚地传达公司的工作重点，并可能对工作绩效产生深远的影响。

成功的企业都视人为宝贵的资源，并精心地培育、开发、委以重任。高层管理者投入大量的时间和精力规划现有管理者的成长和发展，同时不断地从市场上招聘优秀的人才壮大员工队伍，提高整体素质。

专长指企业最擅长和出名的领域，如华为的研发能力、海尔的变革思维等。战略变革可能要求企业有更多的专长，战略创新有时也会要求废除和修改旧的专长，这给战略实施带来更加棘手的问题。共享的价值观指把企业团结在某个共同宗旨周围的指导性的观念、价值观和宏伟大志。共享的价值观在企业内部有着深刻的含义，企业其他表面化的特色发生变化时，共享的价值观树立了一种目的性和稳定感。

二、战略制度化

为了强调系统、风格、专长和总目标，我们需要审视一下战略是如何制度化的。为了完成某个目标而形成的价值观、规范、职责和群体，我们称之为制度。为了使战略制度化，企业领导们必须建立一个由价值观、规范、职责和群体组成的、有利于战略目标实现的系统。如果某一战略与文化、质量系统和其他驱动力联系在一起，那么就说此战略是制度化的。

正如我们所看到的那样，全面质量管理的努力可以制度化。企业生活的另一方面也在经历越来越强的制度化，即强调伦理发展，两者都把组织注意力从检测和控制转向协调和战略的影响。这种焦点转变的最终结果是员工工作环境的改善和提供给顾客产品和服务的完善。

（一）企业领导人的作用

由于企业家大部分时间花在发展并指导战略上，所以他们的个人目标和价值观不可避免地塑造了企业战略。一旦组织的高层换人的话，也就意味着战略将要发生一些转变。事实上，组织高层的更迭常常与战略变革相伴在一起。

企业领导人在战略形成中发挥的作用使其对战略实施特别重要。第一，他们负责解释战略，并在管理者对具体实施难以达成一致时做最终裁决。第二，企业领导人通过语言和行动决定了企业对某一项战略的投入程度。第三，企业领导人激励员工，是员工收入以外的无形的动力，借助于员工的价值观、信念和忠心，企业领导人能调动员工支持、执行战略。

（二）文化与战略

企业文化若与战略一致，那么实施战略就容易多了；而一个与企业文化相悖的战略，要实现几乎是不可能的。要想使战略有效得到实施，管理者必须建立适应战略的文化，当旧文化阻碍战略的执行时，要及时进行文化变革，不断保证文化随战略而调整。

变革一个公司的文化使之与战略相结合是战略实施者最艰难的管理任务之一，因为人们价值观和习惯是根深蒂固的——人们往往会在情感上倾向于旧有的或熟悉的事物。变革文化需巨大的驱动力，而这种驱动力一般存在于高层领导者中。

变革文化的步骤包括：第一步，要识别现有文化中功能不良的各个方面，并解释为什么这些方面对执行一项新战略产生阻力。第二步，领导者要清晰地确定所需要的新行为，并详细说明要创立的新文化的主要特征。第三步，领导者要公开、直接地与所有关心有问题文化的人进行交流，解释这些新行为为何以及如何提高公司的绩效。第四步，也是最重要的一步，交流之后还要尽快地采取可见的、积极进取的行动来改变文化，包括实际的和象征性的行动，以推动产生新行为。最重要的象征性行动是高层领导人采取的、被视为榜样的那些活动。比如，如果组织的战略涉及努力成为行业中的低成本生产者，高层管理者就必须在自己的行动和决策中表现出节俭的特征，如领导人办公室内不奢华的装饰、保守的费用开支、少量的办公人员、对预算需求的严格监控，等等。除了象征性行动之外，战略实施者们还必须采取实际的行动和真正的活动来树立新价值观和行为模式，这些行动必须是可信的、高度可视的，并能够显示出管理层对新的战略措施和相关文化变革的承诺，比如重组结构、更换管理人员、改变资源配置、变革阻碍新战略的政策和运营实践等。

◎ 小资料

海尔的战略变革

近年来，家电巨头海尔受到以美的为代表的老对手、以小米为代表的新对手的冲击，业绩出现下滑的迹象。面对众多竞争对手咄咄逼人的态势，海尔再次自我革命，实施了"战略走向平台化""员工走向创客化""机制偏向小微化"的战略、组织和机制变革。

在平台化方面，海尔打造开放、共享的平台（例如成立海立方），将过去的消费者（用户）变成合作伙伴，成为海尔新产品设计的参与者。此外，为了充分激发企业内部个体的活力，海尔鼓励原有的员工转变为创业者和动态合伙人并在海尔的大平台上创业。在创客化方面，为了更有效地响应市场，从 2013 年起海尔启动"去中间层"步伐，让员工成为直接听命于市场的"创客"，零散的"创客单位"通过自组织、自管理的方式形成"小微单元"。目前海尔 8 万多名员工共分成了 2 000 多个自主经营体。在小微化方面，这些独立核算的小微企业，由创业单位内部员工共同享有小微公司的股权以及利润分成，甚至还拥有引入风险投资的权限。

通过一系列战略、组织和机制的变革，海尔取得了不俗的成就：在 2015 年由世界品牌实验室编制的 2015 年度《世界品牌 500 强》中，海尔品牌较 2014 年上升了90 位，成为全球上升最快的品牌之一，并位于全球白色家电品牌第一名。

资料来源：根据曹仰锋的《海尔转型》（中信出版社，2017 年）中的资料整理得到。

本 章 小 结

1. 战略规划是一项非常重要的管理工作，它由四个步骤组成：（1）确定目标和宗旨；（2）战略制定分析；（3）战略形成；（4）战略实施与控制。前三个步骤属于战略计划制定的范畴，后一个步骤属于计划付诸实施的范畴。

2. 企业的战略有三个层次：公司层战略、事业层战略和职能层战略。它们的差异主要是规划重点不同并且由不同的管理阶层来参与战略制定。公司层战略着重的是公司的发展方向与事业部的管理；事业层战略着重事业部自身的管理；而职能层战略则侧重于事业部下属的单一职能领域的管理。一般高层管理者制定公司层和事业层的战略，职能层的管理者制定职能层战略。

3. 产业和竞争状况分析是用来判定某产业是否有投入价值，该工具主要服务于公司层战略，以便决定应进入哪些产业、退出哪些产业以及如何在这些事业部之间进行资源分配。波特认为，有供应商、购买者、潜在进入者、替代品和现有竞争者及竞争强度五种力量决定一个产业竞争状态。

4. 公司状况分析就是分析企业内部资源的相对优势和劣势，以及外部环境存在的机会和威胁。该分析方法用来判定在战略制定过程中需要提出哪些战略议题和问题点，主要的分析要点是政治、经济、社会和技术因素。

5. BCG 矩阵根据市场占有率和销售增长率把组织的业务区分为四种类型：现金牛、吉星、问号和瘦狗。该工具为管理者提供了管理业务和在业务间如何分配资源的方法。

6. 公司层的战略类型有增长战略、稳定战略、收缩战略。其中常见的增长战略有集中战略和分散战略。

7. 事业层的适应战略分为探索性战略、防御性战略和分析性战略。竞争战略是波特提出的成本领先、差异化和目标集聚三种经典类型。

8. 钱德勒认为，战略实施取决于组织结构，钱德勒的论点就是典型的美国企业历经三个战略与结构发展阶段，即从一个单元公司到职能型企业再到多事业部企业。

9. 7S 模式认为成功的战略实施依赖于结构、战略、系统、风格、员工、专长和共享价值观的相互作用。

10. 战略实施的主要工作就是将已经制定好的战略制度化并加以运作。当战略融入价值观、规范、职责和致力于达到某一目标的群体之中时，战略就制度化了。只有当文化与战略一致时，战略实施才会变得容易。

复习思考题

1. 计划与战略之间有什么差异？
2. 与只生产单一产品的大型企业相联系的是什么层次的战略？
3. 公司不同层次的管理人员在不同类型的决策中参与工作，你认为在公司三种战略计划层次中参与制定战略的管理人员有何不同？
4. 组织战略的三个层次是什么关系？
5. 什么是 PEST 分析？
6. 波特的产业竞争分析模型（五力模型）包含哪些方面的分析？
7. 一个组织有哪些增长战略？
8. 成本领先、差异化与目标集聚战略各有什么特点？战略实施的要求是什么？
9. 为什么组织在战略管理过程中要进行 SWOT 分析呢？其意义何在？
10. 管理者应当怎样在 BCG 矩阵的四种业务间分配资源？
11. 描述钱德勒关于企业战略与结构的成长和发展的三个阶段的论点。
12. 7S 模式的 7 个因素是什么？
13. 组织的文化与战略之间有什么联系？

参 考 书 目

1. 斯蒂芬·罗宾斯，等. 管理学. 第 13 版. 李原，等，译. 北京：中国人民大学出版社，2017.

2. 迈克尔·波特. 竞争战略. 陈小悦，译. 北京：华夏出版社，1997.

【案例分析】

途牛的出路

途牛 2006 年 10 月创立于南京，以"让旅游更简单"为使命，为消费者提供旅游度假产品预订服务，同时提供中文景点目录和中文旅游社区。早期的途牛最开始以休闲旅游的旅游攻略社区和景点介绍为切入点，但因此模式不能产生具体的收益从而转型做旅行社的预订平台。途牛致力于为线下旅行社在线上提供一个展示平台，从帮助旅行社销售出的产品收益获取抽成。随着在线旅游市场的快速发展，越来越多的传统旅行社通过互联网平台销售业务，因此途牛订单量一时间快速增长。2014 年 5 月途牛旅行网在纳斯达克正式挂牌上市，成为继携程、艺龙、去哪儿之后第四家在纳斯达克上市的中国在线旅游公司（OTA）。

从错位竞争中成长的途牛

机票与酒店预定是在线旅游市场的主要收入来源，二者之和占据了整体收入规模的 70% 以上。因而，在在线旅游行业，机票、酒店的标准化产品市场竞争一直白热化，风起云涌。先有携程、艺龙、去哪儿三足鼎立，后有同程、飞猪以及后来居上的美团。成立于 1999 年的携程堪称国内 OTA 第一大佬，致力于把供应商提供的机票、酒店放到线上平台销售，同时利用机票预订、酒店业务等优势发展自由行产品。因起步早，拥有多年经营积累的品牌和稳定顾客群，在酒店和机票预订领域具有无法撼动的市场地位。2005 年成立的去哪儿网，因得到大股东百度的流量支持，在机票和酒店业务上一度大有赶超携程之势，后被携程收入囊中。后起之秀美团弯道超车，亦不容小觑。2018 年第一季度，美团酒店以 5 770 万元的订单总额，位居行业第一名。上述这些"强手"给市场带来了不确定性。

强者固强，但对于 OTA 领域的一些机会，它们也未能看到与触及。为此，途牛选择了消费者需求量较大，但服务相对空白的领域进行弥补，稳扎稳打。2016年之前，途牛的战略一直很专注，定位也很清晰，主要业务是跟团游、自助游的旅游产品定制，最早开创互联网旅游线路模式，在跟团游市场位居第一，在出境游方面也占据绝对优势；而同期的携程虽在商旅市场和自助游领域规模更大，但更多市场在国内游。这种错位竞争和战略专注，此前途牛 CEO 于敦德对此也十分自豪，曾在 2014 年底批评老对手同程："同程看起来机票、酒店、火车票、门票、出境游样样俱全，但是样样都不精，样样是鸡肋；途牛虽然只有休闲旅游一个业务，但是长期专注，全力以赴，力出一孔。"在途牛看来，票务和酒店等标准化产品产业链短，缺乏产业纵深，面对行业巨头，没有竞争空间；而出境游领域环节多、产业链复杂，专注耕耘该领域，能树立牢固的竞争壁垒，不惧任何巨头。彼时，于敦德称："此前 8 年的时间途牛始终专注如一、坚持不懈，还将专注、围绕休闲旅游继续冲锋 20 年。"

挥金营销，途牛多元化转型

上市之初，途牛曾遭遇毛利率过低、规模太小、盈利能力不足等质疑。2015 年在接连获得京东与海航旅游的 10 亿美元战略投资之后，基于对行业发展的判断，途牛做了许多产业链延展的工作。2015 年途牛宣布杀入在线机票预订领域，2016 年 7 月，途牛加大力度进军机票、酒店预订，2016 年 11 月，途牛 10 周年发布会公布了 5 大新业务，跳出此前专注旅游打包产品的战略，发力机票、酒店、金融、影视、婚庆等 5 大新业务板块。这标志着，最早开创互联网上卖旅游线路模式的途牛，开始全面转向多元化。

OTA 平台最难的是获客和运营。要进军机票酒店行业，途牛很缺线上流量。流量之所以重要，是由于消费者永远倾向于选择送到眼前的产品和服务，所以途牛从 2016 年前后开始挥金于营销。途牛先后与"非诚勿扰""最强大脑""中国好声音""花儿与少年""花样姐姐"等多个热门综艺合作，砸入大量广告费，其中仅"奔跑吧，兄弟"第四季的特约赞助，就花费了 1.485 亿元。此外，途牛还设立了南京途牛影视传媒有限公司，制作了"一路之上""出发吧，我们"等旅游真人秀节目。数据显示，途牛 2016 年全年市场营销费用占总运营费用的 61%；而同期，携程是 36%（大部分是付给百度、腾讯等的广告费）。2015 年途牛营销费用占比 63%，同期携程是 41%。

然而一年多以后，途牛的总裁兼首席运营官严海锋及首席财务官杨嘉宏离职，另起炉灶创立金融公司小黑鱼，这对途牛意味着一次严重的打击。途牛影视业务也不再提及，反而是为游客服务的"旅拍"在发布会上被重点强调。婚庆业务也同样从此前强调的"跨界"，转变成强调高端旅游的婚纱旅行摄影。途牛的"全面出击"似乎仅仅一年就陷入了全面停滞，战线收缩回旅游团产品。

同时，高管团队出走，以及持续的高额亏损，也是途牛背负的压力。2015 年至 2017 年，途牛分别亏损 14.6 亿元、24.2 亿元、7.7 亿元，3 年累计亏损 46.5 亿元。事实上，途牛成立以来从未实现年度盈利，如今途牛的净资产仅剩 36 亿元，很难再承受巨额的亏损。资本市场对途牛亮出看空的态度，2018 年 4 月 2 日途牛股价创出 5.8 美元的历史新低，比途牛 2014 年的 IPO 发行价还低 1 美元。

反观其竞争对手同程的多元化道路却极为顺遂。同程和途牛原本体量差不多，同程由景区门票售卖起家，随后业务衍生到旅游打包产品领域，与途牛展开针锋相对的竞争，当时规模尚不如途牛。随后同程将业务延伸到标准化产品领域，交通、酒店、门票、旅游打包产品样样俱全，凭借多元化吸引到众多巨头注资。2015 年 7 月，同程获得 60 亿元巨额融资，估值飙升至 130 亿元，是身为美股上市公司的途牛的 2 倍。此外，同程还获得了腾讯、携程、万达的注资。后又与艺龙合并，抱团冲击港股市场。从财务的角度来看，2017 年同程与艺龙两家都实现了扭亏为盈。从业务角度看，同程在火车票、机票方面拥有优势，艺龙在酒店行业经验丰富，核心资源优势互补的合并，会拉动公司的订单和收益。另外，同程艺龙第一大股东腾讯也给其以绝对支持。腾讯移动客户端中包括微信和移动 QQ 移动支付平台"钱包"界面内的"火车票机票"及"酒店"入口都专供给同程艺龙独家使用，2017 年同程艺龙 65% 以上的活跃用户来自腾讯。

回归主业，深耕细作

多元化失败，连续多年亏损，2017 年途牛经历了裁员、降薪、组织架构调整等一系列变革。董事长于敦德在 2017 年 7 月接受采访时说，途牛扭亏为盈以节流为主，包括减少营销投入、提高人事效率、加强库存管理等，同时开源方面提高直采比例，并押宝线下直营店，让线下为线上导流。2018 年一季报显示，途牛研发费用和采购成本下降，净收入比去年同期增长了 5.4%；净亏损进一步收窄，同比下降 89.5%。

在途牛商业模式中，途牛本质上承担着中间商的角色。通过从供应端买到产品，打包卖给消费者，从中赚取差价，也因此，跟团游和自助游这两项的采购成本之和占打包旅游产品交易额的比例长期高达 90% 以上。为了提升盈利能力，途牛不断加大直采规模。2018 年第一季度，途牛直采比例已提高到 40% 以上，使产业链缩短，采购成本下降，毛利率提升。此举也有利于途牛提升在供应链中的话语权、定价权，并对产品及服务质量进行更直接的管控，有利于消费者复购。

途牛如今在旅游目的地领域发现了新的用户痛点。今年 5 月 15 日，途牛召开了新产品发布会，并发布了"全球合伙人招募计划"。途牛把布局目的地服务网络作为新的发展战略。CEO 于敦德表示，首先，企业要应对三个层面的挑战：在消费升级大背景下，满足消费者跟团游的需求，建设目的地地接网络，为目的地客户提供接待服务。其次，满足消费者存在的即时性、碎片化预订需求。最后，出于途牛自身发展的需求，线下直营门市此前多建设在出发地，但是用户最为密集之地实际是旅游目的地，在目的地建设门市，能够更直接地接触到客户，从而获取服务和潜在销售的机会，同时有利于品牌推广、用户复购。于敦德认为，建设目的地服务网络对于途牛的发展来说，是项重要突破。途牛获取客户的场景不再局限在用户出游前，而是延伸至出游中和归来后。出发地销售网络和目的地服务网络的结合，能更好地提高途牛服务客户全生命周期的价值。

5 月 24 日，途牛旅游网发布了截至 2018 年 3 月 31 日未经审计的第一季度的财报。财报显示，一季度，途牛净收入为 4.805 亿元，比去年同期增长了 5.4%；净亏损为 2 380 万元人民币（约合 380 万美元），同比下降 89.5%。途牛旅游网首席财务官辛怡称，销售网络的拓展对销售增长与市场费用的下降起到了主要作用，本季度，自营门市对公司打包旅游产品总交易额的贡献首次超过了 10%。目前线下自营门市已经达到了 308 家，未来途牛将稳步推进自营门店的拓展工作，预计到 2018 年年底，途牛线下自营门市数量将达到 500 家。

资料来源：根据新浪科技、搜狐科技、凤凰网科技、腾讯科技相关资料整理而得。

◎ **讨论题**

1. 早期的途牛采用的是什么战略？请结合行业特点分析途牛为什么改变这种战略？
2. 同样是多元化，为什么同程成功了而途牛却失败了？
3. 搜索近期的相关资料，讨论回归主业的途牛还能够实现盈利、取得顺利发展吗？

第三编　组　　织

组织的定义就是，一个有意识地对人的活动或力量进行协调的关系。显然，按照这个定义，各种具体协作体系中同物的环境、社会环境、人、人对体系作贡献的基础等事物，都被作为外在的事实和因素了。

——切斯特·巴纳德

本书里组织一词，指的是一个人类群体当中的信息沟通与相互关系的复杂模式。

——赫伯特·西蒙

组织结构的设计应该明确谁去做什么，谁要对什么结果负责，并且消除由于分工含混不清造成的执行中的障碍，还要提供能反映和支持企业目标的决策和沟通网络。

——哈罗德·孔茨

若拿走我的财产，但留给我这个组织，五年之内，我就能卷土重来。

——小阿尔弗莱德·斯隆

世界上存在着各种各样的组织，从只有三五个雇员的街旁小店到横跨全球的跨国公司，从各种以营利为目的的企业到各类不以营利为目的的组织诸如国家、政党、宗教、学校等都是人类为自我的生存和发展建立的组织。

　　在前面的学习中已经知道，管理是在组织中，为实现组织运行与环境变化的协调及组织个人目标与组织整体目标差异的协同，以达到提高组织运行效果和效率的社会活动。本编将进入管理的第二大职能——组织，通过介绍组织设计的一般原理和组织结构的普遍规律以及组织设计新趋势，有效地实施管理，让人们与组织更好地相匹配，以实现组织的目标。

第七章 组织设计

【学习目的】

在学习本章之后，你应该掌握以下内容：

1. 组织和组织职能的概念。
2. 组织设计的结构变量和影响变量。
3. 组织设计的步骤和成果。
4. 组织结构的类型。
5. 正式组织和非正式组织、机械式组织和有机式组织。

【案例——问题的提出】

国务院第八次机构改革

2018年3月十三届全国人大一次会议审议通过了《国务院机构改革方案》，这是改革开放40年以来的第八次大规模政府机构改革。从1978年至2018年的40年里，中央政府分别在1982年、1988年、1993年、1998年、2003年、2008年、2013年和2018年进行了8次较大规模的调整，平均5年一次。

2018年国务院机构改革一大特点是"合并同类项"，以前散落在各个部位的职责被整合在一起，优化政府机构设置和职能配置，实现一类事项原则上由一个部门统筹，一件事情原则上由一个部门负责。比如，针对当前自然资源所有者不到位、空间规划重叠等问题，方案提出组建自然资源部，对山水林田湖草进行整体保护、系统修复、综合治理。另一特点是注重职能转变。比如，国家工商行政管理总局、质检总局、食药总监局等机构的职责此次被整合进新组建的国家市场监督管理总局，表面上看，此举解决了市场主体面临多重多层重复执法的问题，从深层次讲，这一结构的设计，是政府机构职能转变的深化。此外还有紧扣民生问题，组建国家医疗保障局、退役军人事业部等，以及改革适应新情况，比如组建移民管理局来应对来华工作生活的外国人增多现象。

另外，值得注意的是，此次国务院机构改革只是深化党和国家机构改革整体规划的一部分，还涉及党、政府、军队、事业单位、群团、社会组织等全方位的机构改革。这种系统性优化，将遵循分步实施、整体推进的改革策略，为开启全面建设社会主义现代化国家新征程提供制度保障。

资料来源：根据 http://www.china.com.cn/lianghui/news/2018-03/14/content_50707428.shtml 提供的资料整理而成。

上述案例表明，顺应时代的发展和工作的需要，组织设计是一项非常重要的管理活动，不仅在国家政府，而且在企业和其他非营利性组织，组织设计都十分重要。什么是组织，什么是组织设计，为什么要进行组织设计，如何进行组织设计，就是本章要阐述的主要内容。

第一节　组织与组织职能

一、组织的概念和内涵

（一）组织的概念

在《辞源》上，中文的"组织"是指将丝麻纺织成布。英文的"组织"（organization）来源于"器官"一词，即自成系统的、具有特定功能的细胞结构。希腊文的"组织"原意是和谐、协调的意思。组织在汉语中有不同的词义，一是作为名词，二是作为动词，这里提到的是作为名词的组织。

关于组织的概念，不同的学者从不同的角度出发，给出了许许多多的定义。下面列举引用率较高的国外组织学家和管理学家对组织所下的定义。

弗里蒙特·E. 卡斯特（Fremont E. Kast）和詹姆斯·E. 罗森茨韦克（James E. Rosenzweig）为组织下的定义是：（1）有目标的即怀有某种目的的人群；（2）心理系统即群体中相互作用的人群；（3）技术系统即运用知识和技能的人群；（4）有结构的活动整体即在特定关系模式中一起工作的人群。[①]

W. 理查德·斯格特（W. Richard Scott）、杰拉尔德·F. 戴维斯（Gerald F. Davis）从三个视角对组织进行了定义：（1）理性系统的视角，即组织是有意识寻求具体目标并且结构形式化程度较高的社会结构集合体；（2）自然系统的视角，即组织是一个集合体，参与者寻求着多种利益，无论是不同的还是相同的；（3）开放系统的视角，组织是与参与者之间不断变化的关系相互联系、相互依赖的活动体系，该体系植根于其运行的环境之中，既依赖于环境之间的交换，同时又由环境建构。[②]

理查德·达夫特（Richard Daft）、多萝西·马西克（Dorothy Marcic）综合了上述学者对组织的定义，指出："所谓组织，是指这样一个社会实体，它具有明确的目标导向和精心设计的结构与有意识协调的活动系统，同时又同外部环境保持密切的联系。"[③]

本书赞同达夫特等的定义，认为组织应该包括以下4个要素：（1）是社会实体，即人的集合体；（2）有确定的目标；（3）有精心设计的结构和协调的活动性系统；（4）与外部环境相联系。

[①]　弗里蒙特·E. 卡斯特，等. 组织管理：系统方法和权变方法. 第四版. 傅严，等，译. 北京：中国社会科学出版社，2000：4-5.

[②]　W. 理查德·斯格特. 组织理论. 黄洋，等，译. 北京：华夏出版社，2002：44.

[③]　W. 理查德·达夫特，多萝西·马西克. 管理学原理. 第7版. 高增安，等，译. 北京：机械工业出版社，2012：147.

（二）组织的多样性

由于人类建立组织的目的具有多元性，且组织的形态也体现出多元特征，所以人类所建立的组织体现出多样性的特征。

关注组织与更广泛的社会之间的联系，美国社会学家塔尔科特·帕森斯（Talcott Parsons）根据其社会功能，将组织分为四类：第一类是为社会生产消费品的生产组织；第二类是政治组织，这类组织的目的是保证整个社会达到自己的目标以及在社会中获取权力、进行权力的配置；第三类是整合组织，其目的是调整争端，引导社会实现制度化的期望、保证社会各组成部分共同工作；第四类是模式维护型组织，目的在于通过教育、文化及表达活动来维持社会的延续性。

斯格特、戴维斯根据谁是主要的受益者将组织分成四类：互利组织（成员本身是主要的受益者）、商业组织（其所有者是主要的受益者）、服务组织（顾客是主要的受益者）及公益组织（社会大众是主要的受益者）。

二、组织职能

作为动词的组织（organizing）职能最早是由法约尔提出的，按照他的定义，组织就是"为它的运行配备一切所需，包括原料、设备、资本和人员"[1]。此后不同的学者继承了这一说法，并将它日益完善。

罗宾斯认为可以把组织定义为安排和设计工作任务以实现组织目标。[2]

韦里克和孔茨认为组织应该是：（1）明确所需要的活动并加以分类；（2）对那些为实现目标必要的活动进行分组；（3）每个小组安排有监督职权的管理人员来领导（授权）；（4）为组织结构中的横向协调（按组织的同级或类似级层）和纵向协调（如公司的总部、分公司、部门）制定关于协调的规定。[3]

我国学者邢以群认为组织工作是设计和维护合理的分工协作关系以有效地实现组织目标的过程。[4]

可以看出，学者们的表述略有差异，如组织、组织工作、组织设计等，但其实质基本一致。

本书对组织的定义为，组织职能是维持与变革组织结构，并使组织发挥作用、完成组织目标的过程。狭义地理解，组织职能等同于组织设计。广义地看，组织职能主要包括三部分：一是组织结构设计；二是组织关系——组织运行管理机制的设计；三是人员配置或人力资源管理的设计。本章和第八章均以组织结构设计和组织运行管理机制设计为主，第九章则主要以人力资源管理设计为主。

---

[1]　亨利·法约尔. 工业管理与一般管理. 周华安，等，译. 北京：中国社会科学出版社，1982：61.

[2]　斯蒂芬·罗宾斯. 管理学. 第12版. 李原，等，译. 北京：中国人民大学出版社，2012：263.

[3]　海因茨·韦里克，哈罗德·孔茨. 管理学——全球化视角. 第11版. 马春光，译. 北京：经济科学出版社，2004：147.

[4]　邢以群. 管理学. 杭州：浙江大学出版社，2011：206.

第二节 组 织 设 计

一、组织设计概述

组织设计是一个很复杂的工作，需要考虑多个因素。在以往的研究中，学者们大多从两个方面来着手，一个是结构变量，另一个则是影响因素。

理查德·L. 达夫特认为，组织设计的变量可分为结构变量（structure dimension）和情境变量（contextual dimensions）两类。结构变量包括正规化、专业化、职权层级、集权化、职业化和人员比率。情境变量包括组织规模、技术、环境和目标等，它们反映了整个组织的特征。组织设计的变量如图 7-1 所示。

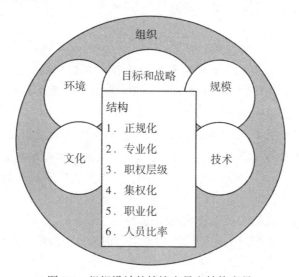

图 7-1 组织设计的情境变量和结构变量

资料来源：理查德·L. 达夫特. 组织理论与设计. 第 7 版. 王枫彬，译. 北京：清华大学出版社，2003：20.

加尔布雷斯在《设计组织——战略、结构和流程的实用指南》一书中提出了组织设计的框架模型，如图 7-2 所示。在这个模型中，设计的要素分为五类。第一类是战略，用来确定组织的方向；第二类是结构，用来确定组织中决策权的位置；第三类是流程，与信息的流动有关；第四类是激励，激励的目的是把员工的目标和组织的目标结合起来，并为组织战略的完成提供动力；第五类是人事，负责员工的招募、挑选、轮换、训练和开发。组织的结构确定组织中职权的位置，组织结构的要素分为四类，即专业化、控制幅度、权力的分配（包括集权和分权）、部门化。

西澳大利亚大学管理学教授史蒂文·L. 麦克沙恩（Steven L. McShane）等认为：组织设计的权变性（contingencies）包括组织规模、技术、外部环境和组织战略。组织结构的

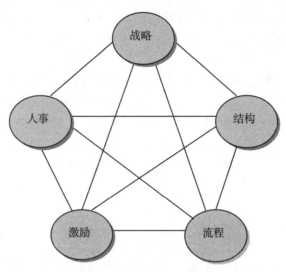

图 7-2　组织设计的框架

资料来源：Galbraith，Jay R. Designing organizations：An executive guide to strategy，structure，and process. Jossey-Bass，2002：10.

要素包括控制幅度、集权化与分权化、正规化和部门化。

综合上述学者的观点，本书把组织设计变量也分为结构变量和影响变量，结构变量包括工作专门化、管理幅度与管理层次、部门化、职权以及集权和分权五个方面；影响变量则包括规模、技术、战略、环境四个方面。

二、组织设计中的结构变量

（一）工作专门化

工作专门化（work specialization）这个术语或劳动分工这类词汇被用来描述组织中把工作任务划分成若干步骤来完成的细化程度。比如在一个饮料灌装线上，生产任务可分解为灌装、封盖、贴标签、质检、装箱等环节，以及设备的维护保养。每个工位上的员工都只完成专业化职能规定的相应工作。

工作专门化的优点是效率很高，但也有一些组织正在放弃这一原则，因为专业化过度导致员工的工作变得单调乏味，引发其他的组织问题。此外，太多的专业化阻碍内部协作，导致创新的可能性减少。

（二）管理幅度与管理层次

管理幅度（span of management）是指向管理者直接汇报工作的员工人数。管理层次（management level）是指组织中的等级层次数目。同等规模的组织可以有不同的管理幅度和管理层次。管理幅度与管理层次成反比关系，即管理幅度越大，管理层次越少；相反管理幅度越小，管理层次就越多。

过去比较流行的组织结构是管理幅度较窄，比如每位管理者管理大约 7 名员工，但现在一名管理者管理的员工可能高达 30~40 人或更多，例如在 Consolidated Disel 公司的引擎装配厂，管理幅度就达到 100 人。管理幅度较窄、管理层次较多的组织结构称为高耸式结构（tall structure），而管理幅度较大、管理层次较少的组织结构称为扁平化结构（flat structure）。

影响管理幅度的因素主要有：下属从事的工作是稳定的、重复的；下属完成相似的工作任务；下属的工作地集中在一个地方；下属训练有素，完成任务时几乎不需要指导；详细说明任务活动的规则和程序是现成的；管理者可以利用支持系统和人员；几乎不涉及与其他部门的协调与计划工作；管理者的个人偏好与工作方式。在前七个因素描述的情况下，组织的管理幅度将扩大，而最后一个因素对管理幅度的影响将依据管理者的个人意愿而定。

（三）指挥链、职权与职责

1. 指挥链

指挥链（chain of command）是从组织的最高层延伸到最底层，用以明确谁向谁报告工作的权力线、传达信息的命令链。在现代的公司组织结构中，指挥链通常从董事会开始。

董事会是企业所有者的代表，因为股东人数众多，通常选择少数人直接参与组织的直接管理，就产生了董事会。董事会在董事会主席的领导下按照公司章程和细则制定影响组织的重大决策。董事会一般履行三大类职责：聘请、考核首席执行官（CEO）；决定公司的战略方向，检查公司的财务状况；确保道德的、对社会负责的、合法的行为。其次是首席执行官（CEO）。CEO 位于组织金字塔的最顶层，由董事会授权行使权力，组织的日常工作由他直接对董事会和所有者负责。接下来是高层管理团队，负责日常的职能工作。指挥链的下端就是中层管理者和普通员工。

2. 职权和职责

职权（authority）是指由组织制度正式确定的，与一定管理职位相连的决策、指挥、分配资源和进行奖惩的权力。每个管理职位所具有的特定权力与担任该职务的个人没有直接关系，一个人离开了管理职位就不再享有该职位的任何权力，职权将由新的任职者行使。

职责（responsibility）是指由组织制度正式确定的，与职权相应的承担与完成特定工作任务的责任与义务。组织中的任何一个职位都必须权责对应，拥有职权而不承担责任是产生"瞎指挥"的根源，同时，不拥有一定的职权就无法完成任务。当管理者向下属布置工作任务、委授一部分职权时，应同时委派相应的执行职责，但这并不等于管理者放弃了这些责任和职权，而是与下属分享并保留最终职责，也就是说管理者应对其下属的工作行动承担最终责任，这有利于加强对双方的约束。

3. 直线职权和参谋职权

直线职权（line authority）是指在组织的不同管理层次上任职的主管人员所拥有的指挥、命令和监督其下属工作的权力，是一种由上向下的垂直指向的职权关系。

参谋职权（staff authority）是指组织内的各级专业管理者所具有的向直线主管人员提供信息、咨询和建议，支持与协助直线主管工作的权力。

图 7-3 所示的银行组织结构中，直线职权来自 CEO 的授权，而参谋职权则是如信息

系统、人力资源、财务和法律等部门所拥有的，其可以对直线部门拥有建议权，但没有指挥、命令权。

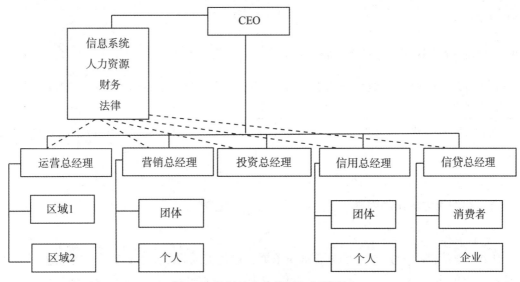

图 7-3　银行的直线部门和参谋部门

资料来源：凯瑟琳·巴特尔，等，管理学. 第 5 版. 南京：南京大学出版社，2009：198.

（四）部门化（departmentalization）

部门一词是指在一个组织中，一个管理人员有权执行所规定的活动的一个明确区分的范围、部分或者分支机构。[①] 对此，管理人员负有从事某些特定活动的职责，比如生产部门、销售部门、分公司等。部门化则是划分部门的方法，传统划分部门的方法是基于职能，而现代划分部门的方法有产品、区域、客户等。

（五）集权与分权

集权（centralization）和分权（decentralization）通常是指组织决策权的分配倾向，如果决策权集中在组织的上层，称为集权；反之，则为分权。任何一个组织不可能是全部集权或分权的。表 7-1 列出了影响一个组织使用集权或分权的一些因素。

表 7-1　　　　　　　　　　　　　　集权和分权的差异

更加集权	更加分权
环境是稳定的	环境是复杂的、不确定的
低层管理者在决策方面的能力或经验不如高层管理者	低层管理者在决策方面同样具有能力和经验

① 海因茨·韦里克，哈罗德·孔茨. 管理学——全球化视角. 第 11 版. 马春光，译. 北京：经济科学出版社，2004：147.

续表

更加集权	更加分权
低层管理者不想要决策发言权	低层管理者想拥有决策发言权
决策是相对细微的	决策的影响重大
组织正面临一个关乎生死存亡的重大危机	企业文化是开放的，允许各级管理者对所发生的事情拥有发言权
公司战略的有效实施取决于对所发生事情具有发言权的管理者	公司战略的有效实施取决于参与决策的管理者以及制定决策的灵活性

资料来源：斯蒂芬·罗宾斯．管理学．第 11 版．李原，等，译．北京：中国人民大学出版社，2012：270.

三、组织设计的影响因素

（一）战略

组织跟随战略是组织建设的重要理论依据，这是美国著名学者钱德勒在考察美国成功企业后得出的重要结论。这说明，一旦组织选择了某种战略，就必须选择正确的组织形式确保战略实施，不同的战略实施需要不同的组织设计作为战略实施成功的保障。例如，在提倡创新发展战略的企业，往往建立较为宽松的组织结构，以利于员工"天马行空、无拘无束"的思想创新，创造活跃思想的氛围；相比而言，提倡成本领先的企业往往建立严格的控制体系，控制浪费行为，以节约每一分钱。

◎ 小资料

书评：战略与结构：美国工业企业史上的篇章

这本书的主题是美国大企业的成长以及它们的管理组织结构如何被重新塑造以适应这种成长。

当钱德勒开始研究美国企业组织的结构变化时，他发现自 20 世纪初以来，最大企业的组织演变的主要特征是越来越多的企业采用多部门的组织结构。在这种组织结构下，公司的总办事处（the general office）计划、协调并评估若干分部（即事业部）的工作，并向它们分配必要的人员、设备、资金和其他资源；负责分部的执行经理把处理一个产品主线或服务所必要的职能管理置于自己的统辖之下，每个执行经理都要对他的分部的财务结果和市场成功负责。这就是事业部制或所谓的 M 型组织结构，它被美国企业界习惯地称为"分权"结构。因此，美国企业如何从原来的直线职能结构向多部门结构转变，就被钱德勒定义为大企业成长过程中组织转变问题的焦点。

资料来源：路风．从结构到组织能力——钱德勒的历史性贡献．http：//book. douban. com/review/6468228/.

（二）环境

组织是存在于一定社会环境之中的开放系统，需要经常不断地与环境交换信息和资源才能生存和发展。环境划分为简单-静态环境、复杂-静态环境、简单-动态环境和复杂-动态环境四种类型，组织应该调整战略以适应环境，究竟如何调整应视环境的不利程度而定。总之，组织环境调节着组织结构设计与组织绩效的关系，影响组织的有效性。

（三）规模

组织规模是指一个组织所拥有的人员数量以及这些人员之间的相互作用的关系。人员的数量在某种意义上对组织结构的影响是决定性的。组织规模影响着组织的结构，在组织发展的不同阶段，组织规模的影响又有所不同。规模较小的组织一般结构较为简单，而规模较大的组织通常结构复杂。Thomas Cannon 曾提到了组织的发展过程：在创业时期，组织结构通常灵活，非正规化，采取个人决策和非正式沟通；随着业务增多，形成权力线，职能专业化；当事业进一步扩大，则开始分权，划分事业部和经营单位，同时参谋激增；再接下来，直线与参谋之间的矛盾激化，组织又再度集权发展。①

（四）技术

所谓技术是指以生产符合需求的产品的机器和手段的特定组合，既包括各种硬件设施如设备、机器和工具，也包括各种软件如工作人员的技能和知识。技术是影响组织结构的重要因素，技术越复杂，结构就越复杂；技术不确定性越大，则形式化和集中化的程度越低；技术的互倚性越大，就必须投入越多的资源用于协调。

四、组织设计的步骤

组织结构设计是建立一个新的组织结构或改革现有结构，调整职务职位间的分工协作及权责关系做出总体筹划与安排的活动过程。组织结构设计的目的是合理地配置组织成员的劳动，建立相对稳定的工作秩序。韦里克和孔茨和认为组织设计包含以下六个步骤②：

（1）确定企业目标；

（2）制定支持性的目标、政策和计划；

（3）对完成上述目标所必需的活动进行确定、分析和分类；

（4）根据现有的人力和物力资源以及在此环境下使用人力和物力的最佳方法，将上述活动划分到各个部门；

（5）授予各个部门的领导完成活动所必需的权力；

（6）通过职权关系和信息流向，横向和纵向地将各个部门联系在一起。

五、组织设计的成果

组织设计完成之后，一般都会以组织结构图和职务说明书作为书面成果。

---

① Cannon J. T. Business strategy and policy. Harcourt, Brace & World, 1968.

② 海因茨·韦里克，哈罗德·孔茨. 管理学——全球化视角. 第11版. 马春光，译. 北京：经济科学出版社，2004：155.

（一）组织结构图

组织结构图是指用图形表示组织结构的框架体系，显示各个部门是如何按照基本的职权范围连接在一起的。

组织结构图的优点是层次清楚、一目了然，便于组织成员间的沟通、分工与合作，同时也揭示了组织成员在本组织中的职业发展路径。

组织结构图存在的不足是：首先，组织结构图只显示正式的职权关系，无法揭示非正式组织以及其信息沟通方式。其次，个人可能将职权关系与地位混淆。比如向公司总裁汇报的职能部门的高级职员会出现在组织结构图的上端，而某一地区的直线职位上的高级职员会出现在比他低一至两个层次的位置。因而，对于某个组织的了解，仅停留在组织结构图上是不够的。

（二）职务说明书

职务说明书是用文字具体说明每一个管理职务的工作任务，职责与职权，尤其是与上下级和同级其他部门、其他职务的关系。比如：哪些问题可以自行决定并执行？哪些问题需要向上级主管请示汇报？哪些问题需要事前与相关部门协商？哪些问题只要在完成后通报就可以了？……此外，对于担任该职务者所应具备的基本素质、技术水平、工作能力都要做出明确规定。

第三节　组织结构的类型

对于管理人员来说，组织就是一个正式的、刻意设计的角色或职位结构。组织结构是一个组织内正式的工作安排，具体来说包括：分配给个人和部门的一组正式任务；正式的报告关系，包括指挥链、决策责任、等级层次的数目以及管理幅度；运作机制设计，以确保不同部门员工之间的有效协调。

一、直线型结构

直线型结构（line structure）是较为简单的组织结构形式（见图7-4），其基本特点是组织中所有的职位都依据直线职权组成等级层次分明的垂直系统，不设专业化分工的职能部门，各种管理职能集中由主管人员承担，每个组织成员只接受其直接主管的命令并向他负责。直线型结构的主要优点是简单明确、权责清楚、统一指挥，在主管人员素质高、能力强的条件下有很高的运作效率且节省管理费用，适用于业务单一、有较稳定服务对象的小型组织或企业基层的现场管理。在实践中，发展初期的小企业、创业型的企业家多数会采用这种大权独揽的结构。其缺点是缺乏横向协调的渠道，当组织规模扩大或主管人员的能力不足以有效控制时，则难以适应业务发展的要求，一旦发生意外事件或紧急情况有可能给组织造成较大的损害。

二、职能型结构

职能型结构（functional structure）是按照在组织中所承担的职能来组织工作活动，将业务性质相似、所需要的业务技能相近，或与实现某个具体目标联系紧密的工作任

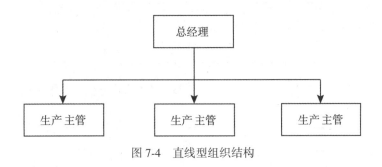

图 7-4　直线型组织结构

务组合在同一个部门中（见图 7-5）。职能制可以看作组织资源的部门化，每种职能活动（生产、财务、销售、人力资源等）都代表了特定的完成组织任务所需的资源。图 7-5 中，财务、生产、销售三个职能经理分别对本专业领域内的全部工作负责，并协助总经理的管理工作。

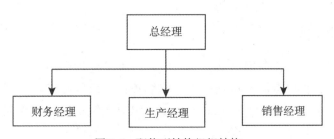

图 7-5　职能型结构组织结构

　　职能型结构是一种直线设计。信息在纵向层级结构中上下流动，指挥链集中于组织高层。这种组织结构的优点在于能够最大化地发挥专业分工的优势，有利于专业人员的相互交流，提高专业水平。不足之处是各部门之间由于受职能岗位和专业分工的影响，可能会增加横向沟通与协调的困难，特别是各个职能部门都能对下级单位进行指挥的情况下，会破坏指挥命令的统一性。职能型结构在中小型组织中有较广泛的适用性。

三、直线职能型组织结构

　　直线职能组织结构（line-staff structure）设置了两套系统：一套是依照直线指挥关系层层负责的垂直系统，另一套是按照职能分工关系设置的职能（亦称参谋）系统（见图 7-6）。直线主管在其管辖范围内拥有对下属人员的工作实行指挥命令、监督奖惩的职权。职能部门的人员对下级机构和同级主管只提供咨询建议和业务指导，不能直接指挥和发布命令，实现了直线与职能的区分和分工。

　　直线职能型组织结构适应了管理职能分工的要求，使职能部门可以协助、分担直线主管的管理工作，又能保证了命令统一，避免了政出多门、多头指挥造成的混乱。组织中的两套系统各司其职、各负其责，整个组织的运作稳定有序，效率较高。直线职能型结构的

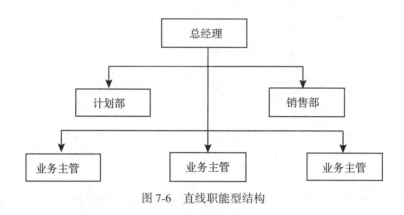

图 7-6　直线职能型结构

主要缺点是过于刻板、应变性较差，同时，职能部门与直线部门间缺乏正式的沟通渠道，相互间的协调工作量较大，会占用上层主管的精力。这种组织结构适合于较为成熟的中型组织。

四、事业部型结构

随着企业规模的扩张，职能型结构无法应对多种多样的产品、顾客和地理区域的发展，在这种情况下，将所有职能都纳入某个组织单元就成为必然的选择。事业部型结构（divisional structure）是一种相对独立的业务单元组成的组织结构。在这种结构中，每个事业部都拥有较大的独立自主经营权，财务上独立核算。各事业部经理对事业部的经营绩效全面负责，拥有充分的运营决策权，并直接向公司总部汇报工作。总公司向各事业部提供 R&D、财务投资、主要负责人调配、人员培训等方面的支持与服务，同时也作为投资者、监管人协调与引导各事业部之间的经营活动，实现各事业部发展目标与总公司发展目标的一致性，如图 7-7 所示。

事业部型结构最主要的优点在于适应大公司特别是多元化公司的组织管理，建立了一种绩效导向型体制，总公司关注和考核各事业部的经营效果而非营运过程，既鼓励了各事业部负责人的主动进取精神，又使总公司的高层主管摆脱了日常管理事务，能够集中精力于公司的长远发展方向和战略规划的决策。事业部型结构还有利于培养高级管理人才，与职能型结构中的职能经理相比，"集中决策、分散经营"使各事业部负责人独当一面，在事业部的自主经营中广泛获取多方面的经验，独立承担取得经营业绩的责任培养了他们的全局观念，为其向高层经理发展提供了充分的锻炼机会。可以依据公司的经营情况，按照经营产业的不同、地域的差异划分事业部。

对于一个经营活动涉及多个业务领域的企业来说，各事业部自主经营、独立核算便于考核、比较不同事业部的业绩与贡献，也便于及时依据市场的变化扩大或缩小某些事业部的规模，甚至增加新的事业部或撤销某个原有的事业部都不会打乱整个公司的运作，企业经营更加灵活。

事业部型结构的主要不足是各事业部自成体系，导致营销、财务等职能部门在各事业

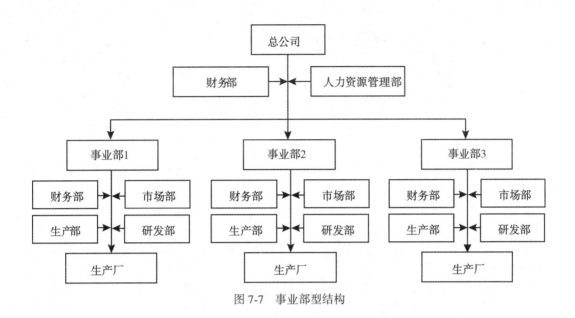

图 7-7 事业部型结构

部的重复配置,增加了总的管理费用。如果事业部独立性过强,有摆脱总公司控制的倾向,也会削弱组织的整体实力,甚至出现"架空"总公司的情况,这也是某些公司对实行事业部制谨慎有加的主要原因。

◎ **小资料**

保利集团组织结构图

中国保利集团公司系国务院国有资产监督管理委员会管理的大型中央企业,于1992年经国务院、中央军委批准组建。30多年来,保利集团已形成以国际贸易、房地产开发、轻工领域研发和工程服务、工艺原材料及产品经营服务、文化艺术经营、民用爆炸物品产销及服务、金融业务为主业的发展格局,业务遍布国内100余个城市及全球近100个国家。2017年,保利集团实现营业收入2 501亿元,利润总额300亿元。截至2017年底,保利集团资产总额8 910亿元,位居世界500强第341位。

五、矩阵型结构

矩阵型结构(matrix structure)是结合职能制和事业部制长处的一种组织结构。如图7-8所示,矩阵型组织结构在纵向上设置职能部门来获取职能分工的优势,而在横向安排项目负责人来获取专业化分工的长处。

矩阵型结构由于将职能部门的专业管理知识和熟悉技术变化的产品项目加以结合,体现了反应更加灵活和弹性更强的适应性,在市场变化、产品更新较快的企业中较为适用。在矩阵式组织中,每个项目组都有各职能部门的成员参加工作,实现了职能部门化与产品

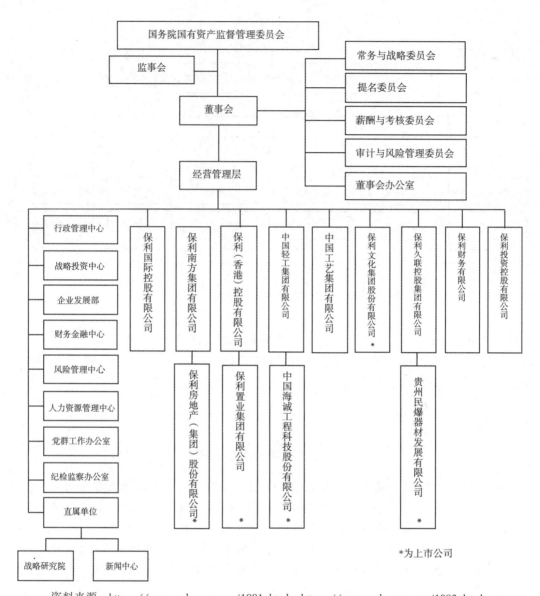

资料来源：http：//www.poly.com.cn/1081.html；http：//www.poly.com.cn/1083.html。

部门化因素的交叉、综合，可以在项目的开发过程中充分吸取职能部门专家的意见，使产品更好地适应市场变化的需求，更好地发挥资金的使用效率，更好地考核员工对项目的贡献。

矩阵型结构的缺点在于这种双重的管理系统明显违背统一指挥的管理原则，双重指挥容易引起管理上的混乱。这也就对项目经理的人际管理能力提出了更高的要求。如项目经理为了更好地进行协调，就必须具备更宽泛的知识对各类人员进行协调，也要在较多的部门之间实现有效的沟通。

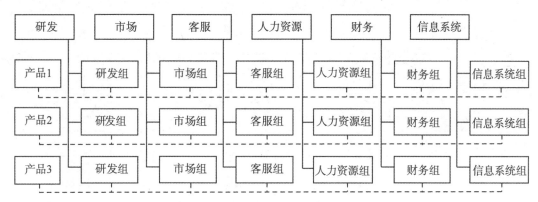

图 7-8 矩阵型结构

资料来源：斯蒂芬·罗宾斯. 管理学. 第9版. 孙建敏，等，译. 北京：中国人民大学出版社，2008：269.

第四节 组织分类

一、正式组织与非正式组织

霍桑实验中的一个重大贡献是揭示了组织中非正式组织的存在，不过对于正式组织和非正式组织的界定，还是由管理学家巴纳德完成的。

巴纳德将正式组织界定为两个或两个以上的人有意识地协调活动或效力的协作系统，指出作为正式组织的协作系统，不论其规模大小或级别高低，都包含着三个基本要素：协作的意愿、共同的目标和信息的沟通。他给非正式组织所下的定义是：不属于正式组织的一部分，且不受其管辖的个人联系和相互作用以及有关的人们集团的总和。非正式组织没有正式的组织结构，通常也不具有自觉的共同目标。非正式组织产生于同工作有关的联系，并从而形成某些态度、习惯和规范。非正式组织常常为正式组织创造条件，反之亦然。非正式组织可能对正式组织起某些不利的影响，但也对正式组织至少起着三种积极的作用：第一，信息的沟通；第二，通过对协作意愿的调节，维持正式组织内部的凝聚力；第三，维护个人品德和自尊心。正式组织是保持秩序和一贯性不可缺少的，而非正式组织是提供活力不可缺少的；一个管理者如果也是非正式组织的领导者，那么管理就会非常成功。

正式组织和非正式组织的界定见图 7-9。

二、机械式组织与有机式组织

20 世纪 60 年代，英国的 Tom Burns 和 G. M. Stalker 在《创新的管理》（*The Management of Innovation*）一书中阐释了他们对组织如何适应外部环境的研究，并据此提出机械式组织和有机式组织的概念。他们发现在稳定的环境中，成功企业的组织结构倾向于机械式的；

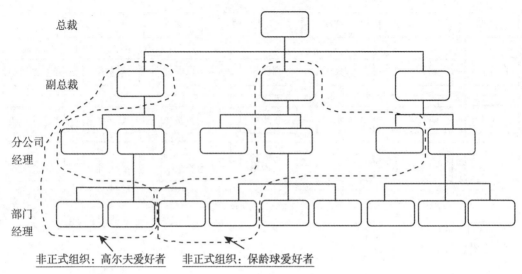

图 7-9 正式组织和非正式组织

资料来源：海因茨·韦里克，哈罗德·孔茨. 管理学——全球化视角. （第 11 版）. 马春光，译. 北京：经济科学出版社，2004：147.

而动态环境中的企业，结构都倾向于有机式的。在此之后，Paul Lawrence 和 Jay Lorsch 做了类似的研究，得到了相同的结论，从目前企业的发展趋势来看也是如此。下一章介绍的小米科技有限责任公司的组织结构就具有典型有机式组织的特征。机械式组织和有机式组织的特点见表 7-2。

表 7-2 机械式组织和有机式组织

机械式组织	有机式组织
工作被划分为狭窄的、专业化的任务	工作基于总体的任务来确定
任务完成的方式是极其专业化的，除非层级制中的管理者提出改变	任务需要在完成过程中，经与他人互动而不断调整。
控制、职权和沟通的结构是层级制的	控制、职权和沟通的结构是网络状的
决策由专门的层级做出	决策是由具有相关知识和技术专长的个人做出的
沟通主要是垂直的，主要在上下级之间	沟通既有垂直的，也有水平的，在上级、下级和同级中进行
沟通内容主要是上级的指示和决定	沟通内容主要是信息和建议
强调对组织的忠诚和对上级的服从	强调对组织目标的承诺和拥有必备专长

资料来源：莱斯利·W. 鲁，劳埃德·L. 拜厄斯. 管理学技能与应用. 第 11 版. 刘松柏，译. 北京：北京大学出版社，2006：195.

更多有关组织的分类，本书在这里不再赘述。组织分类的目的在于让我们对组织的多样性和差异性有更多的理解。

本 章 小 结

1. 组织是指一个社会实体，它具有明确的目标导向、精心设计的结构与有意识协调的活动系统，同时又与外部环境保持密切的联系。组织职能是维持与变革组织结构，并使组织发挥作用完成组织目标的过程。组织职能主要包括三部分：一是组织结构设计；二是组织关系——组织运行管理机制的设计；三是人员配置或人力资源管理的设计。

2. 组织设计主要从结构变量和影响变量来考虑，结构变量包括工作专门化、管理幅度与管理层次、部门化、职权以及集权和分权五个方面；影响变量则包括规模、技术、战略、环境四个方面。

3. 组织设计的步骤包括从组织目标出发，对组织活动进行分类，进行横向和纵向的设计，最后形成整个组织结构。组织设计的成果包括组织结构图和职务说明书。

4. 组织结构的类型有直线型、职能型、直线职能型、事业部型和矩阵型。

5. 正式组织和非正式组织以及机械式组织和有机式组织是描述组织不同特征的重要概念。

复习思考题

1. 什么是组织？
2. 什么是组织职能？
3. 组织设计有哪些结构变量和影响变量？
4. 组织设计的步骤和成果是什么？
5. 组织结构包含哪些类型？
6. 正式组织和非正式组织的区别是什么？
7. 机械式组织和有机式组织的区别是什么？分别适用于何种环境？

参 考 书 目

1. 海因茨·韦里克，哈罗德·孔茨：管理学——全球化视角．第 11 版．李原，等，译．北京：经济科学出版社，2004.

2. 斯蒂芬·罗宾斯，等．管理学．第 11 版．李原，等，译．北京：中国人民大学出版社，2012.

3. 理查德·L. 达夫特．组织理论与组织设计．王凤彬，等，译．北京：清华大学出版社，2013.

【案例分析】

一种新的组织结构

　　昨天，张明被正式提升为明德医院的院长。这家医院位于国内一个二线城市，有600个床位。张明对自己被提升感到十分兴奋，但同时也很担心。

　　张明是三年前来到这家医院的，在此期间担任医院的副院长。虽然他身为副院长，但更像前院长李江的助理。鉴于张明的教育背景（获得了医院管理硕士学位）和对医院的忠诚，医院董事会上周接到李江的辞呈后，就决定让张明接任院长一职。

　　图7-10是该医院的组织结构图，这是前任院长去年设计的。看着这张组织结构图，张明有些担心自己是否具有管理这家医院的能力。

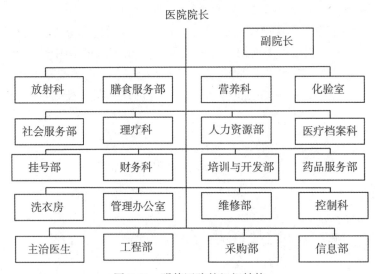

图 7-10　明德医院的组织结构

　　资料来源：安德鲁·吉耶尔. 真实情境中的管理学. 耿云，译. 北京：中国人民大学出版社，2010：235-236.

◎讨论题

　　1. 你认为张明是否具备新职位要求的技能和经验？如果是，为什么？如果不是，又为什么？

　　2. 你如何描述明德医院现有的组织结构？

　　3. 如果你是张明，想重新设计一下明德医院的组织结构吗？为什么？如果重新设计，该如何设计？

第八章 组织的变革与创新

【学习目的】

在学习本章之后，你应该掌握以下内容：

1. 动荡环境下组织面临的三大挑战：全球化、信息技术和员工多样性。
2. 组织设计的新趋势。
3. 工作再设计理论和实践。

【案例——问题的提出】

小米印度

小米科技有限责任公司（下称"小米"）是中国一家致力于移动通信终端设备研制与软件开发的企业。

在组织架构上，小米摒弃了传统公司通过制度、流程来保持控制力的树状结构，小米的组织架构直面用户，是一种以人为核心的扁平化管理模式。雷军将权力下放给7位合伙人，类似于"地方自治"，合伙人拥有较大自主权，且不相互干预。同时，业务部门内没有层级关系、职级名称，不进行关键绩效考核，所有人看上去都是平等的。小米的架构只有三层：联合创始人—部门负责人—员工。

随着小米进入国际市场，小米也把这种结构带入了国际化的进程。印度市场是继中国市场之外的第二大市场，小米2018年成功IPO与小米印度的成功有着密切关系。

目前小米印度的掌门人曾是印度一家电商公司的创始人，后跳槽到小米。他有一个有趣的中文名字"蛮牛"（Manu Kumar Jain）。今年早些时候小米印度搬进了班加罗尔的新办公室，安排有约750个岗位，显示出该公司未来可能增加员工数量。

当一位新进的高管被告知没有关键绩效区（KPAs）和关键绩效指标（KPIs）时，这位高管被难住了。一位行业高管表示，虽然小米员工没有直接的业绩数据压力，但毫无疑问他们必须有所表现，因为老板会很严格，且他们20%至40%的年薪会跟业绩相关。

资料来源：根据 http://news.mydrivers.com/1/574/574080.htm 提供的资料整理而成。

当你读完小米公司的案例，是不是感觉现在的新创企业在组织架构和设计上，与过去传统的企业，以及前面所介绍的各种组织形式有着很大的不同？在理论上，"组织跟随战略"是经典的名句；在实践中，伴随着组织运行环境的变化，组织形态和结构的创新与变化一直在持续，因为适应环境的要求一直是组织生存、发展的前提条件。

第一节　动荡环境下组织面临的挑战

托夫勒早在 1980 年就预测了第三次浪潮的来临，比如跨国企业将盛行，电脑的发明、互联网的出现使 SOHO（Small Office Home Office，家居办公）成为现实，人们摆脱了朝九晚五工作的桎梏，核心家庭的瓦解，DIY（Do It Yourself，自己动手做）运动的兴起等等。德鲁克则告诉我们生活在一个社会大转型的时代，企业和所有机构都必须为变革做好准备。

一、经济全球化

"全球化"（globalization）最早可能出现于 1944 年，被经济学界使用是在 1981 年，但"全球化"得到广泛的使用得益于美国人西奥多·莱维特（Theodore Levitt）1983 年的论文《市场全球化》（*Globalization of Markets*）。经济全球化（economic globalization）是迄今还未完全统一的一个概念。国际货币基金组织认为："经济全球化是指跨国商品与服务贸易及资本流动规模和形式的增加，以及技术的广泛迅速传播使世界各国经济的相互依赖性增强。"经济合作与发展组织认为："经济全球化可以被看作一种过程，在这个过程中，经济、市场、技术与通信形式都越来越具有全球特征，民族性和地方性在减少。"从物质形态看，全球化是指货物与资本的越境流动，经历了跨国化、局部的国际化以及全球化这几个发展阶段。在此过程中，出现了相应的地区性、国际性的经济管理组织与经济实体，乃至文化、生活方式、价值观念、意识形态等精神力量的跨国交流、碰撞、冲突与融合。随着我国的经济发展，信息技术的提升，"一带一路"倡议的推进，这些变化正以更快的速度、更多的形态出现。

全球化对组织结构的影响主要体现在外包和虚拟组织的兴起。外包（outsourcing）是企业为维持组织的核心竞争力，将组织的非核心业务委派给外部的专业公司，从而降低营运成本、提高品质、提高顾客满意度的过程。外包的类型多种多样：生产外包、IT 外包、人力资源外包、财务外包等，几乎涉及企业经营的每一个职能。耐克最先引领了生产外包的潮流，在 20 世纪 70 年代开始就把制造环节外包给亚洲厂商；其后许多电子公司、软件服务公司紧随其后，纷纷将其制造、软件开发迁往国外以降低成本。外包业务也带来新的组织结构——虚拟组织的兴起。

二、信息技术

信息技术（Information Technology，IT）是指在信息科学的基本原理和方法的指导下扩展人类信息功能的技术。一般来说，信息技术是以电子计算机和现代通信为主要手段实现信息的获取、加工、传递和利用等功能的技术总和。信息技术的应用从根本上改变了组织的目标、结构、形态和习惯，可以说，信息技术已经成为影响企业组织结构的一个重要因素。随着信息技术在组织中的广泛应用，在总体上将有助于组织灵活性的提高以及复杂性与集权程度的降低。

（1）组织结构扁平化。由于信息系统的利用，信息的传输能力大大加强，通过电子邮件、BBS（电子公告牌）、视频会议、微信、微博等通信技术和传播形式，可以在同一时间将信息很快地在全部组织领域中扩散，从而免去了中间层的上传下达，减少了信息流通的中间环节。这样，信息技术代替了大部分本来由中间层次来完成的信息组织和传递工作，因此弱化了中间管理层的效用，相应地减少了对中间层次的需求，而促使组织简化结构，推动了组织向扁平化方向发展。

（2）组织结构更趋灵活性与有机性。由于组织中知识的重要性越来越大，知识所能创造的财富远远超过资本，企业中传统的资本权力结构，即企业上下级之间实行命令和控制的模式越来越不适应信息技术的发展，而以知识型专家为主的信息型组织越来越受欢迎。新的组织将会是以团队为单位的结构。这样的团队将会有一些决策权力，同时又受到更高层次的团队的指挥，这样在企业中遇到的横向协调关系将远远大于纵向关系，因为较多的横向协调关系取代纵向关系，组织结构更趋灵活性和有机性。

（3）网络化和无边界组织的出现。信息技术的发展，促使企业组织内部网络化和外部网络化双重发展。在组织内部，严格的等级制形式的命令链被网络化形式的沟通所取代，传统的命令沟通方式变为协商式的沟通方式，从而导致组织高效、职能柔性和开放。在组织外部，企业通过契约方式，依靠其他组织，共同从事制造或者营销等活动。企业仅保留关键的功能，然后将其他功能虚拟化，以各种方式借用外力进行整合，进而创造企业本身的竞争优势。

信息网络技术的普及和推广，打破了企业内部、企业之间、产业之间、地区之间甚至国家之间的壁垒，从而促使无边界组织的出现。美国通用电气公司前任董事会主席杰克·韦尔奇（Jack Welch）首先使用了无边界组织这一术语。韦尔奇力求取消公司内部的横向和纵向边界，并打破公司与客户和供应商之间存在的外部边界障碍。在今天动态的外部环境下，组织为了更有效地运营，就必须保持灵活性和非结构化。为此，无边界组织力图取消指挥链，保持合适的管理幅度，以授权的团队取代部门。

◎ 小资料

三叶草组织

英国管理学家查尔斯·汉迪在其著作《工作与生活的未来》中对他预想的未来的组织形式做出了种种展望，其中，他描绘了一种三叶草组织。这种组织中的第一片叶子是组织核心人员，即专业核心，由相应资质的专业人才、技术人员和管理者组成。他们对组织是不可或缺的。核心部分变小，次要的工作都外包出去，接受这些工作的独立专业人士以及小公司，就是第二片叶子。理论上这些人更专业，可以做得更好，成本也更低。一些研究表明，如果把产品或服务的各种要素全部分解开来，80%的价值其实是组织以外的人实现的。三叶草的第三片叶子是弹性人力部分，也就是就业市场上增长最快的兼职人员和临时工作人员，或称为自雇工作者。未来的组织或企业中不像过去和现在只有一种员工，而是有两到三种，对这些员工的管理方法也就各不相同。

资料来源：根据 http://wiki.mbalib.com 的资料编写而成。

三、员工的多样性

多样性（diversification）原本是人的基本属性，它使人们感受到自己与他人的差异。随着经济全球化和信息技术的发展，世界逐渐演变成为地球村，而许多公司和组织也在向地球村的方向发展，对于员工多样性的主动管理成为一种发展趋势。

多样性，简单地说，就是个体的独特个性。员工的多样性分为主要层次和次要层次，主要层次表现在年龄、性别、种族与人种、性取向等，次要层次则包括工作经历、收入、母语、宗教信仰、受教育经历等。下面仅介绍多样性的主要层次方面。

（1）年龄。全球人口老龄化问题是 21 世纪最重大的发展趋势之一，世界各国都在积极应对这种趋势，以防止人口老龄化带来的各种社会问题。据中国民政部《2017 年社会服务发展统计公报》，截至 2017 年底，全国 60 周岁及以上老年人口 24 090 万，占总人口的 17.3%，其中 65 周岁及以上老年人口 15 831 万，占总人口的 11.4%。60 周岁以上的老人已占总人口的 28.7%。

组织对年龄较大的员工通常持比较复杂的心态。组织会认为年龄较大的员工有着年轻员工不具备的优秀品质，比如经验、判断力、高工作承诺等，然而，组织也通常视年龄大的员工为效率低、不灵活、僵化、难以适应变化和进步的人。

管理者面临的挑战是如何克服对年龄较大的员工的刻板印象，在劳动力市场供给不足的情况下，寻求一支有竞争力的员工队伍。

（2）性别。从人口学的角度来看，男性和女性所占的人口比例应该几乎是等同的，男性略多。但受传统文化的影响，中国的男女性别比例在 2017 年为 104.82：100。一部分传统上女性居多的工厂劳动大军可能被男性所替代，也就会给管理带来新的问题。

虽然在体力等方面男女之间存在一定的差别，但目前研究表明，男性和女性在工作绩效、学习能力、工作能力、动机等方面几乎没什么重要差异。如麦肯锡公司于 2007 年对 200 多家上市公司进行的调查和分析发现，性别多元化、女性高管多的企业比其他企业的各方面业绩要优异。然而，受传统男尊女卑、男强女弱、男主女从观念和女性生养后代重任的影响，女性就业在现实社会中仍处于劣势，是社会的弱势群体，就业的障碍往往多于男性，性别歧视现象广泛存在，甚至有着较高文化程度的女性也难以幸免。

（3）种族与人种。企业的国际化经营，导致越来越多不同国家和种族的人在一起工作，虽然这样的工作形式已经在世界上的各类组织中出现，但文化的差异、语言的不同必然会影响到彼此之间的交流和沟通，也会给管理工作带来影响。

（4）其他类型的多样性。一些次要层次上的差异，比如受教育背景、工作经历、出生地等，也会影响员工在工作场所受到何种对待。管理者需要确保所有员工，无论是相似还是具有差异，都应得到公平的对待，并且向他们提供必要的机会和支持以使他们发挥最大的能力。

多样性对于组织设计来说，影响较为重要的领域是如何将员工与岗位匹配以及组建团队等方面。

第二节　组织设计新趋势

在应对上述全球化、信息化和多元化的挑战中，组织不断发展和变革，出现了许多新的趋势。关键的趋势包括：网络型结构和虚拟组织、团队型组织结构、委员会结构、重组和流程再造、组织重叠等。

一、网络型结构和虚拟组织

网络型结构（network structure）是目前流行的一种新形式的组织设计，它使管理当局对于新技术或者来自海外的低成本竞争具有更大的适应性和应变能力。网络结构是一种很小的中心组织，依靠其他组织以合同为基础进行制造、分销、营销或其他关键业务的经营活动。在网络型组织结构中，组织的大部分职能从组织外"购买"，这给组织的管理工作创造了高度灵活的工作条件，并使组织集中精力做其最擅长的事。[①] 虚拟组织（virtual organization）是由肯尼思·普瑞斯（Kenneth Preiss）、史蒂文·L. 戈德曼（Steven L. Goldman）、罗杰·N. 内格尔（Roger N. Nagel）三人在 1991 年编写的一份报告《21 世纪的生产企业研究：工业决定未来》中首先提出的。[②] 1992 年，威廉·H. 戴维陶（Willam H. Davidow）与麦克·S. 马隆（Michael S. Malone）在《虚拟公司》（*The Virtual Corporation*）中认为，虚拟公司（企业）是由一些独立的厂商、顾客甚至同行的竞争对手，通过信息技术形成临时的网络组织，以达到共享技术、分摊费用以及满足市场需求的目的。虚拟企业没有中心办公室，也没有正式的组织图，更不像传统组织那样具有多层次的组织结构。

虚拟组织指两个以上的独立的实体，为迅速向市场提供产品和服务，在一定时间内结成的动态联盟。它不具有法人资格，也没有固定的组织层次和内部命令系统，而是一种开放式的组织结构，因此可以在拥有充分信息的条件下，从众多的组织中通过竞争招标或自由选择等方式精选出合作伙伴，迅速形成各专业领域中的独特优势，实现对外部资源的整合利用，从而以强大的结构成本优势和机动性，完成单个企业难以承担的市场功能，如产品开发、生产和销售。

图 8-1 显示了这种网络型结构的构成。网络型结构和虚拟组织与过去的组织结构最不同的地方，在于突破了过去对于组织结构和范围的假定，即以法律上承认的实体为边界。

网络型结构彻底打破了传统组织的"大而全""小而全"模式，是通过对外部资源的整合来取得自身优势的，人数少、弹性大、应变快、内部管理简单是网络型结构的突出特点。网络成员单位都是独立法人，没有正式的资本所有关系和行政隶属关系，通过契约纽带和相互信任、互惠互利机制密切协作。因而，这类组织在核心能力和关键职能上具有控制力是整合外部资源的基础。

网络型结构的局限之处在于其管理当局难以保证对生产经营全过程的严密控制，存在

---

① 参见百度百科（http：//baike. baidu. com）。

② 参见 MBA 智库百科（http：//wiki. mbalib. com）。

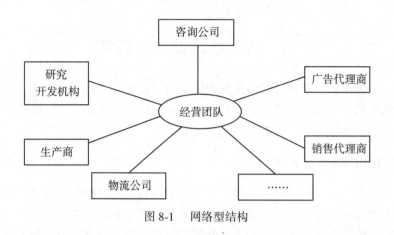

图 8-1　网络型结构

着一定的经营风险,尤其是在契约意识、商业信誉没有成为基本行为准则又缺乏制度约束的社会环境中,产品质量及每一经营环节的及时到位都存在失控的风险,而任何一个环节的失误,都会极大地损害组织的经营绩效。网络型结构比较适合服装、鞋帽、玩具、工艺品加工等受流行时尚影响大、市场变化快、竞争激烈的行业或抓住市场机会刚起步的小企业,并非对所有企业都普遍适用。

◎ **小资料**

NIKE 的虚拟化过程

　　NIKE 创建于 20 世纪 70 年代,在短短 30 年的时间里,NIKE 已经建立起全球范围的体育王国,赢得了世界各国年轻人的喜爱。但是,NIKE 自己并不生产任何产品,NIKE 品牌下所有的运动用品都是由遍布于世界各地的加工厂生产的。NIKE 公司组织起一个全球化的分别负责产品设计开发、制造、包装、运输、销售等各项专门业务的网络,在这个网络中,NIKE 只负责产品设计和产品调度的工作,其他的工作都通过长期合作的方式交给合作伙伴完成。NIKE 的合作伙伴中既有中国的服装加工厂,也有 UPS(美国联合包裹投递公司)环球物流体系。

　　NIKE 通过这种方式,把主要的精力放在自己具备竞争优势的、附加值高的产品设计和营销上,而把资金投入大、附加值低的产品生产和物流工作外包给具有优势专业企业。为了强化对产品款式和产量的控制,NIKE 公司从 1999 年开始使用电子数据交换(EDI)方式与其供应商联系,直接将成衣的款式、颜色和数量等条件以 EDI 方式下单,并将交货期缩短至 3~4 个月。NIKE 根据织布厂提供的布样,设计产品款式,然后下单给成衣生产商。成衣生产商必须使用 NIKE 认可的织布厂生产的布料,这样,成衣厂商的交货期明显缩短。在物流方面,NIKE 建有一个国际领先、高效的货物配送系统,但它自己只负责调度,并不做运输,运输环节是由第三方物流公司完成的。在美国,NIKE 已经成为 UPS 最大的客户。

　　资料来源:根据 NIKE 公司介绍和其他相关资料整理而成。

二、团队型结构

在传统组织中，组织的基本工作单位是部门，但是在团队（team）型组织中，团队是基本的工作单位。比如丰田公司的每个生产车间都有 300 名员工，但只设立了 2~3 位管理人员，每个工作团队都有自己的具体工作任务，如安装仪表板或维护机械设备。这些团队都进行自我监督和管理。

（一）团队观念的演变

在早期的科学管理时代，团队被认为是一组具有相同技术、努力消除个体差距、共同完成同样任务的工作小组，是属于同一个部门中的基层细胞。此阶段的团队观念突出的是成员心理上的相互依赖、良好的人际关系与亲和性。

随着现代组织中工作任务复杂程度的增加和对技能要求的提高，在 20 世纪 70 年代，团队成为由具有不同技能的员工集合组成，并需要互相配合才能共同完成工作任务的新型集体。新型团队的成员各有不同的专长，他们往往共同承担组织中那些跨职能的工作任务，如从事新产品开发的项目小组、设备改造安装中的攻关团队、生产过程中的质量管理小组等。这一时期的团队观念强调和突出了协调合作精神、各成员对共同目标的认同与技能上的互补，一起为实现团队的任务目标而努力工作。

在 21 世纪的组织创新浪潮中，有的企业试图彻底消除传统组织依照职能分工设置部门而带来的内部运营沟通，以及与外部环境协调的人为障碍，用跨职能的团队作为组织的基本单元，按照组织的工作流程重新构建新的组织架构，各种不同类型的工作团队独立地承担特定的任务，获得的报酬是以对团队的整体绩效考核为基础的。

现代团队观念强调的是自主管理和高效率，没有权威人物来发布命令和监督控制，团队成员通过平等协商来取得共识，团队的领导者扮演的是教练和导师的角色，有时可由不同的团队成员分别担任。现代的有效团队被描述为"由数个技能互补的成员组成的人群结构，团队的成员致力于共同的宗旨、绩效目标和通用方法，并且共同承担责任"。①

（二）团队型组织的支持机制

创立团队型组织首先要求制定有利于团队结构发展的支持机制，这些支持机制包括正确的理念、结构、制度、政策和技能（见图 8-2）。

（1）组织理念。如海尔集团从 2012 年开始的网络化战略就在组织体系上发生了巨大的变化。公司提出了"人单合一双赢模式"，把员工从传统的科层制中解放出来，组成直面用户的小微企业，自己发现市场需求，自演进达到目标。

（2）组织结构。在团队型公司中，公司的基本工作单位是团队而不是部门。团队成员相互监督，自己安排加班，自行解聘员工。在这类公司中，主管人员相对较少，因为公

---

① 张玉利，程斌宏. 重新设计组织. 天津：天津人民出版社，1997：67.

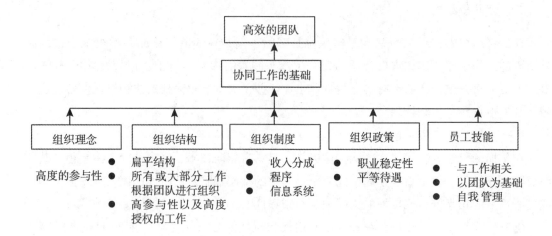

图 8-2　团队型组织的支持机制

资料来源：加里·德斯勒，等．现代管理学．丰俊功，等，译．北京：清华大学出版社，2010：329.

司已将很大一部分权力下放给了团队。

（3）组织制度。以团队为单位组织公司的方法要求，公司制度和实践应与团队的工作方式保持一致。例如，管理者通常会奖励整个团队的出色工作，而不是单独奖励某位员工，目的是促进团队的团结。

（4）组织政策。同样，公司的政策应该支持团队合作赖以生存的授权、参与和信任理念。例如，在海尔的"人单合一双赢模式"推行中，海尔在战略、组织、员工、用户、薪酬和管理方面进行了颠覆性探索。如在组织上，变传统的自我封闭为开放的互联网节点，颠覆科层制为网状组织。在这一过程中，员工从雇用者、执行者转变为创业者、动态合伙人。在薪酬上，将"企业付薪"变为"用户付薪"，驱动员工转型为真正的创业者。①

（5）员工技能。为了更好地进行自我管理，团队成员需要具备各种决策和沟通的技能。

三、委员会结构

委员会结构（committee structure）是指跨越组织中固有的部门和等级层次，由具备不同知识结构和工作职责的人共同来讨论协商，解决非程序化问题的集体小组。在实践中，委员会通常用来完成依靠部门分工难以解决的综合性问题。

在现实生活中，可以观察到许多组织都运用委员会来处理那些需要多方面的专业知识和经验，或者需要多个职能部门相互协调共同行动的特定问题，或者运用委员会来讨论决定一些涉及全局的较重大问题。比如高等院校中的学术委员会、教学指导委员会就汇集多

① 参见海尔网站（http：//www.haier.net/cn/about_haier/）。

学科的专家学者来评定学术成果，讨论学科发展方向或为制订和改进教学方案提供建议与咨询。我国上市公司规定设立的由公司董事构成的战略委员会、薪酬委员会、提名委员会和审计委员会也是用来研究和决定组织的战略规划、投资方向、人事制度、奖酬标准、财务问题等大政方针的机构。可见委员会对于解决涉及多个部门的综合性问题以及将分工进行的工作整合起来、提高组织运行效率起着十分重要的作用。

委员会的类型多种多样，既有临时性的，也有长期设置的；既可以是明确委任了职责和权力的正式机构，也可以是没有具体授权而只是为了某个特定问题而召集有关专家集体商讨的非正式组合；既可以是拍板决策的权力机构（如董事会），也可能只承担分析研究、提出建议的参谋职能。其共同特点是委员会成员在日常工作中各有自己的领域与职责，只是为了解决特定的问题才定期或不定期地聚集在一起讨论。表 8-1 列举了挑选委员会成员和主席的几种方法，并描述了各种方法的优缺点。

表 8-1　　　　　　　　　　　　　挑选委员会的方法

方法	优　缺　点
指定主席和成员	提升全体成员的责任意识，挑选的大多数成员是有能力的，成员们可能不能很好地一起工作
指定主席并由主席挑选成员	也许会相处得很好，但是成员缺乏责任心，挑选的人可能不是最有才能或最具有代表性的
指定成员并由成员推举主席	主席缺乏责任意识，主席可能不是这个职位的最佳人选，主席的选择可能会导致委员会的分裂
全部是志愿人员	使最有兴趣的人或最有时间的人参与进来，问题是成员可能缺乏责任心，而且成员之间分裂的可能性很大

资料来源：安德鲁·吉耶尔. 真实情境中的管理学. 耿云，译. 北京：中国人民大学出版社，2010：233.

尽管委员会的灵活性弥补了组织日常运作中偏于刻板和跨部门协调较困难的不足，但过多地滥用委员会，委员会人数过多，委员会缺乏严格的议事规则，甚至出现议而不决、决而不行的问题，都可能降低组织的管理效率和效果。

四、重组和流程再造

（一）重组（restructuring）

组织成立以后，随着组织的发展，现有的组织结构或多或少会不适合现在的需求，因此，在这种情况下就需要对组织结构的一个或多个方面进行变动，这种变动就是重组的过程。比如在本章开始提到的国务院机构改革就是一种重组活动。

这种结构变革往往会引起员工的质疑与抵制，因为新的组织结构意味着新的工作关系，职位的变动也会引起员工的不安全感。更详细的介绍可参阅教材中的组织变革管理。

当考虑重组这一问题时，管理人员需要提出两个基本问题：（1）公司目前的组织结构能够发挥多大效用？（2）如果计划重组公司，需要在多大程度上重组公司？

（二）企业流程再造（business process reengineering）

1990 年，麻省理工大学计算机科学教授迈克尔·哈默（Michael Hammer）在《哈佛商业评论》上发表了被誉为"管理史上的奠基之作"的文章《再造：不是自动化而是推倒重来》，通过日本与美国企业的对比，哈默认为，要利用计算机重新设计现有企业流程，而不仅是实现现有企业流程的自动化。流程再造会引发各种变化，这些变化不仅局限于业务流程本身。工作设计、组织结构、管理系统——任何与流程有关的事物都必须进行综合改造。再造是一项艰巨的工作，它要求改变组织的多个方面。流程再造要获得成功必须具备一个条件：领导层真正富有远见。组织中没有任何人喜欢流程再造。它会扰乱大家的思维，破坏正常的秩序，并且改变人们已经习惯的一切事物。

企业流程再造的最经典定义是：系统性对商业流程进行重新思考和彻底变革，实现重要的绩效如成本、质量、服务、速度等的根本性进步，制定新的工作战略，实施流程设计和变革管理。

企业流程再造的基本过程是：（1）确定需要重新设计的业务流程；（2）衡量现有流程的绩效；（3）确定改善流程的机会；（4）重新设计并实施开展工作的新方法，一般是将先前的单独任务交由运用新型计算机系统的个人或团队完成，从而支持新的业务流程安排。

下面以 IBM 信贷公司为例，讲述企业如何进行流程再造。图 8-3 是 IBM 信贷公司的传统业务流程，公司设有多条专线电话，聘请了 14 名员工专门接听分布在世界各地的现场销售员打来的电话并做好详细记录。作为 IBM 的全资子公司，为购买 IBM 公司的计算机、软件和其他服务的客户提供贷款，这是个分工明确、高度专业化的业务流程，看起来每个步骤都是必要的，环环相扣的工作不但为客户服务，而且保证了公司对风险的控制。

然而这个流程在实践中却存在两个问题：一是整个流程需要 6~14 天才能完成，客户可能在此期间另外寻找贷款渠道或其他提供更优惠条件的供货商；二是在整个流程中，销售员的电话询问得不到准确的回答，谁也不清楚申请办到什么程度、存在什么问题，销售员急不可耐却只能等待。在这种情况下，即使能消除销售员的抱怨，但客户流失、业务量下降、经营业绩受到损害却是公司难以承受之痛，怎样解决这个问题呢？

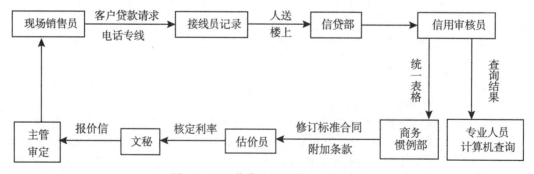

图 8-3　IBM 信贷公司的传统业务流程

如图 8-4 所示，IBM 信贷公司设计的新流程不是在原有流程框架内进行调整，而是取消了由 5 个部门分别完成的所有环节，设置了若干个平行的交易员职位，发挥类似客户经理的作用，由交易员从头至尾全权处理和完成工作任务并与现场销售员直接联系。

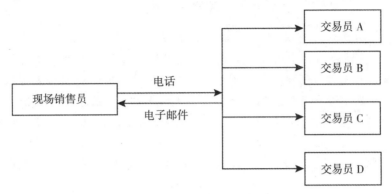

图 8-4 IBM 信贷公司再造后的新业务流程

新流程遇到的难题是每位交易员都必须是精通所有业务的通才，为了让新流程能够顺利运转、帮助交易员完成任务，IBM 信贷公司采取了 3 条配套措施：（1）建立交易员负责制，无论是哪位元交易员接到报告或贷款申请，都必须从头至尾负责到底，答复询问和提供最终结果。（2）依据过去的交易数据开发一套精确的专家支持系统软件提供业务指南，帮助交易员处理好大多数比较规范的贷款申请，完成整笔交易。（3）设立一个专家小组指导交易员处理少数特殊的或存在疑难的业务。结果是新流程只需要 4 个小时就完成了全部工作，在不增加新员工的情况下公司的业务量增加了 100 倍！

五、组织重叠

组织重叠是日本管理学家野中郁次郎在《知识创新型企业》一文中提出的。野中郁次郎在研究过的日本企业中发现，组织设计的基本原则是重叠——企业信息、业务活动和管理职责的有意识的重叠。以佳能公司为例，公司根据"内部竞争原则"组织产品开发小组，一个项目组被分成多个相互竞争的次小组，它们采用不同的方法完成同一个项目，然后就各种方式的优缺点进行辩论。这种方法鼓励人们从不同的角度研究项目，并在项目组长的指导下，最终得出一个大家一致赞同的最佳方案。

从过去的组织设计原理来看，"重叠"意味着不必要的重复和浪费，毫无吸引力可言。然而，建立一个重叠的组织结构，却是管理知识创新型企业的第一步。

重叠之所以重要，是因为它激发频繁的对话和沟通，有助于在员工中形成一个"共同认知基础"，促进个人隐性知识的传播。由于组织成员共享重叠的信息，他们能够理解别人努力想要表明的隐性知识。重叠的组织结构还有利于员工将显性知识内化，从而促进新显性知识在组织内的传播。

野中郁次郎提出组织重叠可以通过三种方式来实现：第一种是组织结构的部分重叠，尤其是在产品开发时，可以采用多团队制的方式；第二种是战略性轮换，尤其是在不同技术领域之间，以及像研发和营销这样的不同部门之间进行轮换；第三种是将所有的信息都储存在一个集成数据库里，向全体员工开发。

◎ 小资料

微信诞生记

　　微信是由腾讯公司开发的一款即时通信应用软件，据百度百科介绍，截至2013年11月注册用户量已经突破6亿，是亚洲地区最大用户群体的移动即时通信软件。微信开发当时腾讯公司内部组织了三支团队同时进行，一支是张小龙所在的腾讯广州研发中心，另两支则是无线事业部的手机QQ团队和Q信团队。对于这种竞争性安排，媒体称之为"狼斗"，殊不知这是知识创新型企业独特的组织结构需要。

　　资料来源：根据 http：//money. 163. com/13/1010/07/9AQEBGNE00253G87_all. html 及相关资料改编而成。

第三节　工作再设计

　　组织再设计的过程或多或少会涉及工作的再设计。本节先介绍工作再设计的理论和原理，即工作特征模型，随后再对目前各种工作再设计的形式进行逐一介绍。

一、工作特征模型①

　　工作特征模型（Job Characteristics Model，JCM）由哈佛大学教授理查德·哈克曼（Richard Hackman）和伊利诺伊大学教授格雷格·奥尔德汉姆（Greg Oldham）提出。工作特征模型提供了职务设计的一种理论框架。它确定了五种主要的职务特征，分析了它们之间的关系以及对员工生产率、工作动力和满足感的影响。根据职务特征模型，任何职务都可以从五个核心维度进行描述，它们是：

　　（1）技能的多样性（skill variety），是完成一项工作涉及的范围，包括各种技能和能力。

　　（2）任务的一致性（task identity），即在多大程度上工作需要作为一个整体来完成——从工作的开始到完成并取得明显的成果。

　　（3）任务的重要性（task significance），即自己的工作在多大程度上影响其他人的工作或生活——不论是在组织内还是在工作环境外。

　　（4）自主性（autonomy），即工作在多大程度上允许自由、独立，以及在具体工作中个人制订计划和执行计划时的自主范围。

　　（5）反馈性（feedback），即员工能及时明确地知道他所从事的工作的绩效及其效率。

　　根据这一模型，一个工作岗位可以让员工产生三种心理状态，即感受到工作的意义、感受到工作的责任和了解到工作的结果。这些心理状态又可以影响到个人和工作的结果，即内在工作动力、绩效水平、工作满足感、缺勤率和离职率等，从而给以员

---

　　① 参见 MBA 智库百科（http：//wiki. mbalib. com）。

工内在的激励，使员工以自我奖励为基础的自我激励产生积极循环。工作特征模型强调的是员工与工作岗位之间的心理上的相互作用，并且强调最好的岗位设计应该给员工以内在的激励。

二、工作再设计的形式

1. 工作丰富化（job enrichment）[1]

工作丰富化是指在工作中赋予员工更多的责任、自主权和控制权。工作丰富化与工作扩大化、工作轮换都不同，它不是水平地增加员工工作的内容，而是垂直地增加工作内容。这样员工会承担更多更重的任务、更大的责任，员工有更大的自主权和更高程度的自我管理，还有对工作绩效的反馈。工作丰富化试图使工作具有更高的挑战性和成就感，它通过赋予多样化的内容使工作丰富起来。使工作丰富化的具体做法有：

在工作方法、工作程序和工作速度的选择等方面给下属以更大的自由，或让他们自行决定接受还是拒绝某些材料或资料。

鼓励下属人员参与管理，鼓励人们之间相互交往。

放心大胆地任用下属，以增强其责任感。

采取措施以确保下属能够看到自己为工作和组织做的贡献。

最好是在基层管理人员得到反馈以前，把工作完成的情况反馈给下属。

在改善工作环境和工作条件方面，如办公室或厂房、照明和清洁卫生等，要让员工参与并让他们提出自己的意见或建议。

2. 工作扩大化（job enlargement）[2]

工作扩大化是指工作范围的扩大或工作多样性，从而给员工增加了工作种类和工作强度。工作扩大化使员工有更多的工作可做。

在 20 世纪 60 年代，扩大工作范围盛行一时。它增加了所设工作岗位的工作内容。具体来说，工作者每天所做的工作内容增加了。如果说过去做一道工序，现在扩大为做多道工序。盛行了一段时间之后，工作者对增加了一些简单的工作内容仍不满足。其原因在于扩大工作范围与轮换工作虽然增添了工作者的工作内容，但是在"参与、控制与自主权"方面，没有增加任何新东西，因而必须寻求新的专业化与分工方式。

3. 工作轮换（job rotating）[3]

工作轮换指在组织的不同部门或在某一部门内部调动雇员的工作，目的在于让员工积累更多的工作经验。工作轮换有两种具体形式：形式一，受训者到不同部门考察工作但不会介入所考察部门的工作；形式二，受训者介入不同部门的工作。

工作轮换有利于促进雇员对组织不同部门的了解，从而对整个组织的运作形成一个完整的概念；有利于提高雇员的解决问题能力和决策能力，帮助他们选择更合适的工作；有利于部门之间的了解和合作。

---

[1]　参见百度百科（http：//baike. baidu. com）。

[2]　参见百度百科（http：//baike. baidu. com）。

[3]　参见百度百科（http：//baike. baidu. com）。

4. 弹性工作时间（flexible work time）①

弹性工作时间是指完成规定的工作任务或固定的工作时间长度的前提下，员工可以自由选择工作的具体时间安排，以代替统一固定的上下班时间的制度。弹性工作制是20世纪60年代由德国的经济学家提出的，当时主要是为了解决职工上下班交通拥挤的问题。研究结果显示，弹性工作时间能给公司组织和员工都带来好处。② 同时，工作时间的灵活性要求工作场所的自由选择，这使得员工有时间来处理工作之外的事情。灵活的工作时间能提高员工生产力和组织盈利能力，给雇主和雇员带来双重利益。最重要的是，灵活的工作时间能协调员工生活和工作的平衡，减少压力和增加员工福利。

◎ **小资料**

埃森哲公司的灵活工作安排

埃森哲提供了一系列灵活的工作安排，在满足企业自身业务需求的同时，帮助员工实现工作与生活的平衡。我们的飞行返家计划、智能工作举措、客户现场灵活的工作安排等诸多方案都能帮助咨询师应对因经常出差而面临的一系列问题。此外，我们也提供创新的沟通与协作工具，帮助员工提高工作能力、工作效率及灵活性。

埃森哲提供的部分灵活工作安排包括：

弹性工作时间表：围绕预先确定的核心工作时段，允许员工改变其工作的起始和结束时间；或通过调整每个工作日的时间长短，在不到5天的时间里完成标准工时。

兼职安排：员工每周的工作量少于标准全职工作安排，每天的工时数或每周的工作日均有缩短。通常情况下，这种工作岗位在设计时就减少了工作量，因此其工作责任也与工时数一样，得到了相应的减少。

轮班制：将一个全职岗位的工作量分成两部分，由两位员工承担（通常都是兼职人员）。这样既能保证员工不会脱离职业发展轨迹，同时又能拥有更多的工余时间。

远程办公或家庭办公：鼓励员工在埃森哲办公室或项目现场以外的地方工作。这不仅可以节约员工上下班的时间、成本，减小交通压力，还可帮助埃森哲控制和压缩固定办公场所成本。

飞行返家计划：帮助需要大量出差的员工，尤其是专业咨询师实现工作与生活平衡。我们为其提供了如下选择：乘机返回家庭所在地、将某人（如配偶）接到项目现场，或者飞到家庭在外出游的某一地。

客户现场的灵活工作安排：帮助那些长时间在客户现场工作、远离家庭的专业咨询师平衡工作与个人生活。这些灵活的工作方案能够在顺利交付客户所需服务的同时，尽可能满足员工的个人需求。

---

① 参见百度百科（http：//baike. baidu. com）。

② S. Shagvaliyeva and R. Yazdanifard. Impact of flexible working hours on work-life balance. American Journal of Industrial and Business Management，2014，4（1）：20-23.

在家中享受完整周末：周一中午抵达项目地点，周五下午提前结束客户工作，从而保证在家中度过整个周末。保证一周要求的全部工时，但将其压缩在较短的时间框架内完成。

在家中享受延长的周末：四天在项目现场、第五天在家中或在经核准的其他地点办公，这样做同样可以完成每周五天的工作，但能在工作地点之外度过 3~4 个晚上。

延长客户现场/家庭办公时间：客户现场的工作时间延长，相应地也可以延长在家或经核准其他地点的办公时间。因此，标准的工作周要求没有改变，只是工作时间发生了变化。

资料来源：根据 http：//careers.accenture.com 的资料整理得到。

（5）工作分享（work sharing）

经济学家雅克·H. 德雷兹（Jacques H. Dreze）将工作分享定义为"为了减少大范围的非自愿失业而在员工之间进行的工作重新分配"。彼得·C. 汉弗莱斯（Peter C. Humphreys）的定义是"为了维持或提高就业水平，通过重新调整付薪工作时间安排的方法"。他们的定义与政府管理和公共政策有关，但在企业中，工作分享包括这样一些措施：重组和重构工作岗位及付薪的工作时间。工作分享主要有：工作岗位分享制、时间购买计划、缩短法定工作时间、过渡性退休和弹性工作制等形式。我国企业在管理实践中也探索了不少类似工作分享的方法，如简单轮岗制、竞争性轮岗制、提前离岗退养制、非全日工时制等，这些方法在企业改革工作中都发挥了重要的作用。在人口众多的中国，为保持较高的社会就业率，增强员工的工作积极性，工作分享的管理方法应该还有很大的推行空间。

本 章 小 结

1. 动荡环境下组织面临三大挑战：全球化、信息化和员工的多样性。

2. 组织再设计的趋势主要有网络型结构和虚拟组织、团队型结构、委员会型结构、重组和流程再造、组织重叠等。

3. 工作再设计理论和实践包括工作特征理论、工作扩大化、工作丰富化、工作轮换、弹性工作时间安排和工作分享。

复习思考题

1. 动荡环境下组织面临哪些挑战？这些挑战对组织设计带来了哪些影响？

2. 网络化结构的特征是什么？其管理的难点在什么地方？

3. 如何进行团队型组织设计？

4. 在何种情况下运用委员会？

5. 企业进行重组和流程再造的原因是什么？难点在什么地方？

6. 为何说组织重叠是管理创新型组织的第一步？

7. 工作特征理论的内容是什么？

8. 工作设计的实践有哪几种？

参 考 书 目

1. 艾尔弗雷德·D. 钱德勒. 战略与结构. 孟欣译. 昆明：云南人民出版社，2002.

2. 野中郁次郎，竹内弘高. 创造知识的企业·日美企业持续创新的动力. 李萌，等，译. 北京：知识产权出版社，2006.

3. 迈克尔·哈默，等. 再造奇迹：企业成功转型的 9 大关键. 陈汝曦，译. 北京：科学出版社，2012.

【案例分析】

小米是史无前例的新物种

小米荣获 2016 年中国管理杰出模式奖，副总裁刘德介绍了小米的经验，下文是他的发言的节选。

一、小米的"中式"生态链管理

（一）小米还在平流层

小米内部不同的部门，都是以非常独立的业务块来体现的，由不同的合伙人来负责。手机是小米最大的部门，是由雷总亲自负责的；小米网负责小米的销售，是渠道业务模块；MIUI 是软件系统和互联网部门；电视业务也是独立的业务块。我负责小米的生态链和工业设计团队。大家本着利益一致、绝对信任的原则各自奔跑，效率是很高的。

小米供应链分为两个不同的体系，第一部分是手机供应链，有一套专门的供应链体系；第二部分是小米生态链体系里的供应链。

手机是一个流量的生意，这有点儿像烤白薯。有一个火炉子，会发出余热，如果不去烤白薯，余热就会白白释放掉。对手机而言，如果没有生态链，这些流量也会被浪费掉。所以，虽然手机与生态链体系是各自独立的，但是它是我们最大的流量发动机，手机销售的波峰与波谷也会导致生态链的波峰与波谷，二者的关系非常匹配。

但是，按目前的规模，我们的生态链还不足以造成波峰波谷的状态，这是我所提到的，让我们进入平流层的道理。在平流层，我们可以过两三年的太平日子，最终达到两三百亿元的规模。所以，今年对我们来讲，还是充分享受小米品牌的红利，在红利下逐步成长。这是性价比和效率最高的模式，也是现实主义的模式。

（二）让工程师成长为投资人

事实上，我们所有的生态链公司都具备小型公司的全部职能。而在我们的生态链内部，对团队的要求是很高的，从它创业初始，我们就重视它的人才构成。在创业领域，人的能力参差不齐，需要输出小米的价值观，输出小米的方法，在关键资源上给予支持，所以，我们会与他们一起投入到团队的组建当中。

那么，生态链的团队最终是从哪儿来的呢？我们需要怎样管理？怎样建构他们的能力呢？这其中的难度在于：第一，小米生态链的领域覆盖很宽；第二，各个公司所处的阶段不同；第三，创业公司麻雀虽小，五脏俱全，成功的创业公司遇到的问题，在这些小公司里都能遇到，并且遇到的更多。也就是说，小米遇到过的困难，它们都会遇到，而小米没有遇到的困难，它们也会遇到。

为了克服这些困难，最初，我们会从参与公司创业的老员工里抽出一部分人投入到生态链公司。这样做有几个好处：第一，老员工在小米经历了几年的实战锻炼，相对成熟。第二，老员工是早期小米持股较多的人才，内部叫作大股东。大股东可以抵御社会上的腐蚀诱惑。第三，大股东与小米的利益高度一致，对小米的价值观也最了解，会将企业价值观很好地传达下去。第四，大股东有将各生态链公司与各个资源平台对接的能力。

所以，我们早期从公司抽调了一批资深的工程师来做这件事。但是有意思的是，工程师是不擅长投资的，而我们用工程师来干投资，这本身是一种跨界的行为。其实工程师干投资，从技术上看是有优势的，因为在团队沟通方面，他了解团队对未来的看法。后来我们又要求工程师能够成长为投资人，还要成长为一个企业导师，因为他要为这些企业掌舵。实际上，目前我部门里面的六七个核心成员是可以把所有这些公司的局面控制好的。我们内部生态链的170人，可以实现与生态链公司4 000人之间微妙的协作，从而把局面控制好。当然，后来我们也陆续从外面引入了一些人才，比如供应链管理的、项目管理的、UI、UE的，等等，逐渐从外部吸纳人才，队伍也越来越壮大了。

（三）生态业务管理借鉴"执政党的治理模式"

在生态链业务的组织架构中，第一是产品经理部，这是一个重要的部门，他们负责寻找方向和投资；第二是工业设计部；第三是包装部门，所有的产品都要有统一包装、统一的说明书；第四是供应链；第五是品控与项目部；第六是UI、UE，这是要和手机相连的部门；第七是市场部。大概就这几个部门。事实上，我们对供应链公司的管理也未必遵循那么多的条条框框，在这一点上，我们就像政府治理国家。中央发一个红头文件，各省级单位依据自己的实际情况去适当调整。我们同样如此，上面出一个政策，这个政策不会太鲜明，会有灰度，各个生态链公司依据自己的特点去执行。这样的治理方式，为大家留出了空间，这是从中国的治国方法上获取的经验。

通常，在生态链公司发展的第一年，我们在管理上执行包产到户制，即产品经理负责到底，既负责找投资，也要把团队管理好，把产品定义好，把质量控制好。第二年则实行集体制，几个人一组，组成产品经理团队，共同进行管理。现在又有一些变化，还不太好定义。有时我们也会像西方的议会制一样，比如某人想在会议上通过某个项目，那么他需要得到与他一个级别的另外两个产品经理的支持，也就是说，如果三个产品经理一致认可，那么这个项目就可以上马。这相当于一个决策委员会，但我在其中没有席位，我只能否定，不能决定。

二、小米模式不是纯粹的投资模式

（一）小米平台就是孵化器

中国传统重农轻商，但商业的原则仍然独具魅力。与海尔的创客模式、小微模式不太一样，小米模式具有我们自己的特点。首先，小米平台并不是纯粹的投资模式，而是一个孵化器。第二，小米会调动一切资源帮助创业公司成长。第三，我们从一开始就会按照独立的公司模式去孵化产品。当这个公司开始成熟运转，我们会鼓励他们一起参与相关领域的投资，但所有的利益都是基于商业化的原则去提前进行清晰的分配。

在早期，我们要出面来帮助这些公司去找供应链谈判，与供应商体系去洽商。现在，由于规模的扩大，我们谈不过来了，但今天的小米已经名声在外，如果我们确认某家公司是生态链公司，那么它的供应链基本上就摆平了，所有上游公司都会给出小米的待遇。因此也出现了很多的伪生态链公司，导致我们不得不帮助很多公司来验证真伪。

（二）建立在战场上的"黄埔军校"

我们早期的创业公司没有引入"外脑"支援。首先因为它要解决的问题过于实际；第二，创业公司通常条件都非常艰苦，在这样的状态下解决问题，外脑是很难介入的，它需要所有的团队成员形成同呼吸、共命运的利益整体，并在内部解决问题。但是在另外一种情形下，我们会引入外脑，就是在做产品定义，或者是产品外观设计的时候，我们几乎可以手把手地教他。现在，我们的产品外观很一致，因为有我们的整体把握。但是，我们不希望永远需要把握这些，如果一个产品已经进入到第二代，我们会鼓励他们打造自己的产品经理和工业设计团队。事实上，这些公司的学习能力远远超过想象，所以小米只需要做好他们的黄埔军校。区别在于，我们是直接建立在战场之上的，用实战进行演练的商学院。在这个商学院中，大家用实战换来经验，也可以说它是"战地笔记"，然后共同参与思考与分享。

我们的CEO群也成为信息交换的平台，来自不同产业的中高层构成了一个商圈。比如有人发出需求，他要联系一家做T恤衫的工厂，那么大家都会提供资源信息，相互提供支持。在中国，企业之间的信任壁垒极高，但是进入小米体系之后，小米是所有人的投资人，它首先已经对这个群体进行了资质以及价值观的筛选，信任机制得到了解决，保障了彼此之间能够形成良性的合作。

（三）鼓励生态链企业获取最大利益

我们所建立的是一种跟过去不一样的合作模式，是一种多重的，又相对多元化的收益机制。有很多人表示担忧，说这些公司发展壮大了以后，如果控制不了怎么办？我认为，首先如果一家公司发展到了一定规模，并且实现了上市，成为一个A股公司，那么我会有巨大的资本收益，而这正是我们所希望的；而我们对生态链公司的控制力我并不担忧，因为我们与生态链公司有着共同的利益，而且，由于我们不去控股，只是小股东，所以大部分利益在它们自己手里。这符合互联网的共享经济理念，所以当你发现整个链条设计好以后，一切都会变得非常有趣。

（四）打造人才竞争优势

在我们生态链系统中的几千人，都是中国智能制造创业领域的生力军，其中有充满创业激情与行动力的年轻人，非常有潜力和想象力，其中也不乏在制造业久经沙场的悍将，相互融合，使我们在人才战略上不断夯实优势基础。

三、小米是史无前例的新物种

（一）做一个强势的渠道公司

对互联网而言，在线上做起来很却容易，但是把线下体系跑起来很难，比如安装和维护。所以在早期，我们努力做到轻安装，最好是配送到家以后，用户直接拆开包装就可以使用，这是最简单的方式，包括净水器的安装也非常容易，用户自己可以通过网上教程指导安装。到现在，其实已经进入了第二阶段，包括售后体系，因为我们有了第三方合作机构，所以，很快会有重安装的产品出现。这里需要强调的是，一旦把商业逻辑理顺以后，资源是没有问题的，资源会永远追着你跑。当我们每年在重安装领域有100亿元的流水，那么所有的安装公司的资源都会被我们网罗过来。所以，从开始的规避安装问题，到现在向重安装领域延伸，也是能力发展的结果。

所有的商业合作都是基于利益的，所以说，商业或者企业之间的竞争，首先要解决利益的问题，脱离了利益，商业无从谈起；第二是效率的竞争，高效率的公司一定会打掉低效率的公司；第三，我们认为小米是一个有渠道优势的公司。可以说，全球的大公司基本上都是渠道公司，比如沃尔玛的渠道模式。在过去的100年里，渠道一直具有强权属性，而在今后的20年，它将仍然持续强权。因此，我们对渠道充满了敬畏。而渠道公司实际上正是基础雄厚的公司，这是小米非常重要的属性。我们有小米网、米家APP，未来在线下会有1 000~2 000家实体店，所以我们是一个强势的渠道公司。因为有渠道，所以在帮助孵化生态链公司的时候就有优势。

对于一个公司来讲，第一，要有对的产品方向；第二要有竞争力强的产品；第三，要有渠道；第四，要能回笼资金；第五，要有持续的投入，能够迭代产品。所以小米基本上是一个闭环，这是我们的优势。

基于这些基本优势，小米可以说是成为史无前例的新物种。它的属性全面，又是互联网公司，又是硬件公司，又是渠道公司，又是互联网金融公司，所有这些都能帮助孵化生态链公司，这在中国绝对没有第二家，这是小米的魅力，更是我们的壁垒。

我们的核心逻辑是，只要存在的企业都是落后的，虽然在初创时期它可能具有一定的先进性。所以我们很少研究企业案例，而是把眼光投向企业之外，比如物种理论、战争理论等，因为现存的企业一定是落后的，所以我们要掌握更先进的理念和组织方式。

（二）小米的未来是遥控器电商

其实智能设备自产生开始，就具有渠道属性。比如小米的净化器，它会比你更早地发现它是否需要更换滤芯。这是超级重要的核心体验，因为用户在此之前所有的购买欲望都是因为有了需求以后才开始启动的，但小米净化器比用户更早地发现他们的需求，这是伟大的拐点。

未来，会有一个新的电商模式出现，它就是遥控器电商。很多人并没有意识到，遥控器是最具活性的渠道，当机器可以自己提醒你该换耗材的时候，你只需要在遥控器APP上点一个键，购买即可实现。与目前的电商不同的是，阿里是自由市场电商，京东是百货公司电商，小米是连锁店、专卖店的电商，这些都是基于互联网的，遥控器电商是基于物联网的，它会是较晚出现的全新的事物。

运用遥控器电商，可能因为家里的空气干燥，你会得到购买加湿器的建议，当你用了小米的加湿器，它会帮你检测水质是否合格，如果不合格，它可能会建议你买一个小米的净水器，不论它提出什么样的建议，你只需要按一个按键，把购物需求发送出去，小米即可为你配送到家。因为产品本身是智能联网的，所以当你拥有了一个这样的产品，就等于在家里放了一台自动贩卖机，这是一个全新的渠道模式。所以说，研究渠道是很有趣的事，它永远选择舍远求近。

进一步畅想我们消费的产品，包括个人耗材和家庭耗材可能会分两类，一类是需要挑选的，一类是不需要挑选的，只要选定品牌就可以，比如牙膏、小米净化器的滤芯儿等属于耗材类的产品，只要品牌没有问题就可以下单，减少选择性。所以，遥控器渠道很有可能是 IoT 在未来会解决的问题，它使第四类电商模式——遥控器电商出现了，这将是从来没有过的渠道模式。

遥控器电商最适合销售的产品就是白色家电类消费品，它可以把产品从田间地头一直送到用户的餐桌上。比如，我们用电饭煲卖大米，一定比超市卖得好，超市卖大米一定比粮店卖得好，所以超市挤垮了粮店，将来电饭煲会挤垮超市。将来，我们所有耗材类的产品都可以通过这种方式来实现购买。所以说，遥控器电商可能是离人类最近的一种电商，它比所有的电商都要主动。

当然，这里面的细节是，你要保证所有的产品都能够得到用户的正反馈，唯有如此用户才愿意购买你所推荐的产品。反之，当它不能实现正反馈，即用户体验非常糟糕，那么用户就不会再信任你的推荐。所以，小米对产品品质的要求是非常高的，我们要求所有的产品在使用的时候都能产生正反馈。

（资料来源：刘德．小米是史无前例的新物种，这才是它真正的未来．根据 http：//www.sohu.com/a/115816429_343325 资料整理）

◎ 讨论题

1. 从组织来说，小米是一个新物种吗？
2. 从组织结构来看，小米和传统组织有什么相同的地方，又有什么不同的地方？
3. 互联网时代如何设计组织来获取成长和发展？

第九章　人力资源管理

【学习目的】

在学习本章之后，你应该掌握以下内容：

1. 人力资源的概念和人力资源管理过程。
2. 人力资源规划、招聘和甄选的内容。
3. 不同类型的职前培训和在职培训。
4. 绩效管理、薪酬管理和职业发展。

【案例——问题的提出】

阿里巴巴政委的由来

"支部建在连上"是毛泽东秋收起义后，于 1927 年在"三湾改编"时为加强中国共产党对红军领导而建立的组织体系。从那时起，红军、八路军、新四军，直到中国人民解放军，"支部建在连上"就成为我党建军的一项基本原则和制度，也对我国的组织建设产生了深远影响。

马云为什么会这样做，因为马云学习毛泽东很多，马云研究共产党很多。研究完之后，有一天他看了一部名为《历史的天空》电视剧。"这是一部很好的电视剧，讲述了一个农民如何逐步成长为将军的故事。主人公姜大牙一开始几乎是个土匪，但是通过不断学习、实践，不仅学会了游击战、大规模作战、机械化作战，而且还融入了自己的创新，最终成为一个百战百胜的将军。与众多的中小企业一样，阿里巴巴也希望员工像姜大牙一样，不断改造，不断学习，还要不断创新，这样企业才能持续成长。"马云对他的员工们说。

马云当年看了《历史的天空》这部戏就觉得原来一个政委的力量那么重要，共产党之所以能胜不仅是胜在军事上，更胜在政治工作上。所以说马云将所有的阿里各业务线上的人力资源管理者和价值观管理者晋升成政委，并负责与业务经理一起做好所在团队的组织管理、员工发展、人才培养等方面的工作。

严格来说，"阿里政委"属于阿里巴巴 HR 的一种，阿里 HR 有职能型 HR 和业务型 HR，前者负责 HR 领域的政策制定、工具研发，后者则为"政委"。

通俗地看待"政委"，在阿里也叫 HRG（Human Resource Generalist），可译为 HR 多面手，什么都要管。而专业的解读，则是公司派驻到各业务线的人力资源管理者和价值观管理者，与业务经理一起做好所在团队的组织管理、员工发展、人才培养等方面的工作。

今天看来，"政委体系"落地阿里巴巴，并不是偶然的。

非典后，阿里B2B业务高速成长，高速成长行业的特点是人才低位高用，从人力资源配置角度来说，机会多，工作多，但人不够。阿里就有必要配置另外一条线，让一个有经验、有文化，对于组织建设有经验的人辅助业务经理，帮业务经理管好队伍、建好队伍。

"政委"的设立初衷，也有避免业务经理基于短期业绩压力采取短期做法的初衷。业务线的人看季度、年度目标完成情况就够了，"政委"至少要看一两年以后的事情，以及整个文化传承和干部培养的问题。

在阿里价值观考核中，"政委"的角色非常突出。每个员工的分数都是由直接上司来评定的，一旦遭到员工质疑，后者需要给出强有力的说明。但为确保客观性，上司的上司也被要求在评定表上签字，对分数的准确性负责。

同时，每个业务部门都对应着一个HR。这些"政委"的任务是负责观察业务之外的情况，看"士兵"的状态是否好，以及"司令"与"团长""连长"的沟通是否到位。

（资料来源：根据 https://www.sohu.com/a/202409461_329444 提供的资料整理而成）

阿里巴巴向共产党学习如何进行人力资源管理，成为中国式人力资源管理的代表，而阿里巴巴政委的设置和西方人力资源业务合作伙伴（HRBP）实务趋势相一致。东西方人力资源管理实践表明，人是构成组织的基本元素，人是管理工作永恒的主题，"得人心者得天下"是最基本的管理之道。人的管理工作是所有管理活动的基础，是企业获取竞争优势的工具。那么，体现对人管理的职能工作的人力资源管理是什么，如何有效地实施人力资源管理，是组织编中需要介绍的内容。

第一节　人力资源管理过程

如同管理分为计划、组织、领导、控制四个过程，人力资源管理也是按照实践中的聘用周期流程展开的。本节首先从人力资源管理的定义、人力资源管理角色的演变和获取竞争优势的工具三个方面，来说明人力资源管理对于组织发展的重要性；接着展开人力资源管理过程；最后论述直线管理和职能管理中人力资源管理角色的差异。

一、人力资源管理对于组织发展的重要性

最初组织中有关员工和人的事务处理并不叫人力资源管理，而是人事管理。随着时代的发展，以及人们对于组织中有关人的事务管理重要性认知的增加，人由"事"变为了"资源"。

（一）人力资源管理的定义

在前面谈及组织中有关人的事务管理是从人事管理转变为人力资源管理的，那么首先要弄清楚什么是人力资源，然后再介绍什么是人力资源管理。

1. 人力资源

现代汉语词典对资源的解释是："生产资料或生活资料的天然来源。"最早使用"人力资源"一词的是约翰·康芒斯（John R. Commons），但其所指的意义与现今的理解存

在一定的差异。

德鲁克认为："企业必须能够生产比这家企业所拥有的资源更多更好的物质产品。"但"能够增大的资源只能是人力资源，所有其他的资源都受机械法则的制约。"① 20 世纪 60 年代之后，随着经济学家西奥多·W. 舒尔茨（Theodore W. Schultz）提出人力资本理论，人力资源的概念更加深入人心，对人力资源的研究越来越多。迄今，学者们对于人力资源给出了多种解释。根据研究角度的不同，可以将这些定义分为两大类。

第一种概念从能力的角度来解释人力资源的含义。比如人力资源是指能够推动整个经济和社会发展的劳动者的能力，即处在劳动年龄已直接和尚未投入建设的人口的能力。② 第二种概念，是从人口学来定义的。比如人力资源是指一定社会区域内所有具有劳动能力的适龄劳动人口和超过劳动年龄的人口的总和。③

综上所述，本书认为：人力资源是指能够创造价值，推动经济和社会发展的劳动人口的总和。

2. 人力资源管理

在德鲁克提出人力资源的概念以后，一位研究培训和跨学科工业关系的社会学家怀特·巴克（E. Wight Bakke）在 1958 年发表了《人力资源功能》一书，详细阐述了有关管理人力资源的问题，他是把管理人力资源作为管理的普通职能来加以讨论的。他认为，人力资源的管理职能对于组织的成功来讲，与其他管理职能（如会计、生产、金融、营销等）一样是至关重要的。

加里·德斯勒（Gary Dessler）将人力资源管理定义为"完成获取、培训、评价和报酬雇员的工作，同时还要处理劳资关系、雇员的健康和安全问题以及与公平有关的其他一些问题"的一种过程。④

德里克·托林顿（Derek Torrington）等倾向于从两个视角来定义：一是从人力资源管理职能的关键目标来定义，包括人员供给、绩效、变革管理、行政四个目标；二是与过去的人事管理相比较，是人员管理的一种特殊方法，人事管理基本上以劳动力为中心，而人力资源管理则以资源为中心。人事管理人员将他们的努力主要集中在组织的雇员身上，寻找和培训他们，确定薪水支付方式，解释管理层的期望，使管理层的行动正当化，满足雇员与工作相关的需要，处理他们的问题并对哪些可能令雇员产生不满情绪的管理层行动进行调整。组织中的雇员就是工作的起点，与组织中的其他类似资金和原材料等资源相比，这种资源的弹性相对较低。相反，人力资源管理的着眼点直接是所需要提供和配置的人力资源的需求，需求是这项工作的焦点，而不是供给。人力资源管理更强调计划、监督和控制，而不是协调。要与其他管理者一起去解决人力资源的问题，而不仅仅是直接面对雇员或他们的代表。这项工作与管理者的利益密切相关，也是一项一般性的管理工作，表 9-1 强调了两种方法的差异。

---

① 彼得·德鲁克. 管理的实践. 齐若兰，译. 北京：机械工业出版社，2006：10.

② 张德. 人力资源开发与管理. 北京：清华大学出版社，2001：10.

③ 朱丹. 人力资源管理教程. 上海：上海财经大学出版社，2001：15.

④ 加里. 德斯勒. 人力资源管理. 第 9 版. 吴雯芳，等，译. 北京：中国人民大学出版社，2005：5.

表 9-1　　　　　　　　　　　　　　　人事管理与人力资源管理

	人事管理	人力资源管理
时间和规划角度	短期、反应式	长期、预先式、战略、整合的
心理契约	服从	承诺
工作目的	保障组织短期目标的实现	满足员工自身发展的需要，保障组织的长远发展
管理模式	以事为中心	以人为中心
与员工关系	对立、抵触	和谐、合作
控制系统	外部控制	内部控制
评价原则	成本最小化	效用最大化

资料来源：李燕萍，李锡元. 人力资源管理. 第二版. 武汉：武汉大学出版社，2012：22.

由上可以看出，人力资源管理是对组织内部人力资源的管理，包括对人力资源进行规划、获取、开发、维持和利用，是企业获取竞争优势的工具。

（二）人力资源管理角色的演变

1. 西方人力资源管理角色的演变

目前组织的人事管理体制起源于 19 世纪，主要是沙夫茨伯里勋爵（Lord Shaftesbury）和罗伯特·欧文（Robert Owen）所作的贡献，他们对工厂剥削工人所造成的对抗进行了批评，促使企业开始任命最早的人事经理，并提出了他们的工作内容：改善工人的生活条件。到 19 世纪末 20 世纪初，一些大型家族企业开始任命福利经理负责管理一系列激励措施，使员工在企业中的待遇能够得到保证。

20 世纪早期，受科学管理提出者泰罗和管理理论构建者亨利·法约尔思想的影响，企业当局开始考虑组织应当如何使用劳动力才能实现效率最大化。人事工作从员工的雇用、解雇、掌管工资的发放以及管理福利计划，扩大到雇员甄选、培训和晋升等方面。霍桑实验所引发的人际关系学派的思想也对人事领域产生了积极的影响，在工作场所培养社会关系和员工士气也是提高生产率水平的重要途径。

20 世纪 30 年代，工会立法的出现导致人力资源管理工作出现了新的变化，开始了与工会的谈判。20 世纪 60 年代和 70 年代开始颁布的反歧视立法使公司有可能面临更多的诉讼，这样有效的人事工作变得更为重要。

20 世纪 80 年代以后，人力资源管理和人力资本理论的出现，使得人力资源管理角色发生了重大的改变，已经从组织事务性工作的角色上升为战略性思考的问题。

2. 中国人力资源管理角色的演变

中国企业人力资源管理很大程度上与国家经济管理体制的变迁有很大的关系。长期以来，中国实行高度集中的计划经济体制，与此相适应人事管理也一致沿用计划经济管理的模式。表 9-2 展示了中华人民共和国成立至今企业人事管理制度的沿革。

表 9-2　　　　　　　　　　　　　**中国企业人事管理制度的沿革**

时间	人事管理阶段	特　征
1949—1952 年	萌芽期	统包统配 固定工制度
1952—1957 年	起步期	"一长制"的苏联管理模式 按劳分配，计件工资，奖励制度
1957—1966 年	发展期	厂长负责制，职工代表大会制，职工参与的民主管理 （两参一改三结合）
1966—1976 年	停滞期	强化"三铁"（铁饭碗、铁交椅、铁工资）
1978 年迄今	改革创新期	逐步改革计划经济体制下的人事管理制度，实行全方位的人力资源管理的理论与实践创新

资料来源：赵曙明．人力资源管理与开发．北京：中国人事出版社，1998：15.

　　1978 年改革开放以后，随着我国从计划经济转向市场经济，人事制度改革也逐渐向纵深发展，主要经历了探索和试点、突破与扩展、深化与提高三个阶段，表 9-3 说明了改革开放以来我国人事制度改革的历程。

表 9-3　　　　　　　　　　　　**中国企业人事改革的历程**

发展阶段	时　间	改革内容	特　征
探索和试点阶段	20 世纪 80 年代初期至中期	改革招工办法，实行向社会公开招聘，创办劳动服务公司，加强就业培训等	劳动、用工多元化
突破与扩展阶段	20 世纪 80 年代中期至末期	实行承包制，逐步采用劳动合同制	以企业为用工主体，以劳动合同确立关系，以双向选择作为手段
深化与提高阶段	20 世纪 90 年代以来	破"三铁"，按照劳动法，实行全员劳动合同制，宏观配套改革	向现代企业制度下的人力资源管理转变

资料来源：李燕萍，余泽忠，李锡元．人力资源管理．武汉：武汉大学出版社，2002：33.

　　（三）人力资源管理：获取竞争优势的工具

　　越来越多的研究证明，一个公司的人力资源管理实践对于竞争优势有很大的影响力。克雷曼根据相关研究构建了把人力资源管理实践与竞争优势联系起来的模型[①]，在他看

---

　　① 劳伦斯 S. 克雷曼．人力资源管理：获取竞争优势的工具．英文版．第 4 版．吴培冠，注译．北京：机械工业出版社，2009：12.

来，人力资源管理实践会对竞争优势产生直接影响和间接影响。

首先，人力资源管理中有大量与成本有关的因素，比如招聘、挑选、培训、薪酬等，这些往往在公司支出中占比很大。人力资源管理类的成本在竞争者之间有巨大差别。在控制这些成本方面表现最佳的公司，因而能够获得相对其竞争者的一种财务优势。

其次，人力资源管理实践以一种间接方式影响竞争优势。克雷曼的研究认为人力资源通过以下途径来影响，包含：人力资源管理实践影响以雇员为中心的结果，而以雇员为中心的结果会影响到以组织为中心的结果，以组织为中心的结果会影响到竞争优势。

美国人马克·休斯理德（Mark A. Huselid）检验了35个行业968家公司的人力资源管理实践，包括激励计划、员工申诉系统、正规的绩效评估系统、员工在决策中的参与度和生产力水平之间的关系，这项研究揭示了两者之间存在密切联系。人力资源有效性评价高的公司生产力比处于平均水平的公司高5个百分点。

二、直线管理和职能管理中的人力资源管理

管理人是每一位管理者的职责，这意味着人力资源管理工作无法单靠人力资源管理部门来完成，因而人力资源管理部门和直线管理者各自承担不同的人力资源管理工作。这里的直线管理者是指企业内部非人力资源部门诸如财务、销售、研发、生产等其他职能部门的经理。

1. 人力资源管理部门的职责

（1）建议和参谋。人力资源管理部门为其他职能部门和高管提供人事方面的建议和参谋，前提是人力资源管理部门知晓其他职能部门和高管的运营目标。

（2）服务。人力资源管理部门将主导和参与一系列服务活动，如招聘、挑选、测试、设计并实施培训项目，以及收集员工的要求，调查员工的满意度等。

（3）制定人力资源方面的政策并实施。

（4）维护员工利益。

2. 直线管理者的人力资源管理职责

直线管理者的人力资源管理职责是在本部门范围内，对员工进行包括绩效、沟通、授权、激励、培训等方面的人力资源管理。

直线管理和职能管理的人力资源管理角色分工见表9-4。

表9-4　　　　　　　　　　**直线管理与职能管理的人力资源管理角色分工**

工作活动	直线管理者的职责	人力资源管理部门的职责
战略与规划	人力资源计划与组织战略的协调与均衡	人力资源战略与规划的制订
工作分析与工作设计	提供工作分析与设计的有关信息以及反馈	工作说明书与规范的编写

续表

工作活动	直线管理者的职责	人力资源管理部门的职责
员工招聘与测评	直接参加面试；决定人员的录用与分配；直接参与各种素质测评活动以及进行测评结果反馈	招聘服务、咨询工作（如广告、材料收集与调查），配合直线经理的招聘录用信息的发布、人员体检、合法性检查等相关法律的咨询与服务等；确定素质测评指标体系，测评方案设计与测评实施，测评结果统计分析与撰写测评报告等
培训与开发	组织员工培训；工作丰富化；给下属提供工作反馈信息；指导、帮助员工设计个人发展计划	制订员工培训计划；为员工培训提供帮助（如场地、器材、资金、后勤等）；帮助员工进行职业生涯规划；对管理者进行管理理论与方法（特别是人力资源开发与管理）培训等
绩效管理	直接负责员工绩效评价、员工绩效反馈与改进指导工作	绩效管理制度的制定；制度的宣传；绩效考核人员的培训
薪酬管理	工资、奖惩制度及其他激励措施的实施	工资、福利制度的制定；工资、福利制度的执行与监督等
职业生涯管理	帮助员工审视环境和识别发展机会，规划其职业发展路径，并在职业生涯管理过程中起到沟通、评价、咨询、指导和激励等作用	通过制定组织的相关政策和实施方案，发布组织相关信息，为员工个人自我管理职业生涯提供指导与咨询服务等，来为员工创造适于其个人开发的组织环境
劳动关系管理	组织员工相互沟通；指导员工的合作与协调；处理冲突；信息的收集与反馈；劳动纪律的监督执行；员工解雇、提升、调动、辞职的决策	沟通制度的制定；沟通渠道的畅通保障；部门间的协调；信息的处理；企业文化的传播；员工组织同化工作的开展；员工档案的管理；员工管理制度的制定；对直线经理实行调控；为离退休人员提供咨询和服务
人力资源外包	参与制订人力资源外包计划，参与选择外包商和外包模式；实施人力资源外包活动（包括人员面试、录用与分配）及其风险评估和控制管理，评估人力资源外包商绩效	制订人力资源外包计划；遴选人力资源外包商；决定人力资源外包模式；编制人力资源外包合同；人力资源外包的风险识别与控制；提供人力资源外包咨询和服务

资料来源：李燕萍，李锡元．人力资源管理．第二版．武汉：武汉大学出版社，2012：30-31.

三、人力资源管理过程

组织的人力资源管理是通过一系列的活动展开的，图9-1展示了这个过程的八种活动。前三种活动是帮助组织识别和甄选合格的员工；接下来的两种活动是开发员工的技能；最后三种活动是确保组织留住高绩效的员工。本章接下来会对这八种活动进行详细的介绍。

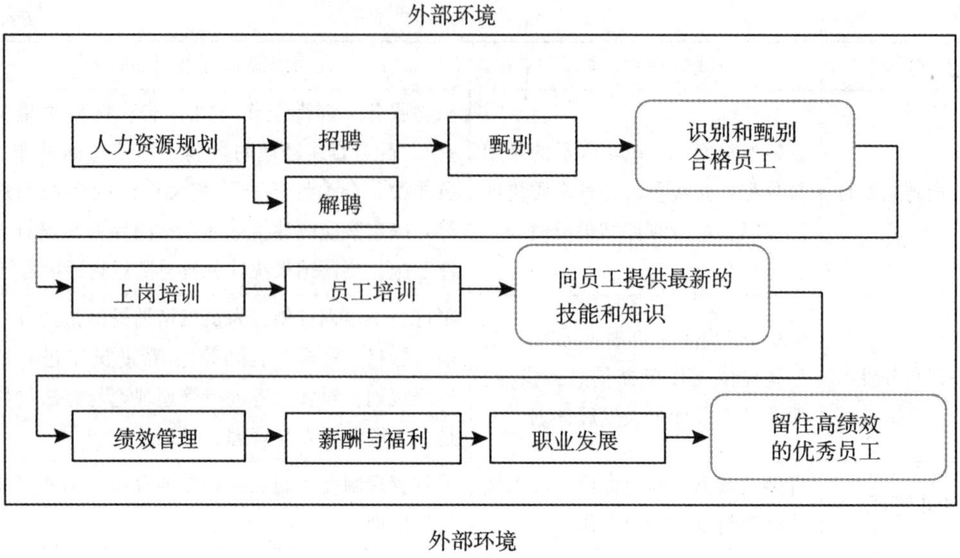

外部环境

图9-1　人力资源管理过程

资料来源：斯蒂芬·罗宾斯，等．管理学．第11版．李原，等，译．北京：中国人民大学出版社，2012：307．

第二节　员工甄选与招聘

任何一个组织要想实现自己的目标，就必须有相应的人力资源战略，因而就必须对组织现今和未来的各种人力资源的需求和供给进行科学的规划和预测，以保证组织能及时得到各种需要的人才。

一、人力资源规划

人力资源规划是指根据组织的战略目标以及对组织未来人力资源供求状况的科学预测而制定必要的人力资源获取、开发和保持策略，以确保组织的人力资源需求能够得到满足。科学的人力资源规划有利于组织对现有人力资源的充分利用以及对未来人力资源的合理配置。

人力资源规划包括人力资源预测、制定人力资源政策、制定人力资源规划以及人力资源规划的执行和效果评价四个阶段：

1. 人力资源预测

在进行人力资源预测时，首先，要对现有的人力资源进行测算和盘点，包括各种人员的年龄、性别、工作简历和教育、技能等方面的资料；目前本组织内各个工作岗位所需要的知识和技能以及各个时期中人员变动的情况；雇员的潜力、个人发展目标以及工作兴趣爱好等方面的情况；有关职工技能——包括其技术、知识、受教育、经验、发明、创造以及发表的学术论文或所获专利等方面的信息资料；以及对组织内人员流动情况进行估算。

其次，要对组织内人力资源需求方面进行估算，主要根据组织的战略目标来预测本组织在未来某一时期对各种人力资源的需求，对人力资源需求的预测和规划可以根据时间的跨度而相应地采用不同的预测方法。

最后,对上述需求和供给进行对比,从而确定在每一种不同的工作类别中所可能出现的劳动力过剩与短缺的情况,一旦这一点确定下来,组织就可以决定采取何种措施来解决这些潜在的问题了。

2. 制定人力资源政策

在经过人力资源供给测算和需求预测比较的基础上,组织即应制定相应的政策和措施,并将有关的政策和措施呈交最高管理层审批。这类人力资源政策主要是用于应对短缺和过剩的现象。比如应对人员短缺的政策和措施有:培训本组织职工,对受过培训的员工据情况择优提升补缺并相应提高其工资等待遇;进行平行性岗位调动,适当进行岗位培训;延长员工工作时间或增加工作负荷量,给予超时超工作负荷的奖励等;应对人力资源过剩的一般策略有:永久性地裁减或辞退职工;关闭一些不盈利的分厂或车间,或临时性关闭等。

3. 制定人力资源规划

完成以上工作后,就可以开始制定人力资源规划。每个企业人力资源规划各有不同,但大体内容都是一致的,具体来说,包括人力资源补充计划、人力资源调配计划、人力资源开发计划、员工职业发展规划等。

4. 人力资源规划的执行和效果评价

人力资源规划的质量依赖执行后的效果评价和反馈,反馈的结果用来指导下一规划期的规划。

二、员工招聘

(一)招聘的含义

几乎每一个组织都在人才市场上力争招聘到满足组织发展需要的优秀人才。在人才市场已经较为发达的今天,招聘已经成为组织获取人力资源的重要手段。招聘是"发现、识别和吸引合格的求职者"[1] 的工作和过程。

(二)招聘的程序

招聘员工包括确定招聘策略、人员招募、人员甄选、人员录用和招聘评估五个步骤。图 9-2 描述了一个典型的企业招聘流程。

组织选聘与配备适合组织需要的员工和管理人员,主要采用外部选拔聘任和内部提升调整两个基本途径。

1. 外部选拔聘任

当组织初建或业务发展、规模扩大时,都需要从外部招聘员工,当组织现有管理人员不足以胜任工作或数量不足时,也需要从外部选聘优秀管理人才。较大规模的招聘可以直接与有关学校、就业服务机构联系或通过广告拓宽选聘范围。少量的特定职位选聘,也可通过管理协会、人才市场或组织内部成员推荐等方式进行。从节约成本费用的角度考虑,组织选聘人才大多首先着眼于本地区,除非那些要求特殊的高级技能,或大型组织的高级管理职位会将搜寻和选择的范围扩大到外地乃至全国。为了使外部选聘达到预想的效果,必须首先将待聘职位的性质、要求、工作环境的现状、组织发展前景及报酬和福利待遇等

---

① 斯蒂芬·罗宾斯,等. 管理学. 第 11 版. 李原,等,译. 北京:中国人民大学出版社,2012:313.

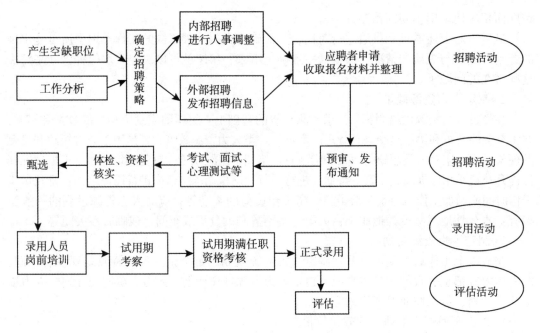

图 9-2　招聘的基本流程

情况明确、负责地告诉应聘者，以免出现工作后不满意又很快流走的现象。

外聘的主要优点是有广泛的人才来源，且能给组织带来不同于原有组织文化的新思想新作风，增强组织的活力，尤其是高层主管职位外聘，有利于为组织的发展打开新思路，带来新观念。此外，慎重选择有丰富经验和较强工作能力的外聘者，可节省培训费用，有时还可避免由于提升机会不均而引起的内部不团结。在我国企业的实践中，招商银行发展信用卡业务、平安保险公司扩展业务领域都曾经成批引进"海外军团"，以借鉴成功经验或增加国际化视野。

从组织外部招聘管理人员最大的缺点就是有可能挫伤组织内部人员的积极性和进取精神。有些人对今后的提升失去信心，有些人认为外来者并非更能胜任工作而感到不公平，都有可能导致工作中的不合作和消极情绪。此外，选聘外来者难免较多受其学历、资历、推荐信等书面材料影响，而对其实际能力了解不够深入，他们进入组织后又需要有一个与组织原有成员相互熟悉和磨合的过程，这些都有可能影响他们的实际工作绩效。在现实中，被称为"空降兵"的外聘职业经理并不一定总是能够带来明显的业绩增长也是屡见不鲜的现象。参见表 9-4。

表 9-4　　　　　　　　　　　　　　不同招聘途径的优缺点分析

招聘途径	优点	缺点
互联网	可触及大量人员；可立即得到反馈	产生许多不合格的求职者
员工推荐	公司员工可以提供关于本公司的信息；因为好的推荐会提升推荐者的声望，能够获得优秀的候选人	可能不会增加员工的多样性

续表

招聘途径	优点	缺点
公司网站	辐射范围广；能够瞄准某些特定群体	产生许多不合格的求职者
校园招聘	大量的候选人集中在一起	仅限于初级职位
专业的招聘机构	非常熟悉该行业面临的挑战和要求	对特定组织没什么承诺

资料来源：斯蒂芬·罗宾斯，等. 管理学. 第 11 版. 李原，等，译. 北京：中国人民大学出版社，2012：313.

2. 内部提升调整

当组织内的工作职位由于结构变动或退休、调动等原因出现空缺时，也可通过组织内部人员的调整或提拔那些表现良好、有足够能力胜任工作的人来充实空缺的职位，或者将一些工作业绩优秀的管理人员提升到更高层次的职位，担负更重要的工作职责，再从下级人员中聘任新的管理者。内部调整与提升制度要求组织建立起完备的人员表现和工作能力的考核记录资料，并绘制相应的人才储备图，供选聘人员时参考。

与外部选聘相比，在组织内部调整和提升管理人员的主要优点是有助于激励组织成员努力上进。由于看到在职业道路上晋升的希望或者调换其他工作的机会，员工们将自觉地不断充实自身的知识并积极主动地工作，以取得优秀的业绩，从而使组织中充满积极进取的精神。此外，由于对组织成员有较深入的了解和业绩考核记录，这样就便于从长处和弱点两方面权衡比较，确定人选。内部人员熟悉组织的目标和日常运作程序，有利于较快地进入角色开展工作，对于组织以前的培训投资也有了回报的机会。

然而，只是从内部搜寻空缺职位的人选受到组织人才资源的局限，选择余地较小。这一方面失去了从外部挑选优秀人才的机会，另一方面又可能将一些不称职的人提拔到了力所不能及的职位，那些不能胜任工作的人员将在很长时间里对组织的工作绩效产生不良影响。此外，这种选聘途径最大的缺陷在于使组织趋向于封闭，有可能在潜移默化中助长因循守旧、固守原有模式的作风，或形成论资排辈的风气，对培养组织的创新精神不利。

3. 实际操作

从上述分析可见，选聘组织成员的两种途径各有其利弊，在实践中要根据组织的规模、经营环境和现有人才储备情况慎重选择，合理配合使用。有许多组织在出现管理职位空缺时首先考虑组织现有人员的提升或调整，当人才资源不足时才从外部招聘，有助于保持组织运作的平稳。但当组织有重大战略调整或者大变革时期，聘任高层管理人才往往首先考虑从外部招聘。

此外，有关的专门研究表明，在选聘和配备工作人员的过程中，现有员工的推荐是一种极为有效的方式。因为现有员工对组织内各职位的要求和被推荐者两方面都比较了解，能够较好地把握什么样的人更适合于待聘的职位，故在推荐前就已经进行了初步的筛选。由于人们往往把被推荐者的表现与他们的推荐人联系在一起，现有员工从维护自己在组织中的声望考虑，会十分看重推荐质量，绝不推荐连自己都信不过的人。

三、员工甄选

（一）人员甄选的含义

人员甄选是指组织通过一系列科学的测试方法，对已经招募到的应聘者的任职资格和对工作的胜任程度进行鉴别与考察。

人员甄选主要从两个方面把握：一是评价应聘者的知识、能力和个性；二是预测应聘者未来在企业中的绩效。

（二）人员甄选的方法

人员甄选的方法主要有心理测试、面试、评价中心技术和履历档案方法等。

（1）心理测试。心理测试就是使用各种测量量表来测量一个人的潜能和个性特点。常用的心理测试包括治理测试、能力倾向性测试、人格测试和心理健康测试。

（2）面试。面试是一种应聘者与面试者之间面对面的交流和沟通，从而了解应聘者心理素质和潜在能力的测评方法。作为组织中应用最为广泛的员工甄选方式之一，面试可以使组织有机会更为直接地了解员工候选人的相关特征与能力，如应试者的仪表仪态、紧张程度、临场应变能力、语言表达能力等。

（3）评价中心技术。评价中心技术是以测评被评人管理素质为中心的一组标准化评价活动，将各种不同的素质测评方法相互结合，通过创设一种逼真的模拟管理系统和工作场景，将被评人纳入该环境系统中，使其完成该系统环境下对应的各种工作。

评价中心技术的形式主要有无领导小组讨论、公文处理、管理游戏、角色扮演等。

（4）履历档案方法。个人履历档案分析是根据履历或档案中记载的事实，了解一个人的成长历程和工作业绩，从而对其人格背景有一定的了解。近年来这一方式越来越受到人力资源管理部门的重视，被广泛地用于人员选拔等人力资源管理活动中。使用个人履历资料，既可以用于初审个人简历，迅速排除明显不合格的人员；也可以根据与工作要求相关性的高低，事先确定履历中各项内容的权重，把申请人各项得分相加得总分，根据总分确定选择决策。

研究结果表明，履历分析对申请人今后的工作表现有一定的预测效果，个体的过去总是能从某种程度上表明他的未来。这种方法用于人员测评的优点是较为客观，而且低成本，但也存在几方面的问题，比如：履历填写的真实性问题；履历分析的预测效度随着时间的推进会越来越低；履历项目分数的设计是纯实证性的，除了统计数字外，缺乏合乎逻辑的解释原理。

第三节　员工培训和开发

随着知识经济时代的到来，知识、技术、技能的更新速度越来越快，企业的竞争力更多地来源于比其他企业更快学习的能力，员工素质的提高成为企业竞争力的基础。因而，许多企业把员工的能力开发和培训工作当作企业发展的一项战略措施来抓，在公司的年度工作计划乃至中长期计划中都将员工培训作为重要事项做出安排。依据培训的目的与对象不同，可分为新员工的岗前培训、一般员工的在职培训等。

一、职前培训

职前培训是由人力资源部门对新招聘员工或组织成员进入新的工作职位之前进行的短期培训，其内容除了介绍公司的发展历史、现实状况、组织结构、业务流程、管理制度和进行服饰、举止、用餐、沟通礼仪等基本行为规范的训练之外，主要是帮助新员工掌握岗位工作要求和操作技能，树立责任感和企业意识，逐渐被周围的同事所接受，并与新的工作集体相融合从而胜任工作。职前培训有助于新成员了解组织的宗旨、运作程序与规则，熟悉本职工作的目标和岗位要求，这有利于增进对组织文化的认同，消除由于陌生而产生的顾虑，以便尽快进入角色。有的组织也采取拜托资历较老的成员帮助新员工进入和熟悉岗位或者是师傅带徒弟、一对一传授技能经验等更为灵活的方式，成功的职前培训可以降低不良工作行为的发生率。

◎ **小资料**

迪斯尼的新员工培训

迪斯尼对新员工的培训首先不是着眼于其素质和水平的提高，而是把它作为企业精神教育的一种重要手段。

"我们员工培训的第一堂课，即是如何在最短时间里画出一张 Mickey 的笑脸。"迪斯尼要求每一个新员工都接受由迪斯尼大学教授团组织的新员工企业文化训练，以便让他们认识迪斯尼的历史传统、成就、经营宗旨与方法、管理理念和风格等。除了这些，迪斯尼专为新员工准备了一个为期三天的颇具特色的个性培训：

第一天上午学扫地。扫地有 3 种扫把：一种是用来扒树叶的，另一种是用来刮纸屑的，还有一种是用来掸灰尘的。让员工学习怎样扫树叶不会让树叶飞起来、怎样刮纸屑才能把纸屑刮得很好、怎样掸灰才不会让灰尘飘起来。扫地时还另有规定：开门时、关门时、中午吃饭时、距离客人 15 米以内等情况下都不能扫。

第一天下午学照相。因为客人会叫员工帮忙照相。如果员工不会照相，不知道这是什么东西，就不能照顾好顾客。十几台不同品牌世界最先进的数码相机摆在一起，每台都要学。

第二天上午学抱小孩、换尿布。孩子的妈妈可能会叫员工帮忙抱一下小孩，但如果员工不会抱小孩，就会增添顾客的麻烦。不但要会抱小孩，还要会替小孩换尿布。

第二天下午学辨识方向。有人要上洗手间，有人要喝可乐，有人要买邮票……顾客会问各种各样的问题，所以每一名员工要把整个迪斯尼的地图都熟记在脑子里，对迪斯尼的每一个方向和位置都要明确。

第三天上午学怎样与小孩讲话。游迪斯尼的有很多小孩，这些小孩要跟大人讲话。迪斯尼的员工碰到小孩问话，统统都要蹲下，蹲下后员工的眼睛跟小孩的眼睛要保持一个高度，不要让小孩子抬着头去跟员工讲话。

第三天下午学怎样送货。迪斯尼规定在客人游玩的地区里是不准送货的，送货统统在围墙外面。迪斯尼的地下像一个隧道网一样，一切食物、饮料统统在围墙的外面进地道，在地道中搬运，然后再用电梯送上来。

　　资料来源：http：//news. xinhuanet. com/newmedia/2005-08/15/content_3354199. htm。

二、在职培训

（一）员工培训的种类和形式

一般而言，按照培训内容来看，员工培训可以分为专业技能培训和管理技能培训。专业技能培训包括生产操作人员培训、特殊工作培训、关键过程操作培训、各种相关产品生产工艺、产品研发培训、行政人事培训、财务会计培训、营销培训、经营核算、工程施工、采购培训、质量管理培训、安全卫生培训、其他专业性培训。管理技能培训包括管理基础知识、生产管理、质量管理、人事管理、信息处理、领导力、团队建设等。

（二）员工培训方法

员工培训方法多种多样，目前最为流行的有如下几种：

（1）讲授法，属于传统的培训方式，优点是运用起来方便，便于培训者控制整个过程；缺点是单向信息传递，反馈效果差。常被用于一些理念性知识的培训。

（2）视听技术法，运用现代视听技术（如多媒体），对员工进行培训。优点是运用视觉与听觉的感知方式，直观鲜明，但学员的反馈与实践较差，且制作和购买的成本高，内容易过时。它多用于企业概况、传授技能等培训内容，也可用于概念性知识的培训。

（3）案例研讨法，通过向培训对象提供相关的背景资料，让其寻找合适的解决方法。这一方式使用费用低，反馈效果好，可以有效训练学员分析解决问题的能力。另外，培训研究表明，案例、讨论的方式也可用于知识类的培训，且效果更佳。优点是可以帮助学员学习分析问题和解决问题的技巧，确认和了解不同解决问题的可行方法。但案例多来自过去曾经发生的事实，随着时间的演进、环境的变化，会出现与现实脱节的情况。

（4）角色扮演法，受训者在培训教师设计的工作情景中扮演其中角色，其他学员与培训教师在学员表演后作适当的点评。由于信息传递多向化，反馈效果好、实践性强、费用低，多用于人际关系能力的训练。

（5）自学法，较适合一般理念性知识的学习，由于成人学习具有偏重经验与理解的特性，让具有一定学习能力与自觉的学员自学是既经济又实用的方法，但此方法也存在监督性差的缺陷。

（6）互动小组法，也称敏感训练法。此法主要适用于管理人员的实践训练与沟通训练。让学员在培训活动中的亲身体验来提高他们处理人际关系的能力。其优点是可明显提高人际关系与沟通的能力，但其效果在很大程度上依赖于培训教师的水平。

（7）网络培训法，是一种新型的计算机网络信息培训方式，投入较大，但由于使用灵活，符合分散式学习的新趋势，节省学员集中培训的时间与费用。这种方式信息量大，新知识、新观念传递优势明显，更适合成人学习。因此，特别为实力雄厚的企业所青睐，也是培训发展的一个必然趋势。

（8）个别指导法。师徒传承也叫"师傅带徒弟""学徒工制""个别指导法"，是由一个在年龄上或经验上资深的员工，来支持一位较资浅者进行个人发展或生涯发展的体制。师傅的角色包含了教练、顾问以及支持者。身为教练，会帮助"徒弟"发展其技能，身为顾问，会提供支持并帮助他们建立自信；身为支持者，会以保护者的身份积极介入各项事务，让"徒弟"得到更重要的任务，或帮助他们升迁、加薪。个别指导法一般多为经验的传授，在诸如需要依靠手工艺传承的技术方面用得较为广泛，在使用机器设备的工业性生产中，泰罗对经验传授存在不足的看法值得注意。

◎ 小资料

UPS 的卡车司机培训

美国联合包裹公司（United Parcel Service，UPS）2012 年在美国以及全球 220 多个国家和地区货运量为 410 亿份包裹及文件，全球运输车队由 96 028 辆包裹运输车、客货车、货运卡车、摩托车组成，送货司机高达 99 000 名。UPS 意识到自己面临着一项人力资源挑战：在未来 5 年内招募和培训大约 25 000 名送货司机，以代替即将退休的 20 世纪战后出生的员工。不过，该公司拥有一个妥善的方案，它融合了该公司久经考验的商业模式（即统一和高效，例如司机在经过培训后可以用一个指头勾住车钥匙，而不需要浪费时间从自己的口袋里掏钥匙）和一种新的司机培训方法。

UPS 对送货司机的传统课堂培训已经失效，因为约有 30% 的送货司机候选人无法适应它。该公司相信，20 多岁的年轻人——如今是送货司机候选人的主力军最适合高科技教学，而不是阅读书籍和听讲座。现在，受训者的培训内容包括电子游戏，一种"使用光滑地板和光滑鞋底的打滑和跌倒模拟器"，以及围绕一个模拟村庄来进行的障碍穿越课程。

在 UPS 位于华盛顿特区之外的一个培训中心，申请送货司机岗位的求职者花一周时间来培训和练习，以成为一名真正的司机，而这个岗位将获得年薪 74 000 美元。他们从一个位置移动到另一个位置，以练习该公司的"340 种方法"。这些方法都是由工业工程师开发的技巧，用以"节省几秒钟时间，并且提高每一项工作任务（从搬运包裹或盒子到从卡车上的一排货物中抽出一个包裹等）的安全性"。求职者还要玩一种电子游戏，在该游戏中，他们处在司机的位置上，必须辨认出各种障碍物。从计算机模拟场景中出来，他们会转移到一个模拟村庄"克拉克斯维尔"，这个村庄里设有各种模拟的住宅和公司。在这里，求职者驾驶一辆真正的卡车，"必须成功地在 19 分钟内完成 5 次递送"。此外，为了保证安全和高效，受训者还要使用打滑和跌倒模拟器来学习如何在危险路面上行驶。

这些新培训方法的效果怎么样？到目前为止，效果非常好。在已经完成这些培训的 1 629 名受训者中，只有 10% 的人没有通过该培训计划。这项培训计划总共需要花费 6 周时间，其中有 30 天时间是在现实世界中驾驶一辆送货卡车。

资料来源：斯蒂芬·罗宾斯，等. 管理学. 第 11 版. 北京：中国人民大学出版社，2012：332-333.

第四节　绩　效　管　理

一、员工绩效管理和绩效评估

绩效管理，是指各级管理者和员工为了达到组织目标共同参与的绩效计划制定、绩效辅导沟通、绩效考核评价、绩效结果应用、绩效目标提升的持续循环过程，绩效管理的目的是持续提升个人、部门和组织的绩效。

绩效管理最核心的环节是绩效评估（performance appraisal），旨在通过科学的方法、原理来评定和测量员工在职务上的工作行为和工作效果。

常用的绩效评估（绩效考核）方法总体上可分为：结果导向型绩效评估方法，如业绩评定表法、目标管理法、关键绩效指标法等；行为导向型绩效评估方法，如关键事件法、行为观察比较法、行为锚定评价法、360 度绩效评估法等；特质型绩效评估方法，如图解式评估量表等。

（一）结果导向型绩效评估方法

此类方法做出评估的主要依据是工作的绩效，即工作的结果，能否完成任务是第一要考虑的问题，也是评估的重点对象。

业绩评定表法，也可以称为评分表法，可以说是一种出现比较早及常用的方法，它是利用所规定的绩效因素（例如，完成工作的质量、数量等）对工作进行评估，把工作的业绩与规定表中的因素进行逐一对比打分，然后得出工作业绩的最终结果，它分为几个等级，例如优秀、良好、一般等。这种方法的优点是可以作定量比较，评估标准比较明确，便于做出评价结果。它的缺点是标准的确定性问题，需要对工作必须相当了解的评定表制定者；评估者可能带有一定的主观性，不能如实评估。

目标管理法是最典型的结果导向型绩效评估法。40 多年前，"现代管理学之父"德鲁克在《管理实践》中最早提出目标管理这一思想，对目标分解为一个个小目标。20 世纪 60 年代以来，目标管理法被得到广泛推广与应用，它评估的对象是员工的工作业绩，即目标的完成情况而非行为，这样使员工能够向目标方向努力从而在一定程度上有利于保证目标的完成。这种方法的优点是能够通过目标调动起员工积极性，千方百计地改进工作效率；有利于在不同情况下控制员工的方向；同时员工相对比较自由，可以合理地安排自己的计划和应用自己的工作方法。它的缺点是目标的设定时可能有一定的困难，目标必须具有激发性和具有实现的可能性；对员工的行为在某种程度上缺少一定的评价。

关键绩效指标法（Key Performance Indicator，KPI）把对绩效的评估简化为对几个关键指标的考核，将关键指标作为评估标准，把员工的绩效与关键指标进行比较，在一定程度上可以说是目标管理法与帕累托定律的有效结合。关键指标必须符合 SMART 原则：具体性（Specific）、衡量性（Measurable）、可达性（Attainable）、现实性（Realistic）、时限性（Time-based）。这种方法的优点是标准比较鲜明，易于做出评估。它的缺点是对简单的工作制定标准难度较大；缺乏一定的定量性；绩效指标只是一些关键的指标，对于其他内容缺少一定的评估。

个人平衡记分卡（Balanced Score Card，BSI）是罗伯特·卡普兰与大卫·诺顿在20世纪90年代最早提出的，它包括财务维度、顾客维度、内部业务维度及学习与成长维度。在此基础上的个人平衡记分卡能够比较全面地进行评估，通过个人目标与企业愿景的平衡，将平衡记分卡引入人力资源管理，而这一平衡正是实现员工的积极性、可持续的企业绩效的前提条件。

主管述职评价是由岗位人员做述职报告，把自己的工作完成情况和知识、技能等反映在报告内的一种考核方法，主要针对企业中、高层管理岗位的考核。述职报告可以在总结本企业、本部门工作的基础上进行，但重点是报告本人履行岗位职责的情况，即该管理岗位在管理本企业、本部门完成各项任务中的个人行为，本岗位所发挥作用状况。

（二）行为导向型绩效评估方法

与结果导向型绩效评估方法不同的是，关键事件法、行为观察比较法、行为锚定评价法、360度绩效评估法等都是以工作中的行为作为主要评估的依据，也就是说评估的对象主要是行为。

关键事件法是客观评价体系中最简单的一种形式，由美国学者弗拉赖根和贝勒斯在1954年提出，通用汽车公司在1955年运用这种方法获得成功。它是通过对工作中最好或最差的事件进行分析，对造成这一事件的工作行为进行认定从而做出工作绩效评估的一种方法。这种方法的优点是针对性比较强，对评估优秀和劣等表现十分有效；缺点是对关键事件的把握和分析可能存在某些偏差。

行为观察比较法，也叫行为观察量表法，是各项评估指标给出一系列有关的有效行为，将观察到的员工的每一项工作行为同评价标准比较进行评分，看该行为出现的次数频率的评估方法，每一种行为上的得分相加，得出总分结果比较。这种方法的优点是能够有一个比较有效的行为标准，可以帮助建立工作岗位指导书；缺点是观察到的工作行为可能带有一定的主观性。

行为锚定评价法，也称为行为定位评分法，是比较典型的行为导向型评估法。它由美国学者史密斯与肯德尔提出，兰迪特和吉昂在1970年证明它可用于工作动机的评估，所以在20世纪70年代得到广泛的应用。它侧重的是具体可衡量的工作行为，给各个评估项目打分，只不过评分项目是某个职务的具体行为事例，也就是对每一项职务指标做出评分量表，量表分段是实际的行为事例，然后给出等级对应行为，将工作中的行为与指标对比做出评估。它主要针对的是那些明确的、可观察到的、可测量到的工作行为。这种方法的优点是评估指标有较强独立性，评估尺度较精确；对具体的行为进行评估，准确性高一些。它的缺点是评估对象一般是从事具体工作的员工，对其他工作适用性较差；一个员工的行为可能出现在量表的顶部或底部，科学设计有助于避免这种情况，但实际中难免出现类似情况。

360度绩效评估法是爱德华和埃文等在20世纪80年代提出的，后经1993年美国《华尔街日报》与《财富》杂志引用后，开始得到广泛关注与应用。它从不同角度获取组织成员工作行为表现的观察资料，然后对获得的资料进行分析评估，包括来自上级、同事、下属及客户的评价，也包括被评者自己的评价。这种方法的优点是比较全面地进行评估，易于做出比较公正的评价，同时通过反馈可以促进工作能力，也有利于团队建设和沟通。它的缺点是因为来自各方面的评估，工作量比较大；也可能存在非正式组织，影响评价的公正性；还需要员工有一定的知识参与评估。

（三）特质型绩效评估方法

除了结果导向型绩效评估方法和行为导向型绩效评估方法外，还有一类评估方法，即以心理学的知识为基础的评估方法——特质型绩效评估方法，如图解式评估量表等。

图解式评估量表，是一张列举了达到成功绩效所需要的不同特质（如适应性、合作性、工作动机等）的特质表，每一项特质给出的满分是 5 分或 7 分，评估结果一般是如"普通""中等"或"符合标准"等词语。这种方法适用广、成本低廉，可以适用于公司内大部分的工作和员工。它的缺点是针对的是某些特质而不能有效地给予行为以引导；不能提出明确又不具威胁性的反馈，反馈对员工可能造成不良影响；一般不能单独用于升迁的决策。

二、薪酬管理

所谓薪酬管理，是指一个组织针对所有员工所提供的服务来确定他们应当得到的报酬总额以及报酬结构和报酬形式的一个过程。在这个过程中，企业就薪酬水平、薪酬体系、薪酬结构、薪酬构成以及特殊员工群体的薪酬做出决策。同时，作为一种持续的组织过程，企业还要持续不断地制订薪酬计划，拟订薪酬预算，就薪酬管理问题与员工进行沟通，同时对薪酬系统的有效性做出评价而后不断予以完善。

薪酬管理对几乎任何一个组织来说都是一个比较棘手的问题，主要是因为企业的薪酬管理系统一般要同时达到公平性、有效性和合法性三大目标，企业经营对薪酬管理的要求越来越高，但就薪酬管理来讲，受到的限制因素却也越来越多，除了基本的企业经济承受能力、政府法律法规外，还涉及企业不同时期的战略、内部人才定位、外部人才市场以及行业竞争者的薪酬策略等因素。

三、职业发展

（一）职业发展

从组织的角度看，职业发展是组织帮助员工获取目前及将来工作所需要的技能、知识的一种规划，以帮助员工在自己选定的领域里，在自己能力所及的范围内，成为最好的专家。职业发展是组织用来帮助员工获取目前及将来工作所需的技能、知识的一种方法。职业发展对于组织的好处在于，可以增加员工的忠诚度和提高生产率。

职业发展主要受到个人因素、组织因素和社会因素的影响。个人因素包括个性、体质、性别、年龄、学历、家庭背景等；组织因素包括组织中的工作设计、薪酬福利、组织管理风格等；社会因素包括就业制度、职业声望等。

（二）职业通道

职业发展中非常重要的一个问题是设计职业通道。职业通道是指一个员工的职业发展计划。对组织来说，可以让组织更加了解员工的潜能；对员工来说，可以让员工更加专注于自身未来的发展方向并为之努力。这一职业发展计划要求员工、主管以及人力资源部门共同参与制定。员工提出自身的兴趣与倾向，主管对员工的工作表现进行评估，人力资源部门则负责评估其未来的发展可能。

◎ **小资料**

德勤的职业发展

毕业了，你或许想知道自己需要多少年的成长，才能从一个刚入门的职场新人，晋升到职业生涯顶端？德勤为你确定了清晰的职业发展路径和相应的支持。

1 年——审计员/咨询员/分析员。这些都始于你申请德勤的审计员、税务助理或分析员之后的工作表现。你将通过我们的培训、职业发展项目以及实际工作，将你的学术知识转化为专业的工作能力，将自己塑造成一名专业的咨询顾问。

3 年——高级顾问。作为一名高级顾问，你需要通过实际工作中与其他人员的合作，强化客户管理能力。此外，你将成为业务发展中不可或缺的一部分，并从商业计划书着手，参与客户发展战略。

5/6 年——经理。作为一名经理，你将负责高层客户的联络和投资组合管理。新的日常挑战包括：项目计划和控制、开发交付、引导和指导小组成员，并且为团队提供支持与评价。你将越来越多地参与大客户收购。

9 年——高级经理。作为一名高级经理，你将通过使用我们的价值增值方案，帮助客户实现业务目标，同时最大限度地减少企业或项目的风险。你还将在业务发展中发挥积极的作用，并基于德勤的现有客户发展新的客户。

12 年——总监或合伙人。作为总监或合伙人，你将通过发展高价值客户长期的良好关系，驱动公司成长。与此同时，你将负责关键团队的客户关系，并实施相应的风险控制。最重要的是，你的团队成员将以你作为他们最好的导师，你的领导力和灵感将使他们受益匪浅。

资料来源：http://www.dajie.com/corp/1002021/discuss/205308.

本 章 小 结

1. 人力资源是指具有能够创造价值，推动经济和社会发展的劳动人口的总和。

2. 人力资源管理是对组织内部人力资源的管理，对组织的发展起到重要的作用。包括对人力资源进行规划、获取、开发、维持和利用，是企业获取竞争优势的工具。

3. 组织的人力资源管理活动是通过一系列的活动过程展开的，前三种活动是帮助组织识别和甄选合格的员工；接下来的两种活动是开发员工的技能；最后三种活动是确保组织留住高绩效的员工。

4. 人力资源规划是指根据组织的战略目标以及对组织未来人力资源供求状况的科学预测而制定必要的人力资源获取、开发和保持策略，以确保组织的人力资源需求能够得到满足。人力资源规划包括人力资源预测、制定人力资源政策、制定人力资源规划以及人力资源规划的执行和效果评价四个阶段。

5. 招聘是详细说明选拔程序最终适用的求职者的特征的活动或实践。招聘主要有内部调整提升和外部选拔聘任两种途径。

6. 人员甄选是指组织通过一系列科学的测试方法，对已经招募到的应聘者的任职资格和对工作的胜任程度进行提供的鉴别与考察。人员甄选的方法主要有心理测试方法、面试方法、评价中心技术和履历档案方法等。

7. 培训包括职前培训和在职培训。职前培训是员工入职前的培训，目的是帮助新员工适应新的工作环境，在职培训是员工入职以后进行的培训，包括专业技能和管理技能的培训，目的是为了帮助员工更好地发展。

8. 绩效评估旨在通过科学的方法、原理来评定和测量员工在职务上的工作行为和工作效果。常用的绩效评估（绩效考核）方法可分为：结果导向型绩效评估方法，如业绩评定表法、目标管理法、关键绩效指标法等；行为导向型绩效评估方法，如关键事件法、行为观察比较法、行为锚定评价法、360度绩效评估法等；特质型绩效评估方法，如图解式评估量表等。

9. 薪酬管理，是指一个组织针对所有员工所提供的服务来确定他们应当得到的报酬总额以及报酬结构和报酬形式的一个过程。企业的薪酬管理系统一般要同时达到公平性、有效性和合法性三大目标。

10. 职业发展就是在自己选定的领域里，在自己能力所及的范围内，成为最好的专家。职业发展中非常重要的一个问题是设计职业通道。职业通道是指一个员工的职业发展计划。对组织来说，可以让组织更加了解员工的潜能；对员工来说，可以让员工更加专注于自身未来的发展方向并为之努力。

复习思考题

1. 人力资源管理过程包括哪些活动？
2. 员工招聘可以采取哪些形式？员工甄选可以采取哪些方法？
3. 组织可以采取怎样的培训方法？
4. 结合实际案例分析绩效评估方法的优点与缺点。
5. 分析某公司的薪酬管理体系的优点与缺点。
6. 结合实际案例分析如何设计好职业通道。

参 考 书 目

1. 李燕萍，李锡元. 人力资源管理. 第2版. 武汉：武汉大学出版社，2012.

2. 劳伦斯S. 克雷曼. 人力资源管理：获取竞争优势的工具. 第4版. 吴培冠，注译. 北京：机械工业出版社，2009.

4. 加里·德斯勒. 人力资源管理. 第9版. 吴雯芳，等，译. 北京：中国人民大学出版社，2005.

5. 德里克·托林顿，等. 人力资源管理. 第 6 版. 邵剑兵，等，译. 北京：经济管理出版社，2011.

【案例分析】

阿里政委每天九件事

在本章开始的案例中已经介绍了著名的企业——阿里巴巴网络技术有限公司在组织建设中设立了"政委"的管理岗位，那政委有什么样的职责，政委又如何开展工作呢？下面根据网上的资料，编辑了这个案例（故事），通过这个案例（故事），再一次体会成功企业的特殊做法，这些做法又是如何在管理工作永恒的主题——人的管理上发挥作用的。

今天我们就请来了阿里原大区政委欧德张，和大家一起聊一聊在阿里做政委具体做哪些事情，大到框架，小到细节，季度计划、月度计划，甚至每天工作安排是什么样的？

与大家说明一下：很多人都会认为只要有 HRBP（HR business partner）体系，组织上就会做好安排，下达明确的指令，实际上这只是一种美好的愿望。哪怕是在阿里这样一家对政委文化和体系落地比较卓越的公司而言，它在这一块上面也没有那么规范化、标准化和框架化措施，总部人力资源中心往往只提供大的方向，政委的工作和很大一部分要自觉自发地去处理临时性、突发性的事情。

在大的框架上面，阿里主要聚焦在三个方面：一是业务，二是组织和人，三是文化。更为具体的、小的细节，听我一一道来。

1. 政委参与几乎所有重要业务决定和管理的会议，和业务的管理者一起反复确认目标的实现和达成的可能。

这是我作为政委做的第一件最重要的事情，很多人认为 HRBP 最重要的是知晓人力资源目标，其实并不是，如果没有业务目标，阿里的政委会不知道做什么事情。

日常工作中，政委往往是从人看到事，业务经理是从事看到人。这是非常难以左右平衡的两股力量。比如政委会去思考哪些人更适合做哪些事，而业务经理都在思考我们要完成这些任务需要哪些人。不管用哪种逻辑去看问题，双方都会去重视一件事情，就是目标！在阿里，所有事情都是基于目标来做的，而不是就业务谈业务，就文化谈文化，就组织谈组织，否则就大错特错了。

2. 文化中有两句重要的话：把实的东西做虚了，或者把虚的东西做实了。当你透彻地了解了整个业务目标和业务制定的来龙去脉之后，政委要做的就是如何把业务目标做虚。我来举个例子：比方说我们完成业务目标的 2 000 万元、5 000 万元或一亿元，对于我们组织和团队的意义又是什么？当年在广东做政委的时候就提出一个把业务目标做虚的口号，前面十年我们看浙江的成长和发展，但未来十年我们是看广东的！所以当时我们提出的口号叫作"粤十年，越天下"。这句口号的背后，是实实在在的目标和数据去支撑它，但目标和数字冷冰冰的，所以我们要把业务目标做虚，让数字呈现出一个右半脑的思考，成为一个朗朗上口的口号。

3. 根据各个业务目标完成的重要节点，来安排推进工作的大小型活动。

当目标最后形成后，我们一定会有各个业务完成的节点。举个例子，我们下半年的业绩目标是上半年的 2 倍或 3 倍；我们要让"双十一"成为全年业绩的最高峰，达成日常最高峰的 5 倍或 10 倍。以上这些就是我们的业务节点，当我们把实现业务的达成的可衡量指标放到时间排期里的时候，我们就可以开始制定各种大型或小型活动的推进计划。

比如启动大会：我们要在"双十一"创造很高业绩，就需要大家把很多的情感、目标、承担、感恩、坦诚全部放进来，所以这个会需要大火猛炒，需要全员非常投入，是激情四射的启动大会，这个时间点我们要定好。当然除了大火猛炒外，不要忘记用温火慢炖，温火慢炖是指每个月的小启动。每个月都打大仗就没有了大仗，每个月做激励也就没有了激励。

我们带领的是活生生的、带有人性温度的一群人，而不是一群机器。人一定有疲倦感和懈怠感，所以我们不能一直是大火猛炒，还需要温火慢炖。我们每个月的小启动，每个月和每个季度的团建活动是什么，在哪个阶段我们需要做一次彼此坦诚的裸心会，什么时候我们可能需要做一次情感银行的储存，这些都是我们需要放到时间节点里面去的。

关于组织和人方面，同样是三件事。

4. 围绕业绩目标进行组织架构的梳理和 hire count（人员编制）的制定，每个月做离职分析和人效分析。

很多人都问过我，我们最近人员流失很厉害但不知道原因是什么。在阿里，遇到这样的问题通常会让他先做一个离职分析，是一个月内很快离职，还是 3 个月内、半年、1 年内、3 年或更长时间。这里面的原因是不同的。

经常有刚进公司 1 个月马上离职的，很可能是 HR 招聘渠道和前期沟通有问题；如果是进公司 3 个月内离开的，很可能是对产品或管理者没有信心；如果 3 个月到 1 年之间，最大的问题是管理者授权激励和辅导不够；如果是进公司 1 年到 3 年内离职员工很多，是成长空间的问题；3 年以上，那就一定是文化不匹配，或个人能力和公司平台不匹配。只有详细做了离职分析，才可以确定各方面的抓手和要做的事情到底是什么。

人效分析，我们是按照入职时间来评估，1 年以内的人效如何，3 年以内人效又是如何。1 年以内的人，若他的人效很低，就给他做关于业务知识模块成长的培训，帮助他更快地成长。如果是 3 年以上的人，人效偏低的话，往往是他们对于 3 年员工的薪酬体系以及他们对组织的信任这个部分出问题了，那么我可能要增强他们的心力，增强他们对于组织相信的力量。

5. 关注非权力影响力的人群

这里也代表着民间领袖。你一定要清楚的是，非权力影响力的员工往往拥有良好的群众基础，同时他们对于团队和某个区域都会有很强的导向性行为，虽然这些人此时不在权力的位置上，但他可能是未来权力的拥有者和潜在的管理者，也可能是他安于现在的工作。这些人的影响力很多时候甚至是超过权力位置上的人的。所以，我以前经常会跟这些非权力影响力的人群做好情感银行储蓄和沟通，找他们聊聊天，吃吃饭，你在这里做的事情，很有可能帮助真正权力的拥有者。

6. 做好管理干部的培养机制

这个每家企业的情况不同。我们以前会做潜在基层干部的训练、现在的管理干部培养、潜在的经理人群培养。

在阿里，管理干部培养就三板斧：

第一，揪头发。

管理干部最容易出现的问题是什么？

首先是本位主义——屁股决定脑袋；

其次是急功近利——捡了芝麻丢了西瓜，短期目标与长期目标不平衡；

还有就是圈子利益——山头林立各自为战，涉及大团队的战略与小团队的发展取舍；

揪头发就是希望他们时刻反思，时刻告知自己是在什么位置。

第二，照镜子。

曾经有一段时间，我的主管和我交流，他说我最近变了，成长了。我说为什么，他说现在的我不再陷在"自我"的圈子里，而是开始有了思想的镜子，有了更多的超我。

这就是照镜子，在阿里的管理团队中，我们认定彼此就是对方的土壤，彼此成为对方的镜子是一件非常有挑战的事情。既然希望我们通过别人的镜子看到我们更加全面真实的自己，首先我们需要学会的是如何才能做一面镜子。

第三，闻味道。

在阿里，我们认为一定要有的味道是：简单信任。这个简单说的是简单真实，管理者需要做真实的自己，将心比心，不矫揉造作，不粉饰太平。阿里土话说"因为信任所以简单"，这个简单，真的不简单，因为每一个看似简单的背后，都需要有强大的内心与自我管理。

同时作为管理者，奖励要奖得心花怒放，惩罚要罚得心服口服。

文化不是单独生存的，刚才前面两部分里都已经包含了文化，如果仅就单独的文化而言，你可以做好以下几件事：

7. 高压线触犯的宣导

在企业里面，一定要有边界和高压线，在阿里也叫天条。这是价值观的重要组成部分，很多同学理解的价值观只是扬善的部分，这还不够。价值观不仅要扬善，还有惩恶，这才是广义价值观的全部！

对文化的感知来自几方面，你招了谁，辞退了谁，奖励了谁，晋升了谁，惩罚了谁。这是员工切切实实看到的关于文化的部分，实实在在不虚设。

8. 关于文化的部分：故事，故事，永远是故事

故事是有灵魂的证据，你跟员工一直讲价值观，慢慢会变成陈词滥调，很多员工会不愿意听了，所以我们要讲故事。故事一定需要很长，但是你要告诉你的员工，我

们应该做什么，但你可以告诉他别人正在做什么。

9. 不断地讲，不断地讲，不断地讲

就是这么简单。作为大政委，首先要做一个首席解释官。你每一次出现都是在做公司的愿景、使命、价值观、标杆人物、企业文化的解释。

然后要做首席激励官，即每次出现在任何一个员工面前，你都是在做激励。

第三做好首席教育官，不断帮助员工成长，让他们的职业生涯更有价值。往往越是卓越的领导者，放在员工成长和培训上的时间就会越多。

以上，是我担任政委期间大框架的安排。

资料来源：https://www.jianshu.com/p/f5510bb1aa5d. 文字稍有改动。

◎ **讨论题**

1. 请比较阿里政委与传统人力资源管理的差别。

2. 如何看待阿里政委的工作？这是中国式人力资源管理吗？为什么？

第四编　领　导

　　领导者的责任，归结起来，主要是出主意、用干部两件事。一切计划、决议、命令、指示等等，都属于"出主意"一类。使这一切主意见之实行，必须团结干部，推动他们去做，属于"用干部"一类。

——毛泽东

　　管理与处理复杂情况有关。管理的实践和程序主要是对 20 世纪最重要的发展之一——大型组织的出现——所做出的一个反应。相比之下，领导与应对变革有关。近年来领导变得如此重要的部分原因是，现在的商业世界竞争更加激烈，更加变化无常。

——约翰·科特

　　做一个领导者，而非管理者。我们寻找的……是领导者……他能够激发活力、调动情绪和有效控制，而不是使人沮丧、让人颓废和硬性控制。

——杰克·韦尔奇

组织是一个非常复杂的系统，为确保组织活动协调、统一和高效地运行，管理者必须有效地发挥、利用与实现其管理职能，如根据组织运行环境的变化及组织使命，制定战略和政策；调整组织内部各项活动；制定实现计划所必须完成的各项措施和方法；监督各项计划的实施；通过控制来衡量并纠正人们的活动等。这些工作的完成必然有赖于管理者在组织中的成功领导和指挥。

　　管理者不一定就是领导者，但有效的管理者往往会是成功的领导者。领导工作是管理者的基本职能，管理者通过领导职能，使组织成员看到其为组织目标做出贡献的同时，也能满足他们自己的需要并发挥其潜在的能力，以此来调动组织成员的工作积极性。

　　在本编中，将阐述作为一个管理者应该如何做一个好的领导，确定组织中领导的模式；如何去激励组织的下属并引导他们实现组织的目标；又如何有效地进行沟通，保持组织信息的通畅，达到领导和管理的目的。

第十章 领　导

【学习目的】

在学习完本章后，你应该掌握以下内容：

1. 领导的基本概念，领导的构成因素。

2. 辨别领导与管理的差异。

3. 理解并掌握领导者权力的来源。

4. 比较特质、行为与情境等三种领导理论的不同。

5. 描述领导特质理论，并列出最重要的领导特质。

6. 了解领导行为理论。

7. 描述主要的情境领导理论，并比较领导情境理论和路径-目标理论中讨论的情境因素。

8. 辨别路径-目标理论和领导-成员交换理论的应用范围。

9. 了解提高领导艺术的主要方法。

【案例——问题提出】

雷军的影响力源自哪里

雷军，小米科技创始人、董事长兼首席执行官。他的小米手机现在已经跃居全球手机销量排行榜第三名，仅次于苹果和三星；在中国，小米的销量超过三星和苹果，成为第一。难怪李克强总理在中南海召开的座谈会上都幽默地赞叹雷军："小米成了大米。"

早前，毕业于武汉大学计算机系的雷军，加入金山软件公司，从程序员开始担任过研发、营销等各种职位，直至出任总经理、总裁、董事长。短短15年漂亮地完成了从程序员到企业高层管理者，再到企业合伙人的华丽转身。

成功之后的雷军，在与学子们畅谈成功之道时说："大学时光总是值得怀念的，大学有很多事情是必须得做的，比如打拖拉机。我感到曾经玩过的这个扑克牌游戏，是自己最受益匪浅的。这是一个典型的团队游戏，游戏的核心是考验合作者的默契和协调程度，因为拖拉机总要依赖合作伙伴为你加分、杀牌，只有与伙伴完美配合，才可以打赢对手。'你刚才出黑桃真明智，否则我们就跑不掉了''还好我还有牌，否则我们就上不了手了'……就这样讨论来，讨论去，大家既交流了感情，也提高了协作性。我们那时早晨一起床就开始打，谁输了谁去买饭，然后再接着打，输的人再去刷碗。"

就是这样一件打牌的小事，成为雷军日后管理企业的智慧绝招。雷军做了领导以后，发现一些部门经理在团队管理上做得很不好，和自己手下的员工很难打成一片，协调得也不好。起初雷军还鼓励他们，以为他们只是暂时不适应这个岗位，但是这个过程经历了很久，依然不见起色，这让雷军百思不得其解。后来，他深入了解了一下才发现，这些人大部分上大学的时候都是走读生，基本上上完课就回家了，和同学们没有打成一片，导致了他们领导能力的不足。回想自己的大学时光，雷军又猛然发现，自己能和同学们真正融成一体的事情其实就是打拖拉机。

雷军最后不无幽默地忠告莘莘学子："所以我认为大学真正要学的是打扑克。"令人忍俊不禁之余，值得细细品味。

　　　　资料来源：根据同名文章略有修改，载于《演讲与口才》，2016年第7期。

雷军的"大学真正要学的是打牌"之说自然是一句玩笑话，但深层思考就会发现，雷军指出了培养领导能力对当代大学生和管理者的重要性，而其影响力的来源也是复杂的，发挥作用的方式也非常微妙，不同的领导方式将会产生不一样的绩效结果。因此，任何一个组织成败的关键都与领导（leadership）有关。组织成员的激励、人际关系与群体行为、经营管理和劳动报酬等都无不与其领导的行为及其效用有关。领导属于组织，又服务于组织，有了领导，组织才能生存、发展和运行，缺乏有效领导的组织是无力的、难以发展的组织。只有具备杰出领导能力的领导者，才能使组织具有强大的凝聚力与战斗力，才能率领被领导者实现组织的目标。本章将主要介绍何为领导、领导的基本职责、领导自我的素质，以及与领导有关的理论等内容。

第一节　领　导

一、领导的定义

什么是领导？在汉语中"领导"可作为名词，即领导者的简称；它也可以当作动词，即领导者的一种行为的过程。在管理理论中也有两种含义，即组织中的领导人员（leader，leadership）与组织中的领导工作（leading）。管理学研究的领导是将其作为管理的一种职能来理解，但是对于领导的含义却解释不一，不同的人从不同角度关注或理解领导的含义，至今仍缺乏统一的定义。一位管理学家说过，有多少个管理学家，就有多少个领导定义。但是，对比不同领导的定义，但仍然可以发现各个定义以及领导现象中所共有的元素，这些元素包括：

1. 领导是一个过程。这表示领导并不仅是存在于领导者身上的一种特质或特征，而是发生在领导者和其追随者之间的一种交互活动过程，也意味着一个领导者不仅影响追随者而且也受到追随者的影响。它也强调领导不是单向的活动，而是一种相互作用的活动。当领导以这种方式定义时，它对我们每一个人来说都是可以获得的，并不仅仅局限于一个正式组织所委派的领导者。

2. 领导是一种影响。领导并不一定要有头衔，领导也不一定是权威，但领导者一定要有影响力。领导过程就是对他人和组织施加影响并通过这种影响改变他人或组织，进而达成领导的目的。从这个意义上讲，任何人只要能够通过自己的努力去影响他人或组织的进程并产生一定的影响效果，就可以说是运用了"领导"。

3. 领导存在于群体或组织的环境中。领导行为发生在群体或组织中，群体或组织是领导行为得以产生的环境。

4. 领导是目标导向的。领导活动产生的目的在于实现共同目标，否则就没有领导的需要。只有在所有个体都朝着一个共同目标努力的背景下才会产生领导，产生领导影响力。

基于以上分析，可把领导定义为在一定条件下通过指导、沟通、激励与奖惩等手段为实现组织目标而对组织内群体或个体实施影响的行为过程。在理论上，可以把领导看成一个由领导者、被领导者和所处管理情境三个因素所组成的复合函数，用公式表示为：

$$领导效能 = f（领导者，被领导者，管理情境）$$

显然，领导效能取决于领导者所处的具体管理情境、领导者特征以及被领导者的特征。由于领导者面临的管理情境千变万化，被领导者也是千差万别，因此，领导是一种艺术创造过程。

◎ **小资料**

领导的定义

领导就是影响力。（哈罗德·孔茨，海因茨·韦里克）

领导就是影响一个群体实现目标的能力。（斯蒂芬·罗宾斯）

领导就是一个人影响他人以使其为某个目标而工作或帮助他们追求前程的过程。（黑尔里格尔，斯洛克姆，伍德曼）

领导就是一个过程和一种特质。作为一个过程，领导即是非强制性的影响；作为一种特质，领导即是人们成功地利用影响力所具有的一系列特征。（里基·格里芬，格利高里·摩海德）

领导就是有意的过程，并且是建立在一定的影响的基础之上。也就是说，领导是一种远远不同于靠地位的权威、操纵或施压的过程。更确切地说，通过有意地施加影响、个人依赖自身的力量和可信性，从而改变或影响其他人及他们的环境。当跟随者选择跟随他们的领导者的时候，就产生了真正的领导。（史蒂芬·伯恩斯坦，安东尼·史密斯）

领导就是管理人员积极地与部属共同进行工作，以指导和激励部属的行为，使其能符合既定的计划和职务；了解部属的感情以及部属在按计划行为时所面临的各种问题。（W. 纽曼，C. 萨默）

领导就是群体之间发生的一种相互作用。领导者是变革的代理人，他们对其他人的影响大于其他人对他们的影响。（詹姆斯·L. 吉布森）

二、领导者的权力

有领导者，则必然有被领导者，即追随者与之相对应。领导者与追随者、上司与下属的关系，实质上是一种相依相生、共荣共存和相互影响制约的关系。真正决定一个组织命运的力量是占大多数的追随者，正如唐代名相魏征所言，"君，舟也；人，水也。水能载舟，亦能覆舟。"那么领导者何以能够影响被领导者或追随者？这一直是学者和管理者所关注的问题。我们可以将领导者对追随者的决策与行动产生影响的能力称为权力，权力是领导的基本标准。领导者为了发挥其影响力，必须以一定的权力为基础。传统上，我们认为权力的来源在于领导者在组织职位上所固有的影响力，但是我们也发现，有时候权力并不与一个人在组织中所处的地位完全相关。一个人不一定是管理者，也可以拥有权力。那么一个人如何才能获得权力？约翰·弗伦奇（John French）和伯特伦·雷文（Bertram Raven）为我们确认了权力的 5 种来源或者基础。

1. 强制性权力（coercive power）。这种权力是建立在惧怕的基础之上，也就是说，作为下级如果不服从上级，上级就可以惩罚、处分、批评下属，那么这种权力就叫强制性权力。在强制性权力中，"可信性"是至关重要的。强制性的威胁一旦发出，一定要让受威胁方感到，这种威胁是可行的，是实际存在的。威胁是权力得以生效的保障，这种保障机制只是不得已的最后手段。

2. 奖赏性权力（reward power）。与强制性权力正好相反，领导可以奖赏员工，让员工来重视自己。奖赏性的权力是让人们愿意服从领导者的指挥，通过奖励的方式来吸引下属。

强制性权力和奖赏性权力是一对相对的概念，如果你能够剥夺和侵害他人的实际利益，那么你就具有强制性的权力；如果你能够给别人带来积极的利益和免受消极因素的影响，那么你就具有奖赏性权力。跟强制性权力不一样，奖赏性权力不一定要成为领导者才具有，有时作为组织普通一员，也可以表扬另外一个员工，这本身也是一种权力和影响力。所以，权力并不一定在领导和下属之间才会出现，有时候平级之间，甚至下属对于上司都可能存在。

3. 合法权力（legitimate power）。在组织结构中，由于组织成员所处的位置所获得的权力就是法定性的权力。合法权力比前两种权力覆盖面更广，它会影响到人们对于职位权力的接受和认可，没有法定作为基础，前面的强制性权力和奖赏性权力往往都不能够实施。合法权力的实现主要是凭借强制力，通过信仰体系来实现。信仰体系是说明为什么某人应该服从某领导的理论或意识形态，它为统治的合法性提供依据。有了合法性权力，决策者就无需借助威胁、许诺或操纵而颁布与执行他们的决定，权力客体将会接受决策者的权威。因而，在合法性权力中，关键是权威。

4. 专家权力（expert power）。这种权力源于知识、技能和专长。当今社会发展越来越依赖技术因素，因此，专门的知识技能也成为权力的主要来源之一。随着工作的细分，专业化越来越强，企业的目标越来越依靠不同部门和岗位的专家。

5. 参照性权力（referent power）。参照性权力是指对拥有理想的资源或个人特质的人或组织的认同而形成的权力。参照性权力的形成是由于对他人或组织的崇拜以及希望自己成为那样的人而产生的。从某种意义上来说，这也是一种超凡的魅力。如果景仰一个人到了要模仿他的行为和态度的地步，那么这个人对你就拥有了参照性权力。

其中，可以把前面三种权力归于职位权力（position power）的范围，即多是一种基于掌握职权的人在组织中所据职位的合法权力，而后两种权力也可与职位有关，也可能与职位无关，即多属于个人权力（personal power）。要想有效地领导他人，首先要了解权力的来源，在具备各种权利外，还要懂得如何运用权力，影响支配他人。

三、领导与管理

领导的含义之一是领导行为，是一种特殊的社会活动。在这个层面上，一般人们把管理和领导当作同义语来使用，好像管理者就是领导者，领导过程就是管理过程。实际上管理和领导是两个不同的概念，二者的功能和作用有明显的区别。领导者与管理者的区别如图 10-1 所示。

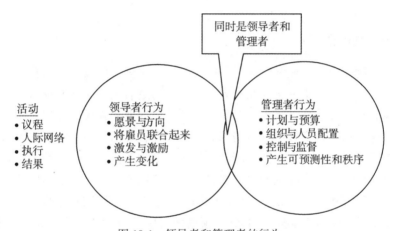

图 10-1　领导者和管理者的行为

资料来源：陶学荣. 现代管理学. 南昌：江西人民出版社，2007：79.

首先，领导和管理的职能范围不同，管理的职能比领导宽泛。管理包括计划、组织、领导和控制等职能，领导是管理的主要职能之一。管理的主要对象是人，也可以涉及财、物、信息、时间、关系等资源；而领导的对象通常是人，通过对他人施加影响从而实现组织的目标。

其次，领导和管理在组织中的作用不同。领导的主要作用是做正确的事，确立组织正确的行动方向非常重要，领导者更关注企业的未来；管理强调的是正确地做事，方向一旦确定，如何用最好的途径和方法，如何高效地达到组织目标是管理的重点，管理者可能更关注企业的现在。

再其次，领导和管理在组织工作中的侧重点不同。领导重在影响和引导，在组织变革中的时候制定新的目标，探索新领域；管理重在协调和控制，维持既定秩序，配置资源，提高现有效率，把已决定的事办好。

最后，人们常常将领导看作一门艺术，必须结合具体问题具体分析，因时因地因人而异，没有什么万能的领导方法和理论；而管理则更科学，更正规，人们在不同的企业环境中，使用较为标准化的管理方法和工具。

不同的学者对于领导和管理有着不同的偏爱，很多学者似乎都想将二者区分开来，但也有反对的声音。明茨伯格教授就认为区分领导和管理是有问题的，科特也认为企业组织要发展，两者缺一不可。只有有力的管理和有力的领导联合起来，才能带来颇为满意的效果。因此，在理想的情况下，所有的管理者都应该是领导者。但是，并不是所有的领导者必须具备完成其他管理职能的潜能，因此不能认为所有的领导者都处于管理岗位上。一个人能够影响别人这一事实并不表明他同样能够计划、组织和控制。但是既然在理想的条件下，所有的管理者都应该是领导者，我们也就应该了解管理者应该如何像领导者那样去发挥影响力。

第二节　领导者的素质与领导集体

一、领导者的素质

素质是指事物固有的性质和特点。素质的本义是生理学的概念。随着社会的发展，素质一词的含义拓宽了，即指一个人在先天基础上，通过后天的实践形成的基本特征、与他人区别的基本特点，如性格、兴趣、气质等。所谓领导者的素质，即指在先天禀赋的生理素质基础上，通过后天的实践、学习培养而成的，在领导活动中经常起作用的那些内在要素的总和。它是领导者进行领导活动所必须具备的基本条件，也是一种潜在的领导能力。

有效领导者应具有什么样的素质？或者说怎样才能成为一个好的领导者呢？在不同的学派和不同的历史阶段中，人们的看法也不尽相同。领导特质理论（trait theory of leadership）就认为个人品质或特征是决定领导效果的关键因素。在确定一个有效领导者必备的品质和特征后，要判断或推测一个人是否为有效领导时，只要看他是否具有那些特定的品质和特征（在下一节中将进行介绍）。美国管理学家斯蒂芬·罗宾斯则认为，领导者有6项不同于非领导者，即：进取心、领导愿望、正直与诚实、自信、智慧和工作相关知识。①

国内学者对领导者的素质也进行了不少研究。事实上，所确定的素质多与领导者的甄选和测评有关，与领导者的工作绩效或成就关系不大。然而，无论从理论上还是实践中看，一个领导者必须具备一些基本素质和条件，具体包括：思想素质、知识素质、业务技能素质、身体素质和心理素质等。

（一）思想素质

领导者必须具有崇高的使命感、强烈的事业心和创业精神，将组织的兴旺发达当成自己的事业，有不断开拓进取的新意识，能在市场经济的激烈竞争中取胜；具有良好的思想

---

① 斯蒂芬·罗宾斯，等．管理学．第13版．李原，等，译．北京：中国人民大学出版社，2017：464-465.

品德、工作作风，不谋私利，做到掌权不忘责任重，位高不失公仆心，"俯首甘为孺子牛"；要有谦虚谨慎，不骄不躁，实事求是的严肃作风；要有艰苦奋斗的实干作风，尊重群众的民主作风；要多做实事，不务虚名，敢说真话；要公私分明，不拿原则换人情；要任人唯贤，反对任人唯亲，以自己的模范行为影响和率领组织成员一起努力工作，为实现组织的目标而共同奋斗。

（二）知识素质

合理的知识结构是领导者必备的基本素质。领导者思想素质和业务技能高低，在很大程度上都与知识水平的高低有着密切的联系。尤其21世纪的知识经济时代，领导者若没有较高的知识水平是很难胜任工作的。领导的层次越高，其知识面应越广、越渊博；领导者必须使自己具有很强的时代感，拥有的信息量大、质量高，同时对各种信息有独立的判断。领导者必须有科学文化知识、专业知识、合理的知识结构。具体应包括以下几方面：

1. 基本的政治、经济理论及时事政策。要熟悉和掌握国家的大政方针，了解国内外政治、经济形势的变化，尤其是与组织运行相关的国家政策、法令、法规等，以正确运用政策和法律有效地维护组织的利益。

2. 广博的科学文化知识。对领导者而言，知识就是财富，就是组织的核心竞争力。对于领导者来讲，首先是基础文化知识。这些知识既有助于形成正确的世界观和人生观，又有利于培养广阔的视野和较高的思维能力。其次是与组织运行相关的专业知识，如在钢铁企业工作，就应该熟知钢铁冶炼的基本原理和工艺过程，成为具有专业知识背景的领导者。

3. 深厚的管理知识。作为领导者，最为重要的是管理理论和知识的学习和掌握。正如第一章介绍过的，不同层次的领导者应有不同的专业知识要求。但是，领导者都应当深刻理解管理工作中计划、组织、领导和控制的知识，也应该熟悉商业、技术、财务、会计和安全工作方面的业务知识。

领导者在不断努力提高科学知识的同时，还应建立合理的知识结构，即"T"形结构。[①] "一横"指横向知识的广博；"一竖"指纵向知识的精深。专业知识的精深可使领导成为内行，而知识的广博则决定着人的潜力的发挥。领导层次愈高，对"知识广博"的要求愈高。组织的决策工作极其复杂，对领导的知识结构提出了很高的要求，这就决定了领导者必须博学。领导岗位的特殊性决定了领导者应努力做到知识广博与精深的统一，使自己成为"T"形知识结构领导者。

（三）工作能力

有效的领导者不仅应掌握广博的知识，而且要有必要的工作能力。工作能力是领导者的一种综合性才干，具体由以下几方面的能力构成：

1. 分析、判断和形成概念的能力。领导者应能透过纷繁复杂的现象看本质，敏锐地洞察事物的主要问题；能抓住决定事物性质和发展进程的主要矛盾和矛盾的主要方面；能

---

① 王乐夫. 现代领导科学. 广州：中山大学出版社，1998：49.

有效地归纳、概括、分析与判断，找出解决问题的方法与措施。

2. 决策能力。对领导者而言，决策是日常重要的工作。在决策中，领导者不能优柔寡断、患得患失、瞻前顾后、举棋不定，而是要果断拍板、迅速抉择。领导者的每一种选择都与机会、风险、利害、压力、责任等问题相关连，必须要有当机立断的魄力和胆略。

3. 组织、指挥和控制能力。领导者要善于根据组织设计的原理，因事设职、责权一致、命令统一选择合适的组织形式，建立高效的组织机构；根据企业的经营环境、战略目标而适时地调配资源，使人、财、物等组织资源达到综合平衡，发挥优势，获得满意的效果。领导者在战略的实施中，要能及时觉察问题，排除干扰以保证预期目标的实现；在外部环境发生重大变化时，要能及时修正目标，避免或减少风险损失；在企业目标实现后，应及时总结，并提出新的奋斗目标，激励下属继续努力，使组织工作得到有效的控制。

4. 沟通、协调能力。沟通协调在领导活动中具有重要的地位和作用，可以说沟通协调能力的强弱决定着企业内外关系渠道的畅通与否，因此决定着企业的成败。领导者要善于与人交往，倾听多方意见，吸取各个方面的智慧。对内要谦虚谨慎、平等待人；对外要诚恳热情、不卑不亢。

5. 开拓创新能力。创新是当今领导者的重要能力。领导者在复杂变化的环境中选择正确的工作目标，通过严密的工作计划予以实施，这里充满着创造性的思维。在全球经济一体化的今天，组织面临着激烈的竞争，如何领导组织可持续发展也需要领导者的开拓能力，领导者必须保持对新鲜事物敏锐的洞察力，善于激励下属不断实现创新意图，并以其感染力、凝聚力、影响力及个人魅力去激发组织成员追求组织目标，使整个组织不断前进。

6. 知人善任能力。古人云："试玉要烧三日满，辨材需待七年期。"即指知人很难。又有"士为知己者死"的古言，也表明遇上知才、爱才的人确实不易。企业的兴旺发达取决于人才竞争的优势。领导者必须具有辨才能力，重视人才的培养开发与使用，知其所长，委以适当的工作，发挥每一个人的才能与智慧。

（四）身体素质

领导者担负着指挥、协调与组织企业活动的任务，不仅需要具备各种领导能力，而且需要健康的身体。领导者的身体素质不应只以劳动年龄来界定，而是应看其是否有强健的体魄和充沛的精力。一方面，应强调充分发挥老领导的作用；另一方面，应注意领导干部队伍中年轻化的进程快于干部自然老化的速度，重视培养大批中青年领导干部，促使他们迅速成长。

（五）心理素质

领导行为是领导者个体心理活动的结果，又是领导者心理素质在领导过程中的外在表现。领导者依靠其完整的心理面貌来实现其领导功能，其心理素质的优化是领导行为优化的前提。良好的心理素质，可以提高领导行为的自觉性、有效性及行为目的明确性。日本的松下幸之助认为：经理的心理状况直接决定着企业的活力。

二、提高领导团队的素质

组织绩效的好坏，关键在领导。这里的领导不仅指领导者个人，而且指整个领导团队。因此，领导者不仅要求有个体素质优势，而且更追求整个领导团队的最佳组合，以实现企业领导团队功能的优化。这也得到了现代领导理论高层领导团队理论的支持。领导团队整体优化体现在组织活力增强、提高工作效率以及调动各方面的积极性。要提高领导团队素质，必须使团队中的人数适当，以求精干高效；各有所长从而优势互补；因才施用以使人尽其才。领导团队的合理搭配，一般包括年龄结构、知识结构、能力结构、气质结构等。

1. 年龄结构。年龄结构即领导团队成员的年龄构成状况。最佳年龄结构是根据不同领导层次，由老、中、青按照合理的比例构成的综合体。不同年龄的人具有不同的智力和不同经验，因此，寻求领导团队成员的最佳年龄结构非常重要。现代生理科学和心理学研究发现，人的智力与年龄之间有一定的定量关系：人的知觉能力，最佳年龄在 10~17 岁；记忆能力和动作及反应速度，最佳年龄在 18~29 岁；比较和判断力，最佳年龄在 30~49 岁。① 另外，随着年龄的增长，知识特别是与管理工作有着重要关系的经验会增加，因而组织领导团队的年龄结构是否合理，对领导团队的整体素质有着重大影响。领导团队成员的年龄与所在的层次有一定的关系，层次高的年龄可以稍大一些，层次低的可相应年轻一些。

2. 知识结构。知识结构即领导团队知识水平的构成状况。最佳知识结构是指将具有不同的知识水平和不同专长的领导者组成适应组织管理的领导团队。对于有效的领导团队来说，知识就是指挥的力量。为了适应组织运行环境的复杂多变和诸多因素交织的影响，领导团队必须由知识广博并具有不同学科背景的人员组成，形成适应组织发展合理的专业结构。

3. 能力结构。能力结构即领导团队的能力构成状况。领导者工作的有效性不仅与知识有关，而且与其在现实领导工作中运用知识的能力有关。好的能力结构是指不同能力类型的领导成员按与实际需要相适应的比例构成的多能力综合体。能力包括思维能力、表达能力、决策能力、判断能力、分析能力、指挥能力、组织能力、协调能力等。

4. 气质结构。气质结构即领导团队在气质类型方面的构成情况。最佳的气质结构是指具有不同气质的领导成员的协调配合。气质是人的个性与脾气，是个体对外界事物一种惯性的心理反应。心理学家通过观察人们在行为方面所表现出来的特点，对人的气质或性格也进行了分类。气质可以影响人的活动效率、情感和行为。心理学家研究发现，相同气质类型者往往不易合作。领导团队成员的最佳配合是指气质类型的相互补充、相互契合、取长补短，而非能力水平、技术水平的相互弥补。

领导团队的素质结构是一个多重的、动态的综合体。提高领导集体的素质应根据领导

---

① 王乐夫. 现代领导科学. 广州：中山大学出版社，1998：64.

者层次、工作性质及具体特点等实际情况确定合理的搭配和结构，同时从领导者的选拔制度、考核标准、培养等方面进行必要的调整，加强领导团队建设，优化其素质结构，提高领导的整体效益与水平。

◎ **小资料**

德鲁克谈管理者的有效性

有效的管理者能使人发挥其长处。他知道只抓住缺点和短处是干不成事的，为实现目标，必须用人所长——用其同事之所长、用其上级之所长和用其本身之所长。利用好这些长处可以给你带来真正的机会。充分发挥人的长处，才是组织存在的唯一目的。……管理者的任务，就是要充分运用每一个人的长处，共同完成任务。

资料来源：彼得·德鲁克. 卓有成效的管理者. 许是祥，译. 北京：机械工业出版社，2005：72.

第三节 领 导 理 论

一、领导理论的变迁

20 世纪 30 年代早期，西方关于领导系统的社会科学研究才真正开始。随后，随着管理理论的发展，关于领导的研究越来越多，但是大致看来有四种理论学派，按照时间的顺序排列为：在 20 世纪 40 年代末，也就是领导理论出现的初期，研究者主要从事的是领导的特质理论的研究，其核心观点是：领导能力是天生的；从 20 世纪 40 年代末至 60 年代末，主要进行的是领导风格和行为理论的研究，其核心观点是：领导效能与领导行为、领导风格有关；从 20 世纪 60 年代末至 80 年代初，出现领导的权变理论，其核心观点是：有效的领导受不同情景的影响；从 20 世纪 80 年代初至今，大量地出现了领导风格理论的研究，其主要观点是：有效的领导需要提供愿景、鼓舞和注重行动等。

这一领域中的大量和丰富的研究形成了非常丰硕的成果。虽然这些理论各异，但可以用图 10-2 来概括。根据这个模型，可以看出领导的有效性取决于领导特征与特质、内外部环境和群体成员特征、领导风格与行为。领导特征与特质是指领导者的内在品质，比如自信常被认为是领导者非常重要的人格特质。领导风格与行为是指领导的行为方式，即领导在指导下属工作时可能采用的方式和风格。内外部环境则是指群体或组织的特性，这些特性可能会影响到领导的有效性。群体成员特征则是群体成员们的某些属性，比如能自我领导的群体将帮助领导者实现组织的目标。

二、领导特质理论

领导特质理论，也称领导素质理论，早期曾被称作伟人论，主要研究的是领导者应具备的天生素质。特质理论是所有领导理论中最古老的一种理论。这种理论着重于研究领导

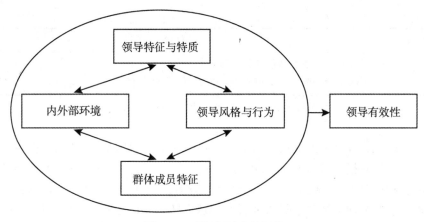

图 10-2　理解领导力的架构

资料来源：安德鲁·J. 杜柏林. 领导力. 第 4 版. 王垒，译. 北京：中国市场出版社，2007：23.

者的人格特性，并且认为这些人格特性是先天决定的。这一理论的出发点是：领导效率的高低主要取决于领导者的特质，那些成功的领导者也一定有某些共同点。比如，黄铁鹰在《谁能成为领导羊》中曾说过："同企业家接触多的人，一定会有一种感觉：就是企业家不论大小，他们身上好像有一种共性，如胆大、说话简洁、做事利索、坚持己见等，包括女企业家身上都有这种特征。"[1]

　　早期的特质理论基本上是从静态的角度来研究的（见表 10-1），他们的理论建立在这样的假设之上：领导特质是生而具有的，不是天生具备领导特质的人，就不能当领导。针对这一缺陷，后来的研究者尝试从动态角度深入研究领导者的特质，他们密切联系管理实践，改进研究方法。现代领导特质理论则认为领导是个动态过程，领导者的人格特征和品质是在实践中形成的，可以通过训练和培养加以造就。不同的国情特点、不同的社会历史条件，对合格的领导者的特征要求不同。

表 10-1　　　　　　　　　　　　　　　　早期领导特质理论

提出者	领导特质理论
吉普（Gibb）	天才的领导者应具备以下 7 个基本条件： ①善言；②外表英俊潇洒；③智力过人；④具有自信心；⑤心理健康；⑥有支配他人的倾向；⑦外向而敏感
斯托格蒂尔（Ralph M. Stogdill）	领导者的先天特性应该具有： ①有良心；②可靠；③勇敢；④责任心强；⑤有胆略；⑥力求革新进步；⑦直率；⑧自律；⑨有理想；⑩有良好的人际关系；⑪风度优雅；⑫胜任愉快；⑬身体强壮；⑭智力过人；⑮有组织能力；⑯有判断能力

① 李伟. 组织行为学. 武汉：武汉大学出版社，2012：337.

续表

提出者	领导特质理论
巴纳德（Barnard）	成功领导者必备的 5 种特质： ①活力和耐力；②说服力；③决策力；④责任心；⑤智力能力

资料来源：陈春花，等．组织行为．北京：机械工业出版社，2016：177.

特质论在解释领导行为方面有很大的局限性。主要的原因是：第一，它忽视了下属的需要；第二，它没有指明各种特质之间的相对重要性；第三，它没有对因与果进行区分（如，到底是领导者的自信导致了成功，还是领导者的成功产生了自信?）；第四，它忽视了情境因素。这些方面的缺欠使得研究者的注意力转向其他方向。因此，虽然这个理论中形形色色的流派仍具有一定的活力，但从 20 世纪 40 年代开始，特质理论就不再在领导理论中占有主导地位。

三、领导风格和行为理论

由于领导特质理论不能解决领导的有效性问题，因而领导研究的重点转移到研究领导者的实际行为和行动上来，试图通过将领导者的风格和行为划分为不同类型，分析、对比其各自特点及与领导有效性之间的关系。以下将介绍三种有代表性的理论。

（一）领导风格理论

领导风格（leadership style）是领导者在特质、技巧和行为上的结合。20 世纪 30 年代，美国心理学家和行为学家库尔特·勒温（Kurt Lewin）、诺那德·利比特（Ronald Lippitt）、诺尔弗·怀特（Ralph White）等人共同研究，确定出三种基本的领导风格。一是独裁型，即指领导者把一切权力集中于个人，一切由领导者个人决定，下属执行。二是民主型，即指领导者鼓励下属参与管理，共同讨论商议，集思广益后做出决策。三是放任型，即指领导者对下属采取自由放任的态度，下属愿怎样工作就怎样工作，领导不采取任何后续跟进工作。在实际管理情境中，大量的领导者所采取的领导风格是一种混合型风格。实践证明，不同领导风格对群体行为产生不同的影响：放任型领导风格下的工作效率最低；独裁型领导风格下，虽然严格管理使员工达到了工作目标，但员工的消极态度和情绪显著增强；民主型领导风格下的工作效率最高。领导者应根据自身素质、能力以及客观环境、工作性质、被领导者等条件，确定以某种领导方式为主，并辅之以其他方式（见图 10-3）。

领导是一个动态的过程，领导工作的有效性取决于领导者、被领导者和管理情境之间的相互作用，而领导风格理论研究在很大程度上忽视了下属和管理情境的特征。

（二）领导行为理论

领导行为理论（behavioral theory of leadership）着重于研究和分析领导者在工作过程中的行为表现及其对下属行为和绩效的影响，以确定最佳的领导行为。领导行为理论始于 20 世纪 40 年代，其中，影响较大的是美国俄亥俄州立大学的研究、密歇根大学的研究和管理方格论。

1. 俄亥俄州立大学的研究

俄亥俄州立大学的人事研究委员会在斯多基尔的指导下，就有效领导风格展开研究，

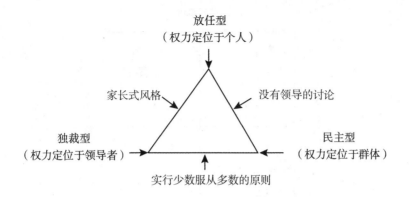

图 10-3　领导权力定位的关系

资料来源：陈春花，等. 组织行为学. 北京：机械工业出版社，2016：180.

通过开发领导者行为描述问卷（Leader Behavior Description Questionnaire，LBDQ），以领导行为为独立维度，收集了大量下属对领导行为的描述，并归纳为结构维度（initiating structure）和关怀维度（consideration）。结构维度指为达到组织目标，领导者界定和建构自己与下属的角色的倾向程度。它包括组织、工作关系和工作目标等行为。高结构度的领导者向小组成员分派具体工作，要求员工保持一定的绩效标准，并强调工作的最后期限。关怀维度指一个人具有信任和尊重下属的看法与情感的这种关系的程度。高关怀度的领导表现出对下属的生活、健康、地位和满意度十分关心，并愿意帮助下属解决个人问题、友善并平易近人、公平对待每一个下属。俄亥俄州立大学的研究者测量领导者的两种领导行为倾向，并通过图 10-3 描述这些行为。图 10-4 表现了五种不同类型的领导者的行为。个体 1 具有较高的结构维度和关怀维度，个体 4 的两个维度都较低。

大量研究发现，结构维度和关怀维度都高的领导者（高-高领导者，high-high leader）往往比其他三种类型的领导者（低结构化、低关怀度或二者均低），更能使下属取得高工作绩效和高满意度。例如，当员工从事常规任务时，高结构维度的领导行为会导致投诉率高、缺勤率高和流动率高，员工的工作满意度也很低。此外，领导者的直接主管对其绩效评估等级与高关怀维度呈负相关关系。总之，"高结构——高关怀"的领导风格能够产生积极效果。

2. 密歇根大学的研究

与俄亥俄州立大学的研究同期，密歇根大学调查研究中心在雷西斯·利科特（Rensis Likert）主持下展开了类似的研究，即确定领导者行为特征及其与工作绩效的关系。他们将领导行为划分为两个维度，称为员工导向（employee-centered）和工作导向（job-centered）。员工导向的领导者（employee-centered leader）重视人际关系，关心下属的个人成长、发展和成就等需求，并承认人与人之间的不同。相反，工作导向的领导者（job-centered leader）主要关注群体任务的完成情况，对员工采用严格的监督，强调工作技术或任务事项，将下属视为达到目标的工具。密歇根大学研究者的结论对员工导向的领导者

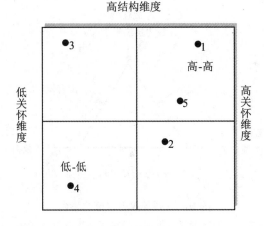

图 10-4 五种领导者的结构维度和关怀维度

资料来源：詹姆斯·L. 吉布森，等. 组织学：行为、结构和过程. 第 10 版. 王常生，译. 北京：电子工业出版社，2002：189.

十分有利。他们与高群体生产率和高工作满意度成正相关。而生产导向的领导者则与低群体生产率和低工作满意度联系在一起。①

3. 管理方格论

美国得克萨斯州立大学教授罗伯特·布莱克和珍妮·莫顿发展了领导风格"二维观"，在"关心人"和"关心生产"的基础上，于 1964 年提出了管理方格论（managerial grid），概括了俄亥俄州立大学的关怀和结构的二维度以及密歇根大学的员工导向和生产导向的二维度。

如图 10-5 所示，横坐标表示领导者对生产的关心程度，纵坐标表示领导者对人的关心程度，各分成 9 等，从而生成了 81 种不同的领导类型。但是，管理方格论主要强调的并不是产生的结果，而是领导者为了达到这些结果应考虑的主要因素。

在评价领导者时，可根据其对生产和员工的关心程度在图上寻找交叉点，即他的领导行为类型。布莱克和莫顿在 81 个方格中主要阐述了最具有代表性的类型：

贫乏型（1.1）领导，付出最小的努力来完成工作。

乡村俱乐部型（1.9）领导，只注重支持和关怀下属的发展和下属的士气。

任务型（9.1）领导，只注重任务效果而不重视下属的发展和下属的士气。

团队型（9.9）领导，通过协调和综合工作相关活动而提高任务效率与工作士气。

中庸之道型（5.5）领导，维持足够的任务效率和令人满意的士气。

① 斯蒂芬·罗宾斯，等. 管理学. 第 13 版. 李原，等，译. 北京：中国人民大学出版社，2017：466.

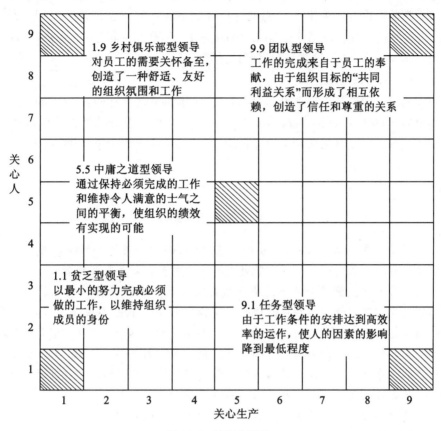

图 10-5 管理方格论

资料来源：斯蒂芬·罗宾斯. 管理学. 第 4 版. 黄卫伟，等，译. 北京：中国人民大学出版社，1997：415.

大多数研究者认为（9.9）风格最佳；其次是（9.1）风格，再次是（5.5）风格、（1.9）风格，（1.1）风格最差。管理方格论并未对如何培养管理者的领导能力提供答案，只是为领导风格的概念化提供了框架，并且，也没有实质性的证据支持在所有情境下，（9.9）风格都是最有效的。

在领导行为类型与成功绩效之间的一致性关系上，从行为角度对领导进行研究均很不成功。因为它们忽视被领导者的特性和环境等情境因素，孤立地研究领导者个人的作风行为，把领导过程看作领导者个人的活动。因此，我们在运用时必须注意这一点。

四、权变理论

随着领导行为研究的不断深入，人们越来越关心领导行为风格与被领导者的特征、管理情境等因素的关系，研究者提出了若干领导行为权变理论（contingency theory）。权变理论认为，领导是在一定环境条件下通过与被领导者的交叉作用去实现其一特定目标的一种动态过程。领导的有效行为应随着被领导者的特点和环境的变化而变化，也叫情境理论。比较成熟的理论有弗莱德·菲德勒（Fred Fiedler）的权变理论、保罗·赫塞（Paul Hersey）与肯尼思·布兰查德（Kenneth Blanchard）的赫塞—布兰查德的情境理论、罗伯特·豪斯（Robert House）的路径—目标理论等。

（一）菲德勒的权变理论

菲德勒的权变理论是心理学家菲德勒经过 15 年的研究于 1967 年提出的，通常称为菲德勒权变模型（Fiedler contingency model）。该模型指出，有效的群体绩效取决于与下属相互作用的领导者的风格和情境对领导者的控制和影响程度之间的合理匹配。

◎ 小资料

弗雷德·菲德勒简介

弗雷德·菲德勒（Fred E. Fiedler，1922—2017），美国西雅图华盛顿大学心理学与管理学教授，兼任荷兰阿姆斯特丹大学和比利时卢万大学客座教授。菲德勒早年就读于芝加哥大学，获博士学位；毕业后留校任教。1951 年移居伊利诺伊州，担任伊利诺伊大学心理学教授和群体效能研究实验室主任，直至 1969 年前往华盛顿。

弗雷德·菲德勒是美国当代著名心理学家和管理专家，他从 1951 年起从管理心理学和实证环境分析两方面研究领导学，提出了"权变领导理论"，开创了西方领导学理论的一个新阶段，使以往盛行的领导形态学理论研究转向了领导动态学研究的新轨道。他本人被西方管理学界称为"权变管理的创始人"。

菲德勒的理论对之后领导学和管理学的发展产生了重要影响。

资料来源：根据 https：//en. wikipedia. org/wiki/Fred_Fiedler 改编。

1. 有效领导的关键要素

菲德勒的权变理论认为，有效的领导取决于三种关键因素：领导者风格、领导者的情境控制、领导者风格与情境控制的交互作用。

菲德勒认为影响领导成功的关键因素之一是个体的基本领导风格，为此开发了"最难共事者"（Least Preferred Coworker，LPC）量表，测量领导者的需求偏爱度：对于一个个体来讲，领导是任务导向型还是关系导向型。另外，他还区分了三项情境因素：领导者—成员关系、任务结构和职位权力。LPC 量表要求领导者设想一个最难共事的人（现在或过去的同事），请他运用 LPC 量表描述对这个人的印象。如果以相对积极的词汇描述最难共事者（LPC 得分高），则说明他很乐于与同事形成友好的人际关系，菲德勒称他为关系导向型。反之，如果他对最难共事的同事描述得比较消极（LPC 得分低），则被称为任务导向型。菲德勒认为领导风格是与生俱来的，个人不可能改变自己的风格去适应变化的情境。

研究表明，领导者的情境控制取决于三种要素：一是领导者—成员关系，即领导者对下属信任、信赖和尊重的程度。二是任务结构，即分配给下属工作的明确程度或规范化程度。三是职位权力，即领导者所处职位具有的权力大小。显然，良好的关系、明确结构和强权力结构基础，形成了最有利的高情境控制条件；不良关系、模糊结构和低权力基础，造成了最不利的低情境控制条件。

菲德勒认为，任务导向型领导者在高控制力和低控制力的情境中绩效最高；关系导向型领导者则在中等控制力的情境中最有绩效。如果情境要求任务导向型领导者，而在此职位上的却是关系导向型领导者，要想达到最佳效果，则要么改变情境，要么替换领导者。

2. 菲德勒权变模型

通过对以上关键因素的测量和分类，菲德勒提出了领导权变模型。这个模型以"领导者—成员关系""任务结构""职位权力"这三种基本情境因素的强弱程度，组合为 8 种类型情境条件（见图 10-6）。菲德勒研究了 1 200 个工作群体，对 8 种情境类型中每一种对比了关系导向型和任务导向型两种领导风格，得出结论：任务导向型领导者在非常有利的情境和非常不利的情境下工作得很好。也就是说，面对 Ⅰ、Ⅱ、Ⅲ、Ⅶ、Ⅷ型的情境时，任务导向型领导者干得更好；而关系导向型领导者则在中等有利情境中，即 Ⅳ、Ⅴ、Ⅵ型的情境中干得更好。菲德勒认为，每个人的领导风格是固定的，其 LPC 分数也是固定不变的。因为领导风格不可能轻易地调整去适应环境，所以要提高领导的有效性，途径有两个：或者改变环境因素，或者更换领导者。

菲德勒模型的贡献主要体现在三方面：（1）将复杂的环境因素集中概括为领导者与被领导者的关系、员工的任务结构和领导者的职位权力三项，从而为领导者指明了改善环境条件的方向；（2）具体分析了这三个因素组合的多种环境条件，为领导者指明了不同情况下应采取的领导方式；（3）为选拔领导者提供了有益的参考。权变领导模式要求一个组织应按照其所处的领导环境选择适合的领导者，不仅要考虑它以前的工作绩效，还要考察它的领导方式同组织现在的领导环境是否适合。该理论存在的问题是：对领导情境的界定过于简单化，没有解释出现上述权变关系的原因；而且 LPC 量表对领导风格的测验还存在一些问题，如 LPC 量表回答者的分数并不稳定。此外，权变变量对于实践者而言也过于复杂和困难。尽管如此，菲德勒的权变理论开辟了领导研究权变思路，激发了大量的新的理论构想和方法的讨论。

（二）赫塞-布兰查德的情境理论

由赫塞和布兰查德提出的情境领导理论（situational leadership theory）是一种领导风格要因下属情况而异的权变理论。赫塞和布兰查德认为，适当的领导风格或行为依据领导的下属的"成熟度"（maturity），即个体对自己的直接行为负责的能力和意愿。它包括两项因素：工作成熟度与心理成熟度。前者包括一个人的知识和技能。工作成熟度高的个体拥有足够的知识、能力和经验完成他们的工作任务而不需要他人的指导。后者指一个人做某事的意愿和动机。心理成熟度高的个体不需要太多的外部鼓励，他们靠内在的动机激励。

1. 领导风格

情境领导理论使用的两个领导维度与菲德勒的划分相同：任务行为和关系行为。但是，赫塞和布兰查德将两个维度进行高和低划分，从而组合成四种具体的领导风格：

（1）指示（高任务—低关系）。领导者定义角色，告诉下属应该干什么、怎么干以及何时何地去干。

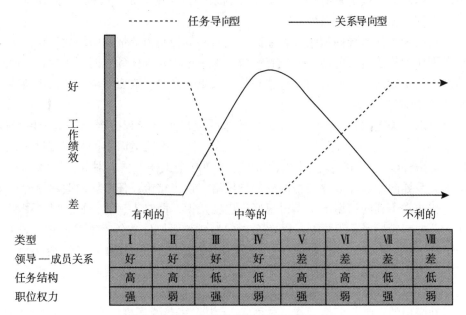

图 10-6 菲德勒模型的研究成果

资料来源：斯蒂芬·罗宾斯. 组织行为学精要——全球化的竞争策略. 第 6 版. 郑晓明，译. 北京：电子工业出版社，2002：153.

（2）推销（高任务—高关系）。领导者同时提供指导性的行为与支持性的行为。

（3）参与（低任务—高关系）。领导者与下属共同决策，领导者的主要角色是提供支持和帮助。

（4）授权（低任务—低关系）。领导者可放手让下属独立开展工作。

2. 下属成熟度

赫塞和布兰查德将下属的成熟度分为四个阶段：M_1 阶段：下属缺乏完成工作的能力和意愿，也缺乏完成工作的信心。M_2 阶段：下属缺乏能力，但愿意从事必要的工作任务，具有工作的积极性。M_3 阶段：下属有能力却不愿意从事领导希望他们做的工作。M_4 阶段：下属既有能力又愿意干他们做的工作。

3. 情境领导模型

赫塞和布兰查德把工作行为、关系行为及下属的成熟度结合起来考虑，构建了情境领导模型。图 10-7 表明了情境领导模型的各项要素。当下属对工作的成熟度从低到高发展，领导者需要从高任务导向的行为逐步向低任务导向行为转变；同时，关系导向行为从很低的起点逐渐升高，然后下降，表明了领导风格应跟随下属成熟度的情况发生变化。在 M_1 阶段，下属因工作生疏要加强指导；在 M_2 阶段，领导者需要采取高任务-高关系行为，弥补下属完成工作能力的欠缺；在 M_3 阶段，领导者运用低任务-高关系领导方法，引导下属完成工作；在 M_4 阶段，领导者可放手下属开展工作。

（三）路径-目标理论

豪斯建立的路径-目标模型（path-goal model）（见图 10-8）是一个较为全面的权变型

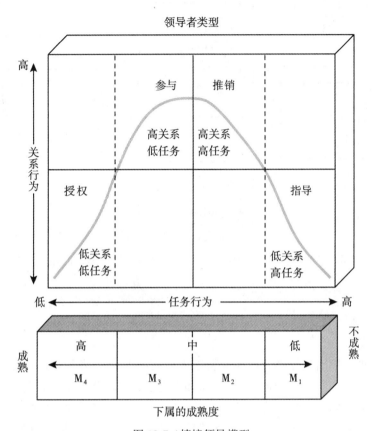

图 10-7 情境领导模型

资料来源：斯蒂芬·罗宾斯，等．管理学．第 11 版．李原，等，译．北京：中国人民大学出版社，2012：459.

领导理论。该理论认为，领导者的工作是帮助下属达到他们的目标，并提供必要的指导和支持以确保个体目标与群体或组织的总体目标一致。"路径-目标"的概念正来自于这一思想。

路径-目标理论集中研究领导者所处的情境和领导者行为之间的关系，提出使领导行为适应于管理情境的有效路径。路径-目标理论在动机的期望理论的基础上，提出了领导者需要通过影响员工的工作期望而激励员工的思路。为此，领导者需要在不同管理情境下采取相应的领导风格，促使员工明确认识导致高绩效并获取奖励的关键行为（路径）。

1. 领导者行为

豪斯确定了四种领导者行为：指导型、支持型、参与型和成就导向型。指导型领导（directive leader）让下属知道期望他们的是什么，以及完成工作的时间安排，对如何完成任务给予具体指导；支持型领导（supportive leader）十分友善，表现出对下属需求的关怀；参与型领导（participative leader）则与下属共同磋商，在决策之前充分考虑他们的建议；成就导向型领导（achievement-oriented leader）设定富有挑战性的目标，期望下属实

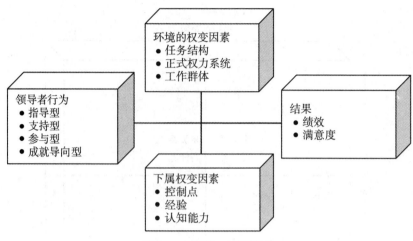

图 10-8　路径—目标模型

资料来源：斯蒂芬·罗宾斯，等. 管理学. 第 13 版. 李原，等，译. 北京：中国人民大学出版社，2017：470.

现自己的最佳水平。

2. 情境因素

路径-目标理论提出与领导者行为及员工满意有关的两类情境因素：下属特征和环境特征。下属特征中最重要的是控制点、经验和知觉能力，即下属对于自身行为结果的原因的解释（内因或者外因）以及员工对于自身完成任务努力的评价；环境特征中关键的是任务结构、正式权力系统和工作群体。这些环境形成领导者所面临的不确定性，从而影响了员工的工作动机。

路径-目标理论说明，领导所选择的领导模式若能帮助员工改善自我的不足，或解决工作环境中存在的问题，员工的工作积极性和工作绩效就会有所提高。

3. 领导风格的确定

该理论认为，领导者的行为能否成为激励因素，在很大程度上取决于它对下属及其应付环境不确定性的帮助。当领导者弥补员工或工作环境方面的不足，就会对员工的绩效和满意度起到积极的影响，因为他增加了下属认为他们的努力可导致理想奖励的期望。但是，当任务十分明确或员工能力和经验能处理它们而无须干预时，如果领导还花费时间解释这些任务则下属会把这种指导型行为视为多余甚至无用。

随着领导理论研究的不断深入，人们对领导的认识也处于不断的发展之中。近来，学者们对领导理论提出了新的观点和看法，读者可参考相关文献了解。

第四节　领导的艺术

领导过程是领导者发挥影响力，以便使被领导者完成任务，达成组织目标的过程，因此领导者要善于掌握和运用领导方法与领导艺术。领导艺术是领导者在分析问题解决问题时表现出来的智慧、才能和技巧，是对领导方法的巧妙综合和得心应手的应用以及随机、恰当的处置，也就是那些非程序化、非模式化、非定量化的高超的领导技能。①

一、运用权力的艺术

权力的运用是组织管理中较为复杂的问题。从理论上讲，权力的运用要受到诸如权力与责任的关系、统一指挥、统一领导原则的制约，也会受到组织领导人个人和情境的影响。

（一）运用权力的技巧

权力的行使受制于诸多因素，为提高运用权力的效能，领导者要注意以下几点：首先，严格遵守法定权限，既不向上越权，也不向下侵权。其次，运用权力要合法、合理、合情。领导者运用权力时要照章办事、以理服人、以情动人，只有这样才能使下属接受领导，听从指挥。再次，通过组织用权。领导者要健全组织机构，强化部门职能，完善规章制度，通过组织行使职权。最后，以威望取胜。领导者要不断提高自身素质，加强各方修养，运用权力时公正廉洁，以形成崇高威望，这样在运用权力时就会令行禁止。

（二）授权的技巧

所谓授权（delegation of authority），即指上级委派给下属一定的权力，使下属在一定的监督之下，有相当的自主权和行动权。授权者对于被授权者有指挥和监督之权，被授权者对授权者负有报告及完成任务的责任。授权实质上是将权力分派给其他人以完成特定活动过程，它允许下属做出决策，也就是，将决策权力从组织中的一个层级移交至另一个层级。② 合理授权是领导者的一种重要领导方法，也是一项基本的组织管理原则。企业经营管理及其组织的发展，决定了企业高层领导的主要职能不是做事（如亲自编计划，亲自组织销售等），而是组织指挥或通过他人实现企业的战略目标。

1. 授权的作用。通过合理授权，领导者能获得很多益处：（1）授权节约时间。即使领导者有较多时间去考虑和处理关系到企业全局的重大问题，发挥领导者应有的作用。（2）有效授权会导致更好的决策。授权使下级和上级之间的沟通加深，决策速度就会更快。（3）提高了下属的积极性、满意程度和技能。授权显示了对下属的信任，既激发下级的工作热情及创造性，增强其工作的责任心，同时也更充分发挥了下属的专长。（4）可以使下属在工作中不断得到锻炼和发展，有利于干部的培养。

2. 授权的原则。要正确授权，必须遵循授权艺术的原则：（1）有目的授权。授权要体现其目的性。授权以组织的目标为依据分派，分派职责和委任权力时都应围绕组织的目标来进行；授权本身要体现明确的目标，只有目标明确的授权，才能使下属明确自己所承担的责任，盲目授权必然带来混乱不清。（2）因事设人，视能授权。被授权者或受权者的才能大小和知识水平高低、结构合理性是授予权力的依据。（3）适度合理授权，即领导者并不把全部的权力下授，不把同一权力授予两个人，也不将不属于自己的权力下授。

---

① 陈树文 . 领导学 . 北京：清华大学出版社，2011：179.
② 魏延军，江洪明 . 如何授权：通过别人完成工作的艺术 . 北京：企业管理出版社，1999：29.

（4）授权留责，即领导者在下授权力时并不下授责任；把握授权度，即领导者应把有规可循有惯例可依的工作授予下属去做，但无章可循的下属非越权无法从事、决定的"最大例外"工作不能下授。（5）逐级授权，即领导者应按组织的层次结构原则逐级进行，对其所属的直接下级授权。（6）信任原则。授权必须基于领导者和部属之间的相互信任关系。（7）加强授权后的监督。授权不是撒手不管，撒手不管的结果必然是导致局面失控，因此既要授权又要避免失控，既要调动部署的积极性和创造性，又要保持领导者对工作的有效控制，就成为授权工作中必须遵守的一条原则。（8）有效授权的及时奖励。有效的奖励将会使授权本身产生推动的力量，使授权达到新的境界。

3. 授权的程序。领导者要使授权取得预期的效果，必须遵循科学的授权原则，而且还要掌握授权的基本程序：（1）认真考虑工作的要求，包括完成工作所需要的资源、权力，达到的标准及完成日期。（2）选择最适合人选授权，接受权力人的知识、能力和技术必须能胜任工作。（3）确立目标，对职权和职责做出明确的规定。（4）建立适当的控制体系。（5）激励下属，对个人业绩、工作性质和组织性质不同的员工适当奖励。（6）提供训练和支持从而在被授权的工作中帮助下属改进工作业绩，与被授权工作的下属一起评价工作的成果并及时反馈。

授权是一种有效的领导方法，领导者必须从企业具体条件出发，灵活运用，不存在统一的标准化的模式。

二、用人的艺术

领导者在企业活动中属于主导、率领的地位，负责制定整个企业的大政方针，以及经营战略与管理决策。要使决策付诸实践，领导者必须团结下属，借助他们的智慧和力量去完成任务。因此，领导者必须将下属安排到适当的位置上，用其所长。这要求领导者要做到知人善任。知人是要了解人，对人进行正确的考察、识别，以便选择；善任是要用好人，使用得当。知人是善任的前提。首先，识别人才。"只有无能的管理，没有无用的人才"。人才总是有的，所以领导者要相信人才的客观存在，并且要爱惜人才。同时要坚持实事求是的原则，用全面的、发展的观点看干部，要看人才的全部历史和全部工作，综合考察，科学地分析，才能识别"真才"，坚持德才兼备的原则。其次，正确使用人才。识别人才的目的是用人。人才用得好，能起着事半功倍的效果；使用不当，不仅会造成降低效率，甚至造成不安定的因素。因此，合理地使用人才是领导者人才修养的中心环节。

实际工作中，必须把握以下几方面的问题：（1）因事设人，量才任职。领导者必须采用职务分析的方法，科学地设计职位；掌握干部的结构；就能授职，做到事得其人，人尽其才。（2）扬长避短，各尽所能。领导者应专心分析每位干部的特点和能力，分析其长处，最适合干什么工作，尽可能把他放在能发挥其优势的岗位上。做到用人之长、容人之短，"短中见长"，把各种各样的人才组合成群体优势，提高整体效能。（3）明责授权，用人不疑。领导者对自己选拔的人才应充分相信，并授予他们工作范围内一定的权力，明确责任，充分发挥其聪明才智，做到用人不疑，疑人不用。（4）珍惜人才，用、养结合。企业拥有人才比拥有资源更宝贵，正如日本的松下幸之助所言："我们公司出家用电器产品。公司首先是出高素质人才。"尤其是在竞争日益激烈的时代，领导者不仅应使用好人才，更应重视人才的开发与培养。

三、运用时间的艺术

1. 合理利用时间的艺术。领导者科学合理地利用时间，应做到：（1）记录时间。要知道自己的时间是怎样消耗的，可以采用时间记录的方法。（2）时间分析。在时间记录表上首先找出那些根本不必做的事项，即纯粹浪费时间的项目；其次找出那些可以请他人办理、结果相同或更好的事项，这样的事项可以授权他人办理；最后找出浪费别人时间的事项。（3）消除其他浪费时间的因素。为此领导者应该做以下几方面的工作：找出由于缺乏合理的计划、制度或缺乏预见性所产生的时间浪费因素；组织不健全也是造成浪费时间的因素之一。（4）合理安排自己的时间。领导者在分析自己的时间利用情况并消除时间浪费的因素后，整理出自由时间处理真正重要的问题。一旦发现有问题还在侵犯自己的自由时间，就重新进行时间记录和分析。

2. 时间管理的艺术。领导者不仅要能够合理利用时间，还应该巧妙运用自己的时间，以提高工作效率。通常领导者的时间分为两部分：一部分是不可控时间，用于响应其他人提出的各种要求和问题；另一部分是领导可以自行控制的时间。时间管理的重点是如何支配自由时间。时间管理要求领导者明确在一定时间内活动的重要性和紧迫性，可把要做的每一件事按重要性和紧迫性排序，如图 10-9 所示。

	紧急	不紧急
重要	危机 紧迫的问题 有限期的任务 准备事项	准备及预防工作 计划 关系的建立 培训，授权，创新
不重要	干扰，一些电话 文件报告 许多紧急事件 许多凑热闹的活动	细琐的工作 浪费时间的事 逃避性活动 无关紧要的信件 看太多的电视节目

图 10-9　时间管理矩阵

资料来源：陈爱祖. 管理学. 北京：清华大学出版社，2013：211；刘怫. 组织行为学. 北京：科学出版社，2016：256.

四、协调人际关系的艺术

在领导过程中存在着纵横交错的人际关系，协调人际关系是体现领导艺术的重要方面。（1）处理好与各方面的关系。对待上级要尊重，多请示沟通。对工作安排要部署要主动请示；对工作的进展情况、对工作中存在的困难和问题，要主动汇报；对工作中的设想和创见，要积极建议。要干好本职工作，服从命令，当命令有错误、命令不符合客观实际或对命令心存疑虑时，可以请示。在下属前面应尽力维护上级的威望，不能自视高明，傲视上级；对待下级多沟通协调。与下属多交流，多沟通，以加强同广大员工的思想感情联系。属于下级权限范围内的工作，一般不随便干预和插手，更不能代行下级职责范围内的工作。对下级要大力支持，充分授权，放手使用。对待同级要真诚配合，团结领导班子成员。要处理好与领导班子内部成员关系，要识大局，顾大局，互通情报，加强联系，做到矛盾不交，困难不让，责任不推，利益不争；对外争让有度。（2）协调纠纷和矛盾的技巧。在组织内人与人相处，会产生认识上的分歧、利益上的冲突、工作上的矛盾以及其他方面的纠纷。领导者在工作实践中常用的调解纠纷的方法有即评即判和纠正错误。对于是非问题和原则问题，领导要态度明确，立场坚定。求同存异，和平相处。通过耐心细致的思想工作，使矛盾双方都做出让步，达成谅解，求大同存小异，实现和平相处。

◎ **小故事**

保龄球效应

两名保龄球教练分别训练各自的队员。他们的队员都是一球打倒了7只。教练甲对自己的球员说："很好！打倒了7只。"他的队员听了教练的赞扬很受鼓舞，心里想，下一次再加把劲，把剩下的3只也打倒。教练乙则对他的队员说："怎么搞的！还有3只没打倒。"队员听了教练的斥责，心里很不服气，暗想教练怎么就看不见他已经打倒的。结果，教练甲训练的队员成绩不断上升，教练乙训练的队员打得一次不如一次。

资料来源：王海源，薛旭光. 每天读点管理学：管理者不可不知的365个管理定律. 哈尔滨：哈尔滨出版社，2011：220.

此外，领导者还须掌握组织会议的方法与艺术。会议是领导者传达政策、沟通思想、互通信息、征求意见、讨论解决问题、下达行动计划的重要手段。因此，会议对企业领导者来讲是不可少的，关键是要端正会风，提高会议的有效性，明确会议的要领，并计算会议成本，这也是提高领导工作效率的一个主要方面。

本 章 小 结

1. 领导是领导者对被领导的个体、群体或组织来实现所期望目标的各种活动过程。领导的本质是被领导者的追随和服从，它不是由组织赋予的职位和权力所决定的，而是取决于追随者的意愿。领导者与领导是两个不同的概念。领导与管理既有区别又有联系。

2. 领导在组织中具有指挥、协调和激励等方面的作用。

3. 当甲方因其自身资源因素，导致乙方去做了在其他情景下本不会去做的事时，甲方就拥有了对乙方的权力。

4. 权力的五个来源是强制权、奖赏权、法定权、专家权和参照权。

5. 领导者的素质既指其生理上的特征，也指在先天禀赋的生理素质基础上，通过后天的实践锻炼、学习而成的，在领导工作中经常起作用的那些内在要素的总和。

6. 企业领导者应具备政治素质、知识素质、业务技能素质、身体素质和心理素质等。

7. 领导团队的素质结构包括年龄结构、知识结构、能力结构与气质结构等。

8. 领导方式及行为理论，按其发展阶段来看形成了三种理论：领导特质理论、领导风格和行为理论、权变理论。领导特质理论分为传统领导特质理论和现代领导特质理论。领导风格理论是领导者在特质、技巧和行为上的结合。领导者的基本领导风格包括独裁型、民主型和放任型等。领导行为理论有影响最大的有美国俄亥俄州立大学的研究、密歇根大学的研究和管理方格理论。权变理论包括弗莱德·菲德勒的权变理论、赫塞-布兰查德的情境理论、路径-目标理论。

9. 领导的艺术是领导者在其领导活动中，为实现一定的目标所运用的各种手段、办法和程序的总和。领导者要掌握下列几种方法与艺术：（1）运用权力的艺术：遵守法定权限；合法、合理、合情地用权；通过组织用权；以威望取胜；合理授权。（2）用人的艺术：正确识人，合理使用人才。（3）运用时间的艺术：通过时间记录和事件分析，消除其他浪费时间的因素，根据活动的急迫性和重要性，合理安排时间。（4）协调人际关系的艺术：处理好各方关系，协调纠纷与矛盾。

复习思考题

1. 什么是领导？它与管理有什么异同？

2. 领导者应具备哪些领导素质？"领导素质"对领导活动有什么重要意义？

3. 怎样理解提高企业领导者个体素质的必要性？你认为领导者应从哪些方面努力提高自己？

4. 应该从哪些方面实现领导团队素质结构优化？

5. 什么是管理方格论？请将它的领导观与美国俄亥俄州立大学研究、密歇根大学研究的领导观进行比较。

6. 试比较赫塞-布兰查德的情境领导理论与管理方格论。

7. 根据领导者参与模型，哪些权变因素决定了领导者实施参与的程度？

8. 如何建立一个高效的高层领导团队？

9. 在学习中往往会被过多的领导理论所困惑，作为学习者能否总结一下，领导理论应该如何归纳？

10. 你是否认为大多数领导者在实践中，都运用权变观点来提高领导有效性？

11. 常见的主要领导艺术有哪些？试述其各自的主要内容。

12. 如何理解"领导要做领导的事"？结合实现谈谈自己的认识。

参 考 书 目

1. 斯蒂芬·罗宾斯，玛丽·库尔特. 管理学. 第 11 版. 李原，等，译. 北京：中国人民大学出版社，2012：454-461.

2. 斯蒂芬·罗宾斯，玛丽·库尔特. 管理学. 第 13 版. 李原，等，译. 北京：中国人民大学出版社. 2017：463-485.

3. 海因茨·韦里克，马克·坎尼斯，哈罗德·孔茨. 管理学. 第 13 版. 马春光，译. 北京：经济科学出版社，2011：368-388.

4. 詹姆斯·吉布森，约翰·伊凡塞维奇，小詹姆斯·唐纳利. 组织学——行为、结构和过程. 王常生，译. 北京：电子工业出版社，2002：184-216.

5. 斯蒂芬·罗宾斯. 组织行为学精要——全球化的竞争策略. 第 6 版. 郑晓明，译. 北京：电子工业出版社. 2002：145-167.

6. 刘守英. 领导——70 位领导学家谈如何成为世界级领导者. 北京：中国发展出版社，2002.

7. 陈传明，周小虎. 管理学原理. 北京：机械工业出版社，2012：205-207.

8. 马克斯·韦伯. 经济、诸社会领域及权力. 李强，译. 北京：三联书店，1998：41.

9. 芮明杰. 管理学：现代的观点. 第 2 版. 上海：上海人民出版社，2005：272.

10. 刘建军. 领导学原理——科学与艺术. 第 2 版. 上海：复旦大学出版社，2005：80.

11. 陈春花，杨忠，曹洲涛. 组织行为学. 北京：机械工业出版社，2016：174-201.

12. 李伟. 组织行为学. 武汉：武汉大学出版社，2012：352-153.

13. 邱羚，秦迎林. 组织行为学. 北京：清华大学出版社，2013：245-246.

【案例分析】

本田宗一郎的领导风格

本田宗一郎是日本著名的本田车系的创始人。他为日本汽车和摩托车业的发展做出了巨大贡献，曾获日本天皇颁发的"一等瑞宝勋章"。在日本乃至整个世界的汽车制造业里，本田宗一郎可谓是一个很有影响的重量级传奇人物。

1965 年，在本田技术研究所内部，人们为汽车内燃机是采用"水冷"还是"气冷"的问题发生了激烈争论。本田是"气冷"的支持者，因为他是领导者，所以新开发出来的 N360 小轿车采用的都是"气冷"式内燃机。

1968 年在法国举行的一级方程式冠军赛上，一名车手驾驶本田汽车公司的"气冷"式赛车参加比赛。在跑到第三圈时，由于速度过快导致赛车失去控制，赛车撞到了围墙上。紧接着，油箱爆炸，车手被烧死在里面。此事在社会上引起了巨大反响，本田"气冷"式 N360 汽车因此销量大减。

　　这时，本田技术研究所的技术人员要求研究"水冷"式内燃机，但却仍被本田宗一郎拒绝。一气之下，几名主要的技术人员决定辞职。本田公司的副社长藤泽感到事情的严重性，就打电话给本田宗一郎："您觉得您在公司是当社长重要呢，还是当一名技术人员重要呢？"

　　本田宗一郎在惊讶之余回答道："当然是当社长重要啦！"

　　藤泽毫不留情地说："那您就同意他们去搞冷水引擎研究吧！"

　　本田宗一郎这才省悟过来，毫不犹豫地说："好吧！"

　　于是，几个主要技术人员开始进行研究，不久便开发出适应市场的产品，公司的汽车销量也大大增加。为此，这几个当初想辞职的技术人员均被本田宗一郎委以重任。

　　1971年，本田公司步入了良性发展的轨道。有一天，公司的一名中层管理人员西田与本田宗一郎交谈时说："我认为我们公司内部的中层领导都已成长起来了，您是否考虑一下该培养接班人呢？"西田的话很含蓄，但却表明了要本田宗一郎辞职的意愿。

　　本田宗一郎一听，连连称是："您说得对，您要是不提醒我，我倒忘了，我确实是该退下来了，不如今天就辞职吧！"

　　由于涉及移交手续等方面的问题，本田宗一郎没能在当天辞职，但是几个月后，他便把董事长的位子让给了河岛喜好。

　　资料来源：吴晓义，杜今锋. 管理心理学. 中山大学出版社，2009：265.

◎ **讨论题**

1. 根据材料，您认为本田宗一郎是不是一位好的领导者？为什么？
2. 运用本章所学的理论分析本田宗一郎的领导风格具有什么特色。

第十一章　激　励

【学习目的】

在学习完本章后，你应该掌握以下内容：

1. 描述人的行为过程及激励的基本过程。

2. 比较内容激励理论、过程激励理论。

3. 掌握需要层次理论、ERG 理论、三种需要理论、"双因素"理论，并在比较中了解其共同点。

4. 知晓期望理论、公平理论、强化理论等主要的异同及其应用范围。

5. 波特-劳勒激励模式特点及应用。

6. 比较管理实践中各种激励方法的优势与劣势。

7. 列出激励员工的方法。

【案例——问题提出】

如何挽留住"95 后"员工？

王总是一家大型企业的财务总监，最近，他的助理小赵——一个他直接从学校挑选的 95 后高才生，提出辞职了。

王总问小赵为什么辞职，小赵的回答是："每天做的都是贴发票、报销这样的小事，没有任何成就感，您还不如招个初中生，还给公司省工资！"

王总说："整理发票管报销已经有半个月了吧，你总结出什么了吗？"

小赵摇摇头，没有说话。

于是，王总说起了自己的经历："十年前，我刚进入这家公司的财务部，担任出纳，刚开始每天的工作也很琐碎，其中有一项工作就是整理发票。像这种简单的工作，其实没有任何难度。但是一段时间之后，我才明白，票据是一种数据记录，涉及了公司运营的各个方面，上至总裁下至一线员工。于是，我建立了一个 EXCEL 表格，把报销的所有数据分门别类地统计下来。最初，我建立这个表格只是为了有据可循，但是，后来却从这些数据中发现了销售部门的一些费用规律，比如，经常到哪些地区出差、经常接待哪一些客户、项目预算是多少等。一次，公司接了一个又大又急的单，约好当天出最后一次报价方案，但恰恰这台存方案的电脑坏了，没有具体的数字这个单就拿不下来，所有人一筹莫展。我忽然意识到，我的纪录可以推算出精确的数据，可以帮助他们完成报价方案，最终公司赢得了这个项目。因为表现突出，老板开始一步一步提拔我，第六年，我成了公司的财务总监。"

听了王总的故事，小赵想了一晚上，第二天果断辞职了。临走小赵说：我不想把大把的青春用在这些小事上，等待那些小概率事件的出现获得晋升。

王总遇到的并不是个案。2018 年 6 月发布的《2018 年中国大学生就业报告》显示，2017 届大学毕业生毕业半年内的离职率，高达 33%。如果我们将时间轴拉得纵深一些，会发现职场人第一份工作的平均在职时间，无可挽回地呈现出随代际显著递减的趋势。70 后的第一份工作平均超过 4 年才换，80 后则是 3 年半，而 90 后骤减到 19 个月，95 后更是仅仅在职 7 个月就选择了辞职，且辞职的理由五花八门，如号称"史上最具情怀的辞职申请"——"世界那么大，我想去看看"之后，一位 95 后江西小姑娘的辞职信再次爆红，惊呆了人力资源部门的管理者们，因为她辞职是为了"要像风一样自由"。00 后也马上要步入职场，企业的管理者们不禁要问，不同年代的人到底有何不同？如何才能留住这些员工？00 后的青年人也要想想自己进入职场的人生，又应该如何规划自己未来不到 50 年的职业生涯？我们应该记住法约尔曾经告诫的，领导不稳定是企业不景气的原因与结果；一个只有中等能力但长期留下来的领导比那些能力虽强但停留不长的领导更受欢迎。

资料来源：根据 https：//www.sohu.com/a/198893469_594279 及其他网络资料改编而成。

组织是由人组成的群体，组织最大的原动力来自员工。无论组织的潜力多么大，实力多么强，决定组织成败的关键在于维护员工的稳定，并让其发挥积极性。哈佛大学的威廉·詹姆斯教授在一次员工激励的调查研究中发现：按时计酬的员工只要发挥 20%～30% 的能力，就可保住饭碗。如果给予充分激励，员工的能力可发挥至 80%～90%。管理者的任务之一就是激励员工团结合作并努力奉献，实现组织的目标。不论管理者自己多么优秀，个人有多么能干，如果他不能成功地留住员工，促进全体员工的共同努力与合作，就难以提高组织的整体绩效。从这个角度来说，管理中的领导职能是通过对人的激励实现的。学者们已提出了许多关于激励的理论，管理者在实践中也积累了丰富的经验，本章将介绍主要的激励理论及其在管理工作中的运用。

第一节　激励的过程

激励（motivation）是指激发人的行为动机的心理过程，是激发和强化人对自身内在需要的意识，并推动和鼓励人为了满足这些需要而采取行动，支持和帮助他们为实现目标而不断努力的过程。激励是心理学的一个术语，也是一种复杂的现象，它涉及人的行为动因的分析，而动因又是看不见的，也是不易测量的。要了解怎样激励员工，首先应掌握有关激励的基本问题：什么因素驱使人的行为发生、行为的方向、行为的强度以及如何保持这种行为。

人在组织中的行为只有很少是本能性、反射性、无动机的反应。从管理者所关心的人的动机来看，一般都是通过客观因素的刺激来引发人的行为。激励用于管理中，是指激发员工的行为动机，也就是说，用各种有效的方法去调动员工的积极性和创造性，改变员工的行为方式，使员工有效认同和奋发努力完成组织的任务与目标。因此，要激励员工，管理者应首先了解员工的需要与动机、员工的行为过程以及影响行为的因素等问题。

一、需要与动机

心理学认为，需要（need）是有机体对延续和发展其生命所必需的客观条件的要求。对于人来说，需要是由于缺乏某种生理上或心理上的因素而产生不平衡，希望得到补偿的状态。这种不平衡可能是生理上的（如对食物的需要）、心理上的（如对自尊的需要）或者社会性的（如对社会相互关系的需要）。这种内在的需要是人的思想与活动的基本动力，并会通过一定的方式影响人的情绪、思维和意志。当人们明确地意识到某种需要，并渴望这种需要得到满足时，就会产生行为动机。

动机（motive）是促使人采取某种行动的内在驱动力，它是引起和维持个体行为，并将此行为导向满足某种需要的愿望与意念。动机不仅来源于内在需要的不满足，同时也受到外界环境刺激的影响。当物质方面或精神方面的外在刺激与人的内在需要产生共鸣时，就会激发和强化人的行为动机，动机越强烈，行动的积极性就越高。例如，一个精美的玩具可以让想得到它的孩子付出努力，但对一个成年人却缺少吸引力。

需要和动机是有区别的。需要是人积极性的基础和根源，动机是推动人们活动的直接原因。人类的各种行为都是在动机的作用下，向着某一目标进行的，而人的动机又是由于某种欲求或需要引起的。不是所有的需要都能转化为动机，需要转化为动机必须满足两个条件：第一，需要必须有一定的强度。就是说，某种需要必须成为个体的强烈愿望，迫切要求得到满足。如果需要不迫切，则不足以促使人去行动以满足这个需要。第二，需要转化为动机还要有适当的客观条件，即诱因的刺激，它既包括物质的刺激也包括社会性的刺激。有了客观的诱因才能促使人去追求它、得到它，以满足某种需要；相反，就无法转化为动机。例如，如果人处于荒岛之上，很想与人交往，但荒岛缺乏交往的对象（诱因），这种需要就无法转化为动机。可见，人的行为动力是由主观需要和客观事物共同制约决定的。按心理学所揭示的规律，欲求或需要引起动机，动机支配着人们的行为。当人们产生某种需要时，心理上就会产生不安与紧张的情绪，成为一种内在的驱动力，即动机，它驱使人选择目标，并进行实现目标的活动，以满足需要。需要满足后，人的心理紧张消除，然后又有新的需要产生，再引起新的行为，这样周而复始，循环往复。

管理理论关注的主要是与组织工作相关的行为，只有当员工的行为和努力的方向与组织目标一致时，其行为结果才对组织有利。管理者所要激发和鼓励的是那些符合组织整体利益的动机与行为。所以，如何通过外界刺激将个体的需要引向组织的目标，使二者保持一致，则是管理者首先关心的重要内容。我们可以设想一下，同样是与人交往的行为，一些员工在上班时间给朋友打电话，而另一些员工却在耐心地回答顾客的询问，作为一位管理者的你将会如何看待呢？

从心理学的角度分析，可以主观地认为，激励的顺序是首先了解员工的需要，然后给出激励方案。事实上，在此之前，每位管理者都会先有对人性的一种假设。读者可查阅相关文献，了解更多关于中外学者对人性的认识。

二、人的行为过程

现实生活中的人的行为过程十分复杂，从图 11-1 可以看出，从意识到某种不满足开始，积极思考、采取行动、实现目标、满足需要的若干个阶段构成了人行为的全过程。

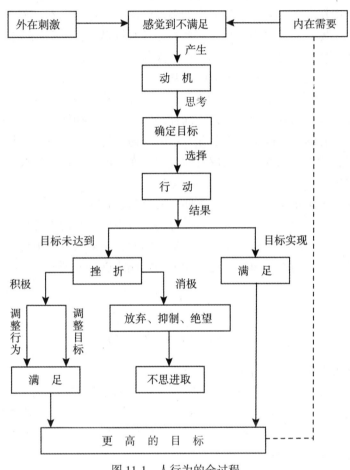

图 11-1　人行为的全过程

如图 11-1 所示，当人的内在需要没有得到满足，或者外界刺激作用于人使其明确地意识到这种不满足时，人就会产生心理和生理上的反应，并有一种改变现存状态的欲望。这时，人会努力地思考，寻求获得满足的途径，确定一个希望达到的目标，并进一步选择自己行动的方向。在采取行动后可能有两种结果：一种是达到预定目标后满足了需要；另一种是目标没实现出现了挫折。人们在面对挫折时同样可能有两种反应，采取积极态度的人会主动调整希望达到的目标，或调节自己的行为，以保证目标的实现获得成功的满足，从而制定更高的目标并转化为内在的自觉追求；而采取消极态度的人则往往放弃努力，或者抑制自己的需要，甚至对实现目标彻底绝望，这无疑都会导致不思进取的行为。除非有强烈有力的外界刺激，这样的人很难再激起奋发努力的精神和积极行为，只是在满足生存需要的重复循环中维持个体生命而已。激励不仅在产生动机、确定目标、选择行动方向等各个环节推动人们积极努力，而且有助于他在遇到挫折时采取积极的态度，避免或减少防御性的消极行为。

事实上，人的行为远比上述过程复杂得多，其中每个阶段都会有千姿百态的变异，各个阶段的过渡与进展也并非如此截然分明，造成这些变异的原因主要体现在以下方面：

首先，人的内在需要是非常丰富的。如果说保证人生存的基本生理需要尚有较多相似性，那么满足个体发展的精神需要却多姿多彩、各有特点；再加上花样繁多、无穷无尽的外界刺激，两者交叉在一起，引发的动机往往极为复杂，以致使人努力的方向和目标不那么清晰，造成人情绪上的多变和行为上的混乱。

其次，即使是相同的动机，由于价值观念和思维方式的差异，也可能选择各不相同的具体目标，带来千差万别的行为。比如，同样是渴望在大学期间不虚度光阴、有更多收获的动机的大学生，有的刻苦读书，以学业成绩名列前茅为目标；有的则将主要精力用于发展个人爱好，以在特长领域取得突出成就为目标；而有的则积极参加社团活动，以提高社会工作能力为目标。

最后，就是为了满足相同的需要，不同人的行为也并非一致。比如同样是为了获得良好的休息，恢复工作精力，有的人听音乐，有的人看小说，有的人外出散步。反过来，看起来相同的行为，也可能出于极不相同的动机。因而，调动人的积极性，引导人的行为是极为复杂细致的工作，切不可简单化地套用相同的模式进行处理。

◎ 小故事

狮子和羚羊的家教

每天，当太阳升起来的时候，非洲大草原上的动物们就开始奔跑了。

狮子妈妈在教育自己的孩子："孩子，你必须跑得再快一点，再快一点，你要是跑不过最慢的羚羊，你就会活活地饿死。"在另外一个场地上，羚羊妈妈也在教育自己的孩子："孩子，你必须跑得再快一点，再快一点，如果你不能比跑得最快的狮子还要快，那你就肯定会被他们吃掉。"

资料来源：http://blog.sina.com.cn，2015-10-15.

三、影响行为的因素

尽管人的行为（behavior）极为复杂，但也并非完全不可把握。美国心理学家和行为学家库尔特·勒温（Kurt Lewin）在1938年提出，可以把人的行为（B）看成其自身个性特点（P）及其所处的环境（E）的函数，用公式表示为：$B=f(P, E)$。因此，为了引导人的行为达到激励的目的，领导者既可在了解人的需要的基础上，创造条件促进这些需要的满足，引导和影响组织成员的行为，也可通过采取措施，改变个人行动的环境。这个环境就是勒温研究的人的行为的"力场"，叫"生活场所"或"自由运动场所"。这些力涉及群体成员在其中活动的环境，还涉及群体成员的个性、感情及其相互之间的看法。

个性（personality）是一个人带有倾向性的比较稳定的心理特征，包括能力、性格、兴趣、爱好、气质等多个方面特点的总和。它是在一个人生理素质的基础之上，通过社会实践活动形成和发展起来的，后天的培养教育对其形成有重要作用。虽然个性总是表现出不同于他人的独特风格，但却是可以改变和塑造的。一个学习气氛浓厚的组织有助于培养其成员的科学兴趣，一个团结融洽、充满爱的集体有助于其成员形成热情开朗的性格。由于人的个性特点直接影响着他的行为方式，管理者了解组织成员的个性有助于选择有效的激励手段，将员工行为引向与组织目标一致的方向。

人的行为与活动总是在一定的环境（environment）中进行的，管理者也可以通过采取措施改变环境条件来激发、强化或遏制某些行为以促进组织目标的实现。库尔特·勒温的力场理论认为，人的心理和行为决定于内在需要和周围环境的作用。当人的需要没有得到满足时，会产生内部力场的张力，而周围环境因素起着促进变化的作用。人的行为方向取决于内部力场与情境力场（环境因素）的相互作用，而以内部力场的张力为主。群体成员在向目标运动时，可以看成力图从某种紧张状态解脱出来。同样，群体的活动方向也取决于内部力场与情境力场的相互作用。正是"力场"中各种力的平衡，使得群体处于一种均衡状态。

库尔特·勒温认为人在一个力场上活动，力场内并存着驱动力和遏制力，人的行为与活动便是各种力量共同作用的结果，其模式如图 11-2 所示。①

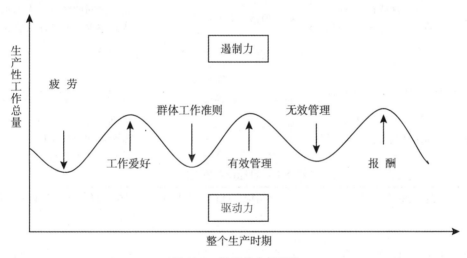

图 11-2　勒温的力场理论

管理者要引导对"力场"中活动的组织成员的行为，就需要运用各种激励方式，降低遏制力，强化驱动力，提高员工的积极性和工作效率，从而改善企业的生产经营，获得更多更好的成果。那么，怎样才能强化驱动力呢？

① 周三多，陈传明，等 . 管理学——原理与方法 . 第 7 版 . 上海：复旦大学出版社，2018：305.

第二节 激励理论

人的行为过程是从对某种需要的不满足开始的，而对工作行为的激励正是通过帮助员工满足个人需要，引导其追求更高的目标来进行的。为了准确地预测员工的行为，管理者必须了解员工的目标以及员工为实现这些目标可能采取的行动。那么，人究竟有哪些需要？这些需要之间的关系如何？它们怎样影响人的行为？很多激励理论和研究都是围绕着人类需要的类型及其作用展开研究的。

激励理论可分为两大类：内容理论和过程理论。内容理论（content theories）关注于个体内部的激发、定向、保持和停止行为的因素。这些理论试图确定能够激励个体的特定需要。过程理论（process theories）描述和分析行为是如何受个体外部因素作用而激发、定向、保持和停止的。两种理论对管理者都有重要的意义，管理者的工作特征就是与激励过程有关的。表 11-1 从管理理论的角度总结了激励内容理论和过程理论一些基本内容。

表 11-1　　　　　　　　　　管理理论视角的激励的内容和过程理论

理论基础	理论解释	理论奠基人	管理学的应用
内容	关注于个体内能够激发、定向、保持和停止的行为的因素。这些因素只能被推测	马斯洛：需要层次理论	管理者需要了解需要、渴望和目标之间的区别，因为每一个人在很多方面的需求都是独一无二的
		奥德弗尔：ERG 理论	
		赫兹伯格：双因素理论	
		麦克莱兰：三种需求理论	
		麦格雷戈：X 理论与 Y 理论	
过程	描述、解释和分析行为是如何被激发、定向、保持和停止的	弗罗姆：期望理论	管理者需要理解激励过程，以及个体如何根据偏好、奖励和成就进行决策的
		斯金纳：强化理论	
		亚当斯：公平理论	
		洛克：目标设置理论	

资料来源：吉布森，等 . 组织学：行为、结构和过程 . 第 10 版. 王常生，译 . 北京：电子工业出版社，2002：87.

内容理论从心理学的角度着重研究人类行为动机的原因，这是进行激励的基础。然而从动机到取得结果、满足需要之间还存在着思考、选择、调整行为或目标等多个阶段，是极为复杂的过程。过程理论侧重于从行为科学的角度，研究人的行为受到哪些因素的影响，如何引导与改变人的行为方向等问题。

一、内容激励理论

（一）需要层次理论
关于人类需要至今仍是众说纷纭，其中最为广泛引用和讨论的激励理论就是由美国心理学家马斯洛（Ahraham Maslow）提出的需要层次理论（hierarchy of human needs）。马斯洛将每个人的需要划分为五个层次，如图11-3所示。

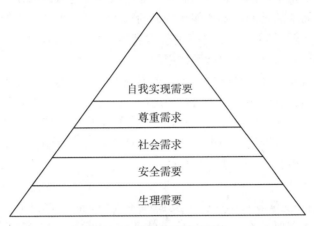

图 11-3　马斯洛的需要层次

资料来源：转引自斯蒂芬·罗宾斯，等. 管理学. 第13版. 李原，等，译. 北京：中国人民大学出版社，2017：436.

第一，生理需要（physiological needs）。这是人类维持自身生存的最基本要求，包括饥、渴、衣、住、性等方面的要求。当其得不到最低限度的满足时，其他的需要会退到次要的地位。管理者需要了解的是，员工受到生理需要激励时，其注意力不会集中在工作上。他们会接受满足其需要的任何工作。

第二，安全需要（safety needs）。包括人们对目前生命财产安全的要求和对未来生活保障的要求两方面。当生活中的温饱需要得到满足之后，人们对安全感的需要变得强烈起来。不仅希望现在的生活环境稳定有序，而且希望在不确定的未来，不论发生什么情况都能保证基本生活需要的满足，希望就业有保障、医疗有保险，希望老有所养。

第三，社会需要（affiliation belonging or social needs）。即指人们在社会生活中，希望被他人所接受、关心和爱护，在感情上归属于某一个群体的要求。马斯洛认为，人都有付出爱和接受爱的能力，当有了一定的安全感后，会主动寻求社会交往，在与他人的相处中获得心理满足。这种心理上的社会需要比生理和安全的需要更细致，需要的强烈程度也因人的文化背景、个性特点和受教育水平而有明显区别。

第四，尊重需要（esteem needs）。它是一种对于自尊和来自他人的尊重的心理需要。自尊包括对于获得信心、能力、成就的渴望和感到自身重要性的要求。来自他人的尊重建立在自己工作成就的基础之上，某人由于对集体或社会做出了贡献而得到他人的认可与赞扬，他就受到了别人的尊重，增强了自信与自尊。具有足够自尊的人会更有效率地工作，不甘落后、不轻易放弃努力是其突出的行为特点。

第五，自我实现需要（needs for self-actualization）。即指人类对于不断成长、发展，开发和实现自己的全部潜力和创造性的心理需要，这是更高层次的，希望在工作上有所作为，在事业上取得较大成就的需要，是一种永无止境的对于证明自身存在价值的追求。

马斯洛还将以上五种需要划分为高和低两级。生理需要与安全需要称为较低级的需要，而社会需要、尊重需要与自我实现需要称为高级需要。两级划分的建立基于以下前提：低级需要则主要是从外部使人得到满足，而高级需要是从内部使人得到满足。在人的各种需要中，只有尚未满足的需要才能影响人的行为，已经得到满足的需要不再具有激励作用。此外，只有当较低层次的需要得到基本满足之后，较高层次的需要才会变得更迫切，越是迫切的需要对引导行为的激励作用越大。

实际上，人的需要是极其复杂的，每一个人都会同时存在着好几种不同的需要，不过有的已被明确认识到，有的还存在于潜意识之中，需要一定的外部条件来激活。同时，人类需要的等级层次也并非严格统一，尤其是心理需要的优先顺序，受到价值观念、文化修养、传统习惯的影响，有着明显的个体差异。管理者只有善于洞察每个人不同的迫切需要才能有的放矢地采取措施，达到激励的目的。

（二）ERG 理论

ERG 理论是美国心理学家克雷顿·奥德弗尔（Clayton Alderfer）于 1969 年提出的，可以认为是对马斯洛需要层次理论进行修正的理论。该理论比马斯洛的需要层次理论简化，并在实证研究中得到了更好的运用。ERG 理论认为，人存在三种核心的需要，即生存（existence）需要：通过食物、空气、水、工资报酬和工作条件等因素得到满足。关系（relatedness）需要：通过有意义的社会和人际关系得到满足。成长（growth）需要：通过个体做出创造或高效率的贡献而得到满足。

奥德弗尔的三个需要——生存（E）、关系（R）、成长（G）（简称 ERG）理论与马斯洛理论相似。生存需要与马斯洛的生理需要和安全需要相近；关系需要与马斯洛的爱与社交的需要相近；成长需要与马斯洛的尊重的需要和自我实现需要相近。但是，在对待人们满足不同需要的方式上，这两种理论有所差别。马斯洛认为，未得到满足的需要即构成动因；在前一组较低层次的需要得到满足前，后一组较高层次的需要就不会被激活。因此，一个人只有当他的低层次需要得到充分满足，他才会进入寻求下一层次需要的满足。相反，奥德弗尔的 ERG 理论提出了"受挫-退回"过程，即如果某人在试图满足成长需要时不断遭受挫折，关系需要就重新成为主要激励力量，引发个人重新定向努力，以寻求满足该低层次需要的新方法。图 11-4 表示奥德弗尔的 ERG 理论。实线代表需要与需要满足之间的直接关系。箭头代表需要受挫时发生的事件。"受挫-退回"过程认为，生存、关系和发展需要沿着一个具体的连续统一体在变化，其中生存最具体，发展不具体。奥德弗尔还认为，当比较不具体的需要未得到满足时，就要寻找满足比较具体的需要。

奥德弗尔的 ERG 理论为管理者提供了重要的思路：如果因为公司政策或资源缺乏，下属较高层次的需要（成长展需要）满足受挫，管理者就要试图重新为下属定向努力的目标，以满足关系或生存的需要。

（三）双因素理论

美国人弗雷德里克·赫茨伯格（Frederick Herzberg）对 200 多位工程师和会计人员有关职业满意度和生产率之间的关系进行了调查。赫茨伯格调查的问题是："人们希望从工作中得到什么？"他要求人们在具体情境下描述他们认为工作中特别好或特别差的方面。

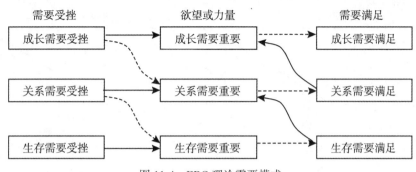

图 11-4　ERG 理论需要模式

资料来源：唐·黑尔里格尔，等. 组织行为学（上）. 岳进，等，译. 北京：中国社会科学出版社，2001：235.

赫茨伯格在分析调查结果后，提出了关于员工工作态度的双因素理论（two factor theory）。双因素即指不满意-满意因子、保健-激励因子或外部-内部因子。

　　赫茨伯格发现，对工作感到满意的员工和对工作感到不满意的员工的答案差异很大。企业中存在的外部条件或工作环境，包括工资报酬、地位和工作条件，对满意的员工不一定能产生激励作用，但这些条件的缺乏又可能导致不满。由于这些因素保持着一定水平的"没有不满"，外部条件又称为不满意因素或保健因素（hygiene factors）。其次，存在一系列的内部条件或工作内容，包括成就感、责任增加、认同。缺乏这些条件不会导致很多的不满，但这些条件存在时就会形成很强的激励作用，导致工作业绩优良，因此它们被称为满足因素或激励因素（motivators），如图 11-5 所示。

　　基于调查的结果，赫茨伯格认为，之前研究激励理论的人们把工作满意度视为单一维度的概念，即认为满意和不满意构成一个单一连续体的两个极端（见图 11-6）。他指出，满意的对立面并不是不满意，消除了工作中的不满意因素并不必定能使工作结果令人满意。赫茨伯格提出这里存在着双重的连续体：满意的对立面是没有满意，而不是不满意；同样，不满意的对立面是没有不满意，而不是满意。

　　根据双因素理论，导致工作满意的因素与导致工作不满意的因素是有区别的，因此，管理者消除了工作中的不满意因素只能带来不抱怨，而不一定对员工有激励作用。这些因素只能安抚员工，而不能激励员工。

◎ 名人言

宗　庆　后

　　精神激励只是一个方面，让员工分享企业的经济成就，既体现了企业的大家庭特色，又为员工的前进加入了助动力。

　　徐宪江. 中国 500 强企业总裁语录. 北京：中国法制出版社，2010：265.

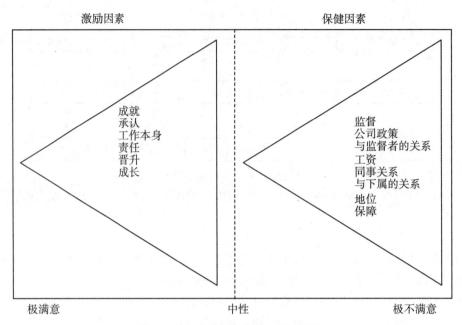

图 11-5　赫茨伯格的保健—激励理论

资料来源：斯蒂芬·罗宾斯，等．管理学．第 13 版．李原，等，译．北京：中国人民大学出版社，2017：438.

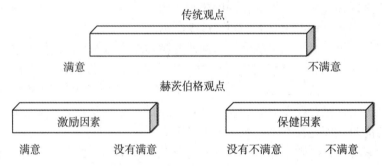

图 11-6　满意—不满意观点的对比

资料来源：斯蒂芬·罗宾斯，等．管理学．第 13 版．李原，等，译．北京：中国人民大学出版社，2017：439.

在所有的内容激励理论中，双因素理论受到的批评最多。[①] 问题主要集中在以下方面：(1) 赫茨伯格采用的研究方法具有一定的局限性。人们容易把满意的原因归因于自己，而把不满意的原因归因于外部因素。(2) 该理论基于对美国会计人员和工程师取样

①　詹姆斯·吉布森，等．组织学：行为、结构和过程．第 10 版．王常生，译．北京：电子工业出版社，2002：91.

研究所得的结论，其调查的样本量较小，且多为脑力劳动者，由此得出的结论是否具有普遍意义需进一步证实。（3）该理论过分简单化了员工的工作满意度特征，使人易形成这样的观点：管理者能通过改变保健因素或满意因素，以形成工作满意。这并不能正确反映在工作环境下激励的复杂性和困难程度。（4）对员工满意度并没有一个适用的评价标准，而满意度与生产率之间的密切关系只是一种假设，有待深入研究。尽管如此，双因素理论在管理实践中仍很流行。相当多的管理者了解、讨论和运用它，并试图用赫茨伯格发现的因素来增强激励；有些组织运用双因素理论提出的特殊的工作因素来创造激励的氛围，或注意改善工作环境以满足员工的保健性需要，对于保持员工的士气水平有一定作用。

（四）三种需要理论

美国人大卫·麦克莱兰（David McClelland）和其他人在观察分析了人们在工作中的表现后，提出了与管理工作联系更加紧密的三种需要理论（three needs theory）①。该理论强调了三种后天的需求对人们的工作产生激励作用。这三种需要是：

成就需要（need for achievement，nAch），即指一种总是力求把每一件事情做得更完美、取得超越他人的成就、不断获得新的成功的需要。

权力需要（need for power，nPow），即指一种发挥影响力和控制他人，要求他人按照自己的要求开展工作的需要。

归属需要（need for affiliation，nAff），即指一种寻求被他人喜爱和接纳，力图建立友好亲密的人际关系的愿望与要求。

麦克莱兰认为，当某人的某一需要强烈时，就会激励该人行动起来去满足那个需要。例如，具有强烈权力动机的人所采取的行动会影响他人的行为，并在情感上强烈影响他人，即他们关心的是给其追随者以地位奖励；具有强烈亲和动机的人倾向于与他人建立、维护及恢复亲密的个人关系。麦克莱兰主要研究管理者如何激发下属的成就欲望，在这三种需要中，麦克莱兰和其同事们对高成就需要者进行了比较深入的研究，发现这一类人有三个主要特征：一是偏爱具有适度挑战性的目标，在那些成败机会均等的工作中表现最为出色，认为只有这样才能从奋斗的过程中体验成功的喜悦并得到成就感的满足。二是避免选择难度极大的目标。高成就者是一些理性而又实际的人，愿意接受困难的挑战，勇于承担责任，但却不喜欢那些对于他们特别容易或者风险太大的工作。三是喜欢执行反馈快的任务。由于目标对高成就者重要，他们就想知道他们做得究竟如何。这种欲望是高成就者从事某项专业、销售或企业活动的原因之一。金钱对高成就者的影响也很复杂。他们通常高估自己的服务并出价颇高。如果组织未因其能力强给其高报酬，他们就不大可能留在那个组织内工作。激励计划不一定真正能提高他们的绩效，一般说来他们总会铆足劲工作。他们将物质激励视为成就和完美的象征，但如果物质激励未充分反映其贡献时，则会导致其不满。

从管理的角度来看，高成就需要者特别适合那些独当一面、能够显示其工作业绩的工作，比如经营自己的企业、在公司中主管一个独立的部门，或者处理销售业务等。在一个

---

① 斯蒂芬·罗宾斯，等. 管理学. 第13版. 李原，等，译. 北京：中国人民大学出版社，2017：439.

组织中，善于发现那些具有高成就需要的人，为他们提供施展才能的机会，及时肯定和宣传他们的业绩，并给予较高的荣誉，有助于培养和激发其他成员的成就需要，对促进组织的成功十分重要；而那些有很高的权力需要但亲和需要很低的人，往往能成为大型组织中的优秀管理者。

（五）X 理论与 Y 理论

X 理论和 Y 理论是美国人道格拉斯·麦格雷戈（Douglas McGregor）1957 年提出的有关人性假设的理论。该理论认为，信奉 X 理论的人将人们视为胸无大志、不愿意承担责任、懒惰、想方设法逃避工作的人；而信奉 Y 理论的人将人们视为可以自我指导、接受甚至主动寻求责任、勤奋、把工作视为如同休息、游戏活动的人。更为重要的是，该理论认为，管理者对人性的认识会对自我管理方式的选择产生影响。如信奉 X 理论的管理者会在工作中选择严格监控的管理方法以实现管理工作目标，而认同 Y 理论的管理者则会寻求建立良好的人际关系，注意引导员工参与决策等管理方法，积极地调动员工工作的积极性。

麦格雷戈认为，信奉 Y 理论的管理者因在管理工作中更注意营造良好的工作气氛，积极地调动员工的自主性和积极性，其管理工作会更有效。

二、过程激励理论

（一）期望理论

美国人维克多·弗罗姆（Victor Vroom）在《工作与激励》一书中提出了期望理论（expectancy theory）。这是一种通过考察人们的努力行为与其所获得的最终报酬之间的因果关系，说明激励过程并选择合适的行为达到最终的报酬目标的理论。

期望理论认为，当人们相信能够从工作中获得自我所需要的东西就有了工作动力。这种结果可包括满足安全需要、激励做某项挑战性工作或有能力制定并达到具有挑战性的目标。期望理论一个基本前提是，组织的成员是理性的人，他们在工作前会思考：他们做什么才能赢得奖励，而奖励对自我的意义又有多大。

弗罗姆认为，组织成员的动机依赖于三个关键因素：期望（expectancy），即成员认为通过自己的努力达到组织设置的工作目标的可能性（用 E 表示）。手段（instrumentality），即指绩效与奖励之间的关系（用 I 表示）。效价（valence），即奖励对员工的吸引力，即价值（用 V 表示）。弗罗姆构建了期望理论模型，简称为 VIE 激励模式：$M = E \times \sum (I \times V)$。

图 11-7 说明激励是如何影响个人付出努力的。在通常情况下，一个员工从事某项工作的动力即激励力的大小，取决于他本人对三个关系的主观判断和认识，即主观努力与工作绩效之间的关系（Ⓐ）、工作绩效与奖励之间的关系（Ⓑ）、可能获得的报酬或成果对员工的吸引力之间的关系（Ⓒ）。

在现实中的情况远非模型或公式这样简单明了，因为效价是一种主观偏好，它因人而异、因时而异。期望值也是一种主观判断，不仅与努力程度有关，也与个体的实际能力有关。但是，管理者仍然能够利用期望理论来开展激励工作：一是要关注员工对成功的期望。当员工感到其目标的实现超过了自我的能力，就可能导致积极性下降。

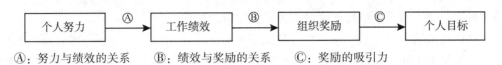

⒜：努力与绩效的关系　⒝：绩效与奖励的关系　Ⓒ：奖励的吸引力

图 11-7　期望理论模型

资料来源：斯蒂芬·罗宾斯，等．管理学．第 13 版．李原，等，译．北京：中国人民大学出版社，2017：447．

二是要努力了解员工们所期盼的激励，以更好地设置不同的奖励方法，满足员工们不同的需求。三是确定并清晰地陈述所要求的绩效。因为员工需要知道上级对自己有什么期待，以便员工积极有效地努力工作。最后，应确保结果或奖励的变化大得足以刺激有意义的行为。奖励小，改善绩效的努力也会小。要改善绩效，奖励就必须足以刺激员工做出相应的努力。

（二）公平理论

美国人 J. 斯坦西·亚当斯（J. Stacey Adams）在其 1965 年出版的《社会交换中的不公平》一书中提出了公平理论（equity theory）。亚当斯把激励过程与社会比较直接联系在一起，故也称社会比较理论。公平理论认为，人们一般习惯进行比较，如把他们的付出（努力、经验、资历、地位、聪明才智等）和获得（赞美、肯定、薪水、福利、升迁、被提升的地位等）与自己的同事或自己的过去，甚至激励的相关规定进行比较和比对，比较、比对的结果往往会产生心理上的不平衡，从而出现对激励效果的影响。

该理论描述的工作情景的公平性比较过程见表 11-2。

表 11-2　　　　　　　　　　　　公 平 理 论

觉察到的比较结果	评价结果
$Q_i / P_i < Q_x / P_x$	不公平（报酬偏低）
$Q_i / P_i = Q_x / P_x$	公平
$Q_i / P_i > Q_x / P_x$	不公平（报酬偏高）

表中 Q 为收入，P 为付出；i 代表本人，x 代表参照对象。人们是通过将自己所获得的收入与相应付出的比率同相关参照对象进行比较来做出判断的。当二者相等时，则为公平状态；如果二者的比率不同，就会产生不公平感。当他们认为自己的收入偏低或偏高时，便会调整自己的行为来保持公平感。

在公平理论中，参照对象 x 是个重要的变量，一般将其划分为三个类型："他人"、"自我"和"规则"。"他人"包括同事、朋友、邻居、同行等，人们大多选择那些与自己年龄、能力、受教育水平相近的人来比较。"自我"是指自己过去的情况，也就是将自己目前的收入与付出之比同过去的收入及工作相比较。"规则"是指组织中的付酬制度以及虽未明文规定，却在实际中执行的利益分配惯例。

如果比较的结果是 $Q_i/P_i < Q_x/P_x$，员工会感到不公平，从而要求增加报酬，或是自动减少付出，对工作采取消极态度乃至去寻找其他的就业机会。

如果比较的结果是 $Q_i/P_i > Q_x/P_x$，员工感到自己的付出得到了高于一般比率的回报，一般会更加努力工作，珍惜自己的岗位，但其积极性不一定会持久，甚至可能会通过重估自己的投入，调整自我的行为，寻找新的公平感。

公平理论提出的基本观点是客观存在的，但公平本身却是一个相当复杂的问题，这主要是由于下面几个原因：

第一，公平与个人的主观判断有关。上面公式中无论是自己的或他人的投入和报偿都是个人感觉，而一般人总是对自己的投入估计过高，对别人的投入估计过低。

第二，公平与个人所持的公平标准有关。上面的公平标准采取的是贡献率，也有采取需要率、平均率的。例如在学生人群中，有同学认为助学金应改为奖学金才合理，有同学认为应平均分配才公平，也有同学认为按经济困难程度分配才适当。

第三，公平与绩效的评定有关。组织中一般有按绩效付报酬的基本导向，并且各人之间应相对均衡。但如何评定绩效？是以工作成果的数量和质量，还是按工作中的努力程度和付出的劳动量？是按工作的复杂、困难程度，还是按工作能力、技能、资历和学历？不同的评定办法会得到不同的结果。最好是按工作成果的数量和质量，用明确、客观、易于核实的标准来度量，但这在实际工作中往往难以做到，有时不得不采用其他的方法。

第四，公平与评定人有关。绩效由谁来评定，是领导者评定还是群众评定或自我评定，不同的评定人会得出不同的结果。由于同一组织内往往不是由同一个人评定，因此会出现松紧不一、回避矛盾、姑息迁就、抱有成见等现象。

虽然存在着上述不足，但公平理论对我们有着重要的启示。首先，影响激励效果的不仅有报酬的绝对值，还有报酬相对值，并往往是个人的自我评价与判断。其次，激励时应力求公平，使等式在客观上成立，尽管有主观判断的误差，也不至于造成严重的不公平感。最后，在激励过程中应注意对被激励者公平心理的引导，使其树立正确的公平观：一是要认识到绝对的公平是不存在的；二是不要盲目攀比；三是不要按酬付劳，按酬付劳是在公平问题上造成恶性循环的主要杀手。

为了避免职工产生不公平的感觉，企业往往采取各种手段，在企业中造成一种公平合理的气氛，使职工产生一种主观上的公平感。如有的企业采用保密工资的办法，使职工相互不了解彼此的收支比率，以免职工互相比较而产生不公平感。

（三）强化理论

强化理论（reinforcement theory）是美国的心理学家和行为科学家伯尔赫斯·F.斯金纳（Burrhus F. Skinner）等人提出的一种以学习的强化原则为基础的关于理解和修正人的行为的一种学说。所谓强化，从其最基本的形式来讲，指的是对一种行为的肯定或否定的后果（报酬或惩罚），它至少在一定程度上会决定这种行为在今后是否会重复发生。

强化包括正强化、负强化和自然消退三种类型。

第一种：正强化（positive reinforcement），又称积极强化。当人们采取某种行为时，能从他人那里得到某种令其感到愉快的结果，这种结果反过来又成为推进人们趋向或重复此种行为的力量。例如，企业用某种具有吸引力的结果（如奖金、休假、晋级、认可、表扬等），以表示对职工努力进行安全生产的行为的肯定，从而增强职工进一步遵守安全规程进行安全生产的行为。

第二种：负强化（negative reinforcement），又称消极强化。它是指通过某种不符合要求的行为所引起的不愉快的后果，对该行为予以否定。若职工能按所要求的方式行动，就可减少或消除令人不愉快的处境，从而也增大了职工符合要求的行为重复出现的可能性。例如，企业安全管理人员告知工人不遵守安全规程，就要受到批评，甚至得不到安全奖励，于是工人为了避免此种不期望的结果，而认真按操作规程进行安全作业。

惩罚是负强化的一种典型方式，即在消极行为发生后，以某种带有强制性、威慑性的手段（如批评、行政处分、经济处罚等）给人带来不愉快的结果，或者取消现有的令人愉快和满意的条件，以表示对某种不符合要求的行为的否定。

第三种：自然消退（extinction），又称衰减。它是指对原先可接受的某种行为强化的撤销。由于在一定时间内不予强化，此行为将自然下降并逐渐消退。例如，企业曾对职工加班加点完成生产定额给予奖酬，后经研究认为这样不利于职工的身体健康和企业的长远利益，因此不再发给奖酬，从而使加班加点的职工逐渐减少。

正强化是用于加强所期望的个人行为；负强化和自然消退的目的是为了减少和消除不期望发生的行为。这三种类型的强化相互联系、相互补充，构成了强化的体系，并成为一种制约或影响人的行为的特殊环境因素。

强化的主要功能，就是按照人的心理过程和行为的规律，对人的行为予以导向，并加以规范、修正、限制和改造。它对人的行为的影响，是通过行为的后果反馈给行为主体这种间接方式来实现的。人们可根据反馈的信息，主动适应环境刺激，不断地调整自己的行为。在具体应用强化理论时，管理者应遵循以下行为原则：

（1）经过强化的行为趋向于重复发生。所谓强化因素就是会使某种行为在将来重复发生的可能性增加的任何一种"后果"。例如，当某种行为的后果是受人称赞时，就增加了这种行为重复发生的可能性。

（2）要依照强化对象的不同采用不同的强化措施。人们的年龄、性别、职业、学历、经历不同，需要就不同，强化方式也应不一样。如有的人更重视物质奖励，有的人更重视精神奖励，就应区分情况，采用不同的强化措施。

（3）小步子前进，分阶段设立目标，并对目标予以明确规定和表述。对于人的激励，首先要设立一个明确的、鼓舞人心而又切实可行的目标，只有目标明确而具体时，才能进行衡量和采取适当的强化措施。同时，还要将目标进行分解，分成许多小目标，完成每个小目标都及时给予强化，这样不仅有利于目标的实现，而且通过不断的激励可以增强信心。如果目标一次定得太高，会使人感到不易达到或者说能够达到的希望很小，这就很难充分调动人们为达到目标而做出努力的积极性。

（4）及时反馈。所谓及时反馈就是通过某种形式和途径，及时将工作结果告诉行动者。要取得最好的激励效果，就应该在行为发生以后尽快采取适当的强化方法。一个人在实施了某种行为以后，即使是领导者表示"已注意到这种行为"这样简单的反馈，也能起到正强化的作用。如果领导者对这种行为不予注意，这种行为重复发生的可能性就会减小以至消失。所以，必须利用及时反馈作为一种强化手段。强化理论并不是对职工进行操纵，而是使职工有一个最好的机会在各种明确规定的备选方案中进行选择。因而，强化理论已被广泛地应用在激励和人的行为的改造上。

（5）正强化比负强化更有效。所以，在强化手段的运用上，应以正强化为主；同时，必要时也要对坏的行为给以惩罚，做到奖惩结合。

总之，强化理论只讨论外部因素或环境刺激对行为的影响，忽略人的内在因素和主观能动性对环境的反作用，具有机械论的色彩。但是，许多行为科学家认为，强化理论有助于对人们行为的理解和引导。因为，一种行为必然会有后果，而这些后果在一定程度上会决定这种行为在将来是否重复发生。那么，与其对这种行为和后果的关系采取一种碰运气的态度，就不如加以分析和控制，使大家都知道应该有什么后果最好。

（四）波特-劳勒激励模式

美国人波特（Lyman W. Porter）和劳勒（Edward E. Lawler）在综合前述理论的基础上，构建了他们的激励理论（亦称波特-劳勒激励模式），其特点是将激励看成一个循环的完整过程。如图 11-8 所示，该理论的基础是期望理论的思想，即个人做某件工作的努力程度受到他预期能够完成工作、获得奖励的可能性大小和可能获得的奖励对于个人的效用价值高低两个因素影响。如果个人感到在努力与绩效之间、绩效与奖赏之间、奖赏与个人目标的满足之间存在密切关系，那么，他会付出高度的努力。反过来，每一种联系又受到一定因素的影响。对于努力与绩效之间的关系来说，个人还必须具备必要的能力，对个体进行评估的绩效评估系统必须公正、客观。对于绩效与奖励之间的关系来说，如果个人感觉自己是因绩效因素而不是其他因素而受到奖励时，奖励的效果会起到明显的作用。期望理论中的最后一种联系是奖赏—目标之间的关系，当个人由于其绩效而获得的奖励满足了与其目标一致的主导需要时，他工作的积极性会增强。

该模式也包含了目标设置理论的思想。"个人努力"处有一个从"个人目标"延伸而来的箭头（见图 11-8 下方），目标-努力循环意味着管理人员应注意目标对员工行为的指导作用。

图 11-8 中还包含了成就理论、强化理论和公平理论。（1）高成就需要者受到的激励不会简单地来自组织对他的绩效评价与奖励，努力与个体目标之间是一种直接关系。只要高成就需要者所从事的工作具备个体责任感、信息反馈，并提供了中等程度的风险，他们就会产生内部的驱动力。而且，这些人并不关心努力-绩效、绩效-奖赏以及奖赏-目标之间的关系。（2）该模型也包括强化理论，即通过组织的奖励强化个人的绩效而体现出来。如果组织的奖励在员工心中被认为是有效地奖励了富有成效的工作，那么奖励将产生进一步强化和激励的效果。（3）报酬也体现了公平理论的作用。个人经常会将自己的付出与所得之比同相关他人的付出与所得之比进行对比，若感到二者之间不公平，将会影响激励的效果。

总之，波特-劳勒激励模式提示管理者，激励是一个受多种因素影响的复杂过程，要想取得预期效果，管理者必须综合考虑被激励的个人差异、心理感受和激励的工作环节，激励才会产生更好的效果。

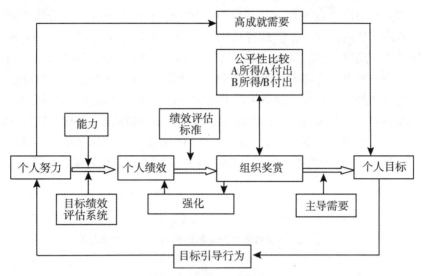

图 11-8 波特-劳勒激励模式

资料来源：斯蒂芬·罗宾斯. 管理学. 第 13 版. 李原，等，译. 北京：中国人民大学出版社，2017：489.

第三节 激励的方法与技巧

各种激励理论及其研究结果为管理者提供了激励员工的方向与思路。员工激励的内容与形式是依情况的变化而变化的。不同的工作性质、不同的员工素质、不同的企业状况，需要不同的激励内容与激励方式。对激励理论与实践进行结合与分析，将有利于推进企业的激励工作。本节将结合上一节的激励理论来阐述员工激励的方法与技巧。

一、需求调查与分析

管理者要真正调动下属的工作积极性，就必须掌握员工的动机与需求。了解激励对象的需求有哪些、每种需求的强烈程度，尤其是每种需求在其心目中的重要性，因此，管理者应定期地对企业员工进行需求调查并认真分析这些需求。

（一）综合运用激励理论

在分析员工需求前，管理者必须掌握各种激励理论，并能将各种激励理论结合起来综合运用。正如前所述，员工的激励过程是需求—动机—行为—结果—反馈。管理者应针对员工激励过程中的不同，灵活选用最适当的、正确的激励理论进行分析。实际上，各种激励理论都是互补的，不同的理论可以运用于激励过程中的不同阶段，不同的理论也回答了不同的问题。例如，内容激励理论回答："员工有什么需要应该在工作上被满足？"过程激励理论回答："员工是如何选择行为来实践他们的需要？"又如，强化理论解决的问题是："管理者要做什么才能让员工的行为符合组织目标的方向要求？"

　　在图 11-9 中，管理者在激励员工的不同阶段可以运用各种激励理论。首先，管理者可以运用内容激励理论（需求层次理论、ERG 理论、双因素理论、三类需求理论等）认真分析员工的需求性质；其次，管理者应以过程激励理论（公平理论、期望理论等）为指导，引导员工的动机，使其做出正确的行为满足其需要；再次，分析员工为了满足需求可能做出的行为；再次，管理者利用强化理论，通过控制员工的行为结果使员工沿着预定方向来表现行为；最后是反馈，即员工需求达成的程度以及还有多久时间会再出现不满足的情形，或者创造出一个未被满足的需求。管理者需要注意的是，根据双因素理论，员工的满意或没有什么不满意并不是像图 11-9 中的"闭循环集"，而是根据需要被满足的程度（行为动机或成就）分处于两个不同的"闭循环集"（满意到不满意，或不满意到没有什么不满意）。

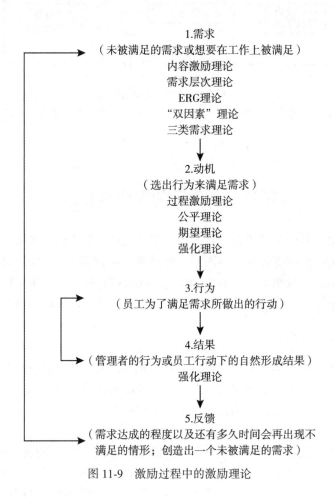

图 11-9　激励过程中的激励理论

（二）分析需求并归类

　　管理者不仅应关注员工的激励过程，而且要分析员工需要或动机，只有这样，才能对症下药，"激"人所需。根据激励理论，可将员工需要进行如下分类：

　　一是按照需要的性质分，员工的需要分为外在需要与内在需要两类。外在需要是不能从工作活动本身中求得满足的需要，满足这种需要的资源往往控制在组织、管理者与同事手中；内在需要却相反，它可从工作活动的体验中得到满足，满足这种需要的资源就存在于工作过程中。一般来说，员工的外在需要即物质性需要以及社会—感情性需要。内在需要又可分为过程导向性需要与结果导向性需要，过程导向性需要是员工因工作具有挑战性或能使其有机会发挥聪明才智等而得到满足的需要；结果导向性需要是员工从工作活动结果中体会到成就感、贡献感或自豪感等，从而得到满足的需要。

二是按照需要的层次分，员工的需要可分为低层次需要与高层次需要。低层次需要即对生存和安全的需要，这是企业组织的责任，可以通过工资和工作的保障等得以满足；高层次的需要是一种管理责任，可通过工作本身来满足。低层次的激励要素对于例行的、得到严格监控的工作很有效，但对于那些要求革新、创造性或自律性的工作就必须用奖励的方法去满足高层次的需求。

显然，员工外在需要常常表现为低层次需要，而内在需要表现为高层次需要。物质、金钱等可以满足员工外在的、低层次的需要。而内在的、高层次的需要则可以通过工作的再设计使员工工作内容丰富，充分发挥员工的能力得以满足。

二、激励理论的应用

理解激励理论内容较为容易，可在实际运用中并非易事，可能会遇到许多意想不到的状况，也不可能用统一的方式去激励所有的员工。下面将介绍几种当前管理实践中较为流行的激励形式。

（一）目标激励

目标是指在一定的时间内所要达到的期望标准，是人们所期望达到的成就和结果。无论是管理学家德鲁克的目标管理理论，还是心理学家洛克的目标设置理论，都强调目标在员工工作中的重要性。一个员工可接受的、清晰的、有回报的目标将使员工处于一种高激励的工作状态。

目标管理的理论基础是目标设置理论。而目标管理工作则强调组织成员共同参与制定具体的、可行的而且能够客观衡量的目标。目标管理有目标具体化、参与决策、限期完成和绩效反馈四个要素。目标具体化指明确、具体地描述预期的成果。参与决策要求制定工作目标时，涉及目标的所有群体共同制定目标，并共同规定如何衡量目标的实现程度，而不是上级单方面地指定下级的工作任务。目标管理要求规定目标完成期限和每一阶段任务完成的期限，同时不断地给予员工目标实现程度或接近目标程度的反馈，使员工能及时地了解工作的进展，掌握工作的进度，从而及时进行自我督促和行为矫正。目标管理自从德鲁克提出后开始在实践中广泛运用。

（二）参与管理

参与管理是指让员工参与企业管理，让员工获得企业的部分决策权，从而使员工产生认同感和归属感。参与管理与 Y 理论、双因素理论和 ERG 理论都有关系，尤其受到年轻员工及高学历员工的欢迎。参与管理的优势在于：首先，管理人员无法了解员工的所有情况和各个工作细节，通过员工的参与决策可以让了解更多情况的人有所贡献。其次，现代的工作任务相互依赖程度很高，有必要倾听其他部门的意见，而且彼此协商后产生的决定，各部门都会致力推行。再次，参与管理可以使参与者对做出的决定有认同感，有利于决策的执行。最后，参与决策可以提供工作的内在奖励，使工作更有趣、更有意义，在一定程度上满足了员工在责任、成就、认可、成长和自尊的需要。参与式管理在一些组织中的应用表明其对提高组织成员的士气，以及绩效有比较好的效果，但并不是所有的组织成员都适用参与式管理。要使参与管理取得效果，要求组织中涉及的成员有充足的时间参与、员工参与的问题必须与其工作本身或其利益相关、员工必须有参与的能力及意愿。

（三）工作再设计

工作再设计就是对原工作内容、工作职能、工作关系进行调整与修改，使员工与工作岗位之间达到进一步优化的匹配，满足员工部分个性化需要，从而提高员工工作满意度及绩效水平。这种来自工作本身的驱动会对员工产生一种内在的激励。其内容比较宽泛，如工作扩大化、工作丰富化、弹性工作制、工作生活质量计划、工作分担、远程办公等内容。工作再设计的背景是随着社会的发展与进步，互联网技术快速发展，更多的组织已经成为高科技、知识密集型的组织，更多的组织成员是知识员工，参加工作不仅仅是体力劳动的贡献，更多是脑力劳动的贡献。

工作再设计中的工作扩大化是一种与工作专业化不同的工作设计方法，它要求增加组织成员的工作种类，进而避免工作专业化所带来的单调与枯燥感，增加其对工作的兴趣及对组织更广泛的了解。工作丰富化同样是增加员工工作任务，但与向横向扩展的工作扩大化相比，工作丰富化强调纵向水平的延伸，赋予员工对整个工作任务更多的职责与权力。弹性工作制是对工作时间进行修正的一种制度安排。它有两种基本的工作时间安排方式：一是缩短周工作天数，延长每天工作时数，方便员工平衡工作、生活的矛盾，有利于员工集中时间完成工作任务；二是允许员工选择工作时间段，在组织规定的核心工作时间段的前提下，员工可以对剩余工作时间进行个性化的安排。工作生活质量计划的目标就是给员工创造一个提高福利和满意度的工作条件，满足员工需要，如充足和公平的薪酬、安全和健康的环境、个人发展和安全的机会等。工作分担指的是两三个人共同分担一个传统意义上的每周40个小时的工作。从员工的角度来看，工作分担制能够让工作灵活一些，提高激励和满意度，在每周40个小时的工作时间无法被接受的情况下提供新的选择。但是从管理层的角度来看，工作分担最大的缺点是很难找到可以搭档的员工并成功协调其中的复杂性。远程办公可能对大多数人来说是理想的选择，这是允许员工在一定时间里不在办公室上班，通常在家里上班，会使员工更加随意地工作和安排时间，这就是互联网和其他信息技术发展带来的工作变化。

可以看出，每种工作设计方法都有其特点和使用条件，管理者在进行工作再设计时都应慎重地使用，基本的原则是在保证员工与岗位优化匹配的同时，达到组织与员工的双赢。

（四）股权激励 ①

股权激励主要有以下几种形式：

（1）业绩股票。依据已经确定的一个业绩目标，当被激励对象实现该目标时，公司

---

① 于斌.组织行为学.天津：南开大学出版社，2006：116-117.

授予其一定数量的股票或提取一定的奖励基金购买公司股票。业绩股票的流通变现通常有时间和数量限制。

（2）虚拟股票。公司授予激励对象的一种虚拟股票，持有者没有所有权、表决权，不能转让和出售，在离开企业时自动失效，但可以据此享受一定数量的分红权和股票升值收益。

（3）股票增值权。公司授予激励对象的一种权利，公司股价上升，激励对象可通过行权获得相应数量的股价升值收益，激励对象不用为行权付出现金，行权后获得现金或等值的公司股票。

（4）限制性股票。事先授予激励对象一定数量的公司股票，但对股票的来源、抛售等有一些特殊限制，一般只有当激励对象完成特定目标（如扭亏为盈）后，激励对象才可抛售限制性股票并从中获益。

（5）员工持股计划（employee stock ownership plans，ESOP）。公司给予员工部分公司股权，允许员工分享组织发展所带来的利益。员工持股计划使得员工有动力努力工作，因为他们是企业的所有者，在分享利润的同时共担企业的风险。要使这种计划有效进行，管理人员必须向员工提供透明的财务资料，赋予他们相应的决策权及可预见的收益。

（6）管理层/员工收购。公司管理层或全体员工利用杠杆融资购买本公司的股份，成为公司股东，与其他股东风险共担、利益共享，从而改变公司的股权结构、控制权结构和资产结构，实现持股经营。

（7）股票期权。公司赋予获得人按照约定的价格在未来一定期限内购买一定数量公司股票的权利。这是委托代理理论中的一个重要激励措施，主要用来激励高层管理者，在发达国家已经普遍采用并取得了较好的激励效果。这种制度安排，一方面降低了获得人即代理人的风险，如果预期公司股票价格没有上涨，代理人可以放弃这种权利从而规避风险；另一方面，委托人也可以避免经理人员的短期行为和内部人控制所带来的风险。

实行股权激励的最大优势就在于能够激励员工，树立主人翁意识。在员工和企业的资产有所联系时，员工的个人努力会与企业的资产增值产生联系，并分享资产增值带来的个人收益，也就会增加员工主动、自觉参与企业生产经营活动的意愿。

（五）学习培训激励

ERG 理论指出员工有成长的需要。随着知识经济的到来，知识更新速度不断加快，员工知识结构不合理和知识老化的现象日益突出。他们虽然在实践中能不断丰富和积累知识与技能，但仍需要对他们进行学习与培训，充实他们的知识与能力，提供更大的发展空间，逐步满足员工自我实现、自我成长的需要。满足员工成长的需要也能有效地激励员工。

（六）精神激励

精神激励的主要方式有价值观激励、文化激励、榜样激励等。比如，良好的组织价值观能增加组织的凝聚力，培养奋发向上的精神，并对每个成员的目标和行为具有导向和激励作用。榜样的力量是无穷的，是人们行为的参照系，因此树立组织典范人物对组织中的其他成员会具有很强的激励功能。

（七）危机激励

危机激励是指将组织面临的危难、不利条件和困难告诉组织成员，使之产生一种危机感，形成一种不进则退、置之死地而后生的竞技状况，使组织成员奋发进取，拼搏向上，勇往直前。中国古代"卧薪尝胆""破釜沉舟"的故事充分说明了危机激励的重大作用。①

三、激励的基本原则

根据员工的需要进行激励时，不同的企业结合自身的实际采用不同的方法，但以下的基本原则可供参考。②

（1）个人、组织目标相结合原则。目标是员工产生动力的源泉。管理者要善于为每一个员工设置适当的目标。目标越能体现企业组织、个人的共同利益，也就越能激励员工，实现目标的可能性越大。那么，应如何将员工个人目标与企业的目标结合起来呢？一是把企业目标转化为员工个人目标，明确企业目标的实现将给员工带来的好处，使员工自觉地从关心自身利益变为关心企业的利益，从而提高影响个人激励水平的效价；二是善于把企业、个人目标展现在员工眼前，不断增强员工实现目标的自信心，提高员工实现目标的期望值；三是制定具有一定挑战性的目标，对员工起到激励的作用。

（2）按需激励的原则。需要层次理论告诉我们，一个人在组织中所做的工作、年龄、企业的规模以及员工的文化背景等因素的差异会对员工的需要层次产生影响。因此，管理者在激励员工时，应针对不同的对象、不同的需要进行激励。

◎ 小资料

巴纳德谈管理

对某一具体的正式组织的贡献意愿的显著特点是，个人意愿的强度存在着极大的差异。几乎同样重要的另一个特点是，任何个人的贡献意愿的强度都不可能维持不变，它必然是断续的和变动的。

从以上两点得出的必然结论是，在任何一个正式组织中，有积极贡献意愿的人数，以及中间的或没有贡献意愿的人数是经常变动的。随之而来的推论是，在任何一个正式的协作体系中，可能的贡献者的贡献意愿总量是不稳定的。这是所有正式组织的历史中明显表现出来的事实。

这样，从组织的观点来看，协作意愿是个人愿望同厌恶的综合结果；从组织的观点来看，它是所提供的客观诱因同承受的负担的综合结果。而这个净结果的衡量则完全是个人和主观的。因此组织依存于个人动机和满足个人的诱因。

在正式组织中有意识地把努力组织起来的问题上，诱因是基本的要素，这一点无须再作进一步的说明了。诱因不恰当会导致组织解体、组织目的的改变或协作失败。

① 陈春花，等. 组织行为学. 北京：机械工业出版社，2016：111.
② 张德. 人力资源开发与管理. 北京：清华大学出版社，1997：197-200.

一个组织可以或者通过提供客观诱因，或者通过改变人们的思想状况来获得所需的努力以维持自己的存在。在我看来，任何一个组织如果不把这两种方法结合起来使用，实际上就不可能存在。

资料来源：切斯特·巴纳德．经理人员的职能．孙耀君，译．北京，中国社会科学出版社，1997：68-69，110，112.

（3）物质激励与精神激励相结合原则。在人的需要层次中，生理需要和安全需要一般是物质需要，通过物质资源可以满足，而社交需要、尊重需要、成就需要则不能仅仅依靠物质资源来满足，而是包含着更深层次的精神需要内容。没有物质需要的满足作为基础，精神需要就无从说起，但有了物质需要的满足，精神需要却不一定能实现。不仅如此，有时精神需要的满足是以放弃某些物质需要为条件的。例如，当员工为了得到同事的友谊和尊重而自愿为自己的同事做贡献时，如果对这些员工的贡献给予金钱奖励，效果可能是负面的，会伤害这些员工的自尊心，使他们失去继续做贡献的动机，因此，必须正确处理好物质鼓励与精神鼓励的关系，有效地激励员工。

（4）正激励与负激励相结合原则。根据强化理论，对表现好、工作有成绩的员工应该给予表扬和奖励，如表扬、加工资、发奖金、晋升等物质上的与精神上的奖励，以鼓励员工保持与发扬其积极性、创造性，但对于员工有些不理想的或不好的行为则应以批评、惩罚等形式以防止或避免。因此在员工的激励中，一定遵循正激励与负激励相结合的原则。大量的科学研究明确地指出：正激励对员工起到的激励作用好，而负激励则往往带来员工的不满，甚至反抗，正激励的效果比负激励的效果要好。

（5）外在激励与内在激励相结合原则。根据前面的分析可知，管理者在激励员工应实行外在激励与内在激励相结合的原则。内在激励是员工从工作业绩中自身直接得到的，也是工作本身不可缺少的一部分。如员工从事一件有价值工作后的满足感而取得成就时的自豪感等。外在的激励是员工在工作环境中由他人给予的，对个人工作结果的肯定。员工内在的激励潜力要比外在激励大，因此，对员工激励更应强调内在的激励。

四、激励的方法与技巧

随着行为科学的发展，激励理论早已被广泛运用于社会生活的各个方面，在企业的生产经营活动中，主要用于调动员工的工作积极性，并推广到激发公众的购买欲望、引导消费行为方面。下面从这两个方面激励方法与技巧。

（一）对组织成员的激励

有学者研究，组织成员的个人才能在上级主管的职权命令及个人生存需要驱动下只能发挥出60%，其余40%是需要激励引发的，管理者要激发员工内在的工作热情，鼓励其不断向更高的目标攀登，在组织内创造出积极进取的氛围，一般可从三个方面着手进行。

1. 知人善任，激发潜力。物质利益主要用于满足较低层次的需要，而对工作的热爱、从工作本身得到乐趣与成就感，才是人们充分发挥自身潜力和创造性、追求自我价值实现永不枯竭的动力。一个人长期从事自己毫无兴趣的工作是极大的痛苦，即使有丰厚的回报，也难以干得出色，这就要求管理者在安排工作任务时要尽可能地照顾员工个性特点与能力专长，使工作内容尽量与个人兴趣爱好相结合。有了热爱，又具备了相应的能力，在如鱼得水的环境中，个人能够超越功利地不断追求卓越也就在情理之中了。

知人善任的另一层含义是为员工设定的工作目标要有一定挑战性，即略高于其目前的能力水平，以激发其奋力拼搏的行为（见图 11-10）。

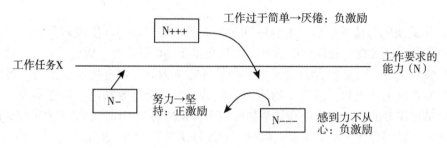

图 11-10　工作目标与激励

资料来源：周三多，陈传明，等．管理学——原理与方法．第 7 版．上海：复旦大学出版社，2018：314.

如图 11-10 所示，假定工作任务 X 所要求的能力为 N，则当员工的能力过高（N+++）或过低（N---）时，都会产生负激励；而将此任务交由一个能力差距较小（N-）的人完成，经过其努力达到目标的可能性很大，其本人也由此提高了能力，增强了自信，为今后向更高的目标进军创造了条件。

2. 利益分配，公平合理。对于大多数人来说，工作首先是一份职业，是满足其本人及家庭生存需要的经济来源，通过工作取得一定的利益回报（金钱或实物）是最基本的工作动力，一个组织内的工资奖金制度是影响员工工作态度的基本因素。然而，物质利益的满足有极大的弹性，让每个人都满意是不可能的，比较现实可行的是依据各人的实际工作绩效公平合理地分配物质利益。怎样才能保证公平合理呢？首先应该使每位组织成员都有通过公平竞争选择工作岗位的机会；其次每个岗位的工作任务与职责都有明确规定的考核标准，既便于本人执行，也便于上级主管和他人检查评估；最后，在全体成员充分讨论的基础上，制定出公正的工资奖金薪酬分配规则，使个人所得到的工资奖金能够体现其对实现组织目标所做的贡献。同时，运用正式渠道公布统一的，具有可比性的评价标准及分配结果并保证兑现。这样做，尽管员工之间的绝对收入会拉开一定差距，但不会造成伤害，只会使收入多的员工更努力，而收入较少的员工有了榜样会奋起直追。改革开放以来，我国在许多国有企业试行的竞争上岗、定岗定位、基本工资加效益工资等办法都取得了较好的效果，而有些外资企业采用平时工资水平一般、年终由总经理分发红包的暗箱操作方法并不为员工所认同的事实说明了规则公正、结果公开是公平合理的必要条件。

3. 精神激励，凝聚人心。精神激励是以满足人的精神需要为着眼点的一种内在激励方法，相对于物质激励，精神激励的影响更为持久深远。一是它可以满足员工深层次的需要。根据马斯洛的需要理论、ERG 理论、期望理论等，在基本的生理、安全上的需要得到满足之后，员工更关注尊重、自我实现、成就等精神需要，精神激励可以满足这些需要。二是精神激励带来的满足感、成就感和荣誉感，使员工产生深刻的认同感，自觉地与企业形成同甘苦共命运的共同体，从而实现凝聚人心，形成合力。三是有效的精神激励能够在员工中形成具有企业特色的组织道德和组织风气，塑造积极向上的企业文化氛围，进而潜移默化地推动每一个员工做出良好的自我约束、自我激励行为。精神激励的方法多种多样，如荣誉激励、参与激励、关怀激励、文化激励、认同激励、晋升激励、培训激励、成就激励、目标激励、情感激励、信任激励、尊重激励等。

4. 学习培训，提高素质。如前所述，所有的激励都是通过满足人的内在需要而实现的，而人的自身素质、价值观念对其内在需要的偏好具有极大的影响。自身素质高的人，更看重高层次需要的满足，衣食不愁之后，主要追求事业的成功，能以高标准的人生境界自我激励；而素质低的人，总是在低层次需要的满足上与人攀比，吃、穿、享乐是其生活中永恒的主题。学习培训是从提高人的素质、提升人的精神追求档次上激发人的进取精神，激励其努力工作的行为。

有计划地帮助员工参加学习是最好的教育形式，组织内形成了尊重科学、尊重知识的气氛，有助于激发人们对于新知识、新技术的求知欲，有助于培养创新精神，而丰富的知识和持续地学习又促进了精神素质的进一步提高，强化了员工的参与意识与责任感。一个不断进步的组织不仅激励了现有员工的自豪感，也有利于吸引更多的志同道合之士和优秀人才加盟，推动组织整体素质的提高和可持续发展。

（二）对社会公众的激励

现代社会是个竞争激烈的社会，在社会主义市场经济条件下，企业是否能够获得社会公众的认同，产品和服务是否能够受到消费者的青睐，是关系到企业生死存亡的大事，因为赢得了消费者，就赢得了市场；赢得了市场，就赢得了企业生存和发展的空间。企业对社会公众的激励主要从两个方面展开。

一方面，通过更好地满足社会需要，激发新的消费需求。企业是在向社会提供产品和服务的过程中实现自身价值的，社会的需要又是千变万化、多种多样的。因而，企业在进行市场定位时，以及对产品的工艺设计，对规格、品种、外观、功能、包装等各方面进行选择时都要从社会的需要出发，哪个企业能够在满足社会需要方面领先一步，哪个企业就能开发出新的市场空间。当各电冰箱厂家绞尽脑汁争夺消费者的时候，海尔集团推出的"无菌冰箱"满足了饮食行业保证食品卫生的需要，扩大了自己的市场份额。

另一方面，跟随社会发展，承担社会责任，强化外界刺激，树立企业的正面形象，激发消费者的购买欲望，引导其消费行为，为企业带来快速的发展。如凉茶加多宝（当时的王老吉）在汶川地震期间率先拿出 1 亿元人民币援助汶川救灾工作，企业的义举很快得到消费者的认可，迅速打开了市场，很快成为中国凉茶的第一品牌。

总而言之，科学技术飞速进步，人民追求生活质量的提高，是现代社会的大趋势。人类对于新知识的渴求与依赖和知识经济的发展正在为我们带来一个崭新的世界，新的需求会不断产生，消费热点在不断变化。比如近年来主要用于满足人们较高层次需要的旅游业、文化产业、信息产业的迅速增长就为众多企业提供了发展机会，问题全在于你是否能预见并把握它，而预见和把握的基础就是洞察社会公众尚未充分满足的需要，激发其潜在的消费需求。

本 章 小 结

1. 激励是指激发人的行为动机的心理过程。激励用于管理中，是指激发员工的行为动机。用各种有效的方法去调动员工的积极性和创造性，改变员工的活动方式，使员工奋发努力完成组织的任务与目标。因此，激励工作对企业管理具有极为重要的意义。

2. 人的行为过程十分复杂，各个层面和人生阶段的千变万化为进行激励提供了机会。激励的基本过程是从个人需要出发的。激励是围绕动机进行的。激励具有动机是假设的、看不见的、能动性，以及任何人都具有许多不同的需要、愿望或期望，而且每个人不相同，同一个人在不同时间也不相同等特质。

3. 激励的最终目的，就是要善于正确地诱导员工的工作动机，调动他们的工作积极性和创造性，使他们在实现组织目标的同时实现自身的需要，增加其满意程度，以使他们的积极性和创造性继续保持和发扬下去。

4. 在组织中，激励具有特殊的作用：激励是调动员工的积极性的主要途径；激励使员工个人目标与组织目标相统一；有效的激励有利于吸引并保留优秀人才。在现代企业中，人力资源的作用越来越明显，人的主观能动性越来越重要，因此，激励工作也越来越显示出了其特殊的作用，越来越受到了重视。

5. 学者们从不同方面研究了激励机制与理论，包括内容型激励理论和过程型激励理论。内容型激励理论主要有马斯洛的需要层次论、赫兹伯格的“双因素”理论、麦克利兰的三种需要理论等。过程型激励理论主要有弗鲁姆的期望理论、斯金纳的强化理论、亚当斯的公平理论和洛克的目标设置理论等，而波特-劳勒激励模式对上述各过程型激励理论进行了综合。

6. 激励理论与研究结果为管理者提供了若干激励员工的方法。管理者要很好地激励员工首先要对员工的需要进行调查与分析；其次必须遵循激励的一些基本原则；最后要掌握一定的激励方法与技巧。

7. 管理者必须掌握员工的动机与需要，了解激励对象的需要及需要的强烈程度，并且必须定期地对企业员工进行需要调查并认真分析员工的需要。

8. 根据各种激励理论，在管理实践中对员工进行激励的方式有：目标激励、参与管理、工作重新设计、股权激励、学习培训激励、精神激励等。

9. 根据员工的需要进行激励时，不同的企业会结合自身的实际采用不同的方法，但必须遵循以下基本原则：个人、组织目标相结合原则、物质激励与精神激励相结合原则、激励与负激励相结合原则、外在激励与内在激励相结合原则、按需要激励的原则。

10. 根据激励的基本理论，管理者可以采取灵活多样的方法激励员工，对组织成员的激励可以从利益分配、知人善任和学习培训三个方面着手进行。

11. 洞察社会公众潜在的需要，巧妙地运用激励艺术引导消费者行为是企业成功的秘诀。

复习思考题

1. 有人认为，我们大多数人都必须为了谋生而工作，工作是我们生活中的一个核心部分，因此，管理者没必要非常担心员工的动机问题。你是否认同此观点？谈谈你的理由。

2. 什么是激励？为什么说激励对管理者具有十分重要的意义？

3. 激励的基本过程是什么？试举例说明激励的循环过程。

4. 马斯洛需要层次理论的主要内容与观点是什么？

5. 观察你所熟悉的人，运用三种需要理论分析他是属于哪种需要类型的人。

6. 你同意双因素理论的观点吗？为什么？

7. 试简述马斯洛的需要层次论、赫兹伯格的"双因素理论"、麦格利兰的三种需要理论之间的区别及相似之处。

8. 写出期望理论的公式，强化理论对于激励员工有什么启示？

9. 在你的生活或学习中是否有过不公平的感受？是什么原因引起的？后来是如何解决的？

10. 什么是正强化与负强化？其运用方式有何区别？你受到过惩罚吗？你认为那是正确和必要的吗？

11. 简述波特-劳勒激励模式的核心思想和主要观点。

12. 管理者对于内部员工的激励可以从哪几个方面进行？你认为其中最重要的是哪一方面？为什么？

13. 在企业中，管理者应掌握哪些激励员工的方法与技巧？

参 考 书 目

1. 海因茨·韦里克，马克·V. 坎尼斯，哈罗德·孔茨. 管理学. 第 13 版. 马春光，译. 北京：经济科学出版社，2011. 342-364.

2. 斯蒂芬·罗宾斯，等. 管理学. 第 13 版. 李原，等，译. 北京：中国人民大学出版社，2017：434-462.

3. 斯蒂芬·罗宾斯. 组织行为学精要——全球化的竞争策略. 第 6 版. 郑晓明，译. 北京：电子工业出版社，2002：49-62.

4. 唐·黑尔里格尔，小约翰·W. 斯洛克姆，理查德·W. 伍德曼. 组织行为学（上）. 王常生，译. 北京：中国社会科学出版社，2001：225-308.

5. 詹姆斯·L. 吉布森，小詹姆斯·H. 唐纳利等. 组织学——行为、结构和过程. 王常生，译. 北京：电子工业出版社，2002：84-118.

6. 于斌. 组织行为学. 天津：南开大学出版社，2006：116-117.

7. 周三多，陈传明，等. 管理学——原理与方法. 第 7 版. 上海：复旦大学出版社，2018：302-317.

【案例分析】

华为"荣耀"的奖励

2017年12月21日，荣耀在4周年庆典上引用赛诺市场研究机构11月中国移动通信市场数据报告宣布，荣耀在2017年1月到11月手机累计销量达到4 968万台，超越小米的4 709万台，销售额为716亿元，销量、销售额居中国互联网手机市场第一位。

就在这份成绩单出炉的前几天，华为内部签发的一份针对荣耀的激励计划成功刷了屏。据了解，该计划要求大力简化考核和奖金发放方式，而且对荣耀品牌手机单台提成做了调整，目的就是将规模进一步做上去。据悉，任正非签发了该调整方案。

荣耀品牌手机单台提成奖金方案显示，荣耀品牌手机奖金值＝单台提成＊销售台数＊加速激励系数＊贡献利润额完成额。也就是说整个荣耀员工以服务用户的贡献度来考核，在完成公司给定的利润额后，服务用户越多，得到的奖金越多，而且上不封顶。该方案依据简单，简化了奖金激励步骤，可以及时兑现，只要公司收到销售货款，就马上发奖金，这意味着，无论你是13级还是多少级，只要你有本事做好自己工作，做出突出贡献，在这个新方案里13级员工也可以拿到23级员工的奖金。23级员工奖金可超百万元。据一位华为员工透露，华为的职级设定为从13级到23级，应届本科、硕士入职是13级，23级是部长级别。

华为荣耀CEO赵明表示，网上披露的这项激励计划是为荣耀量身打造，打破公司内部的层级和壁垒，让有能力、有意愿的年轻人到最需要的地方去。

他列举了一种情况，"未来某个市场可能就是两到三个人做，他们两个就类似于合伙人，把这个市场打下来，你的奖金和台数相关，别人是没资格分的。可能两个年轻人主动申请去非洲国家，人家把市场做得非常好，赚钱、算奖励的时候都不相信级别的，有可能未来13级的员工的奖金比其他的市场都高。"

不过，赵明认为外部对这个激励计划理解有偏差，"对于一个新的市场，23级的员工未必做得过13级的员工，我们按照新的激励模式，13级拿的就是比23级高。外部解读成我们13级的员工都有这么高的奖金，外面传的奖金连我都拿不到。"

而且，荣耀的年终奖改为了季度奖，每个季度都会有。"曾经在老华为中有一个说法，我们的年终奖不是年终奖，而是年中奖，就是第二年的要到大概9月或10月才发上一年的年终奖。这是华为历史上第一次这么快发年终奖的。"

在发布会上，赵明透露要用3年时间让荣耀成为出货量全球前五的智能手机厂商。从此前的统计数据来看，荣耀需要过亿台的出货量才能跻身全球前五，仅仅依靠中国互联网手机市场第一品牌的头衔显然难以支撑。按照荣耀所希望的国内、国外市场实现五五开，那就意味着荣耀在海外市场的出货量要达到5 000万台。

资料来源：根据http://wemedia.ifeng.com/42135015/wemedia.shtml改编而得。

◎ 讨论题

1. 搜集前一年度手机出货量前五名的品牌的销售激励方式，比较其异同并简要评价。

2. 该公司的计划是否能有效激励员工、实现销售量快速增加的目标？为什么？

3. 请用强化理论分析该公司的年终奖改为了季度奖后所能取得的激励效果。

4. 你认为这种激励计划可能会给管理层带来什么问题？应该如何避免？

第十二章 管理沟通

【学习目的】

在学习本章后，你应该掌握以下内容：

1. 了解沟通的定义，列出管理沟通在组织中的主要作用，并描述沟通的基本过程。
2. 解释不同种类的管理沟通，比较它们的异同和适用情况。
3. 描述各种不同的管理沟通渠道与网络。
4. 指出非正式沟通渠道的特点以及管理者对其的运用。
5. 理解沟通中的心理表现，描述有效沟通的主要障碍以及改善沟通的方法。
6. 列出跨文化沟通障碍及其避免的方法。
7. 定义冲突，评价冲突的作用，解释功能性正常和功能性失调性冲突。
8. 描述冲突管理风格与技能。
9. 解释谈判过程与提高谈判技巧的方法。

【案例——问题提出】

玩叛逆的娃哈哈"公主"

（一）

娃哈哈集团（简称娃哈哈）内部人士的说法是，宗庆后每天工作超过16个小时，每年个人消费不超过5万元，近30年来一直以事无巨细的"大家长"姿态出现在员工面前。有一段时间，娃哈哈每笔超过50元的花费都需要宗庆后亲自审批。他从不掩藏自己的强悍和掌控一切的野心，但采取的是有人情味的方式。在接受《财富》杂志采访时，宗庆后说："你要从人性方面去考虑怎么管人，中国人是最难管理的，因为中国人聪明……我是一个严格的管理者，我要他们怕我但不恨我。"

杭州宏胜饮料集团（简称宏胜）CEO、宗庆后的女儿宗馥莉，中学、大学阶段在美国求学，由于长期受到西方成熟市场经济运行和社会文化理念的影响，宗馥莉与重视人情的父亲不尽相同，工作更为严格和果断。她习惯将进程掌控在自己的手中，更喜欢直接做出决策，然后布置给员工执行。她语速飞快，干脆利落，几乎有点不近人情。在宏胜很长一段时间，宗馥莉很少鼓励员工，"基本上以批评为主"。

这构成了宗馥莉与父亲最大的差异，也让不少从娃哈哈总部来到宏胜的员工感到不适应。宗庆后劝她要多"接地气"，几年前宗馥莉不明白，后来她逐渐调整做一位"中国式女老板"："我得感谢大家包容我。特别是现在在做新产品，我开始对员工有一点鼓励了。有时候我也会犯错，我会老实地跟大家说，不用担心，我不会骂你的。"

宗馥莉专门强调，自己这场有关果蔬汁的小小变革，从来没有跟父亲讨论过，也不打算获取这位对中国饮料市场了如指掌的饮料大王的任何建议，"结果才是最重要的。"……对宗馥莉而言更紧迫的命题是让人们看到她作为"宗庆后之女"之外的自己，她终究已经是和自己那位熟读《毛泽东选集》的父亲生活在完全不同的时代。

（二）

周九铭是 1987 年宗庆后白手起家时加入"下海"小团队的四人之一，是宗庆后身边的"肱骨之臣"。宗馥莉回国后，宗庆后派周九铭辅佐他的女儿宗馥莉。他对宗馥莉是这样评价的："她的性格和大老板很像，非常果断，也有极强的掌控欲望。"

"娃哈哈内部盛行的是一种'家文化'。不只是企业员工，连经销商都成为这个家庭的一分子，因为老板把他们的利益和公司绑定在了一起。"周九铭一开始跟宗馥莉沟通，觉得受不了，"大老板跟我们说话的时候有商有量的，但是小老板做事情就比较直接，定下来就是定下来，不会给过多的解释。"

对于新饮料产品"kellyone"，这位"老臣"有点担心。他曾经向宗馥莉提出自己的建议，但是宗馥莉没采纳这些意见。"Kelly（宗馥莉的外文名）也许有自己的考虑。"周九铭说，"她也很焦虑，她在宏胜做得再好，大家还是觉得她是大雨伞下保护着的一把小雨伞。"

（三）

问：您对宗馥莉有什么评价？

宗庆后：宗馥莉现在也很勤奋，她从小在美国读书，做事的独立性很强。但是我觉得美国的文化可能对中国来说也有点不适应，在美国老板是老板，员工是员工，我花多少钱雇你，你就给我做多大的事情，不行就是辞退。在美国不需要跟政府打交道，所以她回来之后，对她的员工也是一样，干得不好她就辞退。

但中国不是这样的，中国要以人为本，要真正让员工服你，必须是内心上服你，员工才会认真地把这个企业当成自己的去干活。

在中国必须要跟政府打交道，尽管我们现在是市场经济，但还是要和政府打交道，不是光自己就可以干成任何事。尽管我们也不需要政府给什么支持，我们是在市场经济当中诞生和发展壮大的，有事都自己解决，但有的问题你还必须经过政府的审批，所以不可能不跟政府打交道。

问：您和宗馥莉之间是怎么沟通的？

宗庆后：现在我给她一部分工厂去管理，另外她自己也在开发一些新的产业，比如说印刷、香精这些。但是她是比较独立的，所以我们没有太多的沟通，她也最好不要我管，独立自主自己干。可能年轻人大概都差不多，要体现自己的才能，认为老爸干涉太多不好。除非她有事情了，需要我帮她解决，她才回来跟我说。

问：你们会有分歧吗？

宗庆后：会有分歧，比如刚刚开始的时候，我分了一部分工厂给他，也把比较好的员工分了一部分给她。结果她给辞退了，我又给收回来了。她开始也很多不满意，但后来也是在慢慢改变。

　　资料来源：周小丹．饮料极客宗馥莉：玩叛逆的"娃哈哈公主"．东西南北，2016（17）；许悦．宗庆后：食品饮料永远是个朝阳行业．界面新闻，2018-8-13.

　　从以上案例中感受到沟通的重要性以及管理沟通中存在的障碍问题没有？

　　沟通（communication）涉及组织管理的方方面面，是有效管理的重要途径和关键条件，沟通方式的差异使得管理者的领导风格迥然不同。亨利·明兹伯格曾对高级管理人员的时间安排做过调查，结果表明，管理人员78%的时间用于从事与沟通有关的活动，而剩余的22%的时间才用于桌面工作及各种活动的安排。[①] 管理者的所有职能，如指挥、组织、决策、监督、协调等，都有赖于与下属的有效沟通来实现。只有让下属了解了管理者的思想与观点，企业的目标才能通过下属有效地实现；另一方面，管理者也需要知道下属的意见，或不断了解员工的思想动态。组织中人与人之间由于利益、观点、掌握的信息或对事件的理解存在的差异而发生冲突（conflict）。领导者要善于利用与管理或处理好各种冲突，使组织保持旺盛的生命力。本章将主要介绍管理沟通的含义、作用及种类，管理沟通的渠道与网络，有效沟通的障碍与如何改善，以及冲突管理与谈判等内容。

第一节　管理沟通概述

一、管理沟通的含义与作用

（一）管理沟通的含义

　　什么是沟通？沟通一词源于拉丁语 communis，意思是指"共同"——沟通者需要与接收者建立"共同"。沟通是指两个或多位个体或群体之间交换信息和分享思想及感情的过程。沟通一般有两种类型：人际沟通（interpersonal communication）和管理沟通（management communication）。人际沟通是人与人之间的沟通。管理沟通，是指一定组织中的人，为达成组织目标而进行的管理信息交流的行为和过程。组织不能生存于没有沟通的状态之中。缺乏沟通，组织战略也只能是纸上谈兵；缺乏沟通，工作的协调就无从谈起，合作也就无法进行。所以说，每一项管理沟通活动都是以各种方式影响组织以及组织的人。

　　管理沟通与一般意义上的人际沟通存在差异，它是存在于"组织范围中的沟通"[②]，是一种特殊的人际沟通，具有人际沟通的基本特点，但从组织的层面上看，还具有以下的特点：

　　第一，沟通的目的更为明确。管理沟通是围绕着特定的管理活动进行的沟通，目的性十分明确。上情下达、下情上传、横向交流都是出于一定的管理目的的考虑，而不仅仅是

[①] 亨利·明茨伯格．管理工作的本质．方海萍，译．北京：中国人民大学出版社，2012：54.

[②] 斯蒂芬·P. 罗宾斯等．管理学．第 13 版．李原，等，译．北京：中国人民大学出版社，2017：380.

为沟通而沟通。

第二，沟通的渠道更加健全。任何组织内部都设有正式的信息沟通渠道。沟通网络纵横交错，十分正规、健全。

第三，沟通活动更有计划。因为管理沟通的目的明确，活动更富计划性，一般都有周密的考虑和精心的准备。从其发展方向来看，它将越来越趋向于制度化。

◎ **小故事**

对 牛 弹 琴

古时候有个叫公明仪的琴家，其古琴演奏技艺高超，很受人赞颂。有一天，他携琴出门访友，经过一个山清水秀、花草遍野的地方，不禁心旷神怡，可巧看到不远处有头牛在吃草，心想音乐乃天地之神音，能通宇宙之灵，何不为牛奏一曲呢？于是，他端坐牛前，抚弦弄琴，倾心演奏了一首清旷之曲。可惜的是，牛只顾埋头大嚼青草，曲毕，牛仍没一点反应。公明仪大为扫兴，转念一想，牛不解音，大概是自己选错了曲子吧。于是，他又接着弹起来，这时的琴声一会儿像蚊子嗡嗡，一会儿像牛犊哞哞，只见牛停止了吃草，抬起头专注地望着公明仪。

(二) 管理沟通的作用

沟通是管理工作十分重要的组成部分，管理沟通是组织内部联系的最主要手段。有效的沟通有助于领导思想的传递、了解员工的思想、工作的布置、任务的落实，也有利于员工了解组织的要求、领导的意图、自我的工作、任务的完成。沟通对于促进组织成员之间的彼此了解、增强组织的凝聚力、最终实现组织的目标具有十分重要的意义。具体地说，管理沟通的作用主要包括以下几个方面：

1. 管理沟通是企业凝聚力增强的"助力器"。组织都由许多个体组成，组织每天的活动也是由许多具体的工作任务所构成。一方面，员工之间由于意见分歧、利害冲突，往往会导致相互之间的不理解、不信任和不合作，造成相互之间人际关系紧张，从而影响工作情绪和工作绩效，沟通则可以增加员工之间的相互了解，消除人们内心的紧张状态，改善人际关系；另一方面，企业的目标和个人的目标也并不总是一致的，当两者发生冲突时，可以通过上下之间有效的信息沟通，使员工的行为与组织的要求一致起来。特别是一些重大政策和改革措施出台时，可以通过信息沟通消除员工的抵触情绪，改变他们原来的态度，采取合作的行为，使员工理解和接受企业的重大举措。因而，沟通使组织具有良好的人际氛围，使员工认同组织的目标，从而保证组织目标的实现。

2. 管理沟通是领导职能实现的基本途径。任何一个领导者，要实现其指挥、组织、决策、监督、协调等职能，不得不通过沟通来了解和掌握企业的内部情况。企业内部的工作有繁有易，各个部门的工作情况相当复杂，组织成员的工作情绪经常变化。领导者需要把这些繁多、复杂、多变的情况收集起来，以保证管理工作的科学化，而企业内部的信息沟通正好起到了收集信息的作用。通过沟通，领导者可以了解员工的意见倾向、价值取向、各部门之间的关系以及管理效率等，领导者才知道应如何实施指挥、组织、决策、监督、协调等工作。松下电器公司的创始人松下幸之助有句名言："伟大的事业需要一颗真诚的心与人沟通。"松下幸之助正是凭借其良好的沟通艺术，赢得他人的信赖、尊重与敬仰，使松下电器成为全球电器行业的巨子。可见，沟通与每个领导者息息相关，领导者成功的关键在于有效的沟通。

◎ 小故事

信息的传递

　　一个美国公司的总经理告诉秘书："你帮我查一查我们有多少人在华盛顿工作，星期四的会议上董事长将会问到这一情况，我希望准备得详细一点。"于是，这位秘书打电话告诉华盛顿分公司的秘书："董事长需要一份你们公司所有工作人员的名单和档案，请准备一下，我们在两天内需要。"分公司的秘书又告诉其经理："董事长需要一份我们公司所有工作人员的名单和档案，可能还有其他材料，需要尽快送到。"结果第二天早晨，四大箱航空邮件送到了公司大楼。

　　资料来源：http：//blog. 163. com.

　　3. 管理沟通是组织与外部环境联系的桥梁。任何一个组织只有通过信息沟通才能成为一个与其外部环境发生相互作用的开放系统。① 作为一个开放系统，企业必须与外界进行各种信息的沟通，沟通的对象包括顾客、供应商、政府、社区与公众、股东等。首先，企业要了解顾客的需求；其次，企业要了解供应团体，如原材料、零部件、技术、资金供应者的供应能力，企业所需要的原材料、零部件、技术、资金等越稳定，企业的经营就越顺利；最后，企业还需要与政府、社区、公众沟通，以取得他们的理解、合作与支持。由于企业的外部环境总处于不断的变化之中，企业为了生存就必须适应这种变化，这就需要企业不断地与外界保持密切的、持久的沟通，以把握一切成功的机会。

二、沟通的过程

　　沟通过程（communication process）是一个发送者把信息通过沟通渠道传递给另一个接收者的过程。在管理沟通中，有时一个发送者可以同时与两个以上的接收者进行沟通。例如，全体员工听新上任的总经理的就职演讲。有时，两个以上的发送者可以同时与一个接收者进行沟通，如经理在办公室听取几个下属的汇报。沟通的程序一般包括七个步骤（见图 12-1 所示，此图借用了无线电信号传播的原理）。在整个沟通过程中，无论是在发送者方面、在传递中，还是在接收者方面，都存在着许多干扰和扭曲信息传递的因素，这些因素被称为障碍或噪音（noise）（见图 12-1 中的折线）。典型的噪音包括难以辨认的字迹、电话中的杂音、接受者的疏忽大意，以及生产现场中设备的噪音。噪音会使得沟通过程的效果大为降低，造成信息的失真或信息歪曲的现象。噪音分外部噪音（同事的高声

---

　　①　海因茨·韦里克，哈罗德·孔茨，等. 管理学. 第 13 版. 马春光，译. 北京：经济科学出版社，2011：412.

喧哗）和内部噪音（说话人或发送者的声音过低）。外部噪音对沟通有效性影响是不言而喻的，因此，这里主要分析在沟通过程中造成信息的失真的内部噪音。

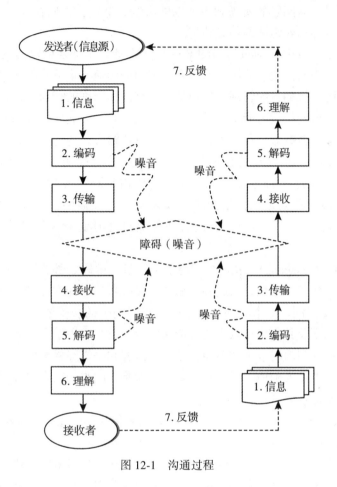

图 12-1　沟通过程

　　步骤 1：信息（message）。信息的传送者就是沟通的发起人。发送者把头脑中的想法进行编码而生成的信息，需要向接收者传送或需要接收者提供信息。这里所说的信息包括概念、思想、观点或资料等。对于一个有效的沟通过程来说，这是最为重要的：信息是否可靠、沟通是否有效，与发送者的可信度密切相关。一般来说，影响发送者可信度的重要因素有身份地位、良好意愿、专业知识、外表形象和共同价值等。因为，如果没有形成有价值的信息，其他步骤则毫无意义。

　　步骤 2：编码（encoding）。所谓编码就是传送者把信息放入接收者能懂的符号。发送者把信息编译成适当的传输符号，如言语、文字、图片、身体姿势、表情动作等。为了有效地沟通，发送者传递的符号要适应接收者的理解，还需要符合适当的媒体、信息传送的方式或手段，以便组织好恰当的传输符号。例如，如果传输的是书面报告，应选择文字、图表或者照片等，才能有效地沟通。

　　被编码的信息受到四个条件的影响：技能、态度、知识和社会-文化系统。首先，沟通需要必要的技能。例如，如果教师缺乏必要技能，则很难用理想的方式把信息传递个学生。其次，个体的态度也影响着行为。人对问题自己的思维定式，会影响编码的质量。再次，沟通活动还受到对问题的所需知识范围的限制。最后，人们在社会-文化系统中所形成的信仰和价值观影响着沟通的信息源。

步骤3：传输（send）。通过适当的渠道和方式将上述符合传输给接收者。传递的方式主要有三种：口头的沟通、非语言的沟通和书面的沟通。不适当的渠道的使用可能会造成沟通效率的下降。例如，如管理者遇到某员工有破坏制度的行为，他就应该采取面对面的沟通方式，而其他的渠道可能不太适用。信息发送者一方面要把握沟通的时机，另一方面要设法保持传输渠道畅通，免遭干扰，也要注意传输方式的选择。

步骤4：接收（receive）。传送的信息是为接收者所接受。接收者也就是信息指向的个体。接收者根据这些符号传递的方式，选择相对应的接收方式。例如，这些符号是口头传递的，接收者就必须仔细倾听。如果发送者传输的信息没人接收，或接收者不能尽职，信息就会丢失。所以，发送者在传递符合时要关注信息传递的方式引起接收者的注意。

步骤5：解码（decoding）。接收到信息的人会进行解码。所谓解码就是接收者把信息转译成为具有特定含义的信息。与编码者相同，接收者同样受到自身的技能、态度、知识和社会-文化系统的限制。一个人的知识水平不仅影响他的接受能力，也会影响他的理解能力；接受者的态度及其文化背景会使所传递的信息失真；由于发送者编码与传递能力的差异以及接收者接受和解码水平的不同，信息的内容和含义经常被曲解。因此，发送者要求接收者按照他的本意准确地理解信息，事实上这是很困难的。在绝大多数情况下，只要做到能接近符合发送者的本意就算是成功的沟通。

步骤6：理解（understand）。接收者理解发送者传递的信息。通常接收者要根据得到的信息有所行动、有所反应。

步骤7：反馈（feedback）。当接收者为信息解码并接受利用后，就会决定是否应该有反馈、回应或者传送新信息的必要。在口头沟通中，反馈动作通常会立刻进行。但是，若是采取书面沟通，则通常没有必要立即进行反馈的回函。发送者也常常通过反馈来了解他想传递的信息是否被对方准确无误地接收。实际上，在沟通中，发送者和接收者的角色是可以在沟通的过程中互换的。

以上的各个步骤充分显示，良好的信息沟通与信息的采集、传输、信息的接收全过程的工作质量相关，更与管理工作中信息沟通的特点——全过程参与人员的素质密切相关。

三、管理沟通的种类

在一个沟通有效的组织中，信息沟通种类繁多，按其区分标准不同，可作如下分类：

（一）浅层沟通与深层沟通

从沟通的功能来看，管理沟通可分为浅层沟通和深层沟通。浅层沟通是指发送者将在管理工作中必要的信息、知识、想法、行为要求等信息传递给接收者，如管理者把工作安排传达给部属，部属将工作结果报告主管等，其目的是影响和改变接收者的行为，最终达到企业的目标。浅层沟通是组织内部信息传递工作中必不可少的重要内容，它一般限于管理工作表面层次上的基本内容，管理者无法得知部属的情感、态度等；它是员工工作的一部分内容，一般比较容易进行。深层沟通是指管理者和部属为了有更深的相互了解，在个人情感、态度、价值观等方面进行双向的较深入的相互交流，其作用主要是使管理者对部属有更深层次的了解，满足他们的需要，激发他们的积极性。

（二）单向沟通与双向沟通

根据沟通时是否有反馈，可把沟通分为单向沟通和双向沟通。

单向沟通指没有反馈的信息传递，如电话通知、书面通知等。单向沟通一般比较适合下列情况：一是沟通的内容简单，并要求迅速传递的信息；二是下属易于接受和理解解决问题的方案；三是下属没有了解问题的足够信息，反馈不仅无助于澄清事实反而容易出现沟通障碍；四是在情况紧急而又必须坚决执行的工作和任务。

双向沟通指有反馈的信息传递，是发送者和接收者相互之间进行信息交流的沟通，如讨论会、面谈等。双向沟通与单向沟通相比，对促进人际关系和加强双方紧密合作方面有更重要的作用，能更加准确地传递消息，有助于提高接收者的理解能力，提高信息沟通的质量。双向沟通比较适合下列情况：一是沟通的时间充裕，沟通的内容复杂；二是下属对解决问题的方案的接受程度非常重要；三是上级希望下属能对管理中的问题提供有价值的信息和建议。

除了前述的一些原因外，领导者个人的素质对单向和双向沟通的选择也有影响。如比较擅长于双向沟通，并能够有建设性地处理负面的反馈意见的上级，可能在管理工作中会多选择双向沟通；而缺乏处理下属负面反馈意见的能力，并容易感情用事的上级，可能在管理工作中会多选择单向沟通。单向沟通和双向沟通效率的比较见表 12-1。

表 12-1　　　　　　　　　　　　　　单向沟通和双向沟通的比较

比较方面	单向沟通	双向沟通
沟通速度	快	慢
沟通内容的准确性	低	高
沟通者的心理压力	小	大
沟通前的准备工作	较充分	较不充分
沟通时需要的应变能力	较弱	较强
沟通对促进人际关系	较不利	较小
沟通时的群体规模	较大	较小
接收者接受信息的把握度	小	大
工作秩序	好	差

资料来源：胡君辰. 现代实用管理心理学. 上海：上海科学技术出版社，1992：257.

　　显然，管理者可根据自己拥有的沟通条件来选择单向沟通与双向沟通。现代企业越来越多地从单向沟通转变为双向沟通，因为它更能激发员工的主人翁精神，有利于企业的发展。

　　（三）口头沟通、书面沟通、非语言沟通与电子沟通

　　根据传递信息的方式不同，沟通可分为口头沟通、书面沟通、非语言沟通与电子沟通。口头沟通是采用口头语言进行信息传递的沟通，也是最常见的交流方式，如会谈、会议、演说、电话等。书面沟通是指采用书面文字的形式进行沟通，如备忘录、报告、信函、文件、通知、内部通讯等。非语言沟通（nonverbal communication）是指不通过口头或语言文字发送许多有意义的信息的传递方式，最常见的非语言沟通就是体态语言（body language）和语调（verbal intonation）。电子沟通是依赖于电子媒介传递信息的沟通，如闭路电视、计算机、传真机、手机等电子设备，以及使用范围越来越广泛的电子邮件、博客和微信等。

　　口头沟通胜过书面沟通之处在于，它是一种比较快速、灵活的方法，很少受时间、地点和场合的限制，信息可以在最短的时间里被传送，并在最短时间里得到对方的回复。当沟通双方对信息有所疑问时，迅速反馈可使发送者及时检查其中不够明确的地方并进行改正。口头沟通不适用需要经过多人传送的信息，在信息传递过程中，信息传递经过的人越多，信息失真的潜在的可能性就越大。因此，组织中的重要决策通过口头方式在权力金字塔中上下传送，则信息失真的可能性相当大。

　　书面沟通传达的信息准确性高，沟通比较正式，信息权威性强，并可以长时间保存，接收者可以反复阅读等。书面沟通的好处就来自于其过程本身。除个别情况下（如一个正式演说），书面语言比口头考虑得更全面。把东西写下来促使人们对自己要表达的东西更认真地思考。因此书面沟通显得更为周密、逻辑性强、条理清楚。但书面沟通存在不足：一是沟通周期比较长、缺乏亲近感；二是沟通双方的应变性比较差、难以得到即时反馈。有的心理学家曾对口头沟通和书面沟通的效果进行比较研究发现：口头与书面混合方式的沟通效果最好，口头沟通方式次之，书面沟通方式效果最差。

　　非语言沟通较其他沟通方式的好处在于，它能十分明确地表达信息意义，而且内涵丰富。但也存在传送信息距离有限，界限含糊，以及只能意会不能言传等不足。值得注意的是，任何口头的沟通都包含非语言信息。语言学家艾伯特·梅瑞宾的研究表明，人与人之间的沟通高达93%是通过非语言沟通进行的，只有7%是通过语言沟通的；在非语言沟通中，有55%是通过面部表情、形体姿态和手势等肢体语言进行的，只有38%是通过音调的高低进行的。因此，艾伯特·梅瑞宾提出了一个著名沟通公式：沟通的总效果＝7%的语言+38%的音调+55%的面部表情。[①]

　　通过对口头沟通、书面沟通和非语言沟通的分析与比较，可以得出三种沟通方式的特点，见表12-2。

---

　　① Mehrabian A. Communicating without Words. Psychology Today. 1998 September：53-55.

表 12-2 口头沟通、书面沟通和非语言沟通的比较

方式\内容	口头沟通	书面沟通	非语言沟通
特征	• 沟通最直接 • 可正式地会谈，也可非正式的讨论 • 可长可短 • 可通过一些附加设施（如录音机）加以记录保存 • 可能表现个人风格 • 可在个人或群体间进行 • 可面对面地进行，也可相距甚远（如通过电话） • 能让人们感受到直接参与 • 为人们参与沟通和相互比较提供条件 • 形式和内容不同，产生不同的影响	• 沟通是间接的 • 可能是正式的或非正式的 • 可长可短 • 对于一个有经验的沟通者，能表达出个人风格 • 在群体内部经常受限于约定俗成的规则 • 能够反复修改 • 信息传递者能自由地表达自己的观点和情感而不必受他人反应的影响 • 能够很容易被复制，为沟通的内容提供充实的文本 • 能够将同一信息同时发送给许多人	• 需要信息的传送者和接收者直接接触 • 与口头沟通的方式互补 • 可加强口头表达的效果，但也有可能与口头表达的内容相互矛盾 • 能使沟通中的表达更加有效 • 往往无意识做出 • 使参与沟通的人猜想多表达的思想和情感
媒介	会谈、会议（电话会议）、演说、讨论会、电话（可视电话）、电子邮件（语音邮件）	备忘录、报告、信函、文件、通知（海报或布告）、内部通讯或内部期刊	沟通场景（声、光信号、图形、服饰）、肢体语言（面部表情、音质、手势、体态）

资料来源：申明，姜利民，杨万强. 管理沟通. 北京：企业管理出版社，1997：19-20.

随着科学技术的不断进步与发展，沟通技术发生了日新月异的变化，电子沟通正在成为主要而且高效的沟通类型，其中，主要是手机通信、电子邮件、视频会议和组织内局域网的迅速发展与普及。电子沟通不但显著改变了沟通模式、降低了信息传递和共享成本，提高了灵活性，而且正在改变组织的和整个管理程序及模式。特别是各类网络化的"群体支持系统"和"电子会议系统"的研制与应用，使得许多员工可以在同一时间发言、倾听和分享数据信息，迅速实现多位沟通，成为强化团队工作、提高工作效率和工作满意度的有效途径。与此同时，电子沟通带来了新的研究课题：一是电子沟通打破了工作边界，使许多人随时需要接收或发送大量的信息，在休闲中不得不进入"实时工作状态"，并且通常是"多任务平行工作"，大大提高了工作压力和心理负荷；二是电子沟通使人际交往、神态传递和感情交流显著减弱，从而影响人际关系模式；三是电子沟通改变了信息分享模式和群体工作方式，对群体管理和群体成员提出了全新的沟通技能要求。此外，电子沟通也提出了信息传递和信息管理方面的伦理问题，等等。①

---

① 王重鸣. 管理心理学. 北京：人民教育出版社，2000：251.

（四）正式沟通与非正式沟通

从组织系统来看，沟通可以分为正式沟通和非正式沟通。正式沟通是指以企业正式组织系统为渠道进行信息的传递与交流。例如，组织规定的汇报制度、定期或不定期的会议制度、上级的批示按组织系统逐级下达或下级的情况逐级向上反映等，都属于正式沟通。非正式沟通是指以企业非正式组织系统或个人为渠道进行的信息传递和交流。例如，员工之间私下交换意见，议论某人某事以及传播小道消息等。现代管理很重视非正式沟通的研究，因为人们真实的思想和动机往往是在非正式的沟通中表露出来的。

在一个组织当中，正式沟通必须配合非正式沟通，才会发挥其沟通效果，两者缺一不可。

（五）垂直沟通与水平沟通

根据信息的流向不同，沟通还可分为垂直沟通和水平沟通。垂直沟通可以进一步分为下行沟通和上行沟通两种。下行沟通是指从一个较高层次向一个较低层次进行的沟通。例如，管理者给下属指定目标，进行工作指导，告知政策与程序等，往往采取下行沟通的模式。上行沟通是指从较低层次向较高层次的沟通。员工用它向上级（管理者）提供反馈，汇报工作进度，并告知当前存在的问题。管理者也经常依赖于这种沟通了解哪些工作需要改进。当沟通发生在同一工作群体的成员之间、同一等级的工作群体成员之间、同一等级的管理者之间以及任何等级相同的人员之间时，这种沟通模式被称为水平沟通或横向沟通。

（六）自我沟通、人际沟通、群体沟通和跨文化沟通

根据沟通主体的数目不同，可以将沟通分为自我沟通、人际沟通和群体沟通等不同类型。沟通不仅可以在个人与他人之间发生，也可以在个人自身内部发生。这种在个人内部发生的沟通过程就是自我沟通。一个人在做事时常常会自己对自己不断发出命令，自己再接受或拒绝命令。广义的人际沟通包括一切人与人之间的各种形式的信息和情感相互传递的过程。这是一种与人们的日常生活最为紧密的沟通形式，每个人与家庭、朋友、上级、下属和同事之间关系的建立和持续，都必须通过这种沟通来实现。当组织中两个或两个以上相互作用、相互依赖的个体，为了达到基于其各自目的而组成集合体，并在此集合体中进行交流，这就是群体沟通。跨文化沟通是指发生在不同文化背景下的人们之间的信息和情感的相互传递过程。相对于因文化沟通而言，跨文化沟通要逾越更多的障碍。

第二节　管理沟通的渠道与网络

一、管理沟通渠道与管理

组织内部的沟通通常可以分成两类：正式沟通和非正式沟通，从而沟通渠道（communication channel）也有正式和非正式之分。在任何一个组织中，正式沟通渠道和非正式沟通渠道同时并存。管理者应该灵活有效地利用这两种渠道来传递信息和获取反馈。

（一）正式沟通渠道与管理

正式沟通渠道是指通过组织制度规定的信息沟通渠道，可分为垂直沟通（vertical communication）渠道和水平沟通（horizontal communication）渠道。垂直沟通渠道又分为上行沟通（upward communication）渠道和下行沟通（downward communication）渠道。水平沟通渠道也可分成横向沟通渠道和对角沟通（diagonal communication）或斜向沟通渠道两种类型（见图12-2）。

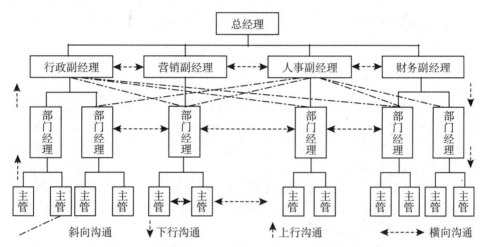

图 12-2　上行、下行沟通渠道、横向沟通渠道与斜向沟通渠道

1. 上行沟通渠道与下行沟通渠道

上行沟通渠道是下级通过内部管理层次，将信息逐级向上发送的沟通渠道（见图12-2左边）。管理者可通过上行沟通渠道了解组织内部目前正在进行哪些事情以及有关客户的问题等。员工和其直属主管讨论事情，也会从这种上行沟通渠道获益。上行沟通渠道必须保持畅通，否则，高层管理部门就难以掌握全面的情况，从而影响正确决策的形成。如果管理人员不了解下属的要求，对下情茫然无知，就容易产生"瞎指挥"。

在组织内部，向上沟通的信息往往会因层层机构对信息的筛选、过滤而逐渐减少，这种现象尤其存在于规模较大而又比较复杂的组织中。这种信息过滤作用，虽然能避免过多过杂的信息输送到上级部门而增加高层管理人员的负担，但的确会经常截留许多管理者需要及时获取的信息。其原因在于：各级管理人员一般不愿暴露自己存在的问题，只把自己认为上级主管人员愿意听的信息向上沟通。为了保证上行沟通渠道的畅通，必须制定相关的制度，规定必须上传问题的类型和范围，采取一些适合推动上行沟通的措施：

第一，开会交流。与员工一起开会交流，是建立向上沟通的一项行之有效的行动。

第二，开放政策。即鼓励员工可以就任何他们所关切的问题，向管理人员或上级主管进行陈述。通常首先鼓励他们去找基层主管，如果问题在基层主管那里得不到解决，再向上反映并由上一级管理人员出面解决。

第三，员工信访。这是一种把员工的意向、主张、见解等诉诸主管人员的一种直接的个人沟通途径。

下行沟通渠道是上级主管通过内部的管理层次，将信息逐级向下发送的沟通渠道。比如，公司总经理经过中层领导和基层领导，把信息传达到一般员工就是典型的下行沟通渠道（见图 12-2 右边）。下行沟通渠道是组织内部的一条重要的信息通道。通过它，各级主管对下级工作给予指导和帮助，员工从中了解上级对其的期望和要求，从而增加上下级之间的相互了解与合作。为了拥有有效的组织沟通渠道，高层管理者应该把足够的信息向下传达给员工，特别是碰到危机或主要组织变革时更应该如此。使用下行沟通渠道时，要注意以下几个问题：

第一，要注意信息传递的流向。在实际中，一般有两种：一种是泛流向，即不顾信息的内容及传递对象，把所有信息都层层下达，造成组织中人力、物力、财力的浪费；另一种是少流向。有的中、基层管理者将应该向下传达给员工的信息从中"截留"，造成了上情不能下达，使下级对上级缺乏了解，导致上下级行动步调不一致。因此，上级部门要有选择地根据组织目标的任务，与不同的对象进行沟通，不需要传递的信息不传递，应该传递的信息则不能打"折扣"。

第二，要注意信息传递的流量。上级部门向下级传递信息带有权威性，下级必须接受和执行。因此，必须注意合理的信息量。否则，会造成下级对大量的信息应接不暇，以致对重要的信息也不重视，或者漏掉。

第三，要注意信息传递的流速。下行沟通，往往要经过较多的层次，从而影响到沟通的速度。因此，上级部门要组织有效的沟通方式，选择有效的沟通工具来提高信息传递的速度。

2. 横向沟通渠道与对角沟通渠道

在企业中，上行沟通渠道与下行沟通渠道是较为常见的沟通渠道，而横向沟通和斜向沟通是上行沟通渠道与下行沟通渠道的补充。横向沟通渠道是指组织结构中处于同一层或个人间的信息交流通道，如图 12-2 上部双向箭头表示的水平沟通渠道。法国管理学家法约尔设计了一种"联系板"，也称法约尔桥。

对角沟通或斜向沟通渠道是指不属于同一组织层次或个人之间的信息传递的通道。在直线部门和职能部门，如果职能部门有职能职权的，便常有斜向沟通发生。图 12-2 上部虚线就是一个企业的斜向沟通渠道的图示。

横向沟通渠道与斜向沟通渠道存在跨越组织中不同部门，脱离了正式指挥系统的问题，因此，这种沟通渠道可能存在风险。目前在各种组织中仍广泛地存在横向沟通渠道和斜向沟通渠道，这种沟通渠道主要用于工作的信息交流可以提高沟通效率。但此类沟通应遵守两个基本原则：一是在进行沟通前先得到直接上级领导者的允许；二是在沟通后，把相应的结果及时向直接领导者汇报。

（二）非正式沟通渠道与管理

非正式沟通渠道是指非正式组织的、不受任何约束的信息通道。非正式沟通的主要功能是传播员工（包括管理和非管理人员）所关心和与他们有关的信息，它取决于员工的社会和个人兴趣和利益，与组织正式的要求无关。尽管很多组织努力限制或不赞成非正式渠道沟通，但作为组织内部正常信息系统的辅助物，它仍然非常普遍。非正式沟通渠道的特点有以下几个方面：

（1）非正式渠道往往起源于人类爱好闲聊的特征，闲聊时的信息称为传闻或小道消息，有时小道消息并非是谣言。根据研究，一个组织一般具有几个小道消息系统，而且虽然小道消息传递的信息不通过正规渠道，但因这些信息往往与人们的切身利益有关，至少有75%的内容是正确的。

（2）非正式渠道中信息往往是不完整的。从非正式渠道得到的信息常常被夸大、曲解，有时是牵强附会的，因而需要管理者慎重对待。

（3）非正式渠道信息涉及较多的有关感情或情绪的问题，有些虽与工作有关，但常常带有感情色彩。

（4）非正式渠道的建立与人的兴趣、价值观等方面的相似性有关。非正式渠道不是基于管理者的权威性，而是出于员工的愿望和需要，因此，这种沟通通常是积极的，具有一定的成效。

（5）非正式渠道的表现形式具有多变性和动态性。因此，它传递的信息不但随个体的差异而变化，而且随环境的变化而变化。

（6）非正式渠道不需遵循组织结构原则，故信息传递较快。由于方式机动灵活，一些小道消息比正式沟通能更迅速地传递信息。尤其是在信息对其本人或一些与自己相同兴趣的员工有关时，则传递得更快。

（7）非正式渠道大多数在无意中进行，其传递信息的内容也无限定。小道消息往往具有异乎寻常的渗透能力，能够突破组织界限，畅通无阻。信息传递在任何时间、任何地点均有可能发生。

通过非正式沟通渠道传递的信息虽然可能存在失真之处，但管理者若想取消它是不可取的，也是不可能的。作为正式沟通渠道之外的辅助通道，它具有一定的作用：可以满足员工情感方面的需要；可以弥补正式渠道传递信息的不足；可以了解员工真正的心理倾向与需要；可以减轻管理者的沟通压力；可以防止某些管理者滥用正式通道。

在企业中，非正式沟通渠道与正式沟通渠道往往同时并存，因此，管理者应认识到非正式沟通渠道是一种重要的沟通方式，在充分使用正式沟通渠道的同时，也要正确利用非正式沟通渠道为管理沟通服务。运用非正式渠道要注意以下几点：

第一，非正式渠道传播往往是由于正式沟通渠道不畅、信息不明、成员的不安全感所致。因此，管理者通过观察非正式沟通渠道就可以来判断正式沟通渠道的健全程度，不断完善或改进正式沟通渠道。

第二，要力图发现非正式沟通渠道关键人物。通过非正式沟通渠道传播过程，管理者可以逐渐识别他们。管理者可以与他们进行必要的沟通，甚至还可以利用他们协助传播有关管理信息。

第三，管理者在制定重大决策时，应该考虑，该决策是否会引发员工的疑虑，以致出现小道消息？应采取什么防范措施？必要时，高层管理者还可以借用非正式沟通网络作非官方的说明。

二、管理沟通网络

人们通过一定的沟通渠道交流信息，各沟通渠道按一定规则组合在一起的形态，就叫做沟通网络。在组织中，员工与员工之间、员工与管理者之间、管理者与管理者之间由于种种原因，都要建立并保持联系。也就是说，每个人在组织中都会参与到一定的沟通网络。管理者在管理沟通网络中起重要的作用，同时网络也会给管理者的管理带来许多影响。管理沟通网络有助于管理者获得许多信息，也有助于管理者和员工改善人际关系。

与沟通渠道相类似，沟通网络也可以分成两大类型：正式沟通网络和非正式沟通网络。

（一）正式沟通网络

正式沟通网络是通过正式沟通渠道建立起来的网络，它反映了一个组织的内部结构，通常同组织的职权系统和指挥系统相一致。

1. 正式沟通网络的类型

企业内部正式沟通网络常有以下几种类型：（1）链型（如图 12-3（a）所示），即信息沟通网络呈现链条形状，图中表示在五个层次中，信息逐级传递，只有上行沟通与下行沟通。它的组织系统的工作执行能力最强，但基层的工作积极性、主动性较差，难以根据环境的变化进行组织系统的工作调整。中间环节越多，信息沟通速度就越慢，信息被过滤的可能性就越大。因此，领导者与下级之间难以有真实意图的沟通。（2）轮型（如图 12-3（b）所示），即信息沟通网络呈现车轮的形状。图中一个领导者与四个下级保持双向沟通，而四个下级之间没有互相沟通现象。在轮型沟通网络中，只有处于中心地位的领导者了解全面情况，并向下级发出指示，而四个下级只分别了解本部门的情况，并向领导汇报。这种信息沟通方式的距离短，信息传递的速度快、效率高。但因信息过分集中容易使下属感到不满意，导致士气低下。（3）圆型（如图 12-3（c）所示），即信息沟通网络呈现圆圈的形状。图中表示五个人之间的沟通，管理者对两个下级进行沟通，而两个下级又分别与各自的下级再沟通，基层又相互沟通。（4）Y型（如图 12-3（d）所示），即信息沟通网络呈现大写英文字母 Y 的形状。它是在链形沟通网络的基础上发展起来的，表示在不同层次的逐级沟通中，两位领导者通过一个人或一个部门进行沟通。它的效率特征和链型沟通网络基本相同，只是 Y 型沟通网络容易产生多头领导的局面，使同时面对两个上级的下级在行动中易出现困惑的问题。所以，组织内部的正式沟通，一般不利用 Y 型沟通网络来进行。（5）倒 Y 型（如图 12-3（e）所示），即信息沟通网络呈现大写英文字母倒 Y 的形状。图中表示在四个层次的逐级沟通中，一位领导者通过一个人或一个部门进行沟通，和 Y 型相同，作为"瓶颈"的这个人或这个部门一定要十分善于沟通。（6）全通道型（如图 12-3（f）所示）。图中表示五个人之间的沟通，它没有一个固定的信息中心，其成员之间总是互相传递信息。这种状况有利于组织成员集思广益，共同参与决策，避免决策的失误；能够很好地调动大家的积极性与主动性，较快地适应工作变化。但其信息传递速度较慢，做出决策的过程较长，所花费的时间较多，而且没有一个中心人物，往往会产生议而不决的现象。

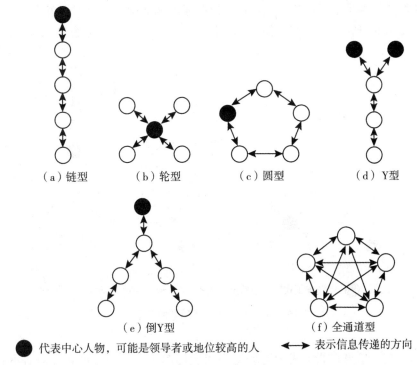

图 12-3 正式沟通网络的类型

2. 正式沟通网络类型的比较

各种类型的信息沟通网络各有其优缺点，一个组织不会只存在唯一的沟通网络形式，因此，管理者在具体运用这些信息沟通网络时，尽可能地扬长避短，并要根据不同的目的和要求，决定采用什么类型的沟通网络（见表 12-3）。

表 12-3　　　　　　　　　　　　　正式沟通网络类型的比较

比较因素 ＼ 网络类型	链型	轮型	圆型	Y 型、倒 Y 型	全通道型
解决问题速度	较快	快	慢	较快	最慢
信息精确度	较高	高	低	较低	最高
领导人的产生	较显著	显著	不发生	会易位	不发生
士气	低	很低	很高	低	最高
工作变化弹性	慢	较慢	很快	较快	最快
组织化	慢、稳定	速度、稳度	不易	不一定	最慢、稳定

资料来源：唐·黑尔里格尔，小约翰·W. 斯洛克姆，理查德·W. 伍德曼 . 组织行为学（上）. 王常生，译 . 北京：中国社会科学出版社，2001：528.

胡君辰：现代实用管理心理学. 上海：上海科学技术出版社，1992：276.

（二）非正式沟通网络

非正式沟通网络是指通过非正式沟通渠道联系的沟通网络。根据有关专家对非正式沟通网络进行专门的研究，发现有四种类型的非正式沟通网络存在（见图12-4）。

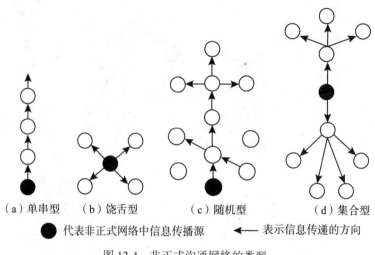

（a）单串型　　（b）饶舌型　　　（c）随机型　　　　（d）集合型

● 代表非正式网络中信息传播源　　← 表示信息传递的方向

图12-4　非正式沟通网络的类型

（1）单串型。信息在非正式沟通渠道中依次传递。每一个传播者都只告诉另外一个人，即信息由一连串的人传递给最后的接受者。

（2）饶舌型，也叫流言传播式，信息由非正式沟通渠道中的关键人物传递给其他人。

（3）随机型。信息由某人随机地传递给其他一些人，这些人再随机传递给另一些人。

（4）集合型。信息由某人有选择地传递给一些特定的人，这些人又再将信息再次传递给另一部分特定的人。

研究表明，非正式沟通渠道的消息传播普遍采用集合型方式，都只把消息告诉经过选择的对象。社会心理学的研究也证实，向他人传递什么种类的信息，人们一般是有所选择的，最需要知道某个不幸消息的人往往可能听到的最少。

第三节　有效沟通的障碍及其改善

在管理沟通过程中，无论采用何种沟通方式，都会遇到各种干扰，影响接收者获得信息或信息被丢失或曲解，我们把这些干扰称为"沟通障碍"。同时，由于管理沟通的主体和客体都是人，都是在自我心理活动的基础上进行的，沟通过程中处处都被信息发送者的选择心理、发送心理和接受者的心理所影响，因此，理解沟通中的心理是改善沟通效果的基础。

一、沟通中的心理

管理沟通具有人际沟通的基本特征。人际沟通中的心理活动主要体现于选择信息的心理、发送信息的心理及接受信息的心理。①

（一）选择信息的心理

人们选择信息的心理十分复杂，但通常人们会持有以下几种倾向：首先，人们倾向于选择自己赞同的信息，排斥自己不赞同的信息。比如某人买了某个品牌的电子产品，那么他便特别注意这个品牌信息的收集，因为他想证明他的决策是对的。生活中这种简单事实被称为"事实上的选择"。其次，越是不让接触的信息，人们越想选择。人都有一种寻求秘密的心态，获得某一不为人知的秘密是一种成就的表现。因此，有些小道消息，尽管三令五申禁止，但却照样不胫而走，这正是基于人们此种心态。最后，人们通常对反对自己观点的信息较为敏感。

（二）发送信息的心理

信息发送者往往有两种看似不同的心态，即求同存异的心理和求异存同的心理。信息发送者的求同存异心理是指沟通者彼此之间的认识和体验相似或相容时，追求趋同、共识和平衡的效果。这种沟通始于认知不协调所带来的压力。沟通求同的动机得到了诸多心理学和传播学理论的支持。社会心理学家费斯汀格提出了认知不和谐或不协调理论，认为对每个人来说，决策、选择和新信息都具有引起不一致感觉的潜力；而这种不和谐是一种心理上的不舒服感，它将促使个人去寻求支持已做出的选择的信息。

信息发送者的求异存同心理是指尊重差异，当沟通者彼此之间的认识和体验不相容时，双方都渴望真诚的理解和接纳，为不能达成共识的想法和愿望寻找其他可以存在的理由和空间。求异的情况一般有两种：一是在个体认知层面上，解决认知差异的方法有许多，不一定非要意见趋同不可，比如可以通过形成新的关系解决问题；二是在社交场合的沟通情境中，并不总是有意见一致、认知趋同的需要，为了求发展，需要的倒是认知的冲突、创新和体验的多元化，但允许求异必须在态度互识和共识的前提下展开。

（三）接受信息的心理

1. 接受信息与信息源的权威性相关。一般来说，沟通来源即信息源的权威性越大，接收者接受信息的可能性就越大。信息接收者存在的慕名心理就是一种突出的表现。比如，信息发送者的名望、权力、技能、品德越高，他在信息沟通中所吸引的接收者就越多，因而其传播所影响的面也越广。

2. 接受信息与信息源的可信度相关。对于信息接收者而言，信不信任信息发送者是其决定是否接受信息至关重要的因素。为了使信息接收者接受信息，一个重要问题是要让接收信息者对发送信息者没有偏见。在日常生活当中，信息接收者存在的自己人心理和从众心理都与这种可信度相关。

3. 接受信息与其所处团体规范相关。有时，不是接收者本人不愿意接受信息发送者的意见，而是由于接收者所在的团体的规范限制了他不能接受发送者的意见。这里的团体规范可分规章制度和道德约束两种。如一些重要部门，可以限制团体成员对某些信息的接受。

4. 接受信息的逆反心理。逆反心理是指人们在接受信息时，对某种观点、立场或结

---

① 聂正安. 管理学. 长沙：中南大学出版社，2006：409-420.

论等具有抵触情绪，进行反方向的思维，表示怀疑和不信任，并进而得出与原结论相反的结论，表现出相反的行为。在信息沟通中，接收者在逆反心理的作用下，对于信息发送者极力提倡的观点反而加以反对，而对发送者所批评或禁止的东西却加以赞赏和接受。

二、有效沟通的障碍

管理沟通过程从本质看就是人际沟通，所以它是一个十分复杂的过程，常常会因沟通要素中人的素质差异、选择的沟通工具使用不当、沟通方式选择不当、沟通渠道的状况不良，以及沟通参与者的需要、价值、态度和期望不同而难以做到有效的沟通。美国学者吉布森（James L. Gibson）等人认为，沟通过程中不同个体对同样的沟通解释不同，主要取决于其先前的经验，他们会导致不同的编码和解码过程，沟通就容易中断。如果沟通中的参与者经验积累有相同的部分——共同经验，就会促进有效的沟通，如果没有共同经验，沟通就难以持续。例如，组织中不同部门中的人因自己所在的岗位，就会产生不同的视角或立场，对同样的问题解释出现不同的解释。有效的管理沟通在于管理者是否采取了合适的"参照框架"。① 从某种意义上讲，许多沟通的障碍都来源于编码与解码过程。具体而言，可将影响有效沟通的要素可概括为四种类型，即人为障碍、语义障碍、物理障碍和跨文化障碍（见图 12-5）。中国加入 WTO 之后，跨文化沟通正在成为日益重要的沟通方式，因此将对跨文化障碍专门进行介绍。

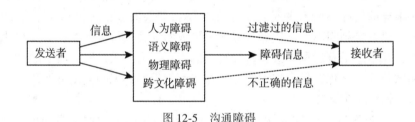

图 12-5　沟通障碍

（一）人为障碍

人为障碍是一种由于个体知识、经验以及心理因素如个人兴趣、情绪、态度、性格、思想、价值观、利益等差异所造成的沟通干扰，它是沟通过程中常见的障碍。

1. 来自发送者的人为障碍。有效的沟通很大程度上取决于信息发送者的人格特质。

第一，思想障碍。沟通中发送者的思想状况会直接影响沟通的效果。在管理者对下属的信息沟通中，若管理者存在自以为是、高人一等、唯我正确的思想，就会减少主动地与下属沟通的次数。另一方面，发送者有意操纵信息，即过滤一些对接收者有利的信息。如在下属向上级主管发送信息时，若存在投其所好、自我表功的私心，也不会把实际情况真实地向上级反映，尤其是领导者不愿听取不同意见时，就会在组织中出现沟通不畅、信息失真的现象，从而失去有效沟通的基础。

---

① 詹姆斯·L. 吉布森，等. 组织学：行为、结构和过程. 第 10 版. 王常生，译. 北京：电子工业出版社，2002：283-284.

第二，能力障碍。人的沟通能力有相当大的差别，往往影响有效的情感沟通和信息沟通。沟通能力的差别，有的源于个人的教育和训练水平，有的由个人秉性决定。沟通是借助语言来实现的，语言成为思想交流的工具和符号系统，包括书面语言和口头语言。信息发送者主题不突出、观点不明确、逻辑不合理等书面文字，以及口齿不清、语无伦次、口音太重等，都会使沟通效果大打折扣。

第三，信誉障碍。发送者的地位及其人品会直接影响接收者对信息的认可程度，如果信息发送者在接收者的心目中缺乏权威性和可信度，接收者就可能会对收到的信息产生质疑，甚至出现不重视、有意曲解、不认真执行的问题。

2. 来自接收者的人为障碍。信息沟通不能产生良好的效果，除发送者方面的原因外，还有来自接收者方面的人为障碍。

第一，地位障碍。地位指一个人在群体中的相对的级别。组织通常通过不同的标记（如称呼、办公室名等）来表达层次等级或地位。这样的地位差距对于地位较低的人容易产生威胁而妨碍有效的沟通或造成歪曲沟通。接收者不仅会判断信息而且会判断发送者，信息发送者的层次越高，便越倾向于接受，会影响沟通判断的标准，甚至盲目地接受；另一方面，由于接收者在群体中的层次较低，接收者在沟通中常表现出担忧、恐惧、紧张等心理反应，从而影响其接收能力，也会发生沟通障碍。

第二，理解障碍。这是指发送者与接收者在知识和经验水平上可能存在差异，导致双方缺乏对同样问题认识的"共同平台"，接收者接收信息后而发生理解上的困难和偏差，从而使沟通出现障碍。

第三，偏见障碍。接收者在沟通之前对信息的价值大小进行赋值。价值判断主要依据接收者对沟通者的评价、与沟通者的先前经验。由于存在某种偏见或者是某些先入为主的观念，所以当接收到与自己价值观体系不相容的信息时，就会试图改变收到的信息，变更对输入信息的解释，从而导致信息过滤、曲解和断章取义或选择性倾听等问题的出现。

（二）语义障碍

沟通可视为采用共同符号进行信息传递和理解的过程。在现实中，人们只能传递语言学形式的信息，即共同的符号。语义障碍就是源于人们用来沟通的符号。这种符号多种多样，如语言、文字（包括图像）、身体语言等。符号通常有多种含义，人们必须从众多的含义中选择一种，有时选错了，就会出现语义障碍。

1. 词语引起的语义障碍。因为不同的群体采用的语言不同，沟通常常受到影响。词语引起的语义障碍常常因为下列因素引起：

第一，词的多重含义。如《辞海》中"为"字有两种读法，读 wéi 音时有 15 种不同的含义，读 wèi 音时也有 4 种不同的含义。这种复杂的一词（字）多音、多义会给信息沟通带来的麻烦是显而易见的。

第二，专业术语，即行话。行话能有助于快速而准确的信息交流，但组织内的其他成员可能弄不懂它的真正含义，如"再就业工程""三项制度改革"等。如果管理者不作细致和明确的解释，员工就可能难以理解其准确的含义。

第三，词语的下意识联想。有时信息中的词语无意中激起接收者的联想，从而引起接收者信息理解的偏差。同样的字词对不同的团体来说，会导致完全不同的感情和不同的含义。比如,"成本-效益研究"对企业的管理层很有意义,而对一般员工却没有任何意义,反而可能具有消极含义。

第四,在汉语中还有因为标点符号使用有误,产生理解歧义的问题。

2. 图像引起的语义障碍。除文字之外,图像是第二种类型的沟通符号,图像在组织内部的沟通中具有广泛的用途,因为它具有直观性和形象化的特点。但是图像也常会因人的差异出现理解的不同和问题。

3. 身体语言引起的语义障碍。非词语沟通是人们传递信息时的重要方法。非语言沟通总是伴随着语言沟通,只要两者是一致就会彼此增强效果。身体语言是非词语沟通的重要组成部分。所谓身体语言是人们利用人与人之间各自形体的交互影响,以沟通彼此的意向。它分为表情语言、动作语言和体姿语言三大部分。如管理者在倾听员工的倾诉时,眼睛善意地看着对方,会被认为是认真地听取意见;若眼神游走,经常看表,会使员工感觉管理者缺乏关注和缺乏耐心。

(三) 物理障碍

物理障碍也是沟通的一种干扰因素,它常常同沟通的环境有关。典型的物理障碍包括沟通渠道障碍、时间障碍和距离障碍等。

1. 沟通渠道障碍。沟通渠道特点及沟通所使用媒体,对沟通的质量产生较大的影响。因沟通渠道的干扰常使沟通过程的信息传递渠道受阻或不通畅,影响了沟通的效果。如果群体的主要任务是参与决策工作,就需要采用全通道沟通网络,以便为评价所有的备择方案收集所需要的信息;如果群体的任务主要是执行具体工作任务,则需要构建链型或轮型沟通网络,以便指挥信息的传递。在科学技术的不断进步和发展的今天,各种通信技术已经高度发展,也产生了管理人员如何因沟通的需要而正确选择沟通渠道的问题。

2. 时间障碍。在沟通过程中,由于时间紧迫会出现减少沟通、缩短沟通时间或沟通不够,从而造成沟通的失效。沟通过程中的一类问题——"短路"就可能产生于此。例如,当一名销售员与一个重要的客户商谈一笔大订单,客户提出希望提供打折的优惠,该销售员直接与生产管理者询问折扣的范围,并得到了许可。这种类似于电路"短路"的现象一方面造成销售部的管理者不知道这种交易,另一方面是其他销售员得到这个消息后,对这种打折的待遇不满,出现抱怨。时间的压力还会造成"信息超载"从而导致沟通无效。目前,互联网技术的发展和使用大大提高了组织沟通的效率,也出现了信息过量的问题。由于时间原因,人们不得不筛选大量的信息,从而导致沟通失效。

3. 距离障碍。在信息发送者和接收者之间存在空间关系差别时,空间距离就会成为有效沟通的障碍。组织中的管理者和员工、员工和员工之间均存在着空间上的距离。由于空间距离,双方无法在面对面的情况下沟通意见,因而在选用沟通媒介时受到限制。如只能用文字或语音表达意见时,就可能难以避免面对面沟通较为全面问题的出现。

(四) 跨文化障碍

跨文化障碍包括两个方面:一是中外文化条件下进行管理沟通,由于沟通者与接收者的不同文化背景而产生的沟通无效。例如,外资企业中来自不同文化背景的管理者之间产生的沟通障碍。二是不同区域或价值观念下的管理沟通中产生的障碍,例如,沿海发达地区和中西部地区的员工之间可能由于某种跨亚文化背景不同而形成沟通障碍。但这里注重的是前者的跨文化障碍。跨文化沟通障碍主要是由于不同文化背景下管理沟通侧重点的差异而对有效沟通产生的影响。根据有关的研究表明，具有文化的同质性沟通者与接收者会使他们之间的沟通更多地关注相互关系方面的信息，而忽视工作任务方面的信息；具有文化的多样性的沟通者与接收者则更容易进入工作状态，讨论工作中所遇到的各类问题。管理者在沟通中，如果不注意这种特点，就容易导致沟通无效。另外，人们因地域问题出现的语音和语义等方面的差异也会影响跨文化沟通的有效性。

二、管理沟通的改善

从前面的分析中不难看出，组织中出现沟通的障碍是难以避免的，重要的是管理者要正视形形色色的沟通障碍，弄清原因，致力改进，提高管理的效率和效果。

（一）坚持及时、适量、灵活、有效四项沟通原则

1. 及时性。这是指沟通双方要尽可能加快信息交流的速度，使信息发生效用，包括及时发送、及时反馈、及时利用等。该原则要求沟通者正确区分信息的性质和轻重缓急；及时处理既重要又紧迫的信息以保证重要信息的及时传递和利用。同时，应缩短信息传递链，拓宽沟通渠道，保证信息的畅通无阻。减少组织机构的沟通层次，层次越多，信息在渠道中滞留的时间就越长。在利用正式沟通渠道的同时，可开辟高级管理人员至低级管理人员的非正式的直通渠道，以便信息传递。

2. 适量性。这是指在沟通过程中，接收者在一定时间内接收的信息不足或过量，会影响其对信息的正确处理。信息量不足，接收者就无法完整、准确地理解信息内容，达不到沟通的目的；信息量超载，不但造成浪费而且不能使有用的信息发挥作用。适量就是沟通优化的客观要求。因此应限定信息发送范围，按照既定信息发送范围传递，有选择地根据沟通的目的、内容和不同对象进行沟通；同时，注意信息加工，考虑接收者的承受能力，对各种信息进行必要的综合加工，以免接收者"消化不良"。

3. 灵活性。这是指沟通系统应留有余地，以适应各种变化。传统的组织内信息沟通主要依靠下行沟通的命令式传递，现代组织的信息沟通则更多地利用非正式沟通和横向沟通，以增加沟通的可靠性。所以要重视非正式沟通渠道，把它作为正式沟通的必要补充，在一定程度上弥补信息传递缓慢、层次过滤多的不足，有助于形成组织内和谐的气氛，增加组织的内聚力；另一方面也有利于保持重要沟通环节的弹性，在关键的沟通环节上适当增加保护"线路"，以确保沟通系统的可靠性。

4. 有效性。这是指沟通者要把着眼点放在如何实现沟通的有效性上，而不要拘泥于某种固定的模式上。根据不同对象、场合、内容和目的，运用灵活多变的方式，以达到最佳的沟通效果。有效的沟通要靠沟通双方的共同努力，摸清沟通对象的心理状况，消除对方心理上的异常反应，同时努力避免接收者处在防御性状态，特别是消极性反馈的沟通，管理者更应最大限度地削弱对方的消极对抗情绪。

（二）掌握关注、理解、接受、行动四个沟通步骤

只有充分掌握关注、理解、接受和行动四个步骤后，管理者才能设法改善每一阶段的信息沟通，从而最终改善整个管理沟通系统。

1. 关注。管理者在传递信息过程中要保证其信息具有特色和足够的吸引力，使接收

者对信息关注，这是沟通成功的第一步。在企业的上行沟通中，只有一些特殊的偏离政策、计划、指令信息才会引起管理者的警觉。而在下行沟通中，只有对下级完成任务具有关键性的信息才会引起下级的注意。为此，管理者应该慎重选择发送的信息，重要的信息要特别对待，采用以文件、单独发送等形式，或在书面报告之外再通过电话传递，以引起信息接收者的特别关注；在员工们最需要时进行信息沟通等。

◎ **小资料**

古德曼定理

这个定理是由美国加州大学心理学教授古德曼提出的。最有价值的人，不一定是最能说的人。老天给我们两只耳朵一个嘴巴，就是让我们多听少说的。善于倾听，是成熟的人最基本的素质。当你能能够心领神会的时候，沉默便胜于千言万语。古德曼教授认为，没有沉默就没有沟通。的确，沉默倾听对于沟通来说也是至关重要的。后来，人们就将古德曼教授的这句话成为"古德曼定理"。

资料来源：王海源，薛旭光. 每天读点管理学：管理者不可不知的 365 个管理定律. 哈尔滨：哈尔滨出版社，2011：292.

2. 理解。引起人们的关注还须保证人们按照信息的本意去理解。沟通者与接收者之间相互的信任是沟通的基础。成功的管理者发现，在每一次沟通中，因为他们提高了下属信息来源的可信度，就不会因为每次沟通没有跟踪而导致理解损失，也就可以减少跟踪的重复性。另一方面必须尽量减少信息沟通中模棱两可的做法或说法；根据接收者的水平确定编码或符号。使用直接沟通、双向沟通、口头沟通，并学会积极地倾听。为了改善沟通，管理者不仅寻求被理解而且寻求理解，这需要管理者培养自己的倾听能力与技巧。

3. 接受。沟通的目的就是使接收者接受信息。通常下属拒绝按上司指示去做的情况是很少的，如果他们对上司的权威性抱有怀疑，或者上司的命令有害于他们的利益，他们就会犹豫。因此，管理者要想让下属很好地接受信息，应该努力使自己"与众不同"，成为下属心目中真正的权威和朋友；多表扬，少批评，尽量使下属感到不拘束；培养积极的沟通态度，根据下级的需要，尽量分享与下级有关的信息。

4. 行动。如果沟通过程达到了行动阶段即完成。但由于种种原因，信息可能达不到完成行动的阶段，因此，管理者必须随时准备回答接收者的问题，为他提供帮助，还要进行督促检查，只要所期望的行动没有完成，管理者的沟通责任就没有结束。

（三）采取双向性、支持性、重复性、综合性四种沟通方式

1. 双向性沟通

信息沟通过程中，采用双向沟通比单向沟通更为有效，更适应于现代组织信息内容复杂的要求，能够更加准确地传递信息，因为发送者根据接收者的反馈情况不断地调整表述方式，从而提高接收者对信息的理解程度，保证了信息沟通的质量。我国越来越多的企业在经营管理的实际工作中，已经或者正在采取多种有效方法来发展双向沟通。

2. 支持性沟通

支持性沟通是接收者对发送者的行为方式表示欢迎，并愿意沟通的沟通方式。管理人员应努力发展支持性沟通，应该做到：（1）在信息沟通中，多以合作的态度，以帮助对方解决问题的方式进行交谈，从而提高信息沟通的质量；（2）作为信息发送者，管理者应表现出真诚、朴实的态度；（3）设身处地为沟通的对方着想，以增加相互理解；（4）以平等方式来对待下属，努力做到对下属的信任和尊重；（5）提倡共同商量、相互讨论的行为方式，避免独断专横、蛮不讲理的行为。管理者若能虚怀若谷，愿意更多地听取员工的想法，共同讨论和商量，下属也更容易接收自己参与讨论了的信息。

3. 重复性沟通

由于存在着大量的信息过载和外来干扰，信息如果仅发送一次的话，或许根本接收不到。重复性沟通就是一条有效的弥补措施。信息的重复可以吸引人们的注意，增加员工对该信息的敏感性和警觉性。如果每天提醒员工节约成本，成本控制的效果可能更好；另外，重复信息可加深其印象。俗话所说的，干部要有一个婆婆的嘴，就反映现实工作中重复性沟通的重要性。

4. 综合性沟通

为了提高沟通的有效性，同一信息可以借助不同的渠道和辅助工具，选择不同的方式来进行传送，尤其是重要的信息更应如此。有效信息沟通的一个重要方法就是提供能互相加强的各种渠道。比如说，把正式沟通渠道和非正式沟通渠道巧妙地结合起来，共同发挥它们的积极作用，相互弥补，提高沟通的质量。

（四）培养和掌握跨文化沟通的技能

不同的文化因素使沟通问题变革更加复杂。组织中成员文化背景差异越大，对文字或表情含义理解的差异就大，不同文化背景的人对事物的理解和评价不同，因而反应也各不相同。在经济全球化加快的 21 世纪，管理者培养和掌握与来自其他文化背景的员工沟通的技能是十分必要的，也成为管理者成功的必要素质。

1. 识别文化差异。来自不同文化背景的人在信息沟通过程中对信息的理解不同。管理者在跨文化的沟通过程中，管理者首先应该识别和区分文化差异才能采取针对性的沟通信息、方式或渠道等，以避免沟通的障碍。

2. 实施敏感性培训。这是为了加强人们对不同文化环境的反应和适应能力，促进不同文化背景人之间的沟通和理解实施的培训。通过演讲、情景对话、实例分析、小组讨论等沟通方式，打破每个人的文化障碍和角色束缚，更好地找到不同文化的共同之处或接受"平台"，提高对组织内部信息理解，提高不同文化之间的合作与交流，从而提高组织绩效。

3. 建立共同的价值观。通过培训，提高对文化的鉴别和适应能力，在文化共识的基础上，根据环境的要求和公司战略的需要建立组织的共同价值观和强有力的企业文化，以使管理者更好地统一员工的思想，在组织中建立信息沟通共同的价值取向，建立畅通的沟通渠道和达到有效地沟通。

管理沟通主要是采用语言沟通，也就是说，管理者通常利用说、写、听、读来传递和接收信息。因此，提高管理者所需要的外语说、写、听、读能力以及跨文化沟通能力，对于改善组织内部的管理沟通是有直接意义。

第四节　冲突与谈判

在组织中，人与人之间、群体之间的冲突是很常见的事情。领导者要有效地处理冲突管理和谈判，就需要加强对冲突问题的认识，以及正确分析和处理冲突、进行谈判的能力。

一、冲突管理理论

(一) 冲突的含义

冲突 (conflict) 是人们由于某种差异不一致而在各方面形成抵触、争执或摩擦的过程。只要人们感觉到差异的存在，冲突的状态也就存在。人与人之间由于利益、观点、信息或对事件的理解都可能存在差异，就可能引起冲突。一个人的态度、价值观和行为方式对冲突结果的好坏起着重要的作用。冲突具有四个关键的成分：一是对立内容，即人们具有对立的利益、思想、知觉和感受；二是对立认知，即冲突各方承认或认识到存在着不同的观点；三是对立过程，即分歧或矛盾具有一个发展过程；四是对立行动，即分歧各方设法阻止对方实现其目标。[1]

冲突的本质是不可调和性或对立性。在组织中由于普遍存在组织目标与员工目标的差异，存在层级、岗位、工作对问题认识的差异，就存在着可能产生冲突的条件，即被称为"冲突源"，概括起来包括三大类：沟通、结构和个体因素。

第一，沟通因素。文化和历史背景不同、语义困难、误解及沟通过程中"噪声"的干扰都可能造成人们之间意见不一致。沟通不良是产生冲突的重要原因，但不是主要的。

第二，结构因素。组织分工会造成组织结构中垂直与水平方向各系统、各层次、各部门、各岗位的分化。研究表明，组织规模和任务的专门化程度可成为激发冲突的动力。组织越庞大、越复杂，组织规模越大，任务越专业化，冲突的可能性就越大，组织整合越困难。由于信息不对称和利益不一致，人们之间在计划目标、实施方法、绩效评价、资源分配、劳动报酬与奖惩等许多问题上都会产生不同看法，这种差异是由组织结构本身造成的。许多人为了本部门或单位的利益和荣誉都会理直气壮地与其他单位甚至上级组织发生冲突。

第三，个体因素。最重要的个体因素包括个人的价值系统和个性特征，即每个人的社会背景、教育程度、阅历、修养等塑造了每个人不相同的性格、价值观和作风，这种个体差异导致了合作和沟通的困难，往往也成为导致某些冲突的根源。

(二) 功能性冲突与失调性冲突

相互作用的观点并不是说所有的冲突的都是好的，可将冲突分为两种：功能正常的冲突 (functional conflict)，即一些冲突支持群体的目标，并能提高群体的工作绩效；功能失调的冲突 (dysfunctional conflict)，即一些冲突阻碍了组织实现目标和工作绩效，具有破坏性，见图 12-6。

那么，管理者应如何区分功能性冲突和失调性冲突？其实，两者之间的分界并不十分

---

[1]　王重鸣. 管理心理学. 北京：人民教育出版社，2000：253.

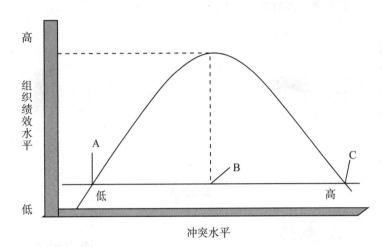

图 12-6 冲突与组织绩效

资料来源：斯蒂芬·P. 罗宾斯，等. 管理学. 第 13 版. 李原，等，译. 北京：中国人民大学出版社，2017：355.

清楚，并不存在一种冲突水平对所有的组织都合适或都不合适。有些冲突可能会促进某一部门为达到目标而健康、积极地工作，但对于另外的部门，或同一部门不同时期，则可能是功能失调的冲突。目前也没有一种方法或工具来确定哪种冲突水平是功能正常，还是功能失调，需要管理者自己对组织中冲突的恰当性进行判断。因此，管理者将面对这样的挑战：希望在组织中创设一种环境，承认组织中冲突存在的客观性、合理性，保持必要的冲突，也不会因冲突造成组织的混乱、失调和失去控制。

二、冲突管理策略和技能

如前所述，任何一个组织都应允许冲突的存在，没有冲突或很少冲突的组织必将对环境变化反应迟钝、缺乏创新。另一方面，冲突如果过多或过激也会造成混乱、涣散、分裂和无政府状态。所以，任何组织应保持适度的冲突，组织具有不断创新、努力进取的氛围，组织内成员心情舒畅、奋发向上，使组织具有旺盛的生命力，这就是管理者处理冲突的使命。组织对冲突的管理，比较主流的是试图减少或避免冲突的发生。托马斯的冲突处理二维模式是这种类型的代表。

（一）冲突管理策略

1. 托马斯的冲突解决模型

社会心理学家曾用一维空间来表述人们冲突中的行为，这一维空间是从竞争到合作，认为有的人倾向于竞争，有的人倾向于合作，有的人介于两者之间。但是后来许多研究表明，这种看法不能全面反映冲突行为。美国行为科学家托马斯提出了冲突处理的二维模式——合作和坚持己见。以"合作"为横轴，"坚持己见"为纵轴，定义了冲突行为的二维空间，并组合了五种冲突处理的策略，它们是竞争（坚持己见，不合作）、合作（坚持己见，合作）、回避（不坚持己见，不合作）、迁就（不坚持己见，合作）和妥协（中等程度的坚持己见，中等程度的合作），如图 12-7 所示。①

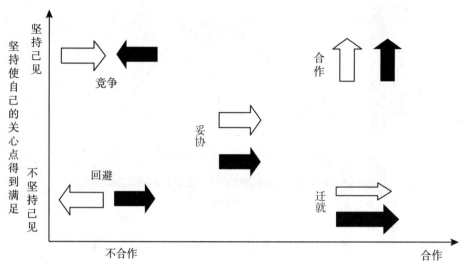

图 12-7　托马斯二维模式

（1）竞争策略（competing strategy），又称强制策略，为满足自身的利益而无视他人的利益，这是"我赢你输"的策略，双方都会坚持自己的观点，并试图通过施加压力，迫使另一方放弃，所施加的压力可以为威吓、处罚，这种策略很难使对方心悦诚服，并非解决冲突的好方法，但在应对危机或双方实力相差很大时往往有效。

（2）回避策略（avioding strategy）是个体可能意识到了冲突的存在，但希望逃避它或抑制它②。既不满足自身的利益，也不满足对方的利益，试图置身于冲突之外，无视差异的存在，或保持中立，以退避三舍的方式来处理冲突的策略。

（3）妥协策略（compromise strategy），又称谈判策略，指的是一种适度满足自己的关心点和他人的关心点，通过一系列的谈判、让步、讨价还价来部分满足双方要求和利益的冲突管理策略。妥协策略在双方都达成一致的意愿时会很有效，但让步的前提是在满足对方最小期望的同时，双方都必须持灵活应变的态度、相互信任。消极影响是双方可能因妥协满足了短期利益，但牺牲了长期利益。

（4）迁就策略（accommodating strategy），又称克制策略或迎合策略，当事人主要考虑对方的利益或屈从于对方意愿，压制或牺牲自己的利益及意愿。实行迁就策略者，要么是为了长远角度出发获取对方的合作，要么是不得已屈从于对方的压力和意愿。

（5）合作策略（cooperating strategy）是指尽可能地满足双方利益，其基本观点如下：①冲突是双方共同的问题；②冲突是双方平等的，应有同等待遇；③每一方都应积极理解

①　陈春花，等. 组织行为学. 第 3 版. 北京：机械工业出版社，2016：235.
②　斯蒂芬·P. 罗宾斯，等. 组织行为学. 第 4 版. 孙健敏，等，译. 北京：中国人民大学出版社，2012：434.

对方的需求，已找到双方满意的方案；④双方应充分沟通，了解冲突情景。合作策略是一种旨在达成冲突各方的需求，采取合作、协商，寻求新的资源和机会，扩大选择范围，"把蛋糕做大"的解决冲突问题的方式。

（二）冲突管理技能

由于组织外部环境的快速变化和员工日益更新的需求，冲突管理技能对于冲突管理日益重要。要有效地解决和管理冲突，领导者必须掌握处理冲突的方法或技能。管理冲突应包括两个方面：一是领导者应具有处理功能失调的冲突的能力；二是领导者应善于激发冲突。

1. 冲突管理技能分类

领导者一般需要以下冲突管理技能：（1）社会化网络技能，指运用交往过程形成影响力，从而构建能够实现任务绩效的合作网络的能力；（2）群体管理能力，指在冲突条件下，利用影响力来鼓励合作，提高组织认同感的能力；（3）人际协调技能，指在冲突过程中协调利益关系的能力，它对于各类冲突的管理都具有积极意义。（4）自我评价技能，指鉴别与评价自身与他人优缺点的能力，自我评价技能对于较长周期的冲突管理具有良好的作用。

2. 处理冲突的过程

领导者需要将冲突管理的理论、管理技能和知识运用到冲突的处理中去。冲突处理一般包括以下步骤：

第一，决定处理冲突的风格。如前所述，领导者都会根据不同情境变化对冲突做出反应，但同时每个人也有自己处理冲突的风格。当某一具体冲突出现时，领导者可能会改变其倾向的风格以适应当时的情境，但是，领导者的基本风格表明了其最有可能怎样行动及其最经常使用的冲突处理方法。

第二，选择需要处理的冲突。领导者可能面临许多冲突，但只有那些群众关心、影响面大，对推进工作、打开局面、增强凝聚力、建设组织文化有意义、有价值的冲突或事件，领导者需要亲自处理。什么冲突都处理的人并不是真正的优秀领导者。

第三，了解冲突当事人和冲突来源，对冲突各方的正确性与合理性进行判断。管理中的"冲突源"往往很复杂，这就需要管理者不仅要了解公开的、表层的冲突原因，还要深入了解深层的原因。尤其需要认真研究冲突双方的代表人物，以及被卷入冲突的人，他们的人格特点、价值观、经历、资源因素等就是重要的冲突源，影响冲突双方的观点和差异，并据此做出准确、合理的判断。

第四，采取合适的处理冲突的方法。根据不同的冲突选择处理冲突的风格有回避、强迫、迁就、协调和妥协等。同时，对冲突解决结果做出预期的判断，如解决方案是否合理，结果是否对发展有利，决策将引起对方的何种行为反应，对方采取的策略是否会改变自己的策略等。

3. 激发冲突的过程

作为冲突管理另一方面的激发冲突，常难以被人所接受，因为有意制造冲突似乎正好与优秀的领导者背道而驰，几乎没有人愿意让自己处于冲突情境之中。但是对于功能正常的冲突则需要领导者去激发。那么应该怎样合理地激发冲突呢？①

第一，确定激发的冲突。什么样的冲突需要激发？这是领导者首先需要考虑的问题。虽然功能正常与功能失调冲突之间很难明确划清界限，也没有一个明确的方法来评估是否需要增加冲突，但通过对一些问题的回答可以帮助领导者判断是否需要激发冲突。

第二，改变组织文化。在决定激发需要后，领导者就应向下属传递这些信息，冲突有其作用，并以自己的行动加以支持。应该对那些敢于向现状挑战、倡议革新、提出不同看法和进行创新思维的员工给予鼓励。

第三，沟通。领导者应善于运用组织的正式沟通渠道或非正式沟通网络等，促进或增加功能正常性冲突。

第四，引进人才。通过招聘或内部调动的方式引进背景、价值观、态度或管理风格与当前群体成员不相同的个体，为组织或群体注入新的血液，增加新的观点或见解，促进组织不断前进或改变组织停滞的状态。这往往会产生鲇鱼效应的效果。

第五，重构组织机构。组织冲突源之一就是组织结构变量，领导者可将结构作为冲突源激发机制。通过机构机制的变化，如集中决策、重新组合工作群体、提高规范化和增加组织单位之间的相互依赖关系等，来打破组织的现状并提高冲突水平。

◎ 小资料

鲇 鱼 效 应

挪威人爱吃沙丁鱼，尤其是活鱼，挪威人在海上捕得沙丁鱼后，如果能让它活着抵港，卖价就会比死鱼高好几倍。但是，沙丁鱼生性懒惰，不爱运动，返航的路途又很长，因此捕捞到的沙丁鱼往往回到码头就死了，即使有些活的，也是奄奄一息。只有一位渔民的沙丁鱼总是活的，而且很生猛，所以他赚的钱也比别人的多。该渔民严守成功秘密，直到他死后，人们打开他的鱼槽，发现只不过是多了一条鲇鱼。原来鲇鱼以鱼为主要食物，装入鱼槽后，由于环境陌生，就会四处游动，而沙丁鱼发现这一异己分子后，也会紧张起来，加速游动，如此一来，沙丁鱼便活着回到港口。这就是所谓的"鲇鱼效应"。运用这一效应，通过个体的"中途介入"，对群体起到竞争作用，它符合人才管理的运行机制。

资料来源：http://wiki.mbalib.com/wiki/%E9%B2%B6%E9%B1%BC%E6%95%88%E5%BA%94.

另外，领导者应重视或鼓励组织中存在观点或看法的标新立异，适当时候应任用一些有意与大多数人的观点或做法背道而驰的人，即罗宾斯所说的"吹毛求疵者"②，让这些

---

① 斯蒂芬·P. 罗宾斯. 管理学. 第 4 版. 黄卫伟，等，译. 北京：中国人民大学出版社，1997：456.

② 斯蒂芬·P. 罗宾斯. 管理学. 第 4 版. 黄卫伟，等，译. 北京：中国人民大学出版社，1997：459.

人扮演批评家的角色，以提高小组或群体决策的质量。

三、冲突管理中的谈判

谈判是既有共识又有冲突的双方或多方为实现某种目标达成协议的过程。市场经济本身是一种契约经济，一切有目的经济活动、一切有意义的经济关系都要通过谈判来建立。管理中的许多冲突也是通过谈判来协调解决的。因此，谈判是冲突管理的重要方面。

（一）谈判过程

谈判可以分成四个阶段：

1. 调查准备阶段。这是最重要的谈判步骤之一，需要收集问题与方案的事实信息、了解他方谈判风格、动机、个性与目标，分析基本背景。

2. 方案表达阶段。包括提出最初要价、表达我方需要，这时，表达能力与沟通能力十分重要，跨文化差异在这一阶段比较明显。

3. 讨价还价阶段。管理者利用各种公关手段、沟通技能与谈判策略，以便达成原则意见。

4. 达成一致阶段。通过讨论达成一致意见或协议。

西方学者认为，一名成功的谈判者有三条标准：得到谈判双方的认同与赞赏；有大量成功谈判业绩；尽量避免失败。在谈判中，管理者要进行成功的谈判必须注意以下几点：一是避免激怒对方；二是不要立刻提出反对意见；三是不要采取咄咄逼人姿态；四是不要过多陈述自己的理由。

（二）开发有效的谈判技巧

领导者要提高谈判的效率，就应该提高谈判技巧。成功的谈判技巧应包括以下方面：[①]

（1）研究谈判对方。尽可能多地了解对方的兴趣和目标。对方愿望是什么？其策略是什么？这些信息将使管理者更好地理解对方的行为，预测他对你建议的反应，帮助你达成协议而不损害对方的利益。

（2）以积极主动的态度开始谈判。研究表明，让步会得到回报并最终达成协议。因此，以积极主动的态度开始谈判，也许只是一个小的让步，但它会得到对方同样让步的酬答。

（3）对事不对人。着眼于谈判问题本身，而不针对对方的个人特点。当谈判进行得十分棘手时，应避免攻击对方。你不同意的是对方的看法或观点。应做到把事与人分开来，不要使差异人格化。

（4）不要太在意最初的要求。把最初的要求仅仅看作谈判的出发点。每个人都有自己最初的观点，它们可能是很极端、很理想化的，仅此而已。

（5）强调双赢解决方式。如果条件许可，最好寻求综合的解决办法。考虑对方的利

---

①　斯蒂芬·P. 罗宾斯. 组织行为学精要——全球化的竞争策略. 第 6 版. 郑晓明，译. 北京：电子工业出版社，2002：197.

益后来建构选择，并寻求能够使你和对方均成功的解决办法。

（6）建构开放和信任的气氛。有经验的谈判者是个好听众，他们更多询问问题，更直接地关注对方的提议，更少防卫性，并避免使用会激怒对方的词汇。换句话说，他们更善于构建必要的开放、信任的气氛，以实现综合解决问题。

本 章 小 结

1. 沟通是人与人之间转移信息的过程。管理沟通则是指特定组织中的人们，为了达成组织目标而进行的管理信息的交流的行为和过程。沟通需要信息、编码、传输、接收、解码、利用、反馈等七个步骤。

2. 管理沟通是企业凝聚力增强的"助力器"，它是让领导者职能实现的基本途径，也是企业与外部环境联系的桥梁。

3. 管理沟通的种类很多。按其功能可分为浅层沟通与深层沟通，按发送沟通信息时是否有反馈可分为单向沟通与双向沟通，按传递信息的方式的不同可分为口头沟通、书面沟通、非语言沟通与电子沟通，从组织系统来划分有正式沟通和非正式沟通，根据信息的流向不同还可分为垂直沟通和水平沟通。

4. 组织内部的沟通渠道通常可分为正式沟通渠道和非正式沟通渠道。正式沟通渠道是指通过组织制度规定的信息沟通渠道，可分为垂直沟通渠道和水平沟通渠道。垂直沟通渠道又分为上行沟通渠道和下行沟通渠道。水平沟通渠道也可分成横向沟通渠道和斜向沟通渠道。非正式沟通渠道作为组织内部正常信息系统的辅助，领导者必须加以足够的重视。

5. 管理沟通网络是人们通过一定的沟通渠道交流信息，各沟通渠道按一定的规则组合在一起的形态。它可分为正式沟通网络和非正式沟通网络。正式沟通网络有链型、轮型、圆型、Y 型、倒 Y 型和全通道型六种；非正式沟通网络有单串型、饶舌型、随机型及集合型四种。

6. 管理沟通过程的特点体现为其主要是人际沟通，这也决定了它是一个复杂的过程，常会受到围绕人而形成的一些干扰因素的影响，而降低沟通的质量，这些干扰因素被称为"沟通障碍"。主要有人为障碍、语义障碍、物理障碍、跨文化障碍等。

7. 管理沟通的改善，要求领导者坚持及时、适量、灵活、有效四项沟通原则；了解关注、理解、接受、行为四个沟通步骤；发展双向性、支持性、重复性、综合性四种沟通方法；提高说、写、听、读四种沟通能力，以及培养和掌握跨文化沟通的技能。

8. 冲突是人们由于某种差异不一致而在各方面形成抵触、争执或摩擦的过程。组织中存在的可能产生冲突的条件，即被称为"冲突源"，概括起来包括三大类：沟通、结构和个体因素等。

9. 管理者处理或解决冲突的风格一般有回避、强迫、迁就、协调、妥协风格等类。要有效地处理冲突，管理者一般需要社会化网络技能、群体管理能力、人际协调技能、自我评价技能等冲突管理技能。

10. 由于外部商务环境的快速变化和员工日益更新的需求，冲突管理技能对于冲突管理日益重要。要有效地解决和管理冲突，领导者必须掌握处理冲突的方法或技能：一是领导者应具有处理功能失调的冲突的能力；二是领导者应善于激发冲突。

11. 谈判是既有共识又有冲突的双方或多方为实现某种目标就可能达成协议的过程。市场经济本身是一种契约经济，一切有目的的经济活动、一切有意义的经济关系都离不开谈判。管理中的许多冲突也是通过谈判来协调解决的。因此，谈判是冲突管理的重要方面。

复习思考题

1. 管理沟通有何作用？熟悉沟通的分类对于做好管理沟通工作有何重要意义？

2. 沟通过程有哪些阶段？每一个阶段应注意什么问题？

3. 人际沟通中有哪些心理表现？其对沟通的影响是什么？

4. 管理沟通有哪几种不同的沟通渠道？比较它们的特点。

5. 非正式沟通有什么特点？领导者如何认识和利用非正式沟通渠道？

6. 领导者应怎样与下列人员进行沟通？

（1）鼓励一个下属；

（2）批评一个下属；

（3）通知一个下属，因为工作任务缺乏，要调动他的工作，以前他的工作一直不错；

（4）向你的助手介绍一台新办公设备的用途。

7. 影响有效的管理沟通的障碍有哪些？

8. 管理者要进行良好的管理沟通应从哪些方面入手？

9. 冲突对企业管理有何作用？管理者应如何处理冲突？

10. 谈判在管理冲突中起什么作用？分配谈判与整合谈判有什么差异？

11. 管理者应提高沟通与谈判技巧？

12. 某公司新来的销售员小王在向销售经理发牢骚："张经理，我不愿意跟着老郑搞销售了，他一点也不照顾我，有时星期天也拖我去找客户谈生意，我跟着他一个月，几乎没学到任何本领。他的性格和我不合。请你替我换一下工作。"如果你是销售部经理，不打算给小王更换工作，你会用什么样的方式处理你们之间的冲突？

参 考 书 目

1. 斯蒂芬·P. 罗宾斯. 管理学. 第 4 版. 黄卫伟，等，译. 北京：中国人民大学出版社，1999：459.

2. 斯蒂芬·P. 罗宾斯，等. 管理学. 第 13 版. 李原，等，译. 北京：中国人民大学出版社，2017：379-394.

3. 海因茨·韦里克，哈罗德·孔茨，等. 管理学. 第 13 版. 马春光，译. 北京：经济科学出版社，2011：412-432.

4. 斯蒂芬·P. 罗宾斯. 组织行为学精要——全球化的竞争策略. 第 6 版. 郑晓明，译. 北京：电子工业出版社，2002：131-142.

5. 唐·黑尔里格尔，小约翰·W. 斯洛克姆，理查德·W. 伍德曼. 组织行为学（上）. 王常生，译. 北京：中国社会科学出版社，2001：508-562.

6. 詹姆斯·L. 吉布森，约翰·M. 伊凡塞维奇，小詹姆斯·H. 唐纳利. 组织学——行为、结构和过程. 王常生，译. 北京：电子工业出版社，2002：274-293.

7. 申明，姜利民，杨万强. 管理沟通. 北京：企业管理出版社，1997.

8. 聂正安. 管理学. 长沙：中南大学出版社，2006：409-420.

9. 沈远平，冯云霞，沈宏宇. 管理沟通基于案例分析的视角. 北京：中国人民大学出版社，2011：200.

10. 丁宁. 管理沟通. 北京：清华大学出版社，北京交通大学出版社，2011：10-17.

11. 陈春花，等. 组织行为学. 第 2 版. 北京：机械工业出版社，2013：235-236.

【案例分析】

制定沟通的策略

假定你是一家大型全国性公司的一分支机构经理，你对地区事业部经理负责。你的分支机构有 120 名员工，在他们与你之间有两个层次的管理人员——作业监督人员和部门负责人。你所有下属人员都在本分支机构的所在地工作。请对下面描述的四种案例情形分别制定出有效的沟通方案和策略。并说明你采取这种策略的理由。

案例 1　你的 1 名新任命的部门经理明显没有达到该部门预算的目标。成本控制人员的分析报告表明，该部门在上个月，原材料和设备、加班费、维修费和电话费等项目超支了 40%。当时你没有说什么，因为这是部门经理就任的第 1 个月。但这次你感到必须采取某种行动了，因为上月份该部门的开支又超预算 55%，而其他的部门并没有这样的问题。

案例 2　你刚刚从地区事业部门经理的电话中听说，你们的公司已经被一家实力雄厚的企业收购。这项交易在 1 小时内就会向金融界宣布。事业部经理不知道具体的细节，但要求你尽快将这消息告诉你的手下人。

案例 3　一项新的加班制度将在 1 个月内生效。过去，作业监督人员在确定加班人选时，是当面或通过电话并按工龄长短的次序征求个人意见后敲定。这样资历较长的工人便有加班工作的优先权。这种做法已经被证明为慢而低效，因为过去几年内不少资深的工人已经减少了加班时间投入。而新的制度将在加班任务安排方面给各位监督人员以更大的变通性，也即将提前 1 个月征得工人们对加班的允诺。你发现部门经理和监督人员都明确赞成这项新的制度，且大多数的工人也都会喜欢的，但一些资历较深的工人肯定对此有意见。

案例 4　你的上司曾在你的职位上工作过多年。这次你了解到，他越过你而直接同你的两位部门经理进行了沟通。这两位部门经理向你的上司报告了几件对你不利的事情，并由此使你受到了轻微的责备。你有些惊讶，因为尽管他们所说的是事实，但他们并没有向你的上司全面说明情况，这会使你处于不利的地位。你的上司两天后要来分支机构考察，你想将这一误会向他做个解释。

　　资料来源：王凤彬，刘松博，朱克强．管理学教学案例精选．上海：复旦大学出版社，2009：191-192．

◎ **讨论题**

　　面对以上四种不同的情况，你计划如何进行沟通？对你选择的沟通方案进行分析和解释。

第五编 控 制

为了达到有效控制，控制应在有限的时间内及时进行，并且应该伴随有奖惩。

——亨利·法约尔

最有效的控制不是强制，而是触发个人内在的自我控制。

——沃伦·巴菲特

没有规矩，不成方圆。

——中国古谚

时至今日，控制在管理工作中已占有不容忽视的地位。不仅仅是作业生产，企业的各项决策和实施过程中的计划，都可能遇到始料不及的各种因素的干扰，影响工作的进行，甚至造成重大的失败。哈佛大学教授罗伯特·L. 西蒙斯（Robert L Simons）认为："今天的管理者面对的一个基本问题是怎样在要求具备灵活性、革新精神和创造力的公司重视足够的控制。在不断变化、高度竞争的市场中，大多数公司的管理者不可能把所有的时间和精力都用来确保每个人都在做预期的工作。有人认为管理者只要启用不错的员工、调整激励手段，并且报有最好的希望就能实现良好的控制，这种想法是不现实的。现在的管理者必须鼓励员工主动改进现有的方法和创造新的方法来对客户需求做出反应，但是这些又必须以一种受控的方式进行。"因此，管理者必须认真搜集、分析、处理反映决策实施过程和内外因素变化的各种信息，从而控制情况发展，实行有效管理。本编着重阐述的是控制的基础知识和方法。

第十三章 控制的基础

【学习目的】

在学习本章之后，你应该掌握以下内容：

1. 管理控制及其重要性。
2. 管理控制的特点和层次性。
3. 组织中的管理控制系统，某个功能领域的管理控制系统。
4. 管理控制的过程，关键管理控制点。
5. 有效管理控制的基本特征。
6. 信息技术对管理工作的影响。

【案例——问题提出】

海尔集团"OEC"管理模式

海尔集团提出的"OEC"管理模式，即"日事日毕，日清日高"的工作准则，体现了企业不断进步和持续改进的特点。"OEC"管理模式是海尔集团管理体系的基石，是其对外并购扩张、推行统一管理的基本模式，也是全国企业到海尔集团学习先进管理经验的主要内容。正是通过这种持续改进，海尔集团由 1984 年的亏损企业发展成为世界第四大白色家电制造商、中国最具价值品牌的大规模的跨国企业集团。

OEC 是 Overall Every Control and Clear 的英文缩写，其含义是全方位地对每人、每天所做的每件事进行控制和清理，做到"日事日毕，日清日高"。具体来讲，就是企业每天所有的事都有人管，控制到人不漏项；所有的人均有管理、控制的内容，并依据工作标准，按规定的计划执行。每日对每个过程或每件事进行控制，把执行结果与计划指标对照、总结、纠偏，确保实现预定的目标。日清日高管理法的实质是：管理不漏项，事事有人管，人人都管事，管事凭效果，管人凭考核。简单来说，OEC的含义就是：今天的工作必须今天完成；今天完成的事情必须比昨天有所提高；明天的目标必须比今天更高。海尔 OEC 管理模式的理论依据是"海尔定律"（斜坡球体论）：企业如同爬坡的一个球，受到来自市场竞争和内部职工惰性而形成的压力，如果没有一个止动力它就会下滑，这个止动力就是基础管理和企业持续不断地改进。海尔集团正是创造性地运用这一管理模式，使企业处于不断向上的良性循环之中。

资料来源：华培. 日事日清——打造高效的执行模式. 北京：人民邮电出版社，2011.

从海尔集团的"OEC"管理模式案例中，你是否已经感到了控制的重要？从有组织的努力开始存在的时候起，控制这种管理活动就存在了。法约尔指出："在一个企业里，控制就是要证实一下是否各项工作都与计划相符，是否与下达的指示及已定原则相符合，其目的在于指出工作中的缺点和错误，以便加以纠正并避免重犯。"① 控制是管理活动的一个非常重要的环节，是对计划的和实际的行动进行衡量评估，以便在必要时采取纠正行动，完成整个管理活动的周期。

第一节　管理控制的概念

一、管理控制的定义

任何组织都注意引导组织成员去实现组织目标。但是无论组织的正式目标是什么，组织成员都有着自己的个人目标。即使这些个人和群体希望去实现组织目标，组织也必须去整合他们的努力，引导他们朝向特定的目标。换言之，组织就意味着控制。一个社会是个体成员交互的有序安排。控制过程有助于限制差异化的行为，使他们与组织的理性计划保持一致②。

管理控制是控制论应用的一个重要领域。"控制论"（cybernetics）一词最初源于希腊文，原意为"操舵术"，就是掌舵的方法和技术的意思。在古希腊哲学家柏拉图的著作中，经常用它来表示管理人的艺术。自从 1948 年诺伯特·维纳出版著名的《控制论》一书以来，控制论的思想和方法已经渗透到了几乎所有的自然科学和社会科学领域。在管理工作中，管理控制（management control）是指组织确保其子单元（包括个人、群体、部门等）以协调和合作的方式开展行动的过程，目的是使资源能够获得最优的配置，以实现组织目标。③ 在组织中，管理控制又可以区别为两种不同的模式——产出控制和行为控制，具有不同的控制含义。

产出控制（output control）是基于控制论强调通过对结果的评价来实现控制，即按照一定的标准采用科学的方法检查和评定组织内部工作，以确定其工作成绩的管理方法。控制论的研究表明，无论自动机器，还是神经系统、生命系统，以至经济系统、社会系统，撇开各自的质态特点，都可以看作一个自动控制系统。在这类系统中有专门的调节装置来控制系统的运转，维持自身的稳定和系统的目的功能。控制机构发出指令，作为控制信息传递到系统的各个部分（即控制对象），由它们按指令执行之后再把执行的情况作为反馈信息输送回来，并作为决定下一步调整控制的依据。这样我们就看到，整个控制过程就是

---

① 亨利·法约尔. 工业管理与一般管理. 周安毕，等，译. 北京：中国社会科学出版社，1982：119.

② A. S. Tannenbaum. Control in organizations. New York：McGraw-Hill，1968：3.

③ Michel Lebeas，M. Weigenstein. Management control：The role of rules，markets and culture. Journal of Management Studies，23（3）：259-272.

一个信息流通的过程，控制就是通过信息的传输、变换、加工、处理来实现的。反馈对系统的控制和稳定起着决定性的作用，无论是生物体保持自身的动态平稳（如温度、血压的稳定），或是机器自动保持自身功能的稳定，都是通过反馈机制实现的。法约尔指出，"在一个企业里，控制就是要证实一下是否各项工作都与已定计划相符，是否与下达的指示及已定原则相符合，其目的在于指出工作中的缺点和错误，以便加以纠正并避免重犯。"① 行为控制（behavior control）是基于行为科学理论强调通过对人监视（personal surveillance）来实现控制，即管理者通过对人的行为加以引导，最小化组织成员间的差异偏好。行为控制法强调人事政策的使用，如选择、培训和社会化等。产出控制和行为控制不是相互替代的，而是相对独立的。

◎ 小资料

诺伯特·维纳与控制论

控制论之父诺伯特·维纳（Norbert Wiener），1894 年 11 月 26 日生于美国密苏里州的哥伦比亚市。维纳是一个天才，8 岁上中学，11 岁上大学，14 岁大学毕业，18 岁获得博士学位，写有自传《我曾经是个天才》和《我是一个数学家》。

在控制论中，"控制"的定义是：为了"改善"某个或某些受控对象的功能或发展，需要获得并使用信息，以这种信息为基础而选出的、加于该对象上的作用。由此可见，控制的基础是信息，一切信息传递都是为了控制，而任何控制又都有赖于信息反馈来实现。

资料来源：根据 MBA 智库百科（http：//wiki.mbalib.com）、百度百科（http：//baike.baidu.com）的资料整理。

二、不同历史时期的管理控制内涵

雷恩认为不同的历史时期，管理控制的内容、重点是有所不同的。在工业化以前的社会中，通常依靠宗教的权威、军队的纪律以及国家的法令达到组织管理控制的目的，而管理控制也是以单方面的命令和严格的纪律为依据的，很少尊重被控制的人。

工业革命使工厂的管理体系得到迅速传播，但也使工厂主们面临新的困难：工厂带来了更多的需要加以管理控制的因素，但工厂主却不能依靠过去的几种组织的管理控制手段达到管理控制的目的。令人欣慰的是，工业革命也带来的人们思想的革命，18 世纪的启蒙运动是自然哲学的伟大时代。受过教育的人对科学发现有着浓厚的兴趣，以致当时出现

---

① 亨利·法约尔. 工业管理与一般管理. 周安华，等，译. 北京：中国社会科学出版社，1982：119.

这样一种观念："科学能够把世界变得更加美好。"① 科学管理应运而生，科学管理强调
管理控制活动要通过经验性研究来制定精确的定额，并在工时和成本衡量方面有所改进。
在代表人物泰罗的"科学管理"体系中，"科学"这个词是指这种把度量和分析同管理控
制结合起来的方法。他完全遵守了当时一切活动都从度量开始的科学精神，"凡是能够被
有效测量的，就能被有效地控制"②。这种管理控制精神的重要结果是产生一批至今仍非
常有效的管理控制技术，如甘特图、作业流程图等。

社会人时期使管理控制必须依靠严格的外部监控的观念趋于缓和。管理控制日益成为
管理部门提供诱因的一种民主、内在的参与，以及管理人员所显示出来的一种社会技能。
在社会人时期，专家建议管理人员要注意严厉的外部控制手段的应用，打开沟通渠道，发
展人际关系技巧，并且认识到团体影响对管理人员工作的重要性。

管理过程学派的兴起使管理学界重新对一般管理理论产生兴趣，结果是拓宽了管理控
制的概念，使其超越了以生产为导向的范围。管理控制被看作各种活动循环的完成，并导
致重新计划、重新确定目标以及其他一些校正的活动。管理控制活动基于信息，计算机技
术、控制论以及管理信息系统的发展使管理控制越来越深入，内容越来越复杂，手段越来
越先进，计算机辅助设计与制造系统、企业资源计划等都是这些活动的结果。

需要注意的是，具有提高效率潜力的管理控制措施本身就包含了自我破坏的机制，
这正是管理控制的难点和困惑。控制思想可能更多地强调控制措施，而人的价值却要
求目标的内在化和实现自我控制。集中控制的程度越高，就越可能影响个人的目标追
求；越是为了提高效率而集中活动，则满足局部需要和个人酌情处理的灵活性就越低。
管理控制职能的制度化由于现代技术的发展而不断加深，但大量的规则、制度又可能
使人与组织两者都产生机能失调的后果。众多的管理经验和事实告诉我们，在管理控
制工作中，如何科学地开展管理控制工作，实现"抓而不死，放而不乱，工作有序，
人员积极"是不容易的。

三、管理控制的重要性

在前面的学习中我们已经知道，管理的一个重要工作就是通过计划去谋划未来，但在
计划的执行过程中，由于受环境变化、决策人员主观认识变化、计划执行过程中工作失误
的影响，必然会发生实际工作结果与计划目标、计划目标与现实状况出现偏差、脱节这样
的问题，因此，确保计划目标的实现，防止计划执行过程中重大失误的出现，因环境变化
对计划目标做出必要的调整，管理工作的控制职能就显得十分重要了。

（一）任何组织、任何活动都需要进行管理控制

法约尔曾指出，控制必须施于一切的事、人和工作活动。这是因为即使有完善的计
划，有效的组织与领导，都不能确保管理者的目标一定能自动达到，都需要管理控制予以
督促；工作是由人来完成的，人因个人才能、动机和态度的不同，在执行同样工作任务时

---

① 摩根·威策尔. 管理的历史. 孔京京，等，译. 北京：中信出版社，2002：59.
② 摩根·威策尔. 管理的历史. 孔京京，等，译. 北京：中信出版社，2002：81.

也往往出现不同的结果；计划是事先制订的，本身因环境变化也需要修正，这些都需要管理控制这个职能来加以管理。图 13-1 显示了管理控制的基本作用，良好的控制系统能防止上述各项问题的产生，使管理的各项职能朝着既定的目标前进。管理控制工作完成得好，管理工作就能起到难能可贵的协助作用。在实际工作中不管对任何希望开展的工作都应能够回答这样的问题："工作应怎样进行控制呢?"由于管理控制适用于各种性质的工作和各级工作人员，所以管理控制也就有千百种不同方式。像管理的其他职能（计划、组织和领导）一样，管理控制这一职能在执行过程中也需要持久、耐心、专注的工作精神和较高的艺术造诣。

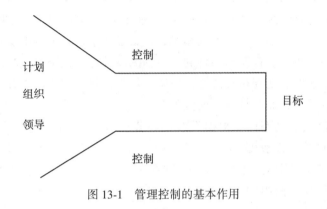

图 13-1　管理控制的基本作用

（二）管理控制的重要性与其他三个职能相关

管理控制工作通过纠正偏差的行动与其他三个职能紧密地结合在一起，使管理过程形成了一个相对封闭的系统。在这个系统中，计划产生管理控制的标准，而计划的目标要能够实现，又必须由管理控制来保证。一旦计划付诸实施，管理控制工作就必须跟随、穿插其中，衡量计划的执行进度，揭示计划执行中的偏差以及指明纠正措施，以保证对工作发展态势的控制。要进行有效的管理控制，还必须有组织的保证。在管理控制进行过程中，必须知道组织在计划实施中发生的偏差情况以及采取纠偏行动的职责应归属于谁。如果各级组织机构职责不明确，承担偏差产生责任的部门和采取纠偏措施的部门就无法明确。因此，组织机构越明确、完全和完整，管理控制工作就会越有效果。管理控制要有效进行，还必须要配备合适的人员，必须给予正确的指导和领导，必须调动广大参与者的积极性，也就与领导职能有关。一个有效的控制系统的形成，必须依赖于管理者的充分授权。在处理人际关系时，许多管理者认为授权是一件非常困难的事，其主要原因是管理者对下属的决策负有最终的责任，他害怕下属犯了错误而由他来承担责任，从而使许多管理者试图靠自己做事来避免授权给他人。但是，如果通过建立反馈机制，形成一种有效的控制系统，能积极、有效地提供授予了权力的下属工作绩效的信息和反馈，这种不愿授权的思想负担可以大大减轻。

在多数情况下，管理控制工作是一个管理过程的终结，又是一个新的管理过程的开始。管理控制工作的目的不仅是要使一个组织按原定计划维持其正常活动，以实现既定目标，而且还要力求通过管理控制工作中总结的成功经验和发现的种种问题，实现有效的反馈，为新的工作提供新的思考和分析，使组织的活动提出新的目标，有所前进，有所创新，达到新的高度。众所周知，只要组织存在，组织的管理工作就无始无终，一方面要使系统的活动维持在一个平衡点上，另一方面还要使系统的活动在原平衡点的基础上，求得螺旋上升，不断提高和发展。

四、管理控制的特点

控制广泛地存在于自然界和人类生活中。例如人体本身就是一个生物控制调节系统，以保持自身的代谢平衡；现代机械（特别是各种自动化装置）的应用也处处体现控制的原理。事实上，控制论和信息论的形成和发展，就是从生物和机器中控制过程的研究起步的。从本质上说，管理上的控制和物理的、生物的以及社会系统的控制是一样的，都是希望维持系统的正常运行，实现机理的充分协调。然而，将控制应用于管理，又具有它新的特点。综合而言，管理控制的特点主要体现在：

（1）管理控制具有动态性。根据系统的特点，任何控制系统与环境之间存在密切的交互作用，控制的功能就是通过这样一种系统与环境的相互作用来实现的。因此，从本质上说，控制是一个动态的过程。区别在于，机器的控制其程度是高度程序化的，具有相对稳定的特征。而组织系统不是静态的，其外部环境和内部条件随时都在发生着变化，且组织控制具有鲜明的以人为控制中心的特点，从而决定了控制方法和标准不可能固定不变，这就使管理控制更加灵活、更加需要适应环境而不断调整，增强其适应性和有效性。

（2）管理控制具有目的性和反馈性。控制的意义就在于使活动朝着计划目标前进，因此，任何一种管理控制都具有鲜明的目的性。而管理控制的这种目的性要得以实现，离不开信息反馈。没有信息的反馈，也就没有了赖以判断对错的对象和依据。因此，目的性和反馈性是任何一个控制系统都具有的特点。值得注意的是，对于一个简单的控制系统来说，反馈的信息是较单纯和特定的。但对管理工作而言，"信息"是根据管理过程和管理技术组织起来的、在生产经营活动中产生的，并且经过分析整理后的信息流或信息集。管理中的信息种类繁多、数量巨大，与管理系统结合在一起，就形成了一个系统——管理信息系统。管理信息系统的出现，使管理控制活动更加复杂、技术更加先进、反应更加灵敏。

（3）管理控制具有人本性。人是组织各项活动的执行者，组织中的各项活动都要靠人来完成。管理控制归根结底就是对人的控制，同时本身又必须由人执行。这就要求充分注意到人才是管理控制的关键。既要使人遵守控制的准则，又要努力使控制符合人的特性。管理控制不仅成为一种监督，更要成为一种指导，使人在被动接受控制的同时，还能充分理解控制的必要性与方法，从而端正自身态度，提高工作与自制能力。例如，著名的美国通用电气公司的前任总裁韦尔奇就说过："做一个领导者，而非管理者。""他们将管理等同于高深复杂，认为听起来比任何人都聪明就是管理。他们不懂得去激励人。我不喜欢。'管理'所带有的特征——控制、抑制人们，使他们处于黑暗中，将他们的时间浪费在琐事和汇报上，紧盯住他们，你无法使人产生自信。""我们寻找的是领导者……他能够激发活力、调动情绪和有效控制，而不是使人沮丧、让人颓废和硬性控制。"这充分反映了在管理工作中人应如何正确理解控制人本性这一特性，如何依据这一特性选择有效的管理控制方法。

对于管理控制而言，组织机构越是明确、全面、完整，设计的控制技术越能反映组织机构中的岗位职责，也就越有利于纠正偏离计划的误差，这就是所谓的组织适宜性原理。如果产品成本不按制造部门的组织机构分别进行核算和累计，如果每个车间主任都不知道该部门产出的产成品或半成品的目标成本，那么他们就既不可能知道实际成本是否合理，也不可能对成本负起责任。这种情况下是谈不上成本控制的。

（4）管理控制具有创新性。从生物或机械的观点来看，控制活动的目的是设法使系统运行中产生的偏差不超出允许的范围而在某一点上保持平衡。但对管理控制工作而言，控制的目的不仅是要使组织"维持现状"，而且还致力于使组织不拘泥于现状，要有所创新，有所前进，争取达到新的目标与高度，即"打破现状"，这是由管理工作的特性决定的。管理的四个职能活动，通过信息反馈形成一个回路，一方面使系统的活动维持在一定稳定状态下，另一方面还要使系统通过控制中发现的问题，制定更严格、更合适的控制标准，使组织的运行求得更大的发展。

五、管理控制的层次

一般而言，一个典型组织的活动由两个相连的过程构成，我们称之为物理过程和管理过程。所谓物理过程是一个具体的实物（或人们可以感知的非实物）的流转过程，它指组织从组织外部得到人力、物资、资本、信息等资源，经过加工、转化、移动，以产品或服务的形式再提交给外部的过程。这一个过程由另一个过程——管理过程所控制。管理过程处理的是人们通过物理过程中产生的信息，经过整理，并向物理过程发出信息的过程，输出的就是对物理过程发出的指令。

总的来看，管理过程必须通过三个分系统发挥自己的控制职能：

（1）价值系统。它决定组织追求的价值、目标、政策，为组织提供计划，评价的标准和控制的方针、政策。

（2）信息系统。它提供各种变量的数据。

（3）预测决策系统。它对备选方案的结果提供预测，并据此做出满意的决策。

实际的管理控制工作会根据组织层次的不同而有各自特殊的控制内容。粗略地看来，在战略层，管理控制工作是对组织所有层次活动的设计、规划、目标设定和工作结果的监督，具有非确定型活动的特点。在经营层，管理控制工作是对常规性的工作进行控制，具有确定型活动的特点。在专业层，管理控制工作是对生产流程、流通活动进行具体的控制，也具有确定型活动的特点。三类管理控制活动的具体状况可参见表 13-1。

表 13-1 **不同管理层的控制职能**

	价值系统	信息系统	预测决策系统
战略层	控制内容：组织的高层活动，包括目标设定和监督，适用资源的抉择	输入：外部情况、人员情况和内部成果报告 自身：各项特别报告和模拟，非限定的咨询 输出：目标、政策和各种制约	预测情报一般不完备，变动幅度大，强调外向的视野；决策时间间隔不规则
经营层	控制内容：部门管理者活动，包括按职能筹措和分配资源；制定各种制度和标准；测定成果，实施管理	输入：概要情况和例外情况 自身：大量定期报告、各类型情况和数据库，限定咨询 输出：各种决定、领导活动，部分程序	预测情报受个人和组织情况影响大，多强调内部的视野；决策时间间隔规则（年、季、月、周等）
作业层	控制内容：基层负责人的活动，包括根据规章使用资源、履行职责	输入：内部事项和处理记录 自身：固定程序的和具体的信息活动 输出：作业行动	备选方案的结果规定明确、稳定可测；决策时间间隔多为实时处理

第二节 管理控制的过程

在管理控制工作中，为强化和优化控制职能，控制工作一般划分为三个具有内在逻辑联系的基本步骤（如图 13-2 所示）：确定管理控制标准（①）；与标准进行比较，发现可能存在的偏差，衡量实际工作（②）；采取行动纠正偏差或修改不适当的标准（③）。

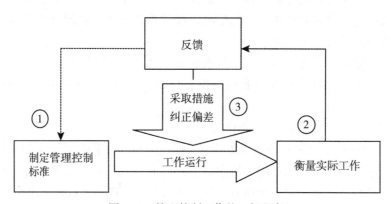

图 13-2 管理控制工作的一般程序

一、确定控制标准是控制过程的起点

管理控制的职能就是保证组织的活动按计划进行从而达到预定目标。从这个意义上

说，计划中所确定的目标就是控制的标准，度量实际工作最理想的标准就是一系列可考核的目标。但在实际工作中，计划繁简不一，目标也不是都能度量，主管人员更不可能事事过问。管理控制工作要具体落实到位，还必须在计划的基础上进行标准的明晰化与专门化。

所谓标准就是评判结果的尺度，是管理人员据以测定绩效的基础。没有一套完整的标准，衡量绩效和纠正偏差就失去了客观依据，所以标准必须合理可靠。如何才能做到这一点呢？

（一）寻找管理控制的关键点

进行管理控制首先遇到的问题是"控制什么"，这是在确定管理控制标准之前首先需要加以解决的问题。只有明确了控制的对象，才能据以确定该采用什么标准。从整体上看，组织的一切人、事和工作活动都需要管理控制，但从现实以及成本出发，控制工作既不可能，也没有必要对所有活动都进行控制，而只要找出关键点。管理者越是关注关键点，并作为管理控制标准，控制工作就越有效。事实上，只要对这些主要的关键点进行控制，就可以控制组织活动的整体状况。如在酿造啤酒的过程中，影响啤酒质量的因素很多，但只要抓住了酵母的质量、酿酒的原料、水的质量、酿造温度和酿造时间，就能基本保证啤酒的质量。因而，在啤酒的生产过程中，对上述关键点都必须制定相应的控制标准，并实施有效控制。

一些有效的方法帮助主管人员在某些控制工作中选择关键点。例如，计划评审技术就是一种在有着多种平行作业的复杂管理活动网络中，寻找关键活动和关键线路的方法。这是一种强有力的项目控制的系统工程方法，它的成功运用确保了像美国北极星导弹研制工程和阿波罗登月工程等大型工程项目的提前或如期完成。因而，如何挑选最恰当的关键点就成为管理中的一门艺术。现实工作中，每个企业、每个部门、每个主管的管理工作都有很大的差别，不可能建立通用的控制标准。为此，孔茨建议管理者应不时地问自己这样一些问题[1]：

什么能最佳地反映本部门的目标？

当没有达到这些目标时什么能最佳地表明其情况？

最能表明偏差情况的是什么？能向主管表明谁应对此负责的是什么？

哪些标准最省钱？经济适用的信息标准是什么？

管理控制工作效率的要求，则从另一方面强调了控制关键点原理的重要性。所谓控制工作效率是指控制方法如果能够以最低的费用或其他代价来探查和阐明实际偏离或可能偏离计划的偏差及其原因，那么它就是有效的。对控制效率的要求既然是控制系统的一个限定因素，自然就在很大程度上决定了主管人员只能在他们认为是重要的问题上选择一些关键因素来进行控制。

（二）制定标准的方法和要求

1. 制定标准的方法

由于管理控制的对象不同，所需要衡量的绩效成果的领域不同，标准的类型也很多，

---

① 哈罗德·孔茨，海因茨·韦里克. 管理学. 第 10 版. 马春光，译. 北京：经济科学出版社，1998：380.

如数量标准、质量标准、时间标准、成本和效益标准等。在日常的工作中，常用的制定标准方法有三种：统计分析法、经验判断法、技术分析法。

（1）统计分析法，也称历史分析法，是以分析反映企业经营在各个历史时期状况的数据或与同类企业对比的水平为基础，运用统计方法，为未来活动而建立的标准。由于这些数据可能来自本企业的历史统计，也可能来自其他企业的经验，可能具有简便易行的好处，但这种方法由于受历史的局限，而难以反映发展的要求。统计分析法常用于拟定与企业运行活动和经济效益有关的标准，能较好地反映过去平均的或一般的水平状态，为预期未来的行为提供依据。但当组织内部条件和外部环境发生剧烈变化时，这种方法就不准确了，它难以考虑新情况，特别是很难对未来可能出现的变化进行预测。

（2）经验判断法。经验判断法是根据管理人员的经验、判断和评估来建立控制标准。这种方法制定的标准实际上是依据个人价值判断建立的标准，管理者对目标的期望及其个人价值系统将起决定作用。因此，利用这种方法来建立工作标准时，要尽量克服主观性，应充分综合各方面的管理人员的知识和经验，综合大家的判断，确立相对先进合理的标准。

（3）技术分析法。这种方法是通过对工作进行客观的定量分析，制定准确的技术参数和实测数据标准，主要应用于测量生产者或某一工程的产出定额标准。比如，机器的产出标准是其生产能力在正常情况下被使用的最大产出量；工人操作标准是研究人员在对构成作业的各项动作和要素的客观描述与分析的基础上制定的标准作业方法；劳动时间定额是利用秒表测定的受过训练的普通工人以正常速度按照标准操作方法对产品或零部件进行某个（些）工序的加工所需的平均必要时间。

由上可看出，三种制定标准的方法各有优劣，因此在日常工作中可根据标准的性质、工作的要求选择和综合使用。

2. 制定标准的要求

标准是管理控制工作的重要的基础工作，是有效开展管理控制工作依据，标准自身的质量就显得异常重要，那么什么样的标准才是符合要求的呢？根据管理控制工作的特点，好的标准应具有以下特征：

（1）可衡量性。这要求标准应具备基本的量化特性，便于在管理控制工作中对各部门的工作进行衡量，易发现出现的偏差，能追究相应的责任单位或人。

（2）公平性。公平是管理工作必须注意的工作前提。管理工作中制定出来的控制标准实际上就是一种规章制度，它应尽可能地体现对下属的一致性，体现对事不对人的特性，不允许存在特殊化的现象。

（3）可实现性。可实现性就是说指定的标准有利于激励，也有利于职工通过努力达到标准。建立的标准需考虑到工作人员的实际情况，包括他们的能力、使用的工具等，使标准是经过个人的切实努力后可以实现目标。

（4）适度的弹性。管理工作需要一定之规，但也需要保持充分的弹性。这就要求标准建立起来后，应在一段时期内保持不变，但环境会不断变化，也可能存在例外现象，所以，管理控制标准应保持一定的弹性，特殊情况要能够做到例外处理。

（5）有利于信息沟通、组织发展。信息是管理控制工作正常开展的基础条件，管理控制是为了实现组织有序的发展，因此，在管理控制工作中必须强化信息的准确和流通，有利于组织的正常发展。

二、衡量实际工作并与标准做比较

衡量的过程实际上是一个信息产生和比较的过程。将实际工作成效和进度与标准进行检查、衡量和比较，及时为管理者提供能够反映偏差是否产生并能判定其严重程度的信息，是这一阶段的主要任务。这里需要回答两个问题：如何进行衡量？如何评价衡量的结果？知道了如何衡量，就能够有效地为管理者提供有关工作运行状况的直接数据和信息，而要正确评价衡量结果，还需要将结果与标准进行比较，对数据和相关信息进行分析、整理、归类，形成有用的、合适的信息。

（一）如何衡量

为了获得控制信息，管理人员衡量实际工作情况时可以采用亲自观察、分析统计资料、听取口头汇报、阅读书面汇报、进行抽样调查等方法。

亲自观察可以亲眼看到工作现场的实际情况，可以通过与现场工作人员的交谈来了解工作的进展及存在的问题，进而可获得关于实际工作的最直接和最深入的第一手资料。但是，由于时间和精力的限制，对所有工作活动都亲自观察是不可能的。

利用报表和统计资料了解工作情况也是常用方法。随着计算机在组织中的普遍使用，统计资料越来越全面、准确，使用也越来越方便、迅速。但是，这种方法获取的信息是否全面、准确，往往完全依赖于原始资料来源的可靠性；并且，它提供的信息也有一定的局限，这只是数据的表现形式，会忽略了其他许多重要因素。

召开会议，或一对一的谈话，让各部门管理者汇报各自的工作近况及遇到的问题，既有助于管理者了解各部门工作的情况，又有助于加强部门间的配合协作。这种口头汇报形式快捷，可以相互反馈，但不容易保存。书面汇报则更加正规、精确，便于分类存档和查找，但效率可能较低。

抽样调查是对从整批调查对象中抽取出的部分样本进行调查，并把结果看成整批调查对象的近似特征，这种方法可节省调查成本及时间，但受到抽样科学性和方法选择的影响。

另外，组织中也会存在很多无法直接测量的工作，只能凭借某些现象进行推断的结果。如从职工的合理化建议增多中或许可以推断企业的民主化管理有所加强，迟到现象增多可能是分配不公所致等。

在实际工作中，通常的做法往往是根据测量工作的需要进行方法的选择，多种方法同时使用。

（二）如何评价衡量结果

在评价中首先是将反馈的结果与标准进行比较。通过比较，可以确定实际工作成效与标准之间的偏差。在这项工作中需要确定可接受的偏差范围，是非常重要的。因为在实际工作中，并非所有的偏差都可能影响企业的最终成果或导致问题的出现。有些偏差可能是由于计划本身的问题（如标准自身的问题），而另一些偏差则可能是由于一些偶然的、暂时的、局部因素引起，甚至是正常的波动，并不一定会对组织活动的最终结果产生重要影响。因此，确定可接受的偏差范围非常必要。当偏差显著地超出范围时，就应引起管理者的高度重视。管理者应特别注意偏差的大小和方向，过大的正偏差和负偏差同样需要引起警惕。那么，究竟多大的偏差才会促使管理者认为有必要采取行动呢？这时既可依据定量指标，也可进行主观判断，同时也需要参考历史资料与注意工作经验的积累。

（三）衡量的频度是否合适

衡量频度不仅体现在控制对象数目的选择上，而且表现在对同一标准的衡量次数（即频度）上，如检查的数量，抽样的间隔时间。对控制对象或要素的衡量频度过高，不仅会增加控制的费用，而且还会引起检查人员工作疲劳，影响他们的工作情绪，从而产生衡量工作的失误，对组织目标的实现产生负面影响。但衡量和检查的次数过少，则有可能造成许多重大的偏差不能被及时发现，不能及时采取措施，从而影响计划的完成。

通常，适宜的衡量频度取决于管理控制活动的性质。例如，对产品质量的管理控制常常需要以小时、日等较小的时间单位来进行，而对新产品开发的管理控制则可能需要以月为单位。一般来讲，管理控制对象可能发生重大变化的时间间隔是确定适宜的衡量频度所需要考虑的主要因素，如刚上班时，由于工作人员、设备刚进入角色和启动，需要提高频度，而在正常工作一段时间后则可降低频度；在下班前，由于工作人员往往会出现精力不够集中的现象，衡量工作又可适当提高频度。

（四）衡量的信息是否具有代表性

所谓信息的代表性是指信息的及时性、可靠性和适用性。对于多数的信息来说，如果不能及时收集、传递，其利用价值就会大大地降低，甚至给组织带来巨大的损失。因此，组织内部要建立健全统计、原始记录等基础制度，加强信息的加工、检索和传递工作，但也要注意信息过量的问题。收集信息的目的是利用信息，一方面决策人员只有依靠可靠的信息方能做出正确的决策，另一方面组织中的不同部门乃至同一部门在不同时期对信息的种类、范围、内容、详细程度、准确性、使用频率的要求都可能不同。这就需要工作人员完善信息来源的环节，并对衡量工作所获得的信息进行整理分析，确保在管理者需要的时候提供尽量精练而又能满足控制要求的全部信息。

三、采取行动纠正偏差或不适当的标准

在发现偏差后，管理人员所开展的工作应在下述三类纠偏工作中进行选择：不采取纠正偏差的措施；改进工作，提高绩效；修订不适当的标准。选择的基本思路是：首先是考虑有无必采取纠偏措施，如需要，再考虑纠偏措施的方法选择。需要纠偏的对象，是工作还是标准呢？为此，首先要分析偏差产生的原因。一种可能是计划标准脱离实际；另一种可能是在计划执行过程中出现新情况新问题，客观条件发生了变化，以至于达到标准困难；还有一种可能是整个工作的组织、指挥不善，没有尽可能地利用现有资源发挥应有的效用。其次就是合理地选用纠偏的方法。对于第一、二种情况，我们需要调整标准；对于最后一种情况，则应加强管理工作。当然，实际工作中偏差产生的原因可能是多种多样的，也可能是多种原因共同作用的结果。管理者应通过评估、分析，透过表面现象找出造成偏差的深层原因，为纠偏措施的制定提供指导方向。

（一）不采取任何行动

很显然，如果偏差没有超出管理者可接受的范围，就不会采取纠偏行动。还有一种可能是，通过成本—效益比较，管理者发现，如果纠偏，其成本可能超过偏差带来的损失。也就是说，对于纠偏的措施，其实施条件和效果的经济性都要低于不采取任何行动，那么可能的选择就是不采取或暂时不采取行动。

（二）改进工作绩效

如发现工作中出现了必须纠正的偏差，且产生偏差的问题是工作中出现的问题，那么纠偏行动的具体方式可以是：改进生产技术，改进管理方式，调整组织结构，改进激励工作，采用补救措施或进行培训计划上的调整，重新分配员工的工作或做出人事上的调整等。

在纠偏过程中需要注意的是，有些纠偏措施会在不同程度上引起组织结构、人员关系和活动方式的调整，从而会涉及某些组织成员的利益，不同的组织成员会因此对纠偏措施持不同态度。特别是纠偏措施是对原来的活动进行重大调整时，许多人会对纠偏措施持怀疑和反对态度：原先工作的制定者和支持者会害怕改变决策和工作方式，认为这标志着自己的失败，从而会公开或暗地里反对纠偏措施的实施；执行原决策、从事具体活动的基层工作人员可能对自己参与的工作怀有感情，或者担心调整会使自己失去某种工作机会，影响自己的既得利益而极力抵制任何重要的纠偏措施的制定和执行。因此，控制人员要充分考虑到组织成员对纠偏措施的不同态度，特别是要注意消除执行者的疑虑，争取更多的人理解、赞同和支持，以尽量避免在纠偏方案的实施过程中可能出现的人为障碍。

（三）修订标准

标准的修订通常可用提高标准或降低标准两种方式进行，而选择的依据主要是偏差的方向。如前所述，在标准脱离实际，导致多数员工、多数部门的工作无法完成预定目标时，管理部门应果断地降低标准，使标准符合实际；反之，则应适当提高标准。而在环境发生重大变化，标准制定的基础——计划目标脱离了实际时，则管理人员应主动地修订计划目标，使计划适应标准的变化。

一旦决定修改标准时，还需要充分考虑原先计划实施的影响。因为初始决策时，所选定的方案尚未付诸实施，没有投入任何资源，客观对象与环境尚未受到人的决策的影响和干扰，是起点为零的决策。然而，当需要对原先计划与决策的局部甚至全局进行调整时，企业外部的经营环境或内部的经营条件已经由于初始决策的执行而有所改变，是"非零起点"。因此，在制定新的标准时，要充分考虑到伴随着初始决策的实施已经消耗掉的资源，以及这种消耗对客观环境造成的种种影响。

综合以上分析可以知道，管理控制标准来源于计划目标，控制过程是一个在衡量、比较和修正工作之间连续运行的过程。

四、有效管理控制过程的基本特征

管理控制的有效性是控制工作的重点，它既体现了管理工作的特性，也是控制工作自身的需要。

（1）信息准确及时。一个有效的控制系统必须是可靠的，并能及时地提供准确信息，否则，很可能导致管理层在应该采取行动的时候没有行动，或在根本没有出现问题时而采取行动，甚至采取了错误的行动。要防止这些问题的出现，只能依靠组织高效、准确的控制系统。

（2）标准合理可靠。控制的标准必须是合理的且能达到的。如果标准太高或不合理，它将不会起到激励作用，也不是员工力所能及的。因此控制标准应该是一套富有挑战性、能激励员工奋发向上的标准，而不是让人感到泄气或鼓励欺诈的标准。

（3）管理控制关键环节，注意例外处理。控制的重点应放在对组织行为有战略性影响，易于出错或一旦出错会造成很大危害的关键地方。与此同时，管理者不仅要善于寻找关键点，而且在找出关键点之后，要善于把主要精力集中在对关键点例外情况的控制上。例外是在一般规律、规定之外的情况。例外原理认为，管理人员越关注重要的例外偏差，越是把控制的主要注意力集中在那些超出一般情况的特别好或特别坏的情况，控制工作的效能和效率就越高。

（4）讲究经济效益，保持灵活有效。控制所付出的代价如果比它得到的好处更大，这就失去了它的意义。有效性要求相对较小成本的控制技术和方法，自然还要考虑到问题的重要性，即该问题是否值得花大代价去解决。同时，控制的有效性还要求控制系统应该具有足够的灵活性适应各种不利的变化，或利用各种新的机会。

（5）适应组织情况，利于纠正行动。任何管理控制的目的都是评定现行的工作，并采取进一步的行动，以确保计划的实现，因而必须知道偏差发生在哪里，建议如何纠正，采用纠正行动的职责属于谁。这就要求组织机构的功能完善和职责明确。

（6）有利于培养员工的自我控制能力。员工在生产和业务活动的第一线，是各种计划、决策的最终执行者，员工的自我控制能力就是指员工在这个过程中的自觉控制能力，它有助于发挥职工的积极性和创造性；可以减轻管理人员的负担，减少企业控制费用的支出；有助于提高控制的及时性和准确性。所以，控制标准应有利于培养员工的主人翁思想，加强员工的自我控制意识，使其对产品生产的每个环节严格把关，这是提高产品质量的最终保证，提高控制有效性的根本途径。

第三节 管理控制的类型

管理控制工作按不同标准分类，可以划分为不同的类型，根据控制工作在组织运行过程环节的不同可分为前馈控制、现场控制和反馈控制。控制工作在组织活动开始之前进行称为前馈控制（也称事前控制）；在组织活动开展之中进行称为现场控制（也称过程控制）；在组织活动结束之后进行称为反馈控制（也称事后控制）。应注意的是，这三类活动在组织的不同层次、工作进行的不同阶段是穿插甚至是结合进行的，可以说，只要是组织开展的活动、工作，就会有上述三类活动的发生。

一、前馈控制

管理人员在工作开始之前对工作中可能出现的偏差进行预测和估计，及时采取措施预先防止问题的产生，称为前馈控制（feedforward control）。如组织制定的规章、制度，员工培训，对原材料质量进行的入库检查都属于前馈控制。

前馈控制有许多优点：首先，从理论上讲，事前控制的系列措施往往是人们经验的总结，因为它能有效避免预期问题出现，有防患于未然的效果。其次，前馈控制适用于一切组织中的所有工作，适用范围很广。最后，前馈控制是在工作开始之前，针对某项计划行动所依赖的条件进行控制，不针对具体人员，不会造成心理冲突，易于被职工接受并付诸实施。

但是，由于未来的不确定性，要实行切实的前馈控制也不是一件容易的事情，它需要及时和准确的信息，必须对整个系统和计划有透彻的分析，懂得计划行动本身的客观规律性，从而建立前馈控制的模式；经常注意保持它和现实情况的吻合，并且输入变量数据，估算它们对预期的最终成果的影响；还要采取措施以保证最后结果合乎需要。由于管理人员不可能完全把握未来会发生的所有事件和可能导致的结果，虽然前馈控制有许多优点，但在管理工作中也不能完全代替其他类型的管理控制工作。

二、现场控制

现场控制（concurrent control）发生在活动进行之中。在活动进行之中对出现的偏差实施控制，有利于在发生重大过失或造成不可挽回损失之前及时采取措施。现场控制一般表现为两种方式，一是主管人员深入现场检查和指导下属的活动，它包括适当的工作方法和工作过程的指导，监督下属工作，或通过及时提供的统计数据，发现偏差督促纠正；二是表现为基层工作人员的日常自我工作控制，控制的对象就是自我的操作工作过程。

由于是现场控制，很多情况必须当场判断、立即解决，这往往很能体现一个管理人员的领导能力和管理水平。因此，进行现场控制时有以下几点需要注意：要有具备一定素质的基层管理人员；要有足够的授权；要多听下属意见。

现场控制的有效性需要信息采集的方便和传递的快捷，这也就要求组织建立完善的信息网络和必要的计算机信息系统，并在管理制度上建立严格的信息收集、分析和报告体系，确保信息传递的迅速，纠偏、调节措施的及时。

虽然现场控制效果明显，纠偏有力，但现场控制也有自身的问题。首先，运用这种管理方法容易受到管理者的时间、精力、业务水平的制约，管理者不能时时事事进行现场控制，只能在关键工作上予以使用。其次，现场控制的应用范围较窄。对生产工作容易进行现场控制，而对那些问题难以辨认、成果难以衡量的工作，如科研工作、行政管理等，几乎无法进行现场控制，还要求控制系统的灵敏。最后，现场控制容易在控制者与被控制者之间形成心理上的对立，容易损害被控制者的工作积极性和主动精神。所以，现场控制一般不能成为日常性的主要控制方法，而只能是其他控制方式的补充。

三、反馈控制

反馈控制（feedback control）是一种最常见的控制类型，控制作用发生在行动之后，主管人员分析以前工作的执行结果，将它与控制标准相比较，发现偏差所在及其原因，拟订纠正措施以防止偏差在下一次的工作中出现。如企业根据业绩对管理人员实施的奖惩，企业对不合格产品进行淘汰，发现产品销路不畅而减产、转产或加强促销等，都属于反馈控制。反馈控制的优点主要包括：首先，反馈控制可以根据工作的实际结果对工作进行评价，既易于判断，也容易员工接受，有利于管理人员采取有效和有力的措施改进管理工作。其次，反馈控制可以增强员工的责任心。因为人们希望获得评价他们绩效的信息，并据此来调整自己未来的行为，而反馈正好提供了这样的信息。反馈控制的不足是，管理者获取信息时，可能的失误和损失已经发生，弥补的措施只能在新的工作中产生效果，成语"亡羊补牢"就是对反馈效果和问题的很好描述。虽然反馈控制存在这样的问题，但在实际工作中，反馈控制依然是控制活动中运用得最多的一种控制方式。在管理中使用最多的反馈控制有财务报告、标准成本报告、质量控制报告和工作人员业绩评定等。

图 13-3 揭示了三种控制类型与信息流和纠偏行动的关系，在实际控制过程中，我们应根据工作的重要性，结合不同控制的特点，选择恰当的方式。

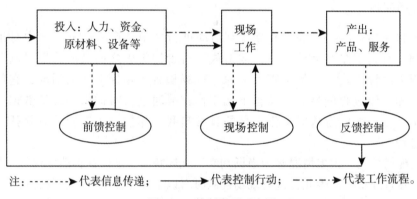

注：┄┄►代表信息传递； ━━►代表控制行动； —·—►代表工作流程。

图 13-3 控制类型示意图

从图 13-3 中我们可以看出，控制并不是管理的最后环节，它伴随着计划、生产或服务活动的再一次开始，不同的是，新的开始已经将控制活动的信息反馈给下一次的工作，运行的是新的计划、生产或服务。

可以看出，这三种控制方式的控制重点各不相同：前馈控制重在制度建设和资源控制，包括人、财、物等；现场控制重在进行的活动，多为工作过程；反馈控制是对已结束工作的资源投入、工作过程进行评价，为下一次活动提供修正的基础。为方便学习，表13-2 列举了三种控制类型在全面质量管理工作中的基本内容。

表 13-2 三种控制类型在全面质量管理中的体现

前馈控制	把握好原材料供应、入库、维护关；对外购材料不仅进行严格的入厂检验，而且把质量管理引申到供应单位；对入库产品必须保证质量，同时定期检查仓库物资的维护与保存；对产品设计、工艺进行审查、验证与鉴定，预先发现生产缺陷，做好检验手段、方法的技术准备

续表

现场控制	严格把握生产工艺，随时掌握质量动态，进行质量分析；运用统计质量控制法，精确度量组织作业中的每一个关键变量，然后与标准或基准进行比较以发现问题
反馈控制	严格把好成品检验关，加强对不合格产品的管理；除对不合格产品严加隔离、专门存放于专门地点外，还要求进一步查明不合格产品的原因，对事故进行深入分析，从而采取措施，防止问题再次发生

第四节 信息与信息技术

有效的管理控制与获取有效的信息密不可分。道格拉斯·S. 舍温（Douglas S. Sherwin）在其经典论文《控制的含义》中认为，"控制的本质就是按照预订标准调整运营活动，控制的基础就是管理者手中掌握的信息"。① 换言之，对控制而言，管理者实际上应该紧紧抓住两个关键内容：一是通过有效的控制活动来调节组织行为，以实现预期；二是获得和掌握有效的信息。实施有效控制活动必须掌握大量的有效信息，如绩效标准、实际绩效以及纠正偏差所需要采取的行动等等。管理者需要辨别哪些信息是必不可少的，如何获取这些信息以及他们应该如何做出反应和事实上如何做出反应。掌握正确的信息是非常必要的。管理者必须决定用什么标准、尺度和度量衡来有效地监督和控制组织，并建立获取相关信息的制度。目前，日益普及的计算机信息系统为组织掌握有效信息提供的关键，也大大地提高了组织控制效能。

一、数据与信息

利用信息技术获取更多数据的能力对于信息技术人员、管理者和其他信息使用者提出了严峻的挑战。他们必须整理大量的数据，从中识别出仅为特定目的所需要的那些数据。数据（data）是原始、未经汇总或未经分析处理的事实和数字，仅仅是数据本身可能是没有用的。例如，一个包含街道地址、城市等数据列的地址表是数据。数据是结构和状态，但没有行为。数据要对我们有用，就必须转换成经过加工的信息。

信息（information）是用来消除随机不定性的东西，是经过记录、分类、组织，对管理者的工作有意义的数据。对管理者来说，越来越大的挑战就是识别和掌握有用的信息。例如，商品价格是大家非常熟悉的数据，同时也是管理者必须经常收集的信息，包括零部件的价格信息、竞争者的商品价格信息、替代商品的价格信息等。收集价格数据在一些人眼里似乎是简单、枯燥和烦琐的事情，但"义乌·中国小商品指数"（简称"义乌指数"）依托义乌中国小商品城的平台，依据统计指数与统计评价理论，采用多层双向加权合成指数编制方法，选择 17 大类 3 000 多种代表商品的价格数据，进行综合处理，用

---

① Douglas S. Sherwin. The meaning of control. in Fred H. Maidment. Management 1999-2000. McGraw-Hill Higher Education，1999：146-150.

以全面反映义乌小商品价格和市场景气活跃程度①。从 2006 年发布至今，"义乌指数"已经成为全球小商品贸易的"风向标"和行业的"晴雨表"，从较高层面指导企业投资、生产、定价、贸易各个环节，在提高贸易效率与盈利方面发挥了明显的作用。同时，"义乌指数"推动了义乌市场由区域国际性小商品集散中心向价格中心、研发中心高层次发展。这就是数据经过整理变成有意义的信息的实例。

上面的事实说明，将数据转换成有用的信息是一件工作量非常巨大，同时也非常体现智力的一件事情；为此，许多公司纷纷在内部设立首席信息官（Chief Information Officer，CIO）专门负责领导此类事务。首席信息官会负责管理组织的管理信息系统，实施信息技术，不过更重要的工作是信息的设计、分析与加工，以便其他管理者能掌握高质量的信息，从而改进决策、解决实际问题、提高绩效水平。理想的首席信息官是将信息技术知识与帮助其他管理者及员工的能力良好地结合起来。

一般来讲，今天的组织缺乏的不是数据，而是处理数据的能力，也就是说，能不能在需要的时候将正确的数据送给正确的人。就好像一个藏书几百万册的图书馆，读者如果不能快速地找到他们所需要的书籍，则这样的图书馆对他们一点用也没有。这就是为什么图书馆要花大量的时间来编制所藏书籍的目录，并保证所还书籍放回原处的原因。管理信息系统的作用就是采集数据并按一定方式组织好，并将其转换成对管理者可用的信息。

◎ **小资料**

维克托·迈尔-舍恩伯格谈大数据的主要特点

2012 年 12 月 11—13 日，《大数据时代》作者维克托·迈尔-舍恩伯格来华演讲，为大家描绘大数据未来思想图谱。在维克托·迈尔-舍恩伯格博士看来，大数据有三个主要的特点：首先是全体，即去收集和分析更多的数据。如果想要研究的现象只有 6 000 个数据点，抓住 6 000 个数据点就是大数据，因为这就抓住了所有数据。通过这种方式可以看到很多细节，这些细节在之前随机抽样是得不到的。第二，混杂，即接受混杂。在小数据时代人们总试图收集一些非常干净的数据、高质量的数据，花费很多金钱和精力来确定这些数据是好数据，是高质量的数据。可是在大数据时代，就不用去追求那种特别的精确性。宏观上失去了精确性，微观上却能获得准确性。第三，相关关系。因为更加混杂，因果关系转向相关关系。人们不要认为可以真正地、容易地找到因果关系，其实那只是发现相关关系。我们应该关注是什么，而不是关注为什么。

生活中的很多部分都能变成数据格式，也就是数据化。当我们数据化这个世界的时候，可以使用流程把数据进行存储、分析，能够从中获得价值。大数据公司的生态系统会形成一个大数据的价值链，包括三种类型的企业，即有技术的企业、有思维的

---

① http：//www.ywindex.com/cisweb/index.html。

企业和有数据的企业。

　　资料来源：根据 http：//www.db2china.net/club/thread-31355-1-1.html 的资料整理得到。

二、信息技术的构成

　　信息技术（information technology，IT）是指组织为了完成使命而使用的管理信息的资源，由计算机、计算机网络、电话、传真机和其他硬件设备组成，同时还包括使系统更容易处理进行信息管理的软件。

　　一般来说，信息技术分类为两大类——基于人工和基于计算机的。所有的信息技术及其定义的系统都有五个基本的部分。图 13-4 描绘了一个基于计算机的信息系统的组成部分。

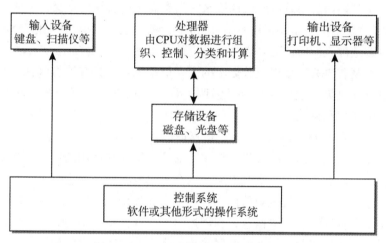

图 13-4　基于计算机的信息系统的构成
资料来源：里奇·格里芬. 管理学. 第 8 版. 刘伟，译. 北京：中国市场出版社，2006：482.

　　输入设备是向系统内部输入数据和信息的设备，如美特斯邦威使用条形码读取器输入每个出厂服装的条形码信息；而很多公司的会计则需要利用键盘手工输入各个经济业务的会计分录，以便计算机自动生成会计凭证和会计报表。

　　输入系统的数据通常首先流向一个处理器。处理器（processor）是系统中能够对数据进行组织、控制、分类、计算或其他转换的部分。大多数系统还拥有一个或多个存储设备，以便将数据存储起来供日后使用，磁盘、硬盘、光盘和闪存都是常用的存储设备。但数据被处理成可以使用的信息形式后，这些信息必须通过输出设备传送到恰当的人那里。显示输出结果的常用设备是显示器、打印机和传真机，也可以传送到其他计算机或网页上。

　　最后，整个信息系统由一个控制系统进行操作——通常是某种形式的软件。小型组织的简单系统可以采用现有的软件。微软的 Window 就是常用的操作系统，它可以对更专业的软件进行控制。当然，大型组织精心设计的系统需要一个专业的、客户化的操作系统。

但组织开始将计算机连在一起成为一个网络时，操作系统会更加复杂。

如前所述，信息系统不一定要基于计算机系统。许多小型组织仍然利用手工系统，使用纸质档案、文件夹和文件柜等。然而，就算是小型组织也逐渐放弃了手工系统而采用基于计算机的系统。随着硬件价格越来越低，软件的功能越来越强大，基于计算机的信息系统将很快应用于所有企业中。

三、信息系统的演变过程

管理信息系统（management information system，MIS）一词最早由基莱荷（James D. Gallagher）于 1961 年提出，当时人们开始尝试用以计算机为基础的信息系统来实现各种管理功能和开展信息处理业务，于是产生了管理信息系统的概念。这个概念在实践中不断丰富、发展，逐渐形成覆盖管理科学、信息科学、计算机科学、系统科学的完整体系。那么，究竟什么是管理信息系统呢？长期以来它尚未有一个公认的定义，一般而言，美国明尼苏达大学教授戴维斯（Gordon B. Davis）1985 年在他的著作《管理信息系统》中提出的定义较为普遍地被人们所接受：它是一个以计算机硬件和软件、手工作业为基础，利用分析、计划、控制和决策模型以及数据库的人—机系统；它具有提供信息，支持企业或组织的运行、管理和决策功能。这个定义强调了管理信息系统的三个核心问题：计算机工具，信息处理的模型和系统的功能。

在我国，《中国企业管理百科全书》将管理信息系统定义为：管理信息系统是一个由人、计算机等组成的进行信息的收集、传递、加工、维护和使用的系统。它能实测企业的各种运行情况，利用过去的数据预测未来，从全局出发辅助企业进行决策，利用信息控制企业的行为，帮助企业实现其规划的目标。这个定义强调了管理信息系统能够记录和保存企业内部和外部各种活动的相关信息，利用按时间序列记录的历史数据和信息掌握企业的变化过程，根据变化规律预测企业的发展趋势，为企业决策提供依据。

由此看来，对管理信息系统定义的不断完善是人们更好地理解其本质的过程。综上所述，本书将管理信息系统定义为把人和计算机结合起来对组织进行全面管理的系统，它综合运用了计算机技术、通信技术、管理技术和决策技术，与现代管理思想、方法和手段结合起来，为组织的管理活动提供支持的工具。由于技术的不断进步，应用的不断深入，管理信息系统的结构和功能也在不断改进。从早期的电子数据交换系统到现在以互联网为基础的供销和结算系统，就是管理信息系统发展的最好例证。

（一）事务处理系统

事务处理系统（transaction processing systems，TPS），也叫电子数据处理系统（electronic data processing systems，EDPS），是在 20 世纪 50 年代初期，将计算机应用在经营管理中的，特别是会计和统计工作中的数据处理系统。TPS 的功能是处理日常业务和生成报告，使日常事务处理自动化，支持日常的运行工作，主要目的在于提高效益，而不过分看中效率。它的缺点是一般不能提供分析、计划和决策信息，它只是信息系统在管理中应用的初级阶段。它的输入往往是原始单据，它的输出往往是分类或汇总的报表。图 13-5 以实时销售处理系统为例，说明了 TPS 的基本功能。

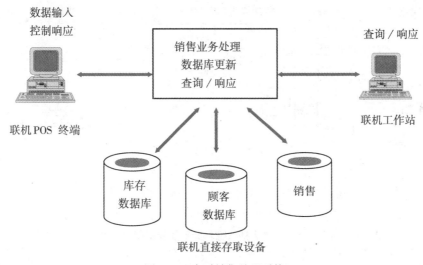

图 13-5　实时销售处理系统

　　TPS 的特点是：以固定的应用程序对某项或某组具体业务的当前数据进行处理，因而主要面向局部具体业务控制，实现事后控制，并且只能解决较为简单的结构化问题。

　　尽管 TPS 比较简单，但它是构成更复杂信息系统的基础，在现代的企业中缺乏它，可能无法工作。TPS 的故障将造成银行、超市、航空订票处的工作停止，将带来极大的损失。当代的企业 TPS 所处理的数据量大得惊人，是人用手工无法完成的。例如一个银行营业所白天 8 小时所积累的业务，用手工至少加班 4 小时才能处理完，现代的计算机只需几分钟。利用计算机 TPS 系统，一个人一天可以处理 500 笔业务，如不用计算机可能要50 人才能完成。TPS 已成为现代企业无法离开的系统。

　　（二）管理信息系统

　　管理信息系统（management information system，MIS）是 20 世纪 70 年代兴起的，一个由人、计算机结合的对管理信息进行收集、传递、存储、加工、维护和使用的系统。MIS 的主要目的是为企业各个业务领域的管理者们提供信息支援，以便使他们能够更好地把握日常业务，对日常业务进行有效的管理。MIS 大多基于汇总后的分析报表，这些报表对事务处理数据库中的详细数据进行筛选和分析，向管理者提供有意义的信息。从信息资源管理的角度来看，MIS 起着将事务处理系统中的详细数据转换成管理者所需的管理信息的作用（如图 13-6 所示）。

　　MIS 的基本特征是：（1）以数据为中心，是数据驱动的。依据用户的信息需求，调用相应的应用程序，处理从数据库中抽取的数据，得到满足用户需求的信息。（2）用固定的应用程序求解相应的问题，当然只能解决结构化问题。（3）在固定的应用程序中可采用各种数学模型、管理系统仿真模型以及其他管理科学模型，因而可解决大规模复杂的结构化问题。（4）以解决作业控制业务的应用程序组作为其子系统，并拥有集成控制功能，可以形成综合集成的较大规模的系统。

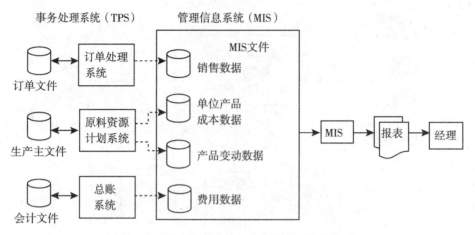

图 13-6　管理信息系统与事务处理系统的联系

（三）决策支持系统

决策支持系统（decision support system，DSS），是 20 世纪 70 年代初由美国斯科特·莫顿（Scott Morton）提出的，20 世纪 80 年代迅速发展起来的管理控制系统。它产生的原因主要是 MIS 系统只能解决结构性问题，处理例行的信息业务。MIS 要求组织的环境相对稳定，这样就不可能充分发挥管理者的积极作用，无法面对不断变化的环境需求。

DSS 是一种以计算机为基础和工具，应用决策科学及有关的理论和方法的人机交互系统，主要面向组织的战略计划中半结构化与非结构化的决策问题，给用户提供获取数据和构造模型的便利，辅助决策者分析并做出正确的决策。

DSS 的主要目的是帮助企业的高级管理者解决在经营决策时所面临的特殊问题。在当今的技术条件下，决策支持系统主要是基于数据仓库、联机数据分析和数据挖掘技术。从信息资源管理的角度来看，DSS 起着对数据和信息资源的深层次利用的作用。

如图 13-7 所示，DSS 运行过程可以简单描述为：用户通过会话系统输入要解决的决策问题，会话系统把输入的问题信号传递给问题处理系统。然后，问题处理系统开始收集数据信息；如果出现问题，会话系统会与用户进行交互对话，直到问题得到明确。接着，系统会搜寻问题解决模型，通过计算机推理得出方案可行性的分析结果，最终将决策信息提供给用户。

DSS 的基本特征是：（1）在解决问题的过程中，用模型库中的单元模型通过启发式的试探，构造出问题求解模型（程序），适宜于解决半结构化问题。（2）模型驱动，由求解问题来选用单元模型，再由模型从数据库中取得数据，从而驱动系统运行。（3）通过增加相关的智能部件，可自动选用单元模型构造求解模型（程序），并能解决部分非结构化的问题。

（四）经理信息系统

20 世纪 80 年代后期，信息控制系统又出现了为高层领导服务的经理信息系统

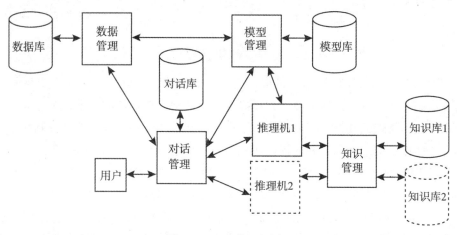

图 13-7　DSS 的运行原理

(executive information system，EIS)。人们通常也称其为经理支持系统 (executive support system，ESS)。顾名思义，EIS 或 ESS 是服务于组织的高层经理的一类特殊的信息系统。EIS 能够使经理们得到更快更广泛的信息。EIS 首先是一个"组织状况报道系统"，能够迅速、方便、直观（用图形）地提供综合信息，并可以预警与控制"成功关键因素"遇到的问题。EIS 还是一个"人际沟通系统"，经理们可以通过网络下达命令，提出行动要求，与其他管理者讨论、协商、确定工作分配，进行工作控制和验收等。

经理信息系统是一类新的基于计算机的信息系统，是信息系统技术今后的发展方向之一。EIS 和 ESS 产生的主要原因在于 DSS 有自身的局限性：DSS 主要用来解决半结构化的决策问题，这使得 DSS 往往比较复杂。除非经理对系统有充分的了解，否则让他直接使用这样的系统会感到比较困难。事实上，经理工作的性质决定了他们不可能有很长的培训时间，去掌握 DSS 系统的知识。许多系统分析人员缺乏管理方面的知识，这使得系统往往不能给经理们提供非常有价值的信息。

由于 EIS 是信息系统科学中的一个比较新的领域，因而还没有一个被学术界普遍接受的严格的定义。1981 年，Rocuart 和 Treacy 通过分析 20 个经理的活动认为，与 DSS 相比较，DSS 和 EIS 支持解决不同的管理任务，EIS 是一类面向数据的系统，它主要被用来为第 4 代语言和菜单存取数据。1983 年，斯科特·莫顿将 EIS 改称为 ESS[1]，它被用来向经理们提供信息，以改进他们的管理计划、监控和分析工作。与典型的 DSS 相比，这种 EIS 需要从企业内部的事务处理系统和外部的信息源获取大量的数据，建立比较大的数据库。他认为这是所有 EIS 都应具有的最重要的共同特征。此外，他特别强调 DSS 中的模型是如此典型，以致它不能满足经理们对它的柔性要求；而 ESS 更多的是面向数据的存取，而

①　Watson H J，R K Rainer and Houdeshel G. Executive Information Systems：Emergence，Development，Impact. Wiley，1992.

不是面向模型。

本 章 小 结

1. 管理控制是监督工作活动的过程，用来保证按计划完成并纠正任何出现的超常偏差。管理控制工作的重要性体现在，它在确保组织活动实现预期的计划目标方面发挥着重要的作用，并与管理的其他三个职能构成了完整、严密的闭环过程。管理控制由于人的参与而具有整体性、动态性和有利于提高职工的素质和能力。

2. 在管理控制过程中存在着三个具有逻辑联系的基本步骤。它们是：制定控制标准；衡量实际工作，发现偏差；采取行动，纠正偏差或不适当的标准。

3. 一个有效的控制系统应该是准确的、及时的、经济的、灵活的。它采用合理的标准，具有战略性高度，强调例外的存在，突出组织的整体目标，并且能指明纠正问题的方向。

4. 有三种重要类型的管理控制方式。它们是前馈控制、现场控制和反馈控制。不同管理控制类型有不同的控制重点，视不同类型的企业而定。这三种控制方法各有利弊，组织会在实际工作中根据情况混合使用。

5. 数据是原始、未经汇总或未经分析处理的事实和数字，仅仅是数据本身可能是没有用的。数据要对我们有用处，就必须转换成经过加工的信息。信息是数据经过记录、分类、组织、连接或翻译后出现的意义。信息技术是指组织为了完成使命而使用的管理信息的资源，由计算机、计算机网络、电话、传真机和其他硬件设备组成，同时还包括使系统更容易处理信息的软件。所有的信息技术及其定义的系统都有 5 个基本的组成部分，即输入设备、处理器、存储设备、输出设备和控制系统。

6. 信息系统是把人和计算机结合起来对组织进行全面管理的系统，它综合运用了计算机技术、通信技术、管理技术和决策技术，与现代管理思想、方法和手段结合起来，为组织的管理活动提供支持的工具。由于技术的不断进步，应用的不断深入，管理信息系统的结构和功能也在不断改进，一般可分为事务处理系统、管理信息系统、决策支持系统和经理信息系统。

复习思考题

1. 何为控制？管理中为什么不可缺少控制这一环节？
2. 计划与控制是如何产生联系的？在这一联系过程中，应该注意哪些问题？
3. 管理部门如何判定管理控制工作的有效性？
4. 前馈控制、现场控制和反馈控制各自的优缺点有哪些？
5. 数据和信息的关系如何？信息技术的基本构成有哪些？
6. 何为信息系统？可以分为哪些类型？

参 考 书 目

1. 戴维民. 信息组织. 第 2 版. 北京：高等教育出版社，2006.

2. 丹尼尔·A. 雷恩. 管理思想史. 第 5 版. 北京：中国人民大学出版社，2009.

3. 哈罗德·孔茨，海因茨·韦里克. 管理学. 精要版第 9 版. 马春光，译. 北京：中国人民大学出版社，2014.

4. 斯蒂芬·罗宾斯，等. 管理学. 第 13 版. 刘刚，等，译. 北京：中国人民大学出版社，2017.

5. 摩根·威策尔：管理的历史. 孔京京，等，译. 北京：中信出版社，2002.

6. 诺伯特·维纳. 控制论. 第 2 版. 郝季仁，译. 北京：北京大学出版社，2007.

7. 瑞·达利欧. 原则. 刘波，等，译. 北京：中信出版集团，2018.

8. 维克托·迈尔-舍恩伯格，肯尼思·库克耶. 大数据时代：生活、工作与思维的大变革. 周涛，等，译. 杭州：浙江人民出版社，2013.

【案例分析】

桥水公司进入中国

2018 年 6 月 29 日，桥水公司（简称桥水）在中国证券投资基金业协会完成私募基金管理人登记，正式成为境内私募管理人，标志其在华私募业务已经正式启动。2018 年，全球超过 80% 的资产都不赚钱，但是全球最大的对冲基金桥水旗下 "Pure Alpha" 基金却大赚 14.55%。一年业绩好不足为奇，但数据显示该基金成立至今的 28 年内，仅 3 个年份取得负收益，28 年平均年化收益率（算数平均）12%。桥水公司真正过人之处，是在历次的金融危机当中不仅没有损失，还化危险为机遇，在市场的动荡当中获取了很高的收益。

桥水公司概况

1949 年，桥水公司的创始人瑞·达利欧（Ray Dalio）生于纽约皇后区杰克逊高地的一个意大利裔家庭，父亲是爵士乐手，母亲是家庭主妇。8 岁那年全家在曼哈西特买了房，并把达利欧送进了当地的公立学校。然而达利欧并不是一个好学生，他不擅长死记硬背，也不喜欢学习。12 岁那年，达利欧去做球童，有许多华尔街的投资者在那里打球，经常会给达利欧小费。达利欧买的第一只股票是东北航空，买下后不久东北航空就被达美航空收购，股价因此翻了 3 倍。很快达利欧就进入了长岛大学，在校园里他用几千美元开始了第一个投资组合。长岛大学毕业之后，达利欧去了哈佛商学院攻读工商管理硕士（MBA），并开始交易大宗商品。从哈佛大学毕业后去了中型证券公司多米尼克，在商品期货部门工作，给养牛的农场主和谷物制造商们提供风险对冲的建议；并与来自哈佛大学商学院的朋友创办一个小企业——桥水，试图从美国向其他国家出售大宗商品。1974 年的圣诞夜，达利欧和部门主管喝酒时发生了冲突，他打了老板一顿。被解雇之后，达利欧说服了几名客户雇他作顾问，于1975年在他的公寓里"重启"已名存实亡的桥水公司。

公司成立后，达利欧一头扎进各种市场中，探究这些市场之间的关系，设计机器化的市场模型，并将其转化为计算机程序。《原则》一书这样描述："从很早的时候起，每当我在市场上开始一笔交易，我都会把自己用来做决策的标准写下来，然后，每当我结束一笔交易，我都会回顾一下这些标准的效果怎么样。有一天，我想到，如果我把这些标准转化成公式（现在更时髦的叫法是'算法'），然后用这些公式计算历史数据，我就能检测，假如把我的这些公式运用到历史交易中，效果会怎么样……我们利用能够得到的最久远的历史数据（通常超过1个世纪）检测这些系统，范围涉及所有有数据记录的国家，这让我可以很好地透视市场及其在历史上是如何运行的，以及如何对其押注。这样做，让我得到了教益，并引导我改进我的标准。"

达利欧将自己眼中的世界，形容为"符合逻辑的因果关系的美丽机器"。他从这些因果关系中得出一些决策规则（或者说原则），并搭建成决策模型。一旦仔细审查完这些关系，达利欧就不断将现实数据输入这些系统，计算机系统处理数据并作出决策，"跟我在头脑中做的一样。"虽然这些早期模型很初级，但达利欧乐此不疲地搭建它们，它们也是确实帮他赚到钱。桥水最初的利率、股票、外汇和黄金系统就是这么产生的。接着，达利欧将这些系统合并为一个系统，用以管理公司的投资组合。这个系统可以对经济的主要症状进行心电图般的解析。当经济症状变化时，他们就改变自己的投资组合。30多年来，他们构建的决策系统已经纳入了许多其他类型的规则，用来指导桥水各个方面的交易。如今，当实时数据发布时，桥水的计算机能够分析来自1亿多个数据组的信息，然后以（在达利欧看来）合乎逻辑的方式，向其他计算机发出详细指令。

桥水公司的产品有两个主要的基金。一个是"All Weather"，用较低地费用达到市场整体收益，也就是我们知道的β收益。另一个则是前文提过的"Pure Alpha"，收取2/20费用，通过有限的风险达到超过市场的收益率。

2008年金融危机让桥水声名鹊起

21世纪初，桥水就在公司系统里纳入了一个"萧条衡量器"，以确定如果一系列特定情况开始出现，它们以某种方式预示着发生债务危机和萧条的风险增加。2007年测量仪显示一场债务泡沫即将发展到崩溃点；因为债务成本的增速正在超过预期现金流的增速。7月，达利欧在其《每日观察》写下"我们应该阻止疯狂的借贷和不断放大的杠杆"。进一步研究美国大萧条和德国魏玛时期发生的事件，达利欧坚信大量的个人、企业和银行将面临严重的债务问题，而美联储将无法通过降息缓解债务危机的冲击。得到这一结果之后，达利欧在2007年12月去拜访了美国财政部，却没能引起重视。达利欧接着拜访了白宫，然而当时所有人都在讨论流动性，只有达利欧在谈偿付能力，白宫依然没有重视此事。

2008年1月达利欧提醒客户，一旦经济下行，这不会是一场普通的衰退，去杠杆引发的金融危机将导致经济整体崩溃，直到恢复通货膨胀、货币贬值、政府担保金融机构。危机爆发后，达利欧的看法依旧比许多资深政策制定者要深入。当政府坐视雷曼兄弟倒台，达利欧非常失望，他在 2008 年 9 月 15 日的《每日观察》中写下："让我们等着瞧吧，政府这么做到底还有什么后招，还是根本没考虑过后果。"到经济发生了严重衰退之后，达利欧的分析才被重视起来。

在金融危机时，达利欧预期美联储会印大量货币拯救经济，因此桥水基金买入国债，卖空美元，买入黄金和其他大宗商品。这些交易在 2008 年为桥水基金赚了许多钱。2008 年，公司的旗舰基金业绩增长超过 14%，而很多其他投资者的损失超过30%。不过，达利欧的悲观预期让他在 2009 年付出了代价；美国经济复苏超出预期时，道琼斯指数在 2009 年上涨了 19%，而桥水基金只有 4%。但是，到了 2010 年经济复苏放缓时，桥水公司再次大赚，两个"Pure Alpha"基金的收益率分别接近 45%和 28%，"All Weather"的收益率接近 18%。

信息系统背后的"原则"

这样的业绩几乎无人能比，达利欧将此归功于公司的信息系统优势，"因为我们设计的处理和分析系统表现非常优异，比起我们的大脑，这些系统要有效得多……（传统）投资方式和组织管理方式是过时的，就像参照地图而不是 GPS 一样。当然，构建我们的体系也不容易，我们为此花费了 30 多年。"达利欧将当前的计算机辅助决策技术分为三类：专家系统、模仿和数据开采。桥水使用的是专家系统，设计者根据自己对一系列因果关系的理性理解将决策标准表述出来，然后观察不同条件下会出现什么不同情况。

与桥水公司的信息系统优势相比，达利欧更认为他取得的任何成功都是由于他遵循的原则（principles）。原则是根本性的真理，而非达利欧本人的任何特征。一切事情的发生都是由于反复出现、不断演进的因果关系。因此，"考察影响你的那些事物的规律，从而理解其背后的因果关系，并学习有效应对这些的原则。"通过这样做就可以理解每个"再现情境"背后的机理，并逐渐形成一个应对该情境的"意境地图"。随着对这些关系的理解不断加深，就能看到隐藏在扑面而来的复杂事物中的实质。

资料来源：根据《原则》一书和网上信息整理。

◎ **讨论题**

1. 桥水是一家什么样的公司？请进一步收集该公司的背景资料，认真理解其业务。
2. 请从控制的角度去思考桥水公司为什么能够提前预测到 2008 年的金融危机？
3. 在大数据和人工智能背景下，你如何理解瑞·达利欧的"原则"？

第十四章　组织中的控制系统

【学习目的】

学习完本章后，你应该掌握以下内容：

1. 掌握控制系统的三大类型。
2. 运用财务报表进行财务分析和控制。
3. 了解生产作业控制的主要控制方法。
4. 了解组织绩效评价的主要方法。
5. 理解上市公司治理的核心机制。

【案例——问题的提出】

中粮年货打造"舌尖上的安全"

生活条件好了，什么天南海北的美食吃不到？但是网友们心目中最理想、最怀念的年货，还是藏在记忆深处的家乡味。每个地方都有自己独特的年俗和吃食，看微博、微信、朋友圈吃货们晒自己家乡年货，好一幅活色生香的"舌尖上的中国"。

然而在当下，食品安全大如天。中粮集团有限公司（中粮）此次全面整合旗下子品牌，在营造年味儿回归的氛围的同时，力求为消费者提供有产业链品质保证的"中粮好年货"，让消费者过上放心年。有市民感叹："有中粮集团的全产业链保证，让我对这些产品的品质更放心。"

中粮集团通过全产业链构建起"全过程"的食品安全管控体系，重点是源头控制。中粮通过加强对种植养殖基地的管理，逐步形成了"统一规划、统一技术、统一植保、统一收购"的"公司＋基地＋标准化"的管理模式，这样既保证了农产品原料的足量供应，又通过对种植基地的全程控制保证了食品安全。为保证源头质量，中粮实行"田间档案"管理，建立了完善的原料管理体系，对种子、农药、种植、田管、采收、拉运、验收等各环节进行全面监管，对每一地块的播种、浇水、施肥、用药、病虫害等都有详细的记录，全面实现了原料及产品的双向追溯。

中粮我买网在线营销部经理尚炎表示，中粮我买网的所有商品须具有 QS 认证标志并符合国家的食品质量安全市场准入制度，从源头上控制食品质量安全，中粮我买网商品的进出库原则为：商品保质期超过 1/3 不进库；保质期超过 2/3 不出库。正是这一措施，为产品的质量和消费者的健康把好了第一道关。

在中粮官网和新浪微博互动平台上，很多消费者表示，"中粮的这个活动让我找到了一种年味儿的表达方式"，"虽未过年，中粮让我们先回味了记忆中飘香的年味儿……"

　　　　资料来源：根据人民网（www. people. com. cn）、新华网（www. xinhuanet. com）等的资料改编而成。

　　中粮集团的食品安全控制在行业中始终保持领先地位，并已成为巩固核心竞争力的重要因素之一，这在现实的中国有着特殊的意义。应该说自从有了组织，组织管理工作中的控制活动就存在了。恰当的控制能够帮助管理者寻找具体的绩效差距和需改进的领域，更好地控制这些领域中正在进行的工作。不管计划、组织和领导过程多么周全，没有恰当的控制系统，决策可能无法得到有效的实施。

第一节　控制系统的类型

　　组织的控制可以广义地分为三大类：官僚控制、市场控制和团体控制①。表 14-1 总结了官僚、市场和小团体控制的主要特征。

表 14-1　　　　　　　　　　　　　　　**控制的特征**

控制系统	特　征	使用条件
官僚控制	利用正规的章程、标准、层级和合法的强制手段	当任务明确且员工独立时最有效
市场控制	利用价格、竞争、利润中心和交换关系	当产品可以辨认，且市场可以在各方之间建立起来时最有效
团体控制	包括文化、价值观、信仰和信任	当员工有权做出决定，没有其他更好的办法时最有效

一、官僚控制

　　官僚控制（bureaucratic control）就是运用规则、法规、权威、层级、书面文件、标准和其他行政管理机制来进行行为标准化和评估业绩。官僚规则和程序的主要目的是标准化和控制雇员的行为。官僚控制系统是组织控制最为普遍和常用的，其中以财务控制、人力资源控制和生产（服务）运作控制最为关键，见图 14-1。但近年来，人们越来越满足于局部意义的控制技术方法，更希望一些全面的衡量方法来衡量组织的总成就，企业价值评估、平衡记分卡等技术应运而生。

　　这里需要进一步论述的是，官僚控制系统希望通过正规化、标准化来对人的行为进行规范，以达到目标。但人不是机器，在绝大多数情况下不会完全按照控制系统设计者所期

---

　　① 托马斯·S. 贝特曼. 管理学：构建竞争优势. 王雪莉，译. 北京：北京大学出版社，2002：531-532.

望的那样与期望值相符。一个控制系统如果不考虑控制的主要对象——人的反应或感受，就会失去控制的作用。为有效控制员工行为，管理者应考虑对控制的三种潜在的反应：机械的官僚行为、策略性行为和对控制的抵制。①

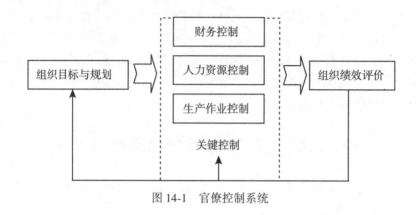

图 14-1 官僚控制系统

（1）机械的官僚行为。官僚控制系统会促使人们按照管理者要求的标准进行活动，但这会导致只做系统要求的行为这样一些机械的、缺乏灵活性的官僚行为，最终导致组织缺乏弹性和活力。因此，官僚控制虽是组织基本的控制方法，但也使人们望而生畏。

（2）策略性行为。若组织的成员采取消极或抵制的行为时，官僚控制会失去效率。在控制工作上，员工常见的行为可能是对控制工作有着重要意义的信息进行修改，甚至制造虚假的数据。如为了减少自身的压力，员工可能会有意修改历史的或预测的数据。但从实际情况看，因修改历史数据较难和比较容易被发现，员工会谨慎一些，但对未来预测或指标就可能出现压低数据的情况。如在做销售计划时，基层管理人员为减轻工作压力，而尽可能地压低销售任务，并抬高销售费用。

（3）对控制的抵制。任何人都不会喜欢被人控制，所以人们往往会对控制系统进行抵制，特别是控制系统在可能改变组织的权力结构、社会结构、与员工自我的目标发生冲突，以及控制活动会带来利益的调整时。

二、市场控制

市场控制（market control）是基于财务和经济信息，用价格机制对组织的行为进行规范，将组织内部的经济活动也视为经济交易。在市场控制系统中：价格为产品或服务价值提供控制或辨识的信号。如公司的每个事业部都被视为是利润中心，通过价格机制与其他的中心交换资源；价格竞争对控制生产效率和绩效发挥作用，管理者容易通过价格和利润的差异评价和判断自己所管辖的公司，比较的方法主要是相同公司财务报表之间的比较。

---

① 托马斯·S. 贝特曼. 管理学：构建竞争优势. 王雪莉，译. 北京：北京大学出版社，2002：543-544.

市场控制的使用存在的前提条件是：存在竞争，组织的产出应十分清晰，并能通过市场提供的价格信号进行较为准确的判断。

市场控制的基本原理可以在公司层、事业（部门）层甚至个人层面发挥作用，图14-2表明了组织适用市场控制的几种方法：

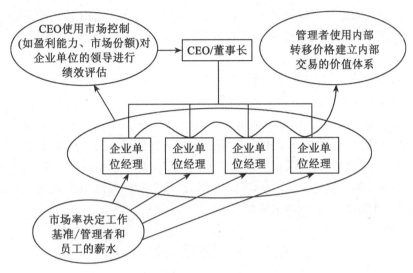

图 14-2 市场控制的图例

资料来源：托马斯·S. 贝特曼. 管理学：构建竞争优势. 王雪莉，译. 北京：北京大学出版社，2002：544.

（1）公司层的市场控制。在多元化经营的大公司，市场控制通常用于规范独立的事业部。每个事业部都是典型的相互竞争的利润中心。高层经理人员对事业部的经济活动很少使用官僚控制，而多使用财务指标来进行绩效评估。所以在决策和权力分散化的事业部，市场控制可以为事业部的行为与公司整体目标保持一致创造条件。

（2）事业部层次的市场控制。市场控制也可以约束事业部内部各部门和职能部门之间的交易。组织可以采取内部转移价格的市场机制控制其内部的交易，理想的转移价格应反映接受市场或服务的企业在外部市场上应支付的价格。作业成本法可以合理地核算出难以核算的人力资源部等公司行政部门提供的服务价格，IBM 和康宁等公司均采用严格的市场控制方法考核人力资源部等公司公共部门的成本和业绩。

（3）个人层面上的市场控制。根据市场提供的产品价格以及公司的财务情况，公司董事会可通过经理人才市场发现聘用职业经理人的价格和相应的报酬，同样，公司也会给掌握特殊技能的员工或求职者较高的报酬。这种机制也能更好地刺激员工努力提高自身的技能，加强人才的合理流动。

三、团体控制

团体控制（clan control）是采用社会手段，诸如公司文化、共享的价值观、承诺、传统来控制行为。它与前两种控制的最大的区别在于：官僚控制和市场控制的假设前提是组织利益和个人利益是不一致甚至是冲突的，而团体控制的假设前提是组织共享的价值观念和组织成员之间存在相互的信任。

团体控制基于这样的判断：员工可能具有与组织愿景相同的价值观、期望和目标，并以此为基础开展工作。当组织的员工能与组织目标基本一致，员工之间也具有相近的价值观和目标时，正式的控制可能就失去了重要性。团体控制通常适用于下列情况：

（1）当组织中问题的模糊性或不确定性程度很高时，团体控制较为重要，如大学和科研院所；

（2）实行分权化、横向团队、网络组织结构、雇员参与等新型组织结构的组织通常采用团体控制或自我控制；

（3）团体控制可以应用于一定的部门，如企业的研究与发展（R&D）部门。

加强组织文化建设是团体控制的重要措施。在这种情况下，公司文化为组织发展和员工工作行为提供了共同的行为框架。培养优秀的强势文化增强组织的凝聚力，对于团体控制来说是至关重要的。彼得·圣吉的学习型组织理论为我们如何加强组织文化管理提供了系统解决方案。详细内容参见本书第二章。

第二节　财　务　控　制

财务控制致力于企业资金的积累和绩效的控制，在企业的发展中起重要的作用。当今的财务控制已经超越了财务人员的职权范围。

一、会计和财务报告

会计是以货币为主要计量单位，反映和记录组织所发生的各种经济活动的技术方法，具有反馈控制的典型特征。财务控制的信息会通过财务报表的形式综合反映出来，对财务报告的分析又是其他财务控制的基础。因此，管理者有必要了解财务报表的基本知识。

（1）三大财务报表。对企业来讲，财务报表中主要有三种：资产负债表、损益表和现金流量表。下面我们按财务报告的顺序依次介绍。

资产负债表（balance sheet）是反映企业某一特定时期财务状况的会计报表。如表14-2所示，它分为两列：左边反映的是企业拥有的各种资产，如现金、银行存款、应收账款、固定资产等。它们的排列是有规律的——流动性强的放在上面，流动性弱的放在下面，让人一目了然。右边则反映的是购买左边的资产从哪里来。其实资产的来源不外乎两种，一种是企业借来的钱——负债，另一种是企业自己的钱——所有者权益。因此，资产负债表的左右两边就如同一个硬币的两面，反映的是同一事物。这里可以用一个公式把这种关系表达出来：资产=负债+所有者权益。

表 14-2 **ABC 公司资产负债表**

2018 年 12 月 31 日 单位：万元

资产	年初数	年末数	负债及所有者权益	年初数	年末数
流动资产			流动负债		
货币资金	1 600	1 800	短期借款	4 000	4 600
短期投资	2 000	1 000	应付账款	2 000	2 600
应收账款	2 400	2 600	其他应付款	600	600
预付账款	80	140	预先提费用	200	200
存　货	8 000	10 400	流动负债合计	6 800	8 000
待摊费用	120	160	长期负债	4 000	5 000
流动资产合计	14 200	16 100	所有者权益		
长期投资	800	800	实收资本	24 000	24 000
固定资产净值	24 000	28 000	盈余公积	3 200	3 200
无形资产	1 000	1 100	未分配利润	2 000	5 800
			所有者权益合计	29 200	33 000
资产总计	40 000	46 000	负债及所有者权益合计	40 000	46 000

损益表（income statement）是反映企业一定时期生产经营成果的会计报表。如表 14-3 所示，损益表把一定时期的营业收入与同一会计期间相关的营业费用按一定的关系进行配比，以计算企业出企业一定时期的净利润（或净亏损）。学生每学期都要进行期末考试，老师会用考试成绩来衡量学生本学期的学习成效。损益表就如同一张成绩单，反映企业经过一段时间后的经营成果如何，究竟是赚钱还是赔钱。企业生产经营是为了获取收入，如销售商品而收到的货款、提供劳务而获取的报酬、进行股票投资而获得的收益等等；企业为此需要付出相应的费用，例如人工的工资、原材料的费用、机器的折旧、为销售而发生的广告费等；将收入和费用相减就是企业净利润，可以用这样一个公式来表示：利润＝收入－费用。

表 14-3 **ABC 公司损益表**

2018 年 单位：万元

项 目	上年数	本年数
一、主营业务收入	37 200	42 000
减：主营业务成本	21 400	24 400
主营业务税金及附加	2 160	2 400
二、主营业务利润	13 640	15 200

续表

项 目	上年数	本年数
加：其他业务利润		
减：营业费用	3 240	3 800
管理费用	2 000	2 400
财务费用	400	600
三、营业利润	8 000	8 400
加：投资收益	200	200
营业外收入	200	300
减：营业外支出	400	500
四、利润总额	8 000	8 400
减：所得税（税率为40%）	3 200	3 360
五、净利润	4 800	5 040

现金流量表（statement of cash flows）是以现金为基础编制的财务状况变动表。在日常工作中，经常可能出现这样一种怪现象：有的企业损益表上的成绩挺不错，但就是拿不出现金，甚至被迫倒闭；但有的公司账上亏损很大，却现金充盈。现金流量表就是反映在一定时期内现金从哪里来，往哪里去，企业的真实支付能力一目了然。如表14-4所示，企业的现金流量一般可分为三种类型：经营活动产生的现金流量、投资活动产生的现金流量和筹资活动的现金流量。

表 14-4 　　　　　　　　　　　　**ABC公司现金流量表**

2018年　　　　　　　　　　　　　　单位：万元

项 目	金额
一、经营活动产生的现金流量	
销售商品、提供劳务收到的现金	48 940
收到的税费返还	
收到的其他与经营活动有关的现金	
现金流入小计	48 940
购买商品、接受劳务支付的现金	30 088
支付给职工以及为职工支付的福利费	300
支付的各项税费	8 752
支付其他与经营活动有关的现金	6 200
现金流出小计	45 340

续表

项 目	金额
经营活动产生的现金流量净额	3 600
二、投资活动产生的现金流量	
收回投资所收到的现金	1 000
取得投资收益所收到的现金	200
处置固定资产、无形资产和其他资产所收回的现金净额	-200
收到的其他与投资活动有关的现金	
现金流入小计	1 000
购建固定资产、无形资产和其他长期资产所支付的现金	4 160
投资所支付的现金	
支付的其他与投资活动有关的现金	
现金流出小计	4 160
投资活动产生的现金流量净额	-3 160
三、筹资活动产生的现金流量	
吸收投资所收到的现金	
取得借款所收到的现金	1 600
收到的其他与筹资活动有关的现金	
现金流入小计	1 600
偿还债务所支付的现金	
分配股利、利润和偿还利息所支付的现金	1 840
支付的其他与筹资活动有关的现金	
现金流出小计	1 840
筹资活动产生的现金流量净额	-240
四、汇率变动对现金的影响	
五、现金及现金等价物的增加额	200

(2) 财务报表分析。财务报表分析是以财务报表和其他资料为依据和起点，采用专门方法，系统分析和评价企业的过去和现在的经营成果、财务状况及其变动。由此可见，财务报表分析的最基本功能是将大量的报表数据转换为特定有用的信息，以便财务控制。这些信息之所以有用关键在于报表的标准化和透明性，从而将财务数据进行广泛的比较：①趋势分析，同本企业历史比较；②横向比较，与行业平均数或竞争对手比较；③差异分析，实际执行结果与计划指标比较。比较的内容可以是报表各项目的数量，也可以是报表的结构百分比，而用得最多的是财务比率分析。

财务比率是各会计要素的相互关系，反映其内在联系。它们是相对数，排除了规模影响，使不同比较对象建立起可比性。财务报表中有大量的数据，可以根据需要计算出很多有意义的比率，这些比率涉及企业经营管理的各个方面，总的来说可以分为四类：变现能力比率、资产管理比率、负债比率和赢利能力比率（如表 14-5 所示）。

表 14-5　　　　　　　　　　　　　　　**ABC 公司主要财务比率**

分类	比率	数值
变现能力	流动比率	2.01
	速动比率	0.70
资产管理比率	存货周转率	2.65
	应收账款周转率	16.80
	营业周期	157.17
	流动资产周转率	2.77
	总资产周转率	0.98
财务杠杆比率	资产负债率	0.28
	产权比率	0.39
	已获利息保障倍数	15.00
盈利能力比率	销售净利率	0.12
	销售毛利率	0.42
	资产净利率	0.12

二、预算控制

预算控制在管理控制中使用得非常广泛。预算是用数字编制未来某一时期的计划，可以是财务计划或综合计划。通常西方的预算概念就是指计划的数量说明，而不仅仅是金额方面的反映；在我国，"预算"常与法定程序审批的收支预计联系起来，更多地体现的是财务计划。

预算把计划数字化为财务报表，并按组织机构将其分解成许多部分，这有助于计划的清晰和条理化，使管理者清楚地知道资本的使用、费用的支出情况，这既有利于授权，又不会失去控制。通过预算，管理者可以控制各管理对象，按其特点，预算控制属前馈控制。

预算按照不同的内容可分为经营预算、投资预算和财务预算。经营预算指企业日常发生的各项基本活动的预算，主要用于销售预算、生产预算、直接材料采购预算、制造费用预算、推销及管理费用预算等。投资预算是对企业的固定资产的购置、扩建、改造、更新等，在可行性研究的基础上编制的预算。它和企业的战略以及长期发展计划紧密联系在一起。财务预算在我国称为财务成本计划，它通常以货币形式表现收入、材料成本、费用、利润等指标，这些安排好的指标就作为比较标准，用以衡量实际执行情况。将这些预算以货币形式结合起来，就可以建立企业的全面预算体系。

实物数量形式的预算，因各企业的经营业务的不同而千差万别，但企业货币形式的全面预算，综合反映了经营中的财务、资金计划，是企业预算的核心内容，在不同的企业其基本构成是相同的。一般企业全面预算的内容及因果关系如图 14-3 所示。销售预算一般是企业生产经营全面预算的编制起点，生产、材料采购、存货费用等方面的预算，都以销售预算为基础。销售预算是以销售预测为基础，预测的主要依据是各种产品历史销量的历史分析，结合市场预测中各种产品发展前景等资料加以编制。

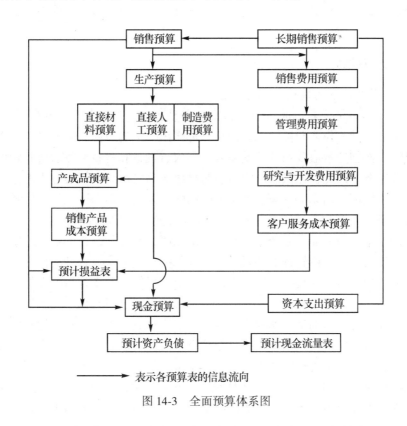

图 14-3　全面预算体系图

在预算过程中常会有一定的反复讨论和调整，直到形成一套符合整个组织的计划要求的、可行的正式预算。在预算的执行，往往会出现偏差，这意味着问题可能存在。根据这些差异所反映的企业存在问题，管理者可以利用企业的销售控制系统、生产控制系统及财务控制系统等采取适当的纠正措施，以达到令人满意的结果。

第三节　其他职能控制

一、人力资源控制

人力资源控制重点在于关注绩效表现（即绩效评价）。英特尔总裁安迪·格罗夫

（Andy Grove）曾说：“在英特尔，我们估计一位主管可能将 8 小时中的 5 小时用于做每个雇员的评价……如果这种昂贵的工作能改进一个雇员的工作绩效（哪怕是一年中的一小段时间的绩效），这难道不值得吗？”绩效就是员工在工作岗位上的工作行为表现和工作结果，它体现了员工对组织的贡献大小、价值大小。绩效评价（performance appraisal）是评估员工绩效表现的持续进行过程。一般来说，管理人员认为不易做好，员工也不喜欢被人评价，因此绩效评价对管理人员来说是最重要又最难执行的功能之一。对人力资源绩效表现来说，我们需要用领导技巧来控制员工的绩效表现。一般来讲，有效的绩效评估系统包括四个部分，即绩效标准评分表、绩效目标管理卡、绩效考核方法体系、薪酬和发展系统。

二、生产作业控制

（一）生产作业管理的实质

作业管理（operations management）是指从劳动力、原材料等资源到最终产品和服务的转换过程中的设计、作业和控制。任何组织都产出一定的东西，它通过一个作业系统将输入转换成输出而创造价值。系统接受输入，即人、设备和材料，然后将其转换成能满足需要的商品或服务。因此，提供服务的组织与提供产品的组织在转换过程上是相同的。

正如每个组织都产出东西一样，组织中的每个部门也都产出一定的东西。营销、财务、研究与开发、人事和会计等部门都在把输入转换成输出，如销售额、市场份额的增长，高投资回报率，新产品，积极生产的员工队伍和会计报表等。为了更有效地实现目标，作为一个管理者，无论管理的领域是什么，都需要熟悉作业管理的概念。

生产作业管理的目的就是提高生产率，实际上，提高生产率是每一个组织的管理者所追求的目标。通常，生产率是指产出的所有产品或服务除以得到这些产出所需的全部投入。对一般企业而言，增加生产率则表明有了一个更具竞争力的成本结构和定出一个更具竞争力的价格的能力。提高生产率始终是全球竞争的关键，无论是第二次世界大战后日本经济的崛起，还是今天美国经济的再度繁荣，很大程度上都要归功于生产率的快速提高。例如，1978—1986 年，日本的生产率年增长达 5.5%，而同期美国的年增长率仅为 2.8%。但美国公司在最近几年中，依靠大量的措施来提高生产率。现在美国工人属于世界上生产率最高的工人，他们的生产率比日本工人高 23%，比英国工人高 25%。

生产率是人和作业变量的复合体，为了提高生产率，必须二者兼顾。一个真正有效的组织通过使人成功地与作业系统合为一体，来实现生产率的最大化，其中，管理工作尤为重要。美国的管理顾问和质量专家爱德华兹·戴明（Edwards Deming）指出，不是工人，而是管理者才是提高生产率的主要来源。

（二）几种作业控制方法

1. 成本控制

成本控制是生产作业系统中最主要的工作，努力降低成本历来是管理者致力追求的目标。毫无疑问，成本优势会给竞争带来巨大的好处，因此，我们应把成本控制放在战略的高度来把握，而不能仅将其当作由会计人员控制和发展起来的、临时的改革运动。许多组织已采用了成本中心法去控制成本。工作区、部门或工厂都可以被当作独立的成本中心，而且其主管人员对其产品的成本负责。任何单位产品的总成本都由两部分构成：直接成本和间接成本。直接成本是指那些与产出的产品或服务的数量成比例关系的成本，劳动成本和材料成本是此类的典型。另一方面，间接成本是那些不受产出量变化影响的成本，保险费用和人事部职员的工资是典型的间接成本例子。直接成本与间接成本的区别是十分重要的。成本中心的经理对其单位所有直接成本负有责任，而间接成本则不必由他们控制。然而，由于组织中所有的成本在某种程度上都是可以控制的，高层管理者应确定在什么方面可以控制，并使基层管理者对其控制下的所有成本负责。

2. 采购控制

（1）与供应商建立紧密的关系。制造业中一个迅速发展的趋势就是使供应商转变为合作伙伴。人们发现，将供应商视为合作者与伙伴，而非竞争对手，供应商就更愿意提供质量更优、次品更少和成本更低的物资。

（2）订货控制。最常用的生产计划控制是订货控制。

（3）存货控制。为了生产和销售的需要，应保持适当的供应水平，包括原料、产品部件和制成品存货。主要问题是避免积压资金、占用有用场地和物资变质损耗，同时也要避免供应的不及时或存货的不均衡。

3. 质量控制

在日益激烈的竞争环境中，产品和服务质量关系到组织的生死存亡。一些优秀的企业都是通过推行先进的质量管理理念，提升了组织竞争力。质量控制指的是以监控质量来确保质量满足预先制定的标准。与全面质量管理不同，它强调的是识别已经发生的严重失误。监控的内容包括：重量、温度、密度、色泽、味道、可靠性、完整性或其他产品、服务、工作等方面的质量特征。质量控制要从收到输入的加工单之日就开始，持续地贯穿于整个加工过程直到最终产品。在转换过程的中间阶段进行评估是质量控制典型的工作。

在过去的一个世纪，质量管理的发展大致经历了三个阶段：

（1）质量检验阶段。20世纪初，人们对质量管理的理解还只限于质量的检验。质量检验所使用的手段是各种的检测设备和仪表，方式是严格把关，进行百分之百的检验。泰罗的科学管理提出了在人员中进行科学分工的要求，并将计划职能与执行职能分开，中间再加一个检验环节，以便监督、检查对计划、设计、产品标准等项目的贯彻执行，从而产生了一支专职检查队伍，构成了一个专职的检查部门。为了加强质量的事前控制，避免全面检验的成本，一些著名统计学家和质量管理专家尝试运用数理统计学的原理来解决问题。1924年，美国的休哈特提出了控制和预防缺陷的概念，并成功地创造了"控制图"，把数理统计方法引入质量管理，使质量检验既经济又准确，也使质量管理推进到新阶段。

（2）统计质量控制阶段。这一阶段的特征是数理统计方法与质量管理的结合。第二次世界大战开始后，统计质量管理才得到了广泛应用。这是由于战争的需要，美国军工生产急剧发展，尽管大量增加了检验人员，但是产品积压待检的情况日趋严重，有时又不得不进行无科学根据的检查，结果不仅废品损失惊人，而且在战场上经常发生武器弹药的质量事故。在这种情况下，美国军政部门随即组织一批专家和工程技术人员，于1941—1942年先后制定并公布了《质量管理指南》《数据分析控制图》《生产管理中质量管理控制图法》，强制生产武器弹药的厂商推行，并收到了显著效果。第二次世界大战结束后，美国许多企业扩大了生产规模，除原来生产军火的工厂继续推行质量管理的条件方法以外，许多民用工业也纷纷采用这一方法，美国以外的许多国家，如加拿大、法国、德国、意大利、日本等也陆续推行了统计质量控制管理，并取得了成效。

（3）全面质量阶段。全面质量控制代表了质量管理发展的最新阶段，起源于美国，后来在其他一些工业发达国家开始推行，并且在实践运用中各有所长。特别是日本，在60年代以后推行全面质量控制并取得了丰硕的成果，引起世界各国的瞩目。20世纪80年代后期以来，全面质量控制得到了进一步的扩展和深化，逐渐由早期的全面质量控制（Total Quality Control，TQC）演化成为全面质量管理（Total Quality Management，TQM），其含义远远超出了一般意义上的质量管理的领域，而成为一种综合的、全面的经营管理方式和理念。国际标准ISO8402提出全面质量管理是"一个组织以质量为中心，以全员为基础，目的在于通过让顾客满意和本组织所有成员及社会收益而达到长期成功的管理途径"。

20世纪90年代发展起来的6σ（西格玛）管理是总结了全面质量管理的成功经验、提炼了其中流程管理技巧的精华和最行之有效的方法、提高企业业绩与竞争力的管理模式。

6σ概念于1986年由摩托罗拉公司的比尔·史密斯提出，此概念属于品质管理范畴。"σ"是希腊文的一个字母，在统计学上用来表示标准偏差值，用以描述总体中的个体离均值的偏离程度，测量出的σ表征着诸如单位缺陷、百万缺陷或错误的概率，σ值越大，缺陷或错误就越少。6σ是一个目标，这个质量水平意味的是所有的过程和结果中，99.99966%是无缺陷的，也就是说，做100万件事情，其中只有3.4件是有缺陷的，这几乎趋近于人类能够达到的最为完美的境界。

第四节　组织绩效评价

组织绩效代表的是组织整体活动效果，它是人们判断一个组织经营能力的直接依据，是控制的最终内容。人们发现，管理者并不是唯一关心组织绩效的人，顾客和委托人、股东、证券分析家、潜在的投资者、潜在的贷款者和供应商都会根据自身利益，对此做出判断。即便是职工或潜在的职工也会对组织的绩效做出评价。因此，为了维持或改进一个组织的整体效果，管理者应该关心对组织绩效的控制。

一、组织绩效评价的基本方式

衡量一个组织的活动效果并没有一个单一的衡量指标。生产率、效率、利润、员工士气、产量、适应性、稳定性，以及员工的旷工率等毫无疑问都是衡量整体绩效的重要指标，但其中任何一个单独的指标都不能等同于组织的整体绩效。美国通用电气公司绩效控制标准的选择是一个成功的案例。通用电气公司在分析影响和反映企业经营效果的众多因素的基础上，选择了对企业经营成败起决定作用的八个方面，并为它们建立了相应的控制标准。这八个方面是：获利能力、市场地位、生产率、产品领导地位、人员发展、员工态度、公共责任、短期目标与长期目标的平衡。在选择组织绩效的衡量标准问题上，美国管理学教授罗宾斯指出，一个组织的绩效可以在下列三种基本方式中选用一个来进行评价。

（1）组织目标法。组织目标法是以组织最终完成其目标的结果来衡量其效果，而不是以实现目标的手段。也就是说只考虑组织最终的结果。通常组织的目标有利润最大化、市场占有率最大化、投资回报率最大化等。在假定组织努力地争取达到一个或多个目标的前提下，组织目标法是非常有意义的。但是，组织目标具有多重性，如长期目标与短期目标，主要目标与次要目标，这就需要对这些目标按其重要性进行排序。如果管理者敢于面对组织目标的内在复杂性，他们就可以获得评价组织的合理信息。尽管如此，也有人认为，在寻求组织整体作用与识别和衡量组织的特定目标之间，前者显得更为重要。因为管理者将其注意力仅仅集中在实现最终目标时，他们容易忽略组织的长期发展。

（2）系统方法。一个组织可以描述成一个获得输入、从事转换过程、产生输出的实体。因此，从系统的角度看，一个组织可以通过下述这些方面的能力进行评价：获得输入的能力、处理这些输入的能力、产生输出的能力和维持稳定与平衡的能力。输出产品或服务是目的，而获得输入和处理过程的效率是手段。如果一个组织要想长期生存下去，必须保证其健康的状态和良好的适应能力。组织效果评价的系统方法主要集中考虑那些对组织生存有影响的因素，即目标和手段。

系统方法所考虑的相关标准包括：市场份额、收入的稳定性、员工旷工率、资金周转率、用于研究和发展方面的费用的增长情况、组织内部各部门的矛盾冲突情况、雇员的满意程度，以及内部交流的通畅程度。值得注意的是，系统方法强调那些影响组织长期生存和兴旺发达的因素的重要性，而这些因素对短期行为可能并不是特别的重要。比如，用于研究和发展方面的费用是一种对未来的投资，管理层可以削减这里的费用并且立即就会增加利润或减少损失，但这种行为将会影响组织以后的生存能力。

系统方法的主要优点在于防止管理层用未来的成功换取眼前的利益；另一个优点是当组织的目标非常模糊或难以度量时，系统方法仍然是可行的。比如，公共部门的管理者采用"获得预算的增长能力"作为衡量效果的标准，也就是说他们用一种输入标准来取代输出标准。

（3）战略伙伴法。这种方法假定一个有效的组织能够满足顾客群体的各种要求，并获得他们的支持，就能让组织得以持续地生存下去。以这类指标进行控制效果的评价就是战略伙伴法。

让我们用一个简单的例子来说明。一个公司如果有很强的资金实力，就不必关心银行家所采用的评价标准。然而，假如你领导的公司有2亿美元的银行贷款将于下一个季度到期，而你缺乏还债能力，你就不得不请求银行对这笔债务进行重新安排。因此一个有效的组织应能够成功地识别出自己的关键伙伴——顾客、政府部门、金融机构、证券分析家、劳工组织等，并主动地满足其要求。

值得注意的是，使用战略伙伴法的基本前提条件是假定一个组织面对的是一个来自有关利益集团的经常性的和出自自我利益的要求。由于这些利益集团的重要性各不相同，组织的效果取决于它识别出关键性或战略性伙伴的能力，以及满足他们对组织所提要求的能力。更进一步，这种方法假定管理者所追求的一组目标是对某些利益集团要求的一种反应，是从那些控制了组织生存所需资源的利益集团中选择出来的。

虽然战略伙伴法非常有意义，但管理者在付诸行动时并不那么容易。在实践中，将战略伙伴从广泛的环境中分离出来就是一件非常困难的事。由于环境总是在不断地变化，昨天对一个组织来说还是很关键的，今天可能就已经不是了。即便战略伙伴可以区分出来，而且也假定是相对稳定的，用什么方法可以将"战略伙伴"和"准战略伙伴"区分开呢？不论这项任务多么艰巨，识别和满足战略伙伴是会有收益的。采用战略伙伴法，管理者可以大大减少忽略或严重伤害那些利益集团的可能性，这些利益集团对阻碍组织的运转有着重要的影响。如果管理层知道谁的支持对组织的健康发展是必需的，他们就可以修改目标重要程度的顺序，以反映他们与战略伙伴权力关系的变化。

二、杜邦分析系统

对组织绩效评价用得最多的就是财务指标，其中以美国杜邦公司开发出的杜邦分析系统（Du Pont System）最为有名。它是利用主要的几个财务指标之间业已存在的相互依存、相互联系的内在关系来综合评价企业的财务状况的分析模式。如图14-4所示，该方法从权益净利率这一核心财务指标出发，通过对影响次指标的因素的分析，以达到对总体财务状况和经营成果进行评价的目的。

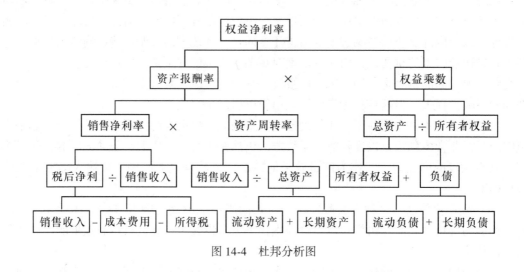

图14-4　杜邦分析图

杜邦分析图中，包括以下几个主要的指标关系：

（1）权益净利率，是一个综合性最强的财务比率，是杜邦系统的核心。其反映所有者投入资金的获利能力，反映企业筹资、投资、资产营运等活动的效率。该指标的高低取决于总资产收益率和权益乘数。

（2）资产报酬率，也是一个重要的财务比率，综合性比较强，其反映的是企业投入资金的获利能力。该指标是销售净利率和资产周转率的乘积。

（3）销售净利率，反映了企业净利润与销售收入的关系。提高该比率是提高企业盈利的关键，而提高这个比率有两种途径：一是让主营业务收入的增长速度快于成本费用的增长速度，二是让成本费用的降低速度快于主营业务收入的降低速度。

（4）资产周转率，揭示出企业的经营管理能力。提高企业的管理水平，有利于该指标的提高。

（5）权益乘数，反映所有者权益同总资产的关系。在总资产需要量既定的前提下，企业适当开展负债经营，相对减少所有者权益所占的份额，就可使权益乘数提高，这样能给企业带来较大的财务杠杆效益，但同时企业也需要承受较大的风险压力。因此，企业既要合理使用全部资产，又要妥善安排资金结构。

通过杜邦系统自上而下地分析，不仅可以揭示出企业各项财务指标间的结构关系，查明各项指标变动的影响因素，而且对决策优化经营、提高企业经济效益提供了思路。提高权益净利率的根本在于扩大销售、节约成本、优化投资配置、加速资金周转、优化资金结构、确立风险意识等。

三、企业价值评估

尽管杜邦分析系统采用财务比率既提供了绩效标准又提供了完成任务的指标，但过度地依赖财务比率也是有负面效应的。因为，比率总是基于某一时间段（月、季或年），它容易引起管理近视（management myopia）——管理者以牺牲长期战略目标为代价而过分注重短期收入与利润。使用长期绩效目标的控制系统可以减少管理近视，将管理者的注意力集中在未来。这里，简单介绍企业价值评估的基本原理。

假定你想买进一家公司。它对你来说值多少钱，你又是如何确定其价值的？当决定购买这家公司的时候，我们投入的是资本，或者更确切地说是现金。我们今天为什么要投入现金？因为我们相信将来可以收回更多的现金。因此，在我们进行投资决策的时候，未来有多大的净现金流才值得我们今天投资就成为不得不思考的关键问题。总的说来，企业价值是一个函数，取决于以下 3 个重要变量：未来净现金流、时间和不确定性。

（1）未来净现金流。未来企业净现金流（Net Cash Flow，NCF）就是未来企业现金收入和现金支出的差值，即企业的现金盈利，通常按会计年度反映企业各年的净现金流。我们为什么在价值评估中用现金流呢？上文已做了直观的回答，即投入的是现金①。如何预测企业未来的现金流呢？现金流指标可用企业利润和其他财务指标推导出来，基本公式如下：

$$NCF = EBIT \times (1-T) + DEP. - \Delta WCR - \Delta Capex$$

式中：NCF 代表净现金流；EBIT 代表息税前收益；T 代表所得税；DEP. 代表折旧；ΔWCR 代表营运资本需求变化；$\Delta Capex$ 代表资本性支出变化。

有了如上公式，我们只要制定好公司战略，合理编制企业的全面预算就可以比较容易地编制出企业的预测资产负债表和损益表，也就比较容易地知道企业的未来的净现金流。这里我们可以看出企业全面预算的重要性。

（2）时间和不确定性。对未来现金流来说，数值越大越有利，但不完全是。未来数量或未来现金流量的大小很难告诉我们它今天价值几何，除非我们还知晓它的获得时间。现金具有时间价值，这就意味着我们愿意今天拥有它而不愿等到将来才拥有它，除非给我

---

① 其真正理由可查阅相关专业书籍。

们相应的补偿。① 因此，我们预期获得的一笔现金的时间越早，对于今天来说就越有价值。

即使那样，现金的多少和获得时间也不能完全决定投资与否。毫无疑问，现金是一个未来量，现金能否按照预期的设想实现其价值总会面临风险。有时候风险是可以忽略不计的，例如当我们投资购买国债的时候；而更多的时候风险却又不能忽略，例如当我们购买企业时。当我们面临两个未来现金预期时间和预期数量相同但风险不同的投资时，我们会选择哪一个？毫无疑问会选择风险较低的项目进行投资。因此，我们当前愿意投资多少取决于未来现金流量的不确定性或者风险的大小，而不仅仅取决于未来现金流量的获取时间和数量因素。

显然未来的现金流是不能简单地相加的，怎样解决这个问题呢？解决的办法是将未来现金流按某一个回报率进行贴现。贴现率既反映了货币的时间价值，也反映了风险补偿（投资者冒现金无法获取时间价值的风险而获得的附加报酬）。因此，对未来现金流贴现可消除现金流的时间因素和风险因素，这样贴现后的现金流就可以进行加减了。

（3）企业价值评估。根据上面的分析，企业价值评估方法可用以下公式表示：

$$V = \sum_{t=1}^{\infty} \frac{\text{NCF}_t}{(1+k)^t}$$

式中：V 代表企业价值；NCF_t 代表企业未来各期现金流；k 代表贴现率，通常情况下等于企业的资本成本率。

这里企业价值评估面临一个新问题，即其生命周期无限期性，因此一般情况下函数是无解的。对此的解决方法是将企业未来的现金流分为两个期间，即明确的预测期和其后的阶段。

如图 14-5 所示，明确的预测期内（T 期）我们可以准确地计算未来现金的现值和（定义为 $V_{确定期}$），问题是 T 期之后的企业未来现金流如何预测。解决的办法通常是假设 T 期之后的现金流按固定增长率 g 增长，这样 T 期后的企业未来现金流的现值和就变成了一个等比数列的求和公式：

$$V = V_{确定期} + \sum_{t=T+1}^{\infty} \frac{\text{NCF}_T(1+g)^{t-T}}{(1+k)^t}$$

即：

$$V = V_{确定期} + \frac{\text{NCF}_{T+1}}{(k-g)} \times \frac{1}{(1+k)^T}$$

由此就可评估出企业的价值。企业一旦建立这样一个评估系统，就可以进行相应的组织绩效考核和控制。

四、平衡记分卡评价

应该承认，以财务衡量为主的、面向企业内部的、注重战术性反馈的传统业绩衡量系

---

① 我们将现金存入银行，得到的利息实际上就是因为我们延迟消费得到的补偿，通常称为货币的时间价值。

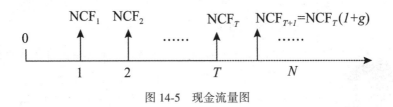

图 14-5　现金流量图

统在过去的几十年中发挥了积极的作用。然而时过境迁，这套系统面对今天的企业经营环境却出现了诸多不合拍之处。为此，罗伯特·卡普兰（Robert Kaplan）和戴维·诺顿（Dave Norton）创制了"平衡记分卡"（Balanced Scorecard，BSC），该卡由财务、顾客、内部经营过程、学习和成长四个方面组成。之所以取名为"平衡记分卡"，是因为要平衡兼顾战略与战术、长期和短期目标、财务和非财务衡量方法、滞后和先行指标，以及外部和内部的业绩等诸多方面（见图 14-6）。

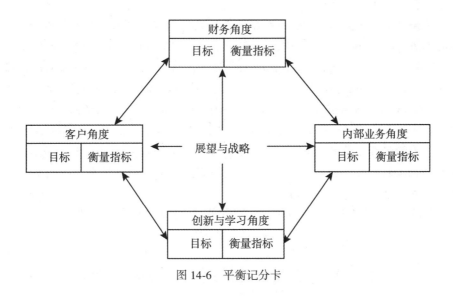

图 14-6　平衡记分卡

　　平衡记分卡保留了重要的财务指标。但是单独的财务指标对于指导企业通过客户、员工、流程和创新创造的未来价值是不充分的，财务指标仅仅告诉我们有形资产的故事，而平衡记分卡提供了一个透视无形资产创造价值的窗口。成功的平衡记分卡制度是把企业的战略和一整套财务和非财务性评估手段联系在一起的一种手段。它将企业的使命和战略变成具体的目标和衡量内容，从而对每个员工而言，企业的战略不再是虚无缥缈的东西。通过对平衡记分卡的分解，每个员工都可以看到自己的努力将对企业战略目标的实现发生什么样的作用；每个员工都可以主动思考并建议企业的某些改进。传统企业管理中，由上级制定目标计划、下级严格遵照执行而不问目标计划适宜性的"单循环反馈过程"就为互动的"双循环反馈过程"所取代。随着平衡记分卡的推广，它的用途也日益得到发掘。

◎ **小资料**

平衡记分卡创始人：罗伯特·卡普兰

　　作为一个会计学家，罗伯特·卡普兰敏锐地观察到管理会计存在的"相关性遗失"缺陷，从成本会计入手，他试图恢复管理会计与经营决策以及企业发展战略的相关性，并由此出发，提出了新的作业成本分析法，追求会计职能与企业价值链和价值增值的协调。伴随着会计研究的步步深入，卡普兰与诺兰诺顿研究所创始人之一的大卫·诺顿联手，开发出了平衡记分卡。平衡记分卡按照财务、客户、内部业务流程、学习与成长四个维度之间的因果逻辑，联结着企业的长期愿景和短期行动，从而使其成为公司战略的实施工具。为了推行平衡记分卡，卡普兰进而以战略中心型组织勾勒出战略执行的路径；为了把企业战略转变为可操作的语言，卡普兰又开发出战略地图。

　　卡普兰关于平衡记分卡的著作很多，代表性的有《平衡记分卡：化战略为行动》（*The Balanced Scorecard：Translating Strategy into Action*）、《战略中心型组织：平衡记分卡的制胜方略》（*The Strategy-focused Organization：How Balanced Scorecard Companies Thrive in the New Business Environment*）、《战略地图：化无形资产为有形成果》（*Strategy Maps：Converting Intangible Assets into Tangible Outcomes*）、《组织协同：运用平衡记分卡创造企业合力》（*Alignment：Using the Balanced Scorecard to Create Corporate Synergies*）以及《平衡记分卡战略实践》（*The Execution Premium：Linking Strategy to Operations for Competitive Advantage*）。这五本书首尾相贯，从观念到组织再到行动层层展开，阐述了平衡记分卡的构建与使用方法。

　　资料来源：根据百度百科（http：//baike.baidu.com）及其相关资料整理。

第五节　管理者的控制与上市公司治理

　　组织内所有人的工作都应该得到监控，管理者也不例外。由于管理者在组织中占有特殊的地位，管理者工作的偏差往往会给组织带来重大的影响。较之于组织其他成员，管理者的绩效标准更加难以确定，对于管理者偏差的矫正也具有特殊的内容，人们尚未发明一套有效的工具直接计量经理人员的行政权力过程中所表现出来的努力程度和效果。当代管理学对于管理者监控问题的研究主要集中在委托代理问题和与之对应的公司治理。

一、委托代理问题与公司治理

（一）公司制与委托代理问题

　　在公司制度发展过程中，股份公司的出现，两权分离的实现，都有着不可磨灭的历史功绩。伯利和米恩斯在《现代公司与私有财产》一书中，对公司股权结构日益分散后产生的股份公司所有权和经营权相分离的现象做了总结，指出了其在公司制度发展中所产生的巨大历史作用，但同时也指出，公司股东在从两权分离中获得巨大益处的同时，产生了其负面影响和作用，即"股东的个人利益绝对服从于有控制权的经理团体"。也就是说，所有权和经营权的分离，给公司的股东带来了另一个问题，即股东在失去了对公司直接控制权和经营权之后，如何使拥有经营权的管理者为实现股东的利润最大化而尽职尽力地工作。亦即产生了公司制度上的新问题，股东应如何在这种情况下动员、制约和监督公司经理层依法、以德经营的问题。

有人把股东作为委托人，管理层作为代理人，公司则作为股东委托管理者进行营利活动的一种工具，股东在实际上把公司实现利润的全部资源，包括资金、人员、机会全部委托给管理者，希望其最大限度地使用并为股东创造最大的利润。这就是所谓的代理理论。但是，首先，由于代理人即公司管理者是一个生活在市场经济中的活生生的"人"，其行为与委托人即股东追求的目标可能不完全一致，也不可能完全一致。其次，公司管理者一旦根据委托关系获得了自由配置公司各种资源的权力后，具有很大的空间去追求与股东不一致的经济利益。管理者一旦掌握公司管理权，其在信息资源方面的优越地位使股东无力与之并驾齐驱，因此，管理者在各种经济诱因下，有条件在股东不知晓的情况下，使公司逐渐成为经理层谋利的工具。这一切给股东带来了一个新问题，即股东如何在坚持两权分离的情况下，采取一切可以采取的措施来促使管理层为其利益服务，其中包括利用现存、未来的法律制度和其他所能利用的经济激励手段以及社会文化手段进行综合治理，并为此付出应有的代价，称之为代理成本。

（二）公司治理

公司治理（corporate governance）就是为解决委托代理问题而逐渐产生和发展起来的。科克伦（Philip L. Cochran）和沃特克（Steven L. Wartick）在1988年发表的《公司治理——文献回顾》一文中指出：公司治理问题包括高级管理阶层、股东、董事会和公司其他利害相关者的相互作用中产生的具体问题。构成公司治理问题的核心是：（1）谁从公司决策/高级管理阶层的行动中受益；（2）谁应该从公司决策/高级管理阶层的行动中受益？当在"是什么"和"应该是什么"之间存在不一致时，一个公司的治理问题就会出现。西方发达国家几乎一致认为，良好的公司治理是公司竞争力的源泉和经济长期增长的基本条件。公司治理，按照美国经济学家威廉姆森的定义，"就是限制事后产生的准租金分配的种种约束方式的总和，包括：所有权的配置、企业的资本结构、对管理者的激励机制、公司接管、董事会制度、来自机构投资者的压力、产品市场的竞争、劳动力市场的竞争、组织结构等"。它是解决公司在公司法的制约下，在市场经济经营过程中，产生的只按传统的公司法无法得以解决的一系列新问题而形成的一整套制度。

世界各国公司治理模式可以分为英美的市场导向模式、德日的网络导向模式、东南亚国家的家族控制模式以及苏联和东欧国家"内部人控制"模式。实际上，东南亚国家的家族控制模式与德日的网络导向模式有相似之处，两者的共同特点均表现为大股东的直接监控，只不过在德国和日本，大股东主要表现为银行或大财团；而在东亚国家，大股东主要为控股家族。苏联和东欧国家"内部人控制"的公司治理模式的出现是因为在国家经济处于从计划经济向市场经济转型的特殊阶段，由于市场机制发育滞后、有关公司治理的法律法规不完善引起的。公司治理模式实质上可以分为两种：英美的市场导向模式和德日的网络导向模式。

市场导向模式的特征是：存在非常发达的金融市场；公司所有权结构比较分散，开放型公司大量存在；公司控制权市场非常活跃，对企业家的行为起到重要的激励约束作用；外部企业家市场和业绩密切关联的报酬机制对企业家行为发挥着重要作用。

网络导向模式的特征是：公司的股权相对集中，持股集团成员对公司行为具有决定作用；银行在融资和企业监控方面起到重要作用；董事会对企业家的监督约束作用相对直接和突出；内部经理人员流动具有独特作用。

二、上市公司治理的核心机制

（一）上市公司治理的核心问题

通过证券市场，股票被众多的个人和机构持有，高度分散的收益权和控制权成为上市公司股权结构的主要特征。个人持有的公司股票与整个公司的资产价值相比显得十分小，相应的投票力量也是非常微弱的，公司控制权实际上掌握在公司管理层手中。与封闭的股份公司不同，分散的股东为追求控制权去组成团队或另外增强他们在经营管理上的团体影响是艰难和代价高昂的。解决管理层与股东之间的代理问题，有效地监督和遏制管理层行为也就成为上市公司治理的首要内容。不仅如此，在高度分散的市场中，一个拥有大量股权的紧密的股东小团队非常容易控制公司的经营者，进而可能会产生损害其他股东的行为，因此上市公司治理还需解决的另一问题是如何保护中小股东。

上市公司治理的目标就是设计一套有效的约束激励机制来解决股东的集体行动问题，从而增强股东的力量，以使管理者在追求自身利益最大化的过程中自觉地维护委托人的利益。从本质上讲，上市公司治理是以证券市场为主体，通过间接的市场手段来建立治理机制，其中公司价值成为联系这些市场的纽带。其逻辑①是，产品市场以及技术市场能对公司的产品和技术做出迅速的评价，这种评价影响公司的财务；公司财务的变化通过资本市场的信息披露机制披露出来，资本市场由此对公司价值做出合理的评价，并通过股权市场和债券市场加以反映，表现为公司股票价格的升降和外部融资的可能性；透明的证券市场使价值被低估的公司很快被潜在的收购者发现，并能不受阻碍地收购该公司股票，从而使公司的所有权易手，新的股东通过改组公司的经理层解雇不称职的经理；根据公司的价值及变动情况，经理人才市场对经理的人力资本进行评价，从而使不称职经理的人力资本贬值，直接影响其未来收入。

（二）上市公司治理的五种核心机制

公司治理可以分为外部治理和内部治理，并通过市场、法律、法规和系列的制度安排

---

① 杨瑞龙，周业安. 企业共同治理的经济学分析. 北京：经济科学出版社，2001.

形成一个有机的整体。在上市公司治理系统（或称外部人治理系统）中主要有五大核心治理机制①：一个外部治理机制（公司控制权市场）和四个内部治理机制（机构投资者、董事会、管理层报酬计划和多事业部组织）。应该说独特的代理问题产生了五种公司治理机制，而五种机制又相互协调和配合，形成一个整体。

最重要的治理机制是：当股东对公司现有的经营方式表示不满时，他们拥有可行和有效的权利卖出手中的股票。如果众多的股东在同一时间里都试图卖出手中的股票而此时只有少数人希望购买，股票的价格就会降低。股票价格的这种变动机制就是股东联合向经理人员传递他们对公司现行的经营管理满意或不满意信号的方式，但这种机制的缺点是股东很难对公司施加任何直接影响。

（1）公司控制权市场。公司控制权市场是上市公司治理系统中最核心的市场机制，被认为可以有效地降低代理成本。当公司的内部控制失败时，公司的高级管理人员过分地追求个人利益最大化而使股东的利益受到损害，投资者就会通过"用脚投票"的方式抛售公司股票，造成股票价格下降。这时公司就成为接管的目标，因为在一些潜在的投资者眼里，这些公司的价值是被低估的，可以通过更换管理层使股东的利益得到保护，从而使股价回升。投资者通过在股票市场上购买股票，获得足够的投票权，用新的管理层取代原有的管理层。新的管理层接管公司后，股东的利益得到很好的维护，公司的股价开始回升。这时投资者可以通过出让股票获得收益，也更好地规避了风险，公司所有权又回到了分散状态。

公司控制权市场可以在不需要管理者同意的情况下，投资者直接获得控制权，迫使公司采取利润最大化行为，从而有效地遏制管理者的自利行为。但这种机制自身存在着接管成本，不能彻底解决代理成本问题。换一句话说，接管成本越高，代理成本就越高。因此降低接管成本，提高公司控制权市场的有效性就成为上市公司治理系统制度安排的重点。

（2）机构投资者。高度分散的所有权结构会导致股东对管理层行为监督的责任非常弱小，同时也很难使所有股东的行为达成一致。因此，20世纪80年代末，美国公众公司的所有权结构出现集中化的趋势，各种机构投资者的比重越来越大，机构投资者在美国企业资产中所占的比重快速上升。

大量机构投资者存在的作用在于：第一，相对集中的股权结构更容易使股东的行为达成一致，即股票价格对公司价值的反映更加灵敏。第二，有实力的机构投资者存在更加容易促成公司接管的发生，从而使内部人控制的现象得到有效的克服。第三，机构投资持有股票的目的虽然只是追求从证券市场获利，但由于控股比例的上升，机构投资者对于任何一个经营不善的企业不可能简单地采用抛售该公司股票、"用脚投票"的方式来解决。一些金融机构，如加州公共雇员退休系统积极地参与公司内部治理，控制和监督管理层的经营行为，减少了代理成本。

（3）董事会。上市公司内部治理的核心是具有一个信息完善且能够很好地发挥功能的董事会。尽管存在大量机构投资者，但高度分散的所有权结构仍然是上市公司的主要形

---

① Michael A. Hitt, R. Duane Ireland, Robert E. Hoskisson. Strategic management：Competitiveness and globalization. West Publishing Company，1996.

式，个人股东的直接监控是非常有限的。这种情况下，董事会对公司内部治理就显得尤其重要。董事会由公司股东大会产生，在法定意义上作为股东的代言人，监督和控制公司高层管理人员。董事会被指定用来系统阐述公司的政策、批准战略计划、核准重要的交易、宣布红利的派发和批准发行附加证券；同时也被指定聘任、建议以及在必要时候撤换经理并安排新的继任者、确定董事会的规模和新董事的提名等等。

近年来公司内部治理的最主要的变化就是在增强董事会的作用方面，具体表现为：首先，董事会下设一些专门委员会，准许董事们在一定的擅长领域内发挥作用，并让他们在这些领域内负有决策责任。这些委员会包括：经理委员会、审计委员会、提名委员会和报酬委员会、公司治理委员会、社会责任委员会等等。其次，重视独立董事的重要作用。越来越多的人认识到，一个在整体上或很大程度上由管理层所构成的董事会不能使代理成本最小化，实证表明独立董事与较高的公司价值是相关的。任命独立董事的目的首先是给董事会提供知识、客观性、判断和平衡，在某种程度上，如果董事会由全职的执行董事构成，它可能就是无效的；其次，确保执行董事和公司管理层的绩效能够符合标准。最后，通过新的报酬政策加强对董事的激励。传统的董事报酬主要是工资、劳务费、现金聘金和退休金，并且多以现金的方式支付。目前认为这些不足以激励董事最大化股东的利益，因为董事报酬的多少与公司业绩的关联不大，所以更倾向于采用股票、期权等非现金长期激励性报酬使董事的报酬和公司的业绩挂钩。

（4）管理层报酬计划。公司的经营业绩在很大程度上取决于管理层的表现，为了使管理层的利益与股东的利益一致，降低代理成本和减少管理层的道德风险，一个综合性、与公司业绩相挂钩的管理层报酬计划成为众多公司的选择。报酬计划一般是由董事会的报酬委员会确定的，由于企业的具体情况千差万别，其报酬政策、报酬计划的依据及方法也存在很大的差异，其中以基薪和长期激励措施相结合的报酬政策最为普遍。

（5）多事业部组织。威廉姆斯认为公司的组织结构也是公司的内部治理的主要机制。① 大型公司一般采取三种基本组织形式：职能式组织形式（U 型组织）、控股公司式组织形式（H 型组织）和多事业部式组织形式（M 型组织）。M 型组织在集权程度上处于"集权的 U 型组织"和"分权的 H 型组织"之间，为上市公司普遍采用。在 M 型组织中各事业部的经理独立经营，有相当的自主经营权，可以计算出各自的收入、费用和利润，从而可以对各经理的经营业绩做出比较准确客观的评价和考核，防止出现管理机会主义。

M 型组织虽然可以很好地防止部门经理的机会主义，但无法对公司高层管理人员的自利行为进行有效的监控。有研究表明，让 M 型组织形式作为单独的公司治理机制，更利于公司高层管理者构建公司帝国，造成公司的过度多元化和公司经理人员的过高报酬，从而损害股东的利益。因此，M 型组织必须同其他内部治理机制（如公司董事会）一起使用，才能真正发挥作用。

---

① Oliver E. Williamson. The economic institutions of capitalism：Firm，markets and relational contracting. New York：Macmillan Free Press，1985.

本 章 小 结

1. 如果不加约束，员工可能不以有益于组织的方式行动。管理控制系统就是用来消除特殊行为，引导员工行为，使其有益于达到公司的目标。广义上，组织的控制分为三种：官僚控制、市场控制和团体控制，其中官僚控制系统是组织控制最常用的。

2. 官僚控制就是运用规则、法规、权威、层级、书面文件、标准和其他官僚主义机制来进行行为标准化和业绩评估。官僚控制系统是组织控制最为普遍和常用的，其中以财务控制、人力资源控制和生产作业控制最为关键。

3. 市场控制是基于财务和经济信息，用价格机制对组织的行为进行规范，将组织内部的经济活动看作经济交易。市场控制的使用存在着前提条件：存在竞争，组织的产出应十分清晰，使价格能够准确地得以判断。

4. 团体控制是采用社会手段，诸如公司文化、共享的价值观、承诺、传统来控制行为。

5. 财务控制已大大超出了财务主任和会计的职权范围。这种财务控制的信息会通过财务报表的形式综合反映出来，作为管理者首先了解财务报表是至关重要的。对企业来讲，财务报表主要有三种：资产负债表、损益表和现金流量表。

6. 人力资源控制重点在于控制绩效表现，而不是操纵员工。因此，对经理人员来说这是最重要又最难实行的职能之一，需要用到领导技巧来控制员工的绩效表现。

7. 生产作业管理是对组织从输入（劳动力、原材料等）到输出（最终产品和服务）的转换过程的设计、作业和控制。常用的控制方法有成本控制、采购控制、维护控制和质量控制。

8. 组织绩效代表的是对组织整体活动效果的评价，它是人们判断一个组织经营能力的直接依据，是控制的最终内容。在选择组织绩效的衡量标准问题上，美国管理学教授罗宾斯指出，一个组织的绩效控制可以是下列三种基本方式之一：组织目标法、系统方法和战略伙伴法。目前在企业中广泛应用的控制方法有：杜邦分析系统、企业价值评估和平衡记分卡等。

9. 在公司制度发展进程中，股份公司的出现、所有权和经营权的分离，都有着不可磨灭的历史功绩，但也给公司的股东带来了另一个问题——委托代理问题。为解决这个问题，公司治理应运而生。按照美国经济学家威廉姆森定义，公司治理就是限制事后产生的准租金分配的种种约束方式的总和，包括所有权的配置、企业的资本结构、对管理者的激励机制、公司接管、董事会制度、来自机构投资者的压力、产品市场的竞争、劳动力市场的竞争、组织结构等。

10. 除了解决管理层与股东之间的代理问题、有效地监督和遏制管理层行为外，如何有效保护中小股东也是上市公司还需解决的另一重要问题。上市公司治理主要有五大核心治理机制：一个外部治理机制（公司控制市场）和四个内部治理机制（机构投资者、董事会、管理层报酬计划和多事业部组织）。

复习思考题

1. 你能举出没有任何控制的组织吗？结果会怎样？

2. 官僚控制、市场控制和小团体控制的区别和适用范围何在？

3. 组织文化作为一种控制机制是怎样发挥作用的？它有何局限？管理者何时会依赖小团体控制？

4. 财务控制的重要性是什么？主要控制技术有哪些？

5. 一个有效的人力资源绩效评估系统的主要内容包括哪些？

6. 生产作业管理的实质是什么？常见的作业控制方法有哪些？

7. 组织绩效评价的基本方式有哪三种？

8. 简述企业价值评估的基本原理。

9. 简述平衡记分卡的主要内容，为什么说它是战略实施的有效工具？

10. 什么是公司治理？产生的原因是什么？上市公司治理的核心机制有哪些？

参 考 书 目

1. 托马斯·S. 贝特曼. 管理学：构建竞争优势. 第 4 版. 王雪莉，译. 北京：北京大学出版社，2002.

2. 彼得·圣吉. 第五项修炼. 郭进隆，译. 上海：上海三联出版社，1998.

3. 汤姆·科普兰，蒂姆·科勒 杰克·默林. 价值评估：公司价值的衡量与管理. 第 4 版. 高建，译. 北京：电子工业出版社，2007.

4. 摩根·威策尔. 管理的历史. 孔京京，等，译. 北京：中信出版社，2002.

5. 罗伯特·卡普兰，戴维·诺顿. 战略中心型组织. 上海博意门咨询有限公司，译. 北京：中国人民大学出版社，2008.

6. 弗雷德蒙德·马利克. 正确的公司治理. 朱建敏，译. 北京：机械工业出版社，2013.

7. 于尔根·韦贝尔，乌茨·舍费尔. 管理控制学引论. 第 12 版. 王煦逸，等，译. 上海：格致出版社，上海人民出版社，2011.

8. 中国公司治理网：http：//www. cg. org. cn.

9. The Balanced Scorecard Institute：http：//www. balancedscorecard. org/.

【案例分析】

四大国际会计师事务所高调推出智能财务机器人

2017 年会计行业的大事件一波接一波，有两方面的消息显得尤其重磅。一方面是会计证的取消以及初级职称的变革；而另一方面，是以机器人为代表的人工智能（AI）逐渐进入人们的视野。随着德勤、普华永道、安永、KPMG 四大会计师事务所相继推出财务智能机器人，机器人流程自动化（robotic process automation，RPA）技术被越来越多的企业、银行广泛运用，一场对于传统财务行业的变革正在进行中。

德勤（DTT）智能财务机器人——小勤人

2017年5月10日，一款叫"德勤财务机器人"的H5动画开始刷屏朋友圈。作为能够部署在服务器或计算机上的应用程序，德勤财务机器人能够在1分钟的时间里，完成人工需要15分钟的作业量，而且能够24×7不间断工作。早在2016年3月10日，德勤与Kira Systems联手，正式将人工智能引入财务工作，使财务管理迈入了一个全新的时代。德勤智能财务机器人具体有五个特别明显的优势：（1）替代财务流程中的手工操作；（2）管理和监控各自动化财务流程；（3）录入信息，合并数据，汇总统计；（4）根据既定的业务逻辑进行判断；（5）识别财务流程中的优化点。

德勤推出了财务智能机器人——小勤人之后，帮助企业共享财务中心在节省人力和时间的情况下更高效地完成了任务。某餐饮集团，以前200家门店的盘点数据必须在每个月的1日完成录入、过账和差异分摊，最快的成本会计完成一家门店操作也需要40分钟，但自从引入"小勤人"之后，5分钟后就可以完成一家门店的转账，15分钟后被标识这家门店已完成盘点，并在工作日结束时会发出邮件告知任务结束，附件包含所有生成的凭证，这一举措大大节省了餐饮集团财务共享中心的人力和时间。通过实施"小勤人"自动化，企业相对应地减少了门店向共享服务中心提交审核的相关流程，缩短了财务处理周期，还可以及时发现账实不符等现象并进行及时处理，实现了门店的统一管理，优化了财务处理流程，更重要的是提高了整体财务服务水平。

普华永道（PWC）智能财务机器人

2017年5月26日，普华永道推出机器人流程自动化解决方案。普华永道财务智能机器人在传统的RPA之外，更加关注基于规则的自动化，这也是企业迈向数字化流程的第一步实践。普华永道机器人方案使用智能软件完成原本由人工执行的重复性任务和工作流程，不需改变现有应用系统或技术，使原先那些耗时、操作规范化、重复性强的手工作业，以更低的成本和更快的速度实现自动化。相较于德勤财务智能机器人只针对财务领域，普华永道机器人解决方案扩展到了其他领域，包含人力资源、供应链以及信息技术。普华永道智能机器人在企业运营方面的优势见图14-7。

作为首家试水机器人流程自动化的央企，中化国际（控股）股份有限公司（中国中化集团化工事业部核心企业，简称中化国际）财务共享中心日前选择普华永道机器人帮助提升税务及财务工作效率，在降低人力时间成本、提升工作质量等方面收效明显。银行对账、月末入款体系、进销项差额提醒和增值税验证这4个业务过程在效率和准确性上也有了重大的提升。普华永道机器人不仅可以实现商业活动和流程的自动化，有效提升业务运营效率与服务质量，它还可以通过应用程序，实现交易处理、数据传输、数据比较等功能，广泛地应用于财务、税务、人力资源及审计等众多领域。

图 14-7　普华永道智能机器人的优势

安永（E&Y）智能财务机器人

2017 年 6 月初，安永也推出安永智能财务机器人。安永称："机器人流程自动化是向业务流程捆绑和外包变革迈进的又一步。在过去几十年中，我们已经看到各种技术进步对业务产生了巨大影响，而业务流程自动化 RPA 将成为下一步，它的应用将极大减少人为从事基于某些标准、大批量活动的需求"。安永智能财务机器人主要应用于关账和开立账项、账项审核请求、外汇支付、理赔流程、订单管理、物料需求计划系统、能源消耗和采购、付款保护措施、舞弊调查、时间表管理、职能变化、修改地址详情、入/离职手续、密码重置、系统维护、数据清洗、数据分析等。

不仅如此，安永财务智能机器人还将传统的 RPA 向 AI 进行了升级，特点如下：机器人的机能越来越精细且智能；能够应用的理论流程量递减；未来可供科技发展的空间更大；机器人的应用越来越专业；机器能够实现更大的定性效益而非财务效益。安永通过四个主要代系机器人 RPA 传统（重复性、基于规则的大量活动）、RPA 认知（通过机器学习和自然语言处理，管理非结构化数据）、智能聊天机器人（与使用者互动）、AI（数据分析，洞察和决策）的强强联合，来实现最大的效益。

毕马威（KPMG）智能财务机器人

2017 年 6 月下旬，毕马威作为国际四大会计师事务所之一，是最后一家明确提供机器人流程自动化服务的。与之前的几款全自动流程化智能财务机器人相比，它更多地关注数字化劳动力。KPMG 智能财务机器人流程自动化转型为企业提供了一站式的服务，它可以确定高级自动化的优先领域；为未来的员工制定一个多方面的战略和路线图；为客户的独特需求选择合适的供应商和合作伙伴；通过试点或多个流程领域实施首选的自动化解决方案。

毕马威运用财务智能机器人协助了一家国际领先的商业银行在华分支机构，并实现了贸易融资和大宗商品交易部门试点业务流程的数字化转化工作。该银行通过 RPA 技术实现了流程和员工效率的提升，提高了客户满意度，还提升了部门应对业务大量增长的能力，让员工能更集中精力去处理一些有价值的工作。除此之外，KPMG 还协助了该银行关于未来五年的 RPA 应用推广计划并进行详尽的成本和收益分析，设计了未来的业务流程框架。该银行通过利用 RPA 的试点运行，有效减少了手工作业的环节，提高了数据的准确性并通过减少单元数据处理时间和更低的错误率，加快了整个流程处理时间，同时向管理层充分证明了大规模运营和推广 RPA 带来的收益巨大。

自从财务机器人概念诞生，财务圈便一片哗然，基层财务人员人人自危。"小勤人"的正式发布也意味着，人工智能时代已经确确实实到来，并且开始逐步影响人类的生活和工作。关于会计和审计将来是否会被人工智能所替代的讨论从未休止，财务人一方面在为自己未来的处境感到担忧，另一方面也在想方设法地另谋出路。

资料来源：根据新浪、搜狐等网络信息整理、编写。

◎ 讨论题

1. 进一步查阅资料，了解智能财务机器人的进展情况，以及对会计行业的影响。

2. 请从控制的角度去思考智能财务机器人对管理控制带来哪些变革？

3. 除了基础性会计工作外，还有哪些管理工作岗位容易被人工智能替代？这对于管理类专业来说又该如何应对？